高等院校经济学管理学系列教材

管理信息系统

主　编　孙细明　白月华　秦　娟　李优柱
副主编　张　曦　曾小青　余小鹏　朱湘晖
　　　　张宗祥　梁亚玲　黄传慧　沈先钊

上海财经大学出版社

图书在版编目(CIP)数据

管理信息系统/孙细明等主编．—上海：上海财经大学出版社，2015.8
(高等院校经济学管理学系列教材)
ISBN 978-7-5642-2191-1/F·2191

Ⅰ.①管… Ⅱ.①孙… Ⅲ.①管理信息系统-高等学校-教材 Ⅳ.①C931.6

中国版本图书馆 CIP 数据核字(2015)第 166854 号

□ 责任编辑 李嘉毅
□ 封面设计 张克瑶

GUANLI XINXI XITONG
管理信息系统

主　编 孙细明 白月华 秦 娟 李优柱
副主编 张 曦 曾小青 余小鹏 朱湘晖
张宗祥 梁亚玲 黄传慧 沈先钊

上海财经大学出版社出版发行
(上海市武东路 321 号乙 邮编 200434)
网 址：http://www.sufep.com
电子邮箱：webmaster @ sufep.com
全国新华书店经销
上海华业装璜印刷厂印刷装订
2015 年 8 月第 1 版 2015 年 8 月第 1 次印刷

787mm×1092mm 1/16 18.25 印张 467 千字
印数：0 001—4 000 定价：38.00 元

前　言

当今正处于信息时代，社会要求更多高素质的从事信息管理和信息系统开发的专门人才。《管理信息系统》是系统地阐述管理信息系统开发理论、方法与实践的专业书，其内容融合了先进的信息技术、现代的管理思想和系统的科学方法，涉及的知识为IT从业者所必备。

"管理信息系统"是信息管理与信息系统类专业、电子商务类专业、工商管理类专业及计算机科学与工程类专业的核心课程。通过本课程的学习，使学生系统地掌握信息系统开发的基本理论知识和方法，熟悉常用的开发工具，建立管理信息系统开发的总体思路；培养学生具备开发信息系统的初步能力；为今后从事信息管理和信息系统的开发打下坚实的理论基础。

全书由10章组成，内容包括管理信息系统概述、管理信息系统的技术基础、计算机辅助管理、管理信息系统的战略规划和开发方法、管理信息系统的系统分析、管理信息系统的系统设计、管理信息系统的实施、面向对象的开发方法、管理信息系统开发案例和管理信息系统实验指导，并附有电子教案PPT。

本书在组织材料上力求做到系统性、准确性、完整性、先进性和实用性，把培养读者分析问题、解决问题、实际动手和软件开发能力作为出发点。本书涉及的知识点具有新观点、新技术、新发展、新动态的特点，是信息技术与时俱进的特征体现。要求读者在阅读本书前，应具备计算机的基本理论和知识，包括数据结构、数据库技术和至少一门程序设计语言等，还应有一定的管理方面的知识。本书可作为高等院校管理科学与工程类专业、电子商务类专业、工商管理类专业及计算机科学与工程类专业的教材，也可作为相关专业学术型硕士研究生、MBA、物流管理、项目管理等工程硕士研究生的教材，同时可作为从事信息系统建设和计算机应用工作的技术人员、管理人员的参考书。

本书由武汉工程大学孙细明教授、湖北工业大学金勇教授以及长沙理工大学曾小青教授主编的《精编管理信息系统》(武汉理工大学出版社)改版而成，由武汉工程大学孙细明教授、武汉东湖学院白月华老师、武汉工程大学秦娟老师、华中农业大学李优柱老师主编。孙细明负责全书的总纂与定稿工作。全书的撰写和修改工作得到了孙细明、沈先钊、张宗祥、白月华、曾小青、李优柱、张曦、刘爱菊、李煜、余小鹏、朱湘晖、黄传慧、梁亚玲、秦娟的全力支持，电子教案PPT由孙细明、白月华制作。

武汉工程大学管理学院、河南大学工商管理学院、湖北工业大学管理学院、长沙理工大学经济管理学院、武汉东湖学院、江汉大学商学院的领导和教师们对本书的编写给予了大力支持，上海财经大学出版社王芳、湖北大信博文图书发行有限公司策划编辑刘娟等为本书的出版做了大量的工作，在此一并表示衷心的感谢！

由于作者水平有限，书中错误在所难免，恳请各位同行和读者赐教。

作者

2015年7月于武昌

目　录

第一章

管理信息系统概述

第一节　信息概述

随着人类社会向信息时代迈进，人们越来越清楚地认识到，知识就是力量，信息就是财富，信息资源在社会生产和人类生活中将发挥日益重要的作用。但是，信息成为一种资源的必要条件是对其进行有效的管理。如果没有信息管理，信息也可能带来意想不到的麻烦。因此，对信息及其相关活动因素进行科学的计划、组织、控制和协调，实现信息资源的充分开发、合理配置和有效利用，既是信息科学的重大应用课题，也是管理科学的新兴研究领域。

一、信息的概念

信息(Information)的概念是十分广泛的。世间万物的运动、人间万象的更迭，都离不开信息的作用。当今，随着以计算机技术、通信技术、网络技术为代表的现代信息技术的飞速发展，人类已进入信息时代。信息对经济发展、社会进步起着巨大的作用，信息已被视为与物质、能源同等重要的人类赖以生存和发展的重要资源。信息的占有水平与利用程度已成为衡量一个国家现代化水平和综合国力的重要标志。

关于什么是信息，学界尚未有统一、确切的定义。目前，有关信息的定义有如下描述：(1)信息是对事物运行状态和特征的描述；(2)信息是关于客观事实的可通信的知识；(3)信息是提供决策的有效数据；(4)信息是实体、属性、值所构成的三元组；(5)信息是数据加工后的结果。

定义(1)、(2)说明了信息是客观世界的各种事物变化和特征的反映。客观世界中的事物都在不停地运动和变化，呈现出不同的状态和特征，对这些状态和特征的描述就形成信息。定义(2)还说明了信息的传递性。由于人们通过感官直接获得周围的信息极为有限，因此，大量信息需要通过传输工具来获取。知识是反映事物的信息进入人们的大脑，对神经细胞产生作用后留下的痕迹，人们正是通过获得信息来认识事物、了解自然和改造世界的。

定义(3)说明了信息与决策的关系。现代管理的核心是决策，要实现正确的决策，必须拥有大量的信息。所以，信息是通过决策体现其价值的。

定义(4)说明了信息的构成。实体(Entity)是现实世界中的事物，如一个学生、一张凭证、一件产品等。属性是反映实体的特征，如产品编号、名称、规格、颜色、单重、单价等。值是针对某个实体的属性的具体内容。例如，学生这一实体可用属性学号、姓名、性别、出生年月、籍贯、专业等表示其特征，其值如2001126201、张三、男、1984.10、武汉、信息管理与信息系统。

定义(5)说明了信息与数据的关系。数据和信息具有不同的含义。数据是记录下来可以被识别的符号，本身并没有意义，经过处理后仍然是数据，其只有经过解释才有意义，才能成为信息。可以说，信息是经过加工以后，并对客观世界产生影响的数据。信息是更本质地反映事物的概念，而数据则是信息的具体表现。在不影响对问题的理解的情况下，有时对数据和信息这两个术语也不加以严格区别，如通常将“信息处理”说成“数据处理”。

二、信息的分类

为了研究的方便，人们从不同的角度对信息进行分类：按信息源的类型，可分为自然信息、社会信息和思维信息等；按信息的反映形式，可分为数字信息、文字信息、图像信息和语言信息等；按信息的应用领域，可分为管理信息、社会信息、科技信息、文化信息、体育信息和军事信息等；按信息的加工顺序，可分为原始信息、二次信息和三次信息等；按信息的稳定性，可分为固定信息和流动信息；按信息的重要性程度，可分为战略信息、战术信息和业务信息等；按信息的表现形式，可分为消息、资料和知识等。

消息是关于客观事物发展变化情况的最新报道。消息反映的是事物当前的动态，其生存期短暂，有较强的时效性，主要用于了解情况、决策行止。

资料是客观事物的静态描述与社会现象的原始记录。资料是对客观现实的真实记载，其生存期长久，有较强的累积性，主要用作论证的依据。

知识是人类社会实践经验的总结，是人类发现、发明与创造的成果。知识反映的是人类对客观事物的普遍认识和科学评价，对人类社会活动有重要的意义。人们通过学习掌握知识，可以增长创造才能，提高决策水平，更有效地开展各项社会活动。

原始信息主要是指信息发生的当时、当地的信息；二次信息是指原始信息经过处理以后得到的信息；依次类推。

固定信息是指相对稳定的信息，在一段时间内可重复使用，不发生质的变化；流动信息是指反映社会活动中的实际进程和实际状态的信息。

战略信息是指关系到全局和重大问题决策的信息，主要提供给高层管理者，包括系统内外、古往今来的各种环境信息；战术信息是指管理控制信息，是使管理人员能掌握资源利用情况，并将实际结果与计划相比较，从而了解是否达到预定目的，并指导其采取必要措施更有效地利用资源的信息，主要提供给中层管理者，包括系统内部各种固定信息、历史情况与现状信息，以及部分具体的外部信息；业务信息是用来解决经常性事务问题，并用以保证切实地完成具体任务，主要提供给基层管理者，包括直接与生产、业务活动有关的，反映当前情况的信息。这三类信息的层次性如图1—1所示。

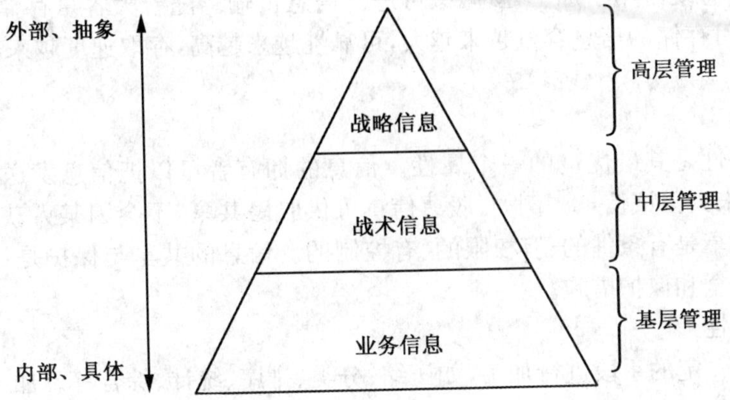

图 1—1　信息的不同层次

各应用领域相互关联，各类信息在范围上与内容上相互交叉、重叠，如管理信息就涉及政治、经济、科技、文化等领域。这里，我们着重讨论管理信息，即与人类的管理活动特别是企业管理活动有关的信息。管理信息是组织在管理活动过程中采集到的、经过加工处理后对管理决策产生影响的各种信息的总称。

管理信息的主要表现形式是报告、报表、单据和进度图，此外，还有计划书、协议、标准、定额等类似于报告的形式。

管理信息的作用主要体现在：它是组织进行管理工作的基础和核心，是组织控制管理活动的重要手段和联系各个管理环节的纽带，是提高组织管理效率的关键。

三、信息的性质

信息的性质是指信息区别于其他事物的本质属性，具体包括：

(一)普遍性

信息是事物运动的状态和方式，只要有事物存在，只要有事物的运动，就会有其运动的状态和方式，也就存在着信息。无论在自然界、人类社会，还是在人类思维领域，绝对的"真空"是不存在的，绝对不运动的事物也是没有的。因此，信息是普遍存在着的。信息与物质、能量一起构成了客观世界的三大要素。

(二)事实性

事实性是信息最基本的属性。不符合事实的信息不仅不能使人们增加知识，而且有害。保证信息的事实性也就是保证信息的真实性、准确性和客观性等，从而达到信息的可信性。如果给决策者提供失真的信息，那么决策就会失误。

(三)传递性

信息可通过各种手段传递至人们希望其到达的地方。目前，人们主要是利用各种通信工具(如电话、电报、微波、卫星)和技术(如网络)等进行信息的传递。随着计算机技术和通信技术的不断发展，信息传递的形式越来越多样化，不仅可传输文字、数字，而且可传输声音、图像等，且传输的可靠性越来越高，误码率越来越低。信息的传播具有两面性：一方面可加快信息的扩散；另一方面可能造成信息贬值、泄密等。

(四)存储性

信息可借助于各种载体(如纸、磁带、磁盘等)在一定条件下存储起来，也可依据需要压缩存储。存储的信息既可用于加工处理，又可进行信息传输。随着大容量存储介质的产生和存储技术的运用，可存储的信息容量越来越大，可靠性越来越高，存取速度越来越快，而存储介质越来越小。

（五）共享性

信息的共享性是其最优良的一个属性。信息的拥有者可以把信息发送给多个接收者共享，而拥有者并未失去该信息。例如，股票信息可供股民共享，不会因某人获得信息而使他人减少信息。但共享是有条件的、有权限的、有控制的。信息的共享与保护是一对矛盾，这就涉及各种信息的安全和保护措施。

（六）可加工性

信息可通过一定的手段进行加工，如压缩、分类、排序、统计、综合等。加工是有目的性的，往往是为了某种需要而对信息进行加工。加工后的信息反映信息源与接收者之间相互联系、相互作用的更为重要和更加规律化的因素。需要注意的是，信息加工过程要保证语法、语义和语调三者的统一，以免造成信息失真。信息加工是人们利用信息为社会服务的重要途径。

（七）时效性

信息的时效是指从信息源发送信息，经过接收、加工、传递、利用所经历的时间间隔及其效率，时间间隔越短，使用信息越及时，使用程度越高，则时效性越强。

（八）层次性

信息是可分层的，一般分为战略级、战术级和作业级。不同级别的信息，其应用对象、内容、来源、精度、寿命和使用频率都不相同。作业级信息大部分来自内部，其内容具体，精度要求高，使用频率也高，但使用寿命短；战略级信息大部分来自外部，其内容抽象，精度要求低，使用频率也低，但使用寿命长；战术级信息介于前述两者之间。

（九）相对性

信息是无限的，但相对于认知主体来说，人们实际获得的信息（实得信息）总是有限的。信息的不完全是绝对的。信息往往是局部的、不全面的，这与其应用目的有关。信息有主次之分，对于所收集的信息要经过加工得到有用的信息，舍弃无用的和次要的信息。

（十）价值性

信息是有价值的。对于信息的价值有两种衡量方法：一种是按所花的社会必要劳动量来计算；另一种是按使用效果来衡量。信息的使用价值必须经过转换方能得到。用于某种目的的信息随着时间的推移而价值耗尽，但对另一目的其可能又显示价值。例如，天气预报的信息，预报期一过，对指导当前的生产不再有用，但天气预报的研究者可用其预测未来的天气。

第二节 信息系统及其发展

一、系统

（一）系统的定义

系统（System）的概念频繁地出现在我们的社会生活和工作中，不同的人在不同的场合赋予其不同的含义，如人的生理系统、计算机系统、社会系统和教育系统等。

所谓系统，是指由相互联系和相互制约的一些部件组成的，为达到某种目的，具有特定功能的有机整体。按照数学的观点来看，系统是若干元素的集合。

对于系统可以从以下三个方面来理解：

第一，系统是由一些部件组成的。这些部件可能是个体、元素等，也可能本身就是一个系统（或称子系统）。例如，CPU，输入、输出设备，存储器等构成计算机硬件系统，而硬件系统又是计算机系统的一个子系统。

第二，系统的构成有一定的结构。系统内的部件相互联系、相互制约，构成一个有机的整体。例如，计算机硬件系统的组成是有结构的，是由各部件按照一定的体系结构装配而成。

第三，系统是具有一定功能的。无论什么样的系统，都表现出本身的性质、能力和功效。例如，计算机硬件系统要完成输入、处理（包括计算、分类、排序等）、存储、输出等功能。

需要指出的是，"系统"一词几乎不单独使用，其往往与一些修饰词构成复合词，如前面讲到的"计算机硬件系统""教育系统"中的"计算机硬件""教育"等。前者描述研究对象的物质特征，即"物性"；而"系统"则表示所述对象的整体特征，即"系统性"。因此，对某一具体对象的研究，既离不开对其物性的讨论，也离不开对其系统性的阐述。例如，教室系统由教师、学生、课本、设备组成，所有成分相互影响以达成学习目标。

（二）系统的分类

1. 按系统的复杂程度分类

按系统的复杂程度，可以把系统分成三类九等。如图 1－2 所示，底层为物理类，包括框架、钟表及控制机械；中间层为生物类，包括细胞、植物和动物；高层为人类社会及宇宙类，包括人、社会和宇宙。

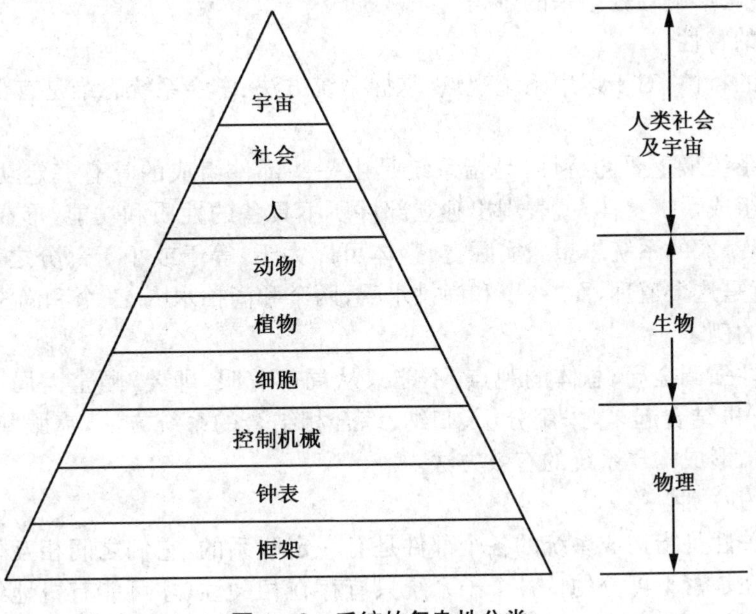

图 1－2　系统的复杂性分类

2. 按系统的起源分类

按系统的起源，可以将系统分为自然系统和人工系统。自然系统是宇宙中进化形成的，不可还原的整体。人工系统是源于人类的某个目的而设计、产生、构造出的系统，管理信息系统就是一种人工系统。

3. 按系统的抽象程度分类

按系统的抽象程度，可以将系统分为概念系统、物理系统和逻辑系统。概念系统（Conceptual System）是最抽象的系统，是人们根据系统的目标和以往的知识构思出来的系统雏形，它在各方面均不完善，也有可能实现不了，但它表述了系统的主要特征，描述了系统的大致轮廓。逻辑系统（Logical System）是介于物理系统与概念系统之间的，在概念系统的基础上构造出的原理上可行的系统，它考虑到总体的合理性、结构的合理性和实现的可能性，摆脱了具体实现细节的物理特性。物理系统（Physical System）是完全确定的系统，其组成部分是完全确定的存在物，如人类、生物、机械、矿物等。

4. 按系统与外界环境的关系分类

按系统与外界环境的关系，可以将系统分为开放系统和封闭系统。开放系统是指不可能与外界分开的系统，该系统与外界环境之间交换信息、物质等，如社会系统、生命系统等。封闭系统是指与外界分开，不受外界影响的系统，该系统也不与外界环境之间交换信息、物质等，如某学校的学生成绩管理系统。当然，开放系统与封闭系统是不能绝对化的，严格地讲，现实世界中没有完全意义上的封闭系统，这主要取决于世界的划分和环境的明确。封闭系统具有不可贯穿的边界，而开放系统的边界具有可渗透性。

5. 按系统内部结构分类

按系统内部结构，可以将系统分为开环系统和闭环系统。开环系统与闭环系统的主要区别在反馈上。所谓反馈，是指把系统的输入内容作用于受控对象后，把产生的输出结果返回到输入端，经过处理影响受控结果的过程。

（三）系统的特性

了解系统的特性，对于运用系统观点、掌握系统方法、学会系统思维是有帮助的。

1. 系统的整体性

整体性是系统最重要的特性，是指系统是由一些部件组成的具有一定功能的有机整体。各个部件一旦组成系统整体，就表现出独立部件所不具备的性质和功能，形成系统的新功能，从而体现“1+1>2”的系统思想。实际上，整体可以大于、等于或小于部分之和。提倡团队精神、群体意识就是这个道理，而“一个和尚挑水喝，两个和尚抬水喝，三个和尚没水喝”就是整体小于部分之和的例子。

系统整体性强调全局、总体的观点，不能只从局部着眼，即要“顾全大局”，从整体上看问题，把各部分有机结合起来，采用分析、归纳、综合相结合的系统方法，克服“只见树木不见森林”的片面做法，形成构建系统的有效方法。

2. 系统的相关性

系统的相关性是指构成系统的各个部件是有一定联系的，它们之间相互作用、相互制约。相关性与整体性是密不可分的。各个子系统只有存在相关性，才可能有机地组合成系统。如果各部分完全不相干，不存在任何联系，就没有必要构成系统。实际上，各子系统也是相对独立的，均完成自身的功能，只有这些子系统相互配合，或者前后衔接，或者主从搭配，才能共同实现系统的目标。

认识系统的相关性有利于对系统进行分解，也有利于把各子系统协调起来构成系统。

3. 系统的层次性

系统的层次性主要体现在构成系统的结构上形成一定级别。一个系统可以分成若干个子系统，一个子系统又可以分解成更细一级的子系统。每个子系统都有其自身的目标、边界、输入、输出、内部结构及各种流。层次可按系统的作用、功能、信息流或者控制流来划分。实际上，上层是总体，越低层越具体化。按系统的层次性去认识客观事物给我们提供了一种自顶向下、逐步求精的方法。这就是说，我们在研究某个系统时，应集中精力注意其层次结构，考虑本质的内部关系，暂时不顾下一层的细节，当这一层的问题弄清楚之后，再根据需要深入下一层次的某些细节中去。一般来说，高层结构对低层结构有更大的制约性；低层结构是高层结构的基础，反作用于高层结构。

4. 系统的目的性

目的是指预先确定的目标。任何系统都是为了某些目标而有机地组合起来。系统的目的性是系统发展变化时所表现出来的特点，具有实践上的指导意义。一个系统的状态不仅可以用其现实状态来表示，也可以用其发展终态来表示，还可以用现实状态与发展终态的差距来表示。因此，人们不仅可以从原因来研究结果，以一定的原因来实现一定的结果，而且可以从结果来研究原因，按照设定的目的来要求一定的原因。

对于人工系统，建立者为了达到某种目的，把所需的各种资源（如人、财、物）按一定的结构组织起来，形成自己所要的系统。管理信息系统分析与设计就是按照管理信息系统规定的目标去分析、去设计，系统的目标将是整个开发工作的出发点。

5. 系统的动态性

系统的动态性是指系统按照一定的规律发展变化，从一种状态变为另一种状态。这是一种变化过程，是发展的观点，具有与时俱进的特点。任何系统都要受到环境的影响，特别是人工系统，由于社会的进步、管理方式的改变、技术的发展，要求会越来越高，为了适应这些变化，系统就要及时更新。

6. 系统的稳定性

系统的稳定性是指抗干扰能力。在外界作用下的开放系统有一定的自我稳定能力，能够在一定范围内自我调节，从而保持和恢复原来的有序状态、结构和功能。系统稳定性是开放中的稳定性、动态中的稳定性，稳定并不等于静止，它是相对的，不是绝对的，是与系统整体性、目的性相联系的。有时系统整体上是稳定的，却可能存在局部的不稳定性，而局部的不稳定性可能成为系统发展的积极因素。

二、信息系统

（一）信息系统的定义

信息系统（Information System）是一个人工系统，由人、计算机硬件、计算机软件和数据资源组成，目的是及时、正确地收集、加工、存储、传输决策所需的信息，实现组织中各项活动的管理、调节和控制。

信息系统本身是一种系统，其特点在于其输出的是信息。信息系统是一套有组织的程序。它为了产生决策而生成所需的信息。所以，信息系统必须建立在管理系统之中。各种基本的管理功能，如人事、会计、财务、营销等都是信息系统建立的基础。一个企业本身就是一个信息系统，它从本身以及外围环境中收集有关的数据做成记录，加以处理。对处理后的数据加以解释，依据解释的结果作出决策，并采取各种必要的行动。此外，它还向本企业以外的有关企业、政府机关等提供必要的信息。

信息系统包括信息处理系统和信息传输系统两个方面。信息处理系统对原始数据进行处理，获得信息。例如，将某个班级所有学生某门课的成绩输入计算机，通过计算得到平均成绩就是一种信息处理。计算机系统本身也是一种信息处理系统，人们通过输入设备输入原始数据，经过系统处理，得到人们所需的输出信息。信息传输系统不改变信息本身的内容，只是把信息从一处传到另一处。例如，电话系统、在互联网上传输信息等都是信息传输系统。

通常我们所说的信息系统是指人机系统。人与计算机之间的联合及交流是信息系统的重要一环。一个信息系统必须重视人与计算机的关系，这是信息系统设计的重要问题之一。计算机是一个可变化的系统，使用人也在使用系统后不断变化。机器使人的特性改变了，人也使机器的特性不断适应人的要求。随着计算机技术的发展，人对计算机的要求也越来越多。

在信息系统中，计算机的特点在于：能够保存大量历史数据并进行筛选、分析；能够仿真应用环境和真实的管理系统；产生各种方案的可行解，自动淘汰非优解。人的特点在于：能够根据经验和大量知识进行模糊推理；处理各种与人有关的问题。

由此可见，在信息系统中，要充分考虑人的特点，努力保持人与机器的和谐，注意人与机器的合理分工，充分吸收人的经验和智慧，把计算机与人结合起来，充分发挥人和计算机各自的长处。

（二）信息系统的基本功能

1. 信息的收集

信息系统的首要任务是把分散在组织内外的数据或信息收集并记录下来，整理成信息系统要求的格式和形式，作为信息系统的输入。

根据数据和信息来源的不同，可以把信息收集工作分为原始信息收集和二次信息收集两种。原始信息收集是指在信息或数据发生的当时、当地，从信息或数据所描述的对象上直接把信息或数据抽取出来，并用某种技术手段在某种介质上记录下来。原始信息收集的关键是完整、准确、及时地把所需要的信息收集起来，记录下来，做到不漏、不错、不误时。因此，它要求时间性强、检验功能强、系统稳定可靠。二次信息收集则是指收集已记录在某种介质上，与所描述的对象在时间与空间上已分离的数据或信息。它往往是在不同的信息系统之间进行的，其实质是从别的信息系统得到本信息系统所需的信息。其关键问题在于有目的地选取所需信息和正确解释所得到的信息。所谓正确解释，是指不同的信息系统之间在指标含义上统一认识，防止误解。

数据或信息收集可以是人工的，也可以是自动的。例如，模拟信号的获取，其收集方法有多种，包括利用码、磁性或光学方法等，如商品上的条形码、银行用的磁卡等，可通过扫描输入计算机，这样一来既减少了人工操作，又保证了数据输入的准确性。

收集信息可以是闭环系统，直接收集，直接处理；也可以是开环系统，收集后先存储起来，需要时再处理。

2. 信息的存储

信息的存储要考虑到存储量、存储介质、存储格式、存储方式、存储结构、存储时间和安全保密等问题。

存储量通常根据信息系统中的信息量来估算，一般以一天多少 KB、一个月多少 KB、一年多少 KB 表示，也可用 MB 作为单位。存储介质主要是指计算机的存储设备，如磁带、磁盘、光盘等。磁带只能顺序存取，磁盘和光盘可直接存取。存储格式是指以什么形式进行存储，包括代码、数字、文字、声音、图像等。存储方式是指采用集中存储还是分散存储。集中存储可减少冗余，有利于共享；分散存储虽有冗余，但可方便用户，保证数据的一致性。存储结构主要考虑逻辑结构和物理结构。逻辑结构是按照信息的内在联系及使用方式把大批信息组织成合理结构,如文件有顺序文件和随机文件等组织结构。物理结构是指信息在物理介质上的存储结构和组织,如文件有连续文件、链接文件和索引文件等。

存储时间要根据信息的重要程度及系统对信息保存时间的长短来确定。若把信息以文件形式组织,则有临时文件、档案文件等。安全保密是要求采取措施防止信息遭受意外情况和人为破坏,通常使用的方式有备份和采取一定的保密措施,如加密、口令等。

3. 信息的传输

为了收集和使用信息,需要把信息从一个子系统传送到另一个子系统,或者从一个部门传送到另一个部门,其实质是数据通信,其一般模式如图1—3所示。

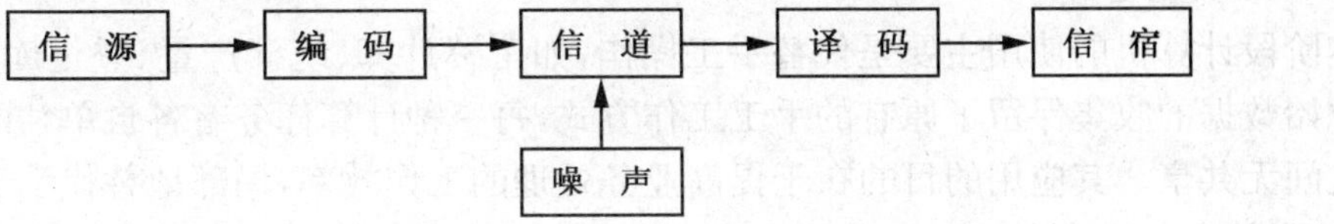

图1—3 信息传输的一般模式

信源是信息的来源,可以是人、机器等。信源发出信息,一般以某种符号(文字、图像等)或某种信号(语言、电磁波等)表现出来。

编码是指把信息变成信号。其中,码是指按照一定规则排列起来的,适合在信道中传输的符号序列。信号有多种,如声音信号、电信号、光信号等。

信道是信息传输的通道,可采用明线、电缆、无线、微波、卫星等传输介质传送。

噪声是指外界环境的干扰,如杂音,可能由于雷电形成,或者同一信道中由其他信息引起。

译码是编码的逆过程。信号序列通过输出端输出后,需要翻译成文字、图像等,成为接收者需要得到的信息。

信宿是信息的接收者,可以是人、机器或另一个信息系统。

信息传输的指标是传输速度和误码率。要尽可能提高传输速度并降低误码率。计算机网络技术的发展使信息传输更方便,传输的信息量更大,其形式更多样化,不仅是数字、文字,还有声音、图像等。

4. 信息的加工

一般来说,数据经过加工以后才能成为信息。信息系统中对信息加工的范围很广,从简单的查询、排序、合并、计算到复杂经济模型的仿真、预测、优化计算等。这种功能的强弱是反映信息系统能力的重要方面。现代信息系统在这方面的能力越来越强,特别是面向高层管理的信息系统,在加工中使用了许多数学方法及运筹学、数理统计的工具,具有较强的能力。许多信息系统不但有数据库,还有方法库、规则库、模型库等,并用到了人工智能。近几年发展的数据挖掘(Data Mining)技术是最新的动态。

数据挖掘是在庞大的数据库中寻找有价值的隐藏事件加以分析,并将这些有意义的信息归纳成结构模式,作为管理者进行决策的参考依据。

5. 信息的输出

建立信息系统的目的是为管理人员提供信息。信息系统的输出结果应易读易懂、直观醒目,其格式应尽量符合使用者的习惯。有时,可以把信息输出到某种存储介质(如磁带、磁盘、光盘)上,这些信息既可以进一步处理,又可以传输到其他系统和人。

三、信息系统的发展

信息系统经历了从电子数据处理到管理信息系统，又到决策支持系统的发展过程，近几年又有新的发展。

(一)电子数据处理

计算机的最早应用是科学计算。到1953年以后，计算机的应用朝数据处理方向发展。电子数据处理(Electronic Data Processing，EDP)主要用于日常业务与事务的处理，定期提供有关业务信息等。这一阶段的应用可以分为两个水平：单项数据处理和数据综合处理。

1. 单项数据处理

本阶段计算机的使用主要是代替手工操作，如工资计算、统计产量、登记库存等事务性工作。原始数据的收集保留了原有的手工工作方式，每一种计算任务有各自单独的文件，但这些文件之间无共享。其应用的目的在于提高业务处理的工作效率，局部地替代手工劳动。

2. 数据综合处理

本阶段用计算机来控制某一个管理子系统，并具备有限的反馈功能。数据处理任务开始集成为系统，多计算任务不止使用一个数据文件，相关的计算程序可共用一套文件系统，但尚无公用数据库。其应用主要是提供给基层管理者有关的数据或信息。

(二)管理信息系统

1. 管理信息系统的含义

20世纪60年代后，计算机的应用越来越广，由数据综合处理发展到管理信息系统。管理信息系统(Management Information System，MIS)是利用计算机的硬、软件资源，网络通信设备以及办公设备，为实现企业整体目标，对信息进行收集、传输、存储、加工、输出，给各级管理人员提供业务信息和决策信息的人机系统。

2. 管理信息系统的特点

(1)管理信息系统是一个一体化系统或集成系统。管理信息系统进行企业的信息管理是从总体出发，全面考虑，保证各职能部门共享数据，减少数据冗余，保证数据的兼容性和一致性。

(2)在企业管理中全面使用计算机。企业的各项主要管理功能(如市场预测、合同管理、生产计划、财务管理、设备管理、人事管理等)都应用计算机处理，为各级管理人员提供信息也通过计算机来实现。

(3)应用数据库技术和计算机网络。具有集中统一规划的数据库是管理信息系统的重要标志。管理信息系统中的数据库是经过精心设计而建立的，它标志着信息已集中成为资源，为各种用户所共享，并具有功能完善的数据库管理系统，负责数据的组织、输入和存取，使数据为多种用户服务。通过计算机网络，使管理信息系统中的数据不仅可以集中处理，而且可以分布处理，使一些大型信息系统克服地域限制，甚至跨越国界，为设在各地的分公司或办事处服务。

(4)采用决策模型解决结构化的决策问题。那些目标明确，具有确定的信息需求、规范的方案探索与选择的规则和程序的决策为结构化决策，如用线性规划来求解生产资源的最优配置等问题。

(三)决策支持系统

1. 决策支持系统的含义

现代管理的核心是决策，为使计算机应用对管理工作提供更强有力的支持，必须使其更直接地为管理决策服务，特别是为高、中层管理决策服务。

决策支持系统(Decision Support System，DSS)是一种以计算机为工具，应用决策科学及有关学科的理论与方法，以人机交互方式辅助决策者解决半结构化和非结构化决策问题的信息系统。

决策支持系统并不代替决策者作出决策，而是为决策者提供一个分析问题、构造模型、模拟决策过程及其效果的决策环境，以提高决策者的决策技能和决策质量的支持系统。

所谓非结构化决策问题，是指那些决策过程复杂，其决策过程和决策方法没有固定的规律可以遵循，没有固定的决策规划和通用的模型可依，决策者的主观行为(如学识、经验、直觉、判断力、洞察力、个人偏好和决策风格等)对各阶段的决策效果有相当影响的决策问题。半结构化决策问题介于结构化决策问题与非结构化决策问题之间，其决策过程和决策方法有一定规律可以遵循，但又不能完全确定，即有所了解但不全面，有所分析但不确切，有所估计但不确定，其决策问题一般可适当建立模型，但无法确定最优方案。

2. 决策支持系统的特点

(1)需要处理的数据类型复杂，格式化程度低，并且包括大量历史数据和企业外部的数据。与 MIS 相比，DSS 要求信息存储的格式更灵活，信息收集的范围更加广泛，因而，数据整理的难度也更大。其困难一方面在于难以收集信息，有些信息几乎不可能收集完整；另一方面在于难以用统一的格式进行整理。DSS 应有充分的灵活性和适应性，能从广大数据源中捕获和析出用于决策的 DSS 数据库。

(2)对信息加工的要求比较复杂，并且具有很大的随机性。管理人员所需要的决策信息，特别是高层管理人员所需要的决策信息常常不是用某个确定的数据模型进行加工就可以得到的。因此，在 DSS 中必须有一个模型库系统。

(3)DSS 的工作方式主要是人机对话方式。DSS 的许多功能是从系统与用户之间的相互作用中衍生出来的。由此，在 DSS 中有一个对话子系统。

(4)与决策者的工作方式等社会因素关系密切。从客观上看，社会的发展、环境的变化、技术的更新、政策的修订等都对管理决策的方式产生影响。如前所述，决策者的主观行为也影响着决策问题。

EDP、MIS 和 DSS 之间的比较如表 1—1 所示。

表 1—1　　EDP、MIS、DSS 的比较

类型	层次	目 标	信息源	处理方式	管理参与	问 题
EDP	基层	提高效率	内部一次小全	固定(不用模型)	无	事务
MIS	管理层	及时转化价值	内部二次大全	选择(用模型)	少	结构化
DSS	决策层	寻找时机	二次外部不完全	灵活(用模型)	多	半结构化与非结构化

(四)信息系统的新发展

1. 智能决策支持系统

智能决策支持系统(Intelligence Decision Support System，IDSS)是将人工智能(Artificial Intelligence，AI)技术引入 DSS 而形成的一种信息系统。其框架如图 1—4 所示。

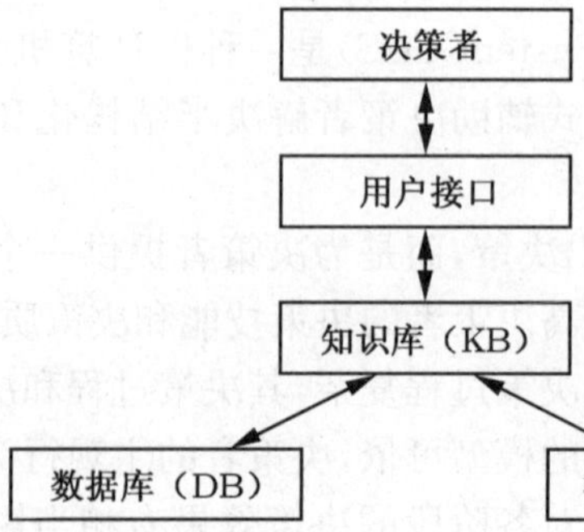

图 1—4 IDSS 框架

IDSS 与 DSS 的主要区别在于其具有一定的人工智能，具有类似人类专家的学习、判断和推理能力。

IDSS 具有以下特征：

(1)掌握丰富的知识。足够的知识是系统解决问题的基础，所以系统内必须有一个内容丰富的知识库。

(2)有通过学习或在运行中增长和扩大知识的能力。

(3)有判断和推理的功能。也就是说，该系统能对用户询问进行自动识别和分析，能自动调用知识库中的有关知识，加以组合、修改和扩充，形成针对用户问题的知识、模型和信息。

2. 群体决策支持系统

群体决策支持系统(Group Decision Support System，GDSS)是把计算机处理、数据通信、电子邮件等多种技术结合起来，以支持决策者之间的通信，以各种形式传输数据、表示信息，使不同地点的决策者可以通过自己的计算机终端参与共同决策的计算机辅助决策信息系统。

在 GDSS 中，决策者可以在会议室内进行群体决策，也可以分散在不同地点，围绕一个称为“主题”的决策问题，在某种规程的控制下实现群体决策。

GDSS 大致有以下四种类型：

(1)决策室：决策者在室内通过互联的计算机共同完成决策。

(2)虚拟会议：分散在各地的决策者在某一时间进行集中决策。

(3)局域决策网：决策者在近距离的不同办公室内利用局域网进行群体决策。

(4)远程决策网：决策者利用广域网通过信息传输来完成群体决策。

GDSS 通常配有数据库、模型库、知识库和各种应用软件(如辅助表决软件、会议议程、会议组织软件和会议记录软件等)。会议中每个决策成员可以自己运行不同的决策模型查询共享数据库，计算机网络完成各成员之间的信息交流，公用屏幕能动态地反映各个成员的决策过程，显示各种决策方案或公布表决结果等。

3. 经理信息系统

经理信息系统(Executive Information System，EIS)是专用于辅助高层管理人员获取和运用有关信息，以支持决策为主要任务的信息系统。

EIS 的主要功能有：

(1)浏览。高层管理人员通过在计算机终端上浏览一个专门的简单文件从而了解组织机构的情况，并可进一步了解有关细节。

(2)多种表示形式。可以用文件、数据、表格、图形,甚至声音等表示有关信息内容。

(3)分析和建立模型。可以辅助高层管理人员分析问题并建立相关模型以处理相关问题。

(4)访问多种数据资源。高层管理人员不仅可以获取单位内部的数据,还可以了解同行或竞争对手及影响本单位发展的有关信息,并对存在的问题和异常情况及时报警。

(5)电子邮件。高层管理人员之间或者高层与基层管理人员之间可以通过电子邮件进行交互,从而辅助决策。

4. 计算机集成制造系统

计算机集成制造系统(Computer Integrated Manufacturing System,CIMS)是将计算机辅助设计(CAD)、计算机辅助制造(CAM)、MIS等不同类型的子系统逐一连接起来一起工作,使之成为一个有机的整体。

CIMS具有以下特征:

(1)CIMS是高科技密集型技术,是系统工程、管理科学、计算机科学与技术、通信网络技术和生产自动化技术等的高度综合体。因此,CIMS是高度计算机化、自动化和智能化的现代化大生产系统。

(2)CIMS是一个大型的一体化管理系统。它将市场分析、预测、计划、决策、产品设计、工艺设计、加工制造、生产管理、经营销售集成为一个良性循环系统。

(3)CIMS将生产控制信息流、技术信息流和管理信息流集成一体,达到数据的高度共享。

第三节 信息系统和管理

一、当代管理环境的变化

自20世纪80年代以来,信息越来越被人们重视,成为企业的重要财富和战略性资源。这与当代管理环境的重大变化紧密相关。

(一)经济全球化

"信息使空间变小,距离对经济活动的约束日益弱化。经济活动的国内和国外界限变得模糊起来。知识无国界,作为主要经济资源的知识必然导致经济活动突破国界而成为全球活动。"[①]实际情况是,现在世界上一些经济发达国家的经济已在很大程度上依赖于国际贸易。今天成功的企业都依赖于其全球运作的能力。世界性销售网点的建立需要依靠信息系统来跟踪订货、运货和结算,进行世界范围内的协调和管理,实现各子公司、销售网点与总公司以至供应商之间全日24小时的联系。跨国公司如沃尔玛、麦德隆等出现了全球性的商业系统,顾客可以查到世界市场上商品的价格信息和质量信息,因此,企业之间的竞争进一步加剧。这种管理环境的变化使那些得不到信息系统支持的企业越来越难以生存。

(二)知识经济

世界经济正面临新的经济改革,不少国家的经济从工业经济转向基于知识和信息的服务经济(Knowledge and Information-based Service Economy),即以知识为基础的经济时代已经来临。知识经济直接依赖于知识和信息的生产、扩散和应用。明显的例子是现在以软件为产品的微软公司的产值已超过美国三大汽车公司产值的总和。软件的发展、网络的产生和虚拟

---

① 论信息经济及其管理[N].光明日报,1998-3-6.

技术的应用正在使企业资产中无形资产的比例不断增加。知识经济的来临将对我们的生产方式、生活方式、思维方式和管理决策产生重大影响，企业管理将从生产向创新转变，其经济效益将越来越依赖于知识和创新。一个企业要生存和发展，就必须依靠信息系统的支持，用动态的观点来研究面临的新问题。这就是为什么在经济发达国家，许多服务行业（如金融、保险和房地产等）甚至将70%以上的投资都用于发展信息技术。

（三）信息时代

"我们正处于一个变革的时代，在这个时代，信息技术给企业的运作和管理带来了巨大的冲击，许多基于信息技术的新管理理论和模式正在形成。研究信息技术对现代企业的管理带来的影响，不仅是企业成功的关键，而且是生存的必要。"①信息技术给新时代的管理带来了巨大的挑战，这种挑战首先表现在信息融合。企业的战略决策，如投资、融资、开发新产品等，都是长期性行为，是有风险的，因此，需要了解竞争对手，了解行业和客户，以发挥自身优势。要做到这一点就必须借助技术手段。例如，商务智能就是这样一种新知识和新技术，它可以把信息技术与战略相结合，通过分析、决策等手段帮助企业决定战略和经营目标。

由于信息的融合，信息技术成为管理业务的一部分，我们已经不能从财务上将信息化的效果区分出来，我们很难说哪一部分是信息技术带来的收益，哪一部分不是；同样，由于信息的融合，我们也不能明确知道信息化能节约多少费用；我们很难分清企业发展的哪一部分是由于信息化导致的。

信息技术缩短了时间，缩小了空间，导致企业的边界发生了变化，从而改变了我们对传统企业组织结构的认识。现在的企业可以遍布全球而丝毫不影响企业的运作，过去要求有厂房、有设备，而现在业务可以外包出去，将业务交给第三方去做。以前外包仅仅是非核心、边缘业务，现在有很多企业将主要的甚至是核心业务外包。于是，新的管理领域出现了，项目管理、文化、结构上的冲突等问题都是这个时代给我们带来的新的管理问题。

二、信息系统与管理的关系

管理的任务在于通过有效地管理好人、财、物等资源来实现企业的目标，而要管理这些资源，需要通过反映这些资源的信息来管理。每个管理系统都首先要收集反映各种资源的有效数据，然后将这些数据加工成各种统计报表、图形或曲线，以便管理人员有效地利用企业的各种资源来完成企业的使命。所以，信息是管理上的一项极为重要的资源。信息对于管理的重要性在于"管理就是决策"。管理工作的成败取决于能否作出有效的决策，而决策的正确程度则取决于信息的质和量。一定的管理方法和管理手段是一定社会生产力发展水平的产物。现代社会的特点是分工越来越细，对各种问题的影响因素越来越错综复杂，对情况的反映和决定越来越要求迅速、及时，管理效能和生产、经营效能越来越取决于信息系统的完善程度。因此，对信息的需要不仅在数量上大幅度增加，而且在质量方面也要求其正确性、精确性和时效性等不断提高。传统的手工系统越来越无法应付现代管理对信息的需要。生产社会化的发展必然会在越来越大的生产、经营活动范围内把碰运气、照传统办事及靠猜测等现象从决策过程中排除出去。基于计算机的信息系统能把生产和流通过程中的巨大数据流收集、组织和控制起来，经过处理，转换为对各部门有用的数据，经过分析，使其变成对各级管理人员作决定具有重要意义的信息。特别是运筹学和现代控制论的发展，使许多先进的管理理论和方法应运而生，而

① 信息时代的企业组织结构浅析[EB/OL].百度文库，2011－4.

这些理论和方法又都因为计算工作量太大,用手工方式根本不可能及时完成,只有现代电子计算机高速、准确的计算能力和海量存储能力才能为这些理论从定性到定量方面指导决策活动开辟新局面。

任何组织都需要管理。所谓组织,是指人们为了实现共同目标而组成的群体,如企业、部门、公司等,它们都具有一定的形式和结构,并完成其特定的功能。一个组织的管理职能主要包括计划、组织、领导和控制四个方面,其中任何一个方面都离不开信息系统的支持。下面分别讨论信息系统对计划职能、组织职能、领导职能和控制职能的支持。

(一)信息系统对计划职能的支持

计划是对未来作出的安排和部署。任何组织的活动实际上都有计划,区别在于这种计划是否正式。非正式计划容易造成不协调和不完整,正式计划不仅可以作为行动的纲领,而且是对执行结果进行评价的依据。管理的计划职能是为组织及其下属机构确定目标,拟订为达到目标的行动方案,并制订各种计划,使各项工作和活动都能围绕预定目标进行,从而达到预期的效果。高层的计划管理还包括制定总的战略和总的政策。计划还应该为组织提供适应环境变化的措施,因为急剧变化着的政治、经济、技术和其他因素要求及时修订计划和策略。信息系统对计划的支持包括如下几个方面:

1. 支持计划编制中的反复试算

信息是制订计划和实施计划的基本依据。为了使计划切合实际,必须收集历史的和当前的数据,通过分析,研究变化的趋势和预测未来,还要围绕计划目标进行大量、反复的计算,拟订多种方案。在这个过程中,多方案的比较及每个方案中个别数据的变动都可能引起其他许多相关数据的变动。虽然计算方法不一定很复杂,大多是一些简单的表达式,但表达式之间的关系却可能错综复杂,所以,计算的工作量特别大,通常需要事先设计一些计划模型,然后用不同的变量值反复试算。这是一项十分繁琐的计算工作,如果没有计算机的支持,不仅工作量大,而且会影响计划编制人员的工作积极性。

2. 支持对计划数据的快速、准确存取

为了实现计划管理职能,重要的是建立与计划有关的各种数据库,其中主要有:(1)各类定额数据库,如劳动定额数据库、设备利用定额数据库、物资消耗定额数据库、资金利用定额数据库、管理费用定额数据库和生产能力定额数据库等;(2)各类计划指标数据库;(3)各种计划表格数据库;等等。

完善和充分利用上述各种数据库系统,可以实现对企业计划数据的快速、准确存取,从而使企业的生产经营指挥系统得到加强。

3. 支持预测

预测是对未来状况作出估计的专门技术,而计划则是对未来作出安排和部署以达到预期的目的。所以,计划与预测虽是两个不同的概念,但计划必须在预测的基础上进行。预测支持决策者作出正确的决策,制订可靠的计划。随着我国经济体制改革的推进,预测作为计划的基础已日显重要。

预测的范围很广,方法也很多,如主观概率法、调查预测法、类推法、德尔菲法、因果关系分析法等。这些预测方法的计算量大,常常要用计算机来求解。

4. 支持计划的优化

在企业编制计划时,经常会遇到对有限资源的最佳分配问题。例如,某印染厂从技术上看,有可能生产几种产品,每种产品的单位利润差别很大。一般来讲,各产品的加工过程不同,即生产中分别经过不同的加工设备。现在有若干种加工设备,每种加工设备每年可提供的设备生产能力是一个有限的值。编制计划时就可能提出,生产哪几种产品可以在设备生产能力允许的条件下获得最大的利润?对于这样一个问题,可以建立数学模型,然后在计算机上通过人机交互方式进行求解。

(二)信息系统对组织职能的支持

组织职能包括人的组织和工作的组织,具体包括确定管理层次、建立各级组织机构、配备人员、规定职责和权限,并明确组织机构中各部门之间的相互关系、协调原则和方法。

信息技术是现阶段对企业组织进行改革的有效技术基础。信息技术的发展促使企业组织重新设计、企业工作重新分工和企业职权重新划分,从而进一步提高企业的管理水平。

传统的企业组织结构采用"金字塔"式的纵向多层次的集中管理,其运作过程按照一种基本不变的标准模式进行。由于其各项职能(生产、销售、财务、市场调研等)分工严格,加之信息传递和反馈手段落后,导致应变能力差,管理效率低且成本高昂。随着信息技术的飞速发展,上述传统的企业组织结构正在向扁平式结构的非集中管理转变,其特点是:(1)通信系统的完善使上下级指令传输系统中的中间管理层显得不再那么重要,甚至也没有必要再设立那么多的管理层;(2)部门分工出现非专业化分工的趋向,企业各部门的功能互相融合、交叉,如制造部门可能兼有销售、财务等功能;(3)计算机的广泛应用使得企业上下级之间、各部门之间及其与外界环境之间的信息交流变得十分便捷,从而有利于上下级和成员之间的沟通,可以随时根据环境的变化作出统一的、迅速的整体行动和应变策略。

"扁平化"管理的实质是"信息技术进步大大降低了组织内部信息交流的成本,从而使纵向(金字塔)的官僚体制开始崩溃","决策层与执行层之间距离的缩小和最终向合一回复"。① 另一方面,全球网络的出现使企业的经营和生产不再受地理位置的限制,可以在全世界范围内运作,事务处理成本和协作成本都可明显降低;企业网络的建设、多媒体计算机和移动计算机的广泛应用使信息传送从文字向多媒体发展,使管理人员接受更多的信息和知识,使企业对工作过程重新设计成为可能,使个人与工作组之间的协调得以进一步加强,从而形成一种新的、管理层次少的组织形式,它依靠近乎实时的信息进行柔性运作,管理工作更加依赖于管理人员之间的协作、配合以及对信息技术的应用。

(三)信息系统对领导职能的支持

领导职能的作用在于指引、影响个人和组织按照计划去实现目标。这是一种行为过程。领导者在人际关系方面的职责是领导、组织和协调;在决策方面的职责是对组织的战略、计划、预算、选拔人才等重大问题作出决定;在信息方面的职责是作为信息汇合点和"神经中枢",对内、对外建立并维持信息网络以沟通信息,及时处理矛盾和解决问题。由此可见信息系统在支持领导职能方面的重要作用。

(四)信息系统对控制职能的支持

一切管理内容都有控制问题。控制职能是对管理业务进行计量和纠正,确保计划得以实现。计划是为了控制,是控制的开始。执行过程中需要不断检测,通常是把实际的执行结果与计划的阶段目标相比较,发现实施过程中偏离计划的缺陷和错误。所以,为了实现管理的控制职能,就应随时掌握反映管理运行动态的系统监测信息和调控所必需的反馈信息。在企业管理方面,最主要的控制内容包括:(1)行为控制,是指对人的管理,为了真正调动人的积极性和

① 信息时代的企业组织结构浅析[EB/OL]. 百度文库,2011-4.

创造性，不能简单地用行政命令、强制手段来管理，除了加强思想工作，还要借助于行为科学，要通过收集、加工、传递、利用人的行为信息来对人的行为进行协调和控制；(2)人员素质控制，特别是关键岗位上人员素质的控制；(3)质量控制，特别是重要产品的关键工序的质量控制和成品的质量控制。此外，还有库存控制，生产进度控制，成本控制，财务预算控制，产量、成本和利润的综合控制，资金运用控制和收支平衡控制等。这些控制大多由信息系统支持和辅助。

随着科学技术的发展，自动化、智能化的控制将是一种更高级的形式。拿对生产过程的控制来说，信息系统将有能力自动监控并调整生产的物理过程。例如，炼油厂和自动厂装配线可利用敏感元件收集数据，经过计算机处理后对生产过程加以控制。

还有一种趋势是一些企业的生产过程控制正由过去的集中控制、集中管理向分散控制、集中操作、集中处理信息、集中管理的集散式方向发展。在这种控制系统中引入了管理机制，与MIS沟通，并分别与MIS的各个子系统交换信息，从而可能形成一种更为综合的信息系统。

综上可见，信息系统对管理具有重要的辅助和支持作用，现代管理要依靠信息系统来实现其管理职能、管理思想和管理方法。

第四节 管理信息系统

管理信息系统是一个不断发展的概念。20世纪60年代，美国经营管理协会及其事业部提出了建立管理信息系统的设想，即建立一个有效的MIS，使各级管理部门都能了解本单位一切有关的经营活动，为各级决策人员提供所需要的信息。但是，由于硬、软件水平的限制和开发方法的落后，成效甚微。自20世纪80年代以来，随着各种技术日趋成熟，MIS的概念才得以充实和完善。与其他学科相比，MIS是一个新领域。直到20世纪80年代，MIS才被作为一个科学领域进行研究。

一、管理信息系统的定义

管理信息系统作为一门崭新的学科，至今尚无统一定义。这反映了MIS作为一门新学科，其理论基础尚不完善。但从国内外学者给MIS所下的定义来看，人们对MIS的认识在逐步加深，MIS的定义也在逐渐发展和成熟。下面是一些典型的定义：

(1)《中国企业管理百科全书》中的定义：管理信息系统是一个由人、计算机等组成的进行信息的收集、传递、存储、加工、维护和使用的系统。它能实测企业的各种运行情况，利用过去的数据预测未来，从企业全局出发辅助企业进行决策，利用信息控制企业的行为，帮助企业实现其规划目标。

(2)明尼苏达大学教授戴维斯(G.B.Davis)的定义：管理信息系统是一个利用计算机硬件和软件，手工作业，分析、计划、控制和决策模型以及数据库的用户——机器系统。它能提供信息，支持企业或组织的运行、管理和决策功能。

(3)管理信息系统是组织理论、会计学、统计学、数学模型及经济学的混合物，许多方面都同时展示在先进的计算机硬件和软件系统中。这个领域的中心问题是扩展视野，综合政府部门和民间组织的决策。这些组织必须控制其内部活动和由该组织的规模与复杂程度所引起的种种功能要求。

(4)管理信息系统是能够提供过去、现在和将来预期信息的一种有条理的方法，这些信息涉及内部业务和外部情报。它按适当的时间间隔供给格式相同的信息，支持一个组织的计划、控制和操作功能，以便辅助决策制定过程。

(5)管理信息系统是一个具有高度复杂性、多元性和综合性的人机系统，它全面使用现代计算机技术、网络通信技术、数据库技术以及管理科学、运筹学、统计学、模型论和各种最优化技术，为经营管理和决策服务。

(6)管理信息系统是一个能为管理者提供帮助的基于计算机的人机系统，而且是一个社会技术系统，将信息系统放在组织与社会这个大背景中去考察，并把考察的重点从科学理论转向社会实践，从技术方法转向使用这些技术的组织与人，从系统本身转向系统与组织、环境的交互作用。

由此可见，管理信息系统绝不仅仅是一个技术系统，而是把人包括在内的人机系统。近年来，一个比较普遍的趋势是用信息系统代替管理信息系统。应当说，信息系统比管理信息系统有更宽、更广的概念。简言之，用于管理方面的信息系统即为管理信息系统。

二、管理信息系统的特点

(一)面向管理决策

管理信息系统是继管理学的思想方法、管理与决策的行为理论之后的一个重要发展，它是一个为管理决策服务的信息系统，它必须能够根据管理的需要，及时提供所需要的信息，帮助决策者作出决策。

(二)综合性

从广义上说，管理信息系统是一个对组织进行全面管理的综合系统。一个组织在建设管理信息系统时，可根据需要逐步应用个别领域的子系统，然后进行综合，最终达到应用管理信息系统进行综合管理的目标。管理信息系统综合的意义在于产生更高层次的管理信息，为管理决策服务。

(三)人机系统

管理信息系统的目的在于辅助决策，而决策只能由人来做，因而管理信息系统必然是一个人机结合的系统。在管理信息系统中，各级管理人员既是系统的使用者，又是系统的组成部分，因而，在管理信息系统的开发过程中，要根据这一特点正确界定人和计算机在系统中的地位和作用，充分发挥人和计算机各自的长处，使系统的整体性能达到最优。

(四)现代管理方法和手段相结合的系统

人们在管理信息系统应用的实践中发现，只简单地采用计算机技术提高处理速度，而不采用先进的管理方法，管理信息系统的应用仅仅是用计算机系统仿真原手工管理系统，充其量只是减轻了管理人员的劳动，其作用的发挥十分有限。管理信息系统要发挥其在管理中的作用，就必须与先进的管理方法结合起来，在开发管理信息系统时，要融入现代化的管理思想。

(五)多学科交叉的边缘学科

管理信息系统作为一门新的学科，产生较晚，其理论体系尚处于发展和完善的过程中。早期的研究者从计算机科学与技术、应用数学、管理理论、决策理论、运筹学等相关学科中抽取相应的理论，构成管理信息系统的理论基础，从而形成一门有着鲜明特色的边缘学科。

三、管理信息系统的结构

管理信息系统的结构是指信息系统的组成及其各组成部分之间的关系。管理信息系统是一个规模庞大、结构复杂的系统，在讨论其结构时可从不同的角度进行描述。

(一)管理信息系统物理结构

1. 管理信息系统的物理结构的构成

管理信息系统的物理结构是指由系统的硬件、软件、数据等资源构成的实体系统，主要包括：

(1)计算机硬件系统，包括主机(CPU 和内存储器)、外存储器(如磁盘系统、光盘系统、磁带系统等)、输入设备、输出设备等。

(2)计算机软件系统，包括系统软件和应用软件两大部分。系统软件包括操作系统、语言处理程序、数据库管理系统、诊断程序等。应用软件可分为通用应用软件和专用软件两类。通用应用软件如表格处理、图形处理、图像处理、统计分析等；专用软件是针对某些具体应用的软件，如财务软件、人事管理系统等。

(3)通信网络系统，是指用于通信网络的有关设备和软件，如交换机、路由器、通信介质(如双绞线、同轴电缆、光缆、微波、卫星等)、网络管理软件和数据通信软件等。

(4)数据及其存储介质。数据不仅是指数据库，还包括模型库、知识库、规则库、方法库等，有的存储介质已包含在硬件系统的外存储设备中；另外，还有录音带、录像带、缩微胶片以及各种纸质文件。

(5)非计算机系统的信息收集和处理设备，如各种电子的和机械的管理信息采集装置，摄影、录音等记录装置。

(6)规章制度，包括关于各类人员的权力、责任、工作规范、工作程序、相互关系及奖惩办法的各种规定、规则、命令和说明文件，有关信息采集、存储、加工、传输的各种技术标准和工作规范，各种设备的操作、维护规程等有关文件。

(7)工作人员，包括计算机和非计算机的操作、维护人员，程序设计员，数据库管理员，系统分析及信息系统的有关管理人员。

2. 管理信息系统物理结构的分类

管理信息系统的物理结构按空间的分布情况，可分为集中式和分布式两大类。

(1)集中式系统。集中式系统是资源在空间上集中配置的系统。单机系统是典型的集中式系统，将软件、数据和主要外部设备集中在一套计算机系统之中。由分布在不同地点的多个用户通过终端共享资源的多用户系统也是集中式系统(如图 1—5 所示)。

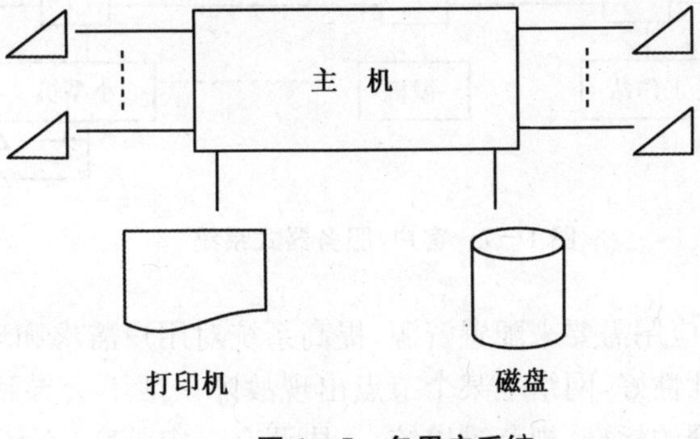

图 1—5　多用户系统

集中式系统的主要优点在于：信息资源集中，便于管理，资源利用率高，专业人员相对集中，有利于发挥其作用。但随着系统规模的扩大，系统越来越复杂，集中式系统的维护与管理越来越困难，而且系统比较脆弱，主机一旦出现故障，可能导致系统瘫痪。

(2)分布式系统。分布式系统是通过计算机网络把分布在不同地点的计算机硬件、软件、数据等信息资源联系在一起，服务于一个共同的目标而实现相互通信和资源共享的系统。在分布式系统中，一个主要特性是实现不同地点的资源共享，各地计算机系统既可以在网络系统的统一管理下工作，又可以脱离网络环境利用本地资源独立工作。

分布式系统可分为一般分布式和客户/服务器(Client/Server)模式。一般分布式系统中的服务器只提供数据和软件资源的文件服务，各计算机系统可以根据规定的权限存取服务器上的数据文件和程序文件(如图1—6所示)。

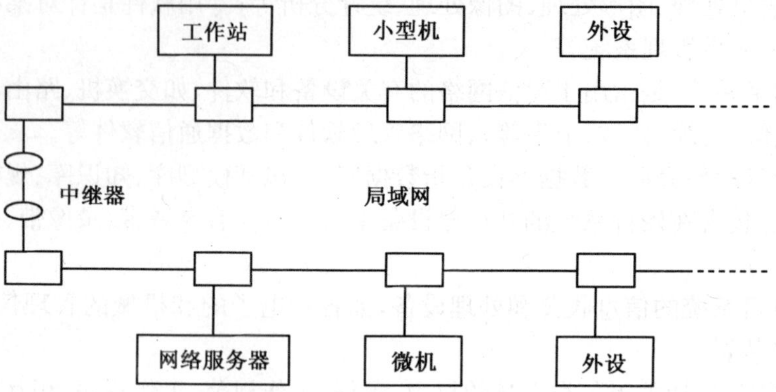

图1—6 一般分布式系统

客户/服务器式系统中的网络计算机系统分为客户和服务器两大类。服务器可以包括文件服务器、数据库服务器、打印服务器等。网络节点上的其他计算机系统都被称为客户机。用户通过客户机向服务器提出服务请求，服务器根据请求向用户提供经过加工的信息。客户机也承担本地信息的处理工作(如图1—7所示)。

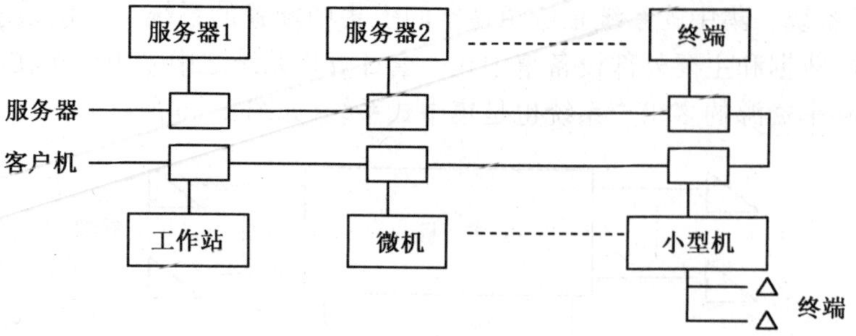

图1—7 客户/服务器式系统

分布式系统可以根据应用需要来配置资源，提高系统对用户需求和环境变化的应变能力。分布式系统便于扩展，健壮性好，网络上某个节点出现故障一般不会导致整个系统瘫痪；但由于资源分散，系统维护管理的标准、规范难以统一，协调有一定难度，不利于安全和保密。

(二)管理信息系统的层次结构

管理信息系统的层次结构是先将整个系统分为若干管理层次，然后在每个层次上建立若干功能子系统。

管理信息系统可分为三个层次:战略层、战术层和业务层。战略层信息管理的任务是辅助高层管理者根据外部环境的信息和有关模型确定或调整企业目标;编制长期计划、制定行动方针等对企业生产过程进行监督,并进行统计分析和预测,协调企业内部机构的工作,并向上级部门报告。战术层信息管理的任务是辅助中层管理者根据企业的整体目标和长期规划制订产、供、销活动计划,分析、评价、预测当前活动及发展趋势,检查和修改计划和预算,向高层管理者提供关于生产状况和活动的信息。业务层信息管理的任务是辅助基层管理者合理安排各项作业计划的执行,根据计划实施情况进行调度和控制,对日常业务活动进行分析、总结并提出报告等。

(三)管理信息系统的功能结构

管理信息系统的功能结构是按照各部门的业务功能来建立相互关联的子系统。不同的单位,其部门的业务功能划分是不一样的,无统一的模式。

管理信息系统是各管理功能子系统的综合。每一个功能子系统用来完成有关功能的全部信息处理,包括业务处理、作业控制、管理控制和战略管理。按管理职能划分,管理信息系统可由下列子系统构成:

1. 销售与市场子系统

销售与市场功能通常包括产品的销售和推销以及售后服务的全部活动。其中,业务处理有销售订单、推销订单的处理。作业控制活动包括雇用和培训销售人员、编制销售计划和推销工作的各个项目,以及按区域、产品、顾客的销售量定期分析。管理控制涉及总的成果与市场计划的比较,它要用到有关客户、竞争者、竞争产品和销售力量等方面的数据。在战略管理方面,包括新市场的开拓和新市场的战略,它使用的信息有顾客分析、竞争者分析、顾客调查信息、收入预测和技术预测等。

2. 生产子系统

生产子系统的功能包括产品的设计与制造、生产设备计划、作业的调度与运行、生产工人的录用与培训、质量控制与检验等。在生产子系统中,典型的业务处理是生产指令、装配单、成品单、废品单和工时单等的处理。作业控制要求把实际进度与计划相比较,找出"瓶颈"环节。管理控制需要概括性报告,反映进度计划、单位成本、所用工时等项目在整个计划中的绩效变动情况;战略管理包括制造方法及各种自动化方案的选择。

3. 物资供应子系统

物资供应子系统包括采购、收货、库存控制和发放等管理活动。业务处理数据为购货申请、购货订单、加工单、收货报告、库存票、提货单等。作业控制要求把物资供应情况与计划进行比较,产生库存水平、采购成本、出库项目和库存营业额等分析报告。管理控制信息包括计划库存与实际库存的比较、外购项目的成本、缺货情况及库存周转率等。战略管理主要涉及新的物资供应战略、对供应商的新政策以及自制与外购的比较分析等;此外,可能还有新供应方案、新技术等信息。

4. 财务和会计子系统

财务和会计有着不同的目标和工作内容,但它们之间有着密切的联系。财务的职责是在尽可能低的成本下,保证企业的资金运转,包括托收管理、现金管理和资金筹措等。会计则是把财务工作分类、编制标准财务报表、制定预算及对成本数据的分类与分析。对管理控制报告来说,预算和成本是输入数据,也就是说,会计是为管理控制的各种功能提供输入信息。与财务有关的业务处理有赊欠申请、销售、开单据、收账凭证、支付凭证、支票、转账传票、分类账和股份转让等。财会作业使用日报表、例外情况报告、延误处理记录、未处理事项报告等。管理控制利用财务资源成本、会计数据处理成本及差错率等信息。战略管理包括保证足够资金的长期战略计划、为减少税收冲击的长期税收会计政策以及对成本会计和预算系统的计划等。

5. 人事子系统

人事子系统包括人员的录用、培训、考核记录、工资和终止聘用等。其业务处理要产生有关聘用条件、培训说明、人员的基本情况数据、工资变化、工时、福利及终止聘用通知等内容。作业控制层要完成聘用、培训、终止聘用、改变工资和发放福利等。管理控制主要进行实际情况与计划的比较、产生各种报告和分析结果，用以说明在岗工人的数量、招工费用、技术专长的构成、应付工资、工资率分配及是否符合政府就业政策等。人事战略管理包括对招工、工资、培训、福利以及各种策略的评价，这些策略将确保企业能获得完成战略目标所需的人力资源。战略管理还包括对就业制度、教育情况、地区工资率的变化及对聘用和留用人员的分析。

6. 高层管理子系统

每个组织都有一个最高领导层，如公司总经理和各职能领域的副总经理组成的委员会。高层管理子系统为高层领导服务，它的业务处理活动主要是信息的查询和对决策的支持，处理的文件常常是信函和备忘录以及高层领导向各职能部门发送的指示等。作业控制层的主要业务是会议安排、信函管理和会晤记录。管理控制层要求各功能子系统报告执行计划的当前综合情况。最高层的战略管理活动包括组织的经营方针和必要的资源计划等，它要求综合外部和内部的信息。这里的外部信息可能包括竞争者信息、区域经济指数、顾客偏好、提供服务的质量等。

7. 信息处理子系统

信息处理子系统的作用是保证各职能部门获得必要的信息资源和信息处理服务。该子系统典型的业务处理有工作请求、采集数据、改变数据和请求、软硬件情况的报告以及设计方面的建议。信息处理的作业控制包括日常任务的调度、提供差错率和设备故障信息等。对于新项目的开发，还需要程序员的工作进展情况和调试时间的安排。管理控制层对计划情况和实际情况进行比较，如设备费用、程序员的能力、项目开发的实施计划等情况的比较。战略管理层则主要关心功能的组织，如采用集中式还是分散式、信息系统的总体规划、硬件和软件的总体结构等。

管理信息系统的应用离不开办公自动化技术，其主要作用是支持知识工作和文书工作，如字符处理、电子信件、电子文件等。办公自动化可以作为与信息处理系统合一的子系统，也可以作为一个独立的子系统。

(四)管理信息系统的综合结构

管理信息系统的综合结构是指将层次结构和功能结构按一定的方式结合而形成的一种结构。其构成方式通常有如下几种(如图1—8所示)：

1. 横向综合

横向综合是指把同一管理级别上的几个职能综合在一起。横向综合使相关业务处理一体化，减少了数据输入的重复性和不一致性。

2. 纵向综合

纵向综合是指把不同管理级别的数据进行综合。这种结构对于多级组织及范围较广的公司特别有意义，它可使各级之间的信息畅通。

3. 纵横综合

纵横综合是指把组织的数据安横向和纵向加以综合。由于一个组织中各个部分的决策活动都是有内在联系的，因此，这种结构可以做到数据的完全集中统一。

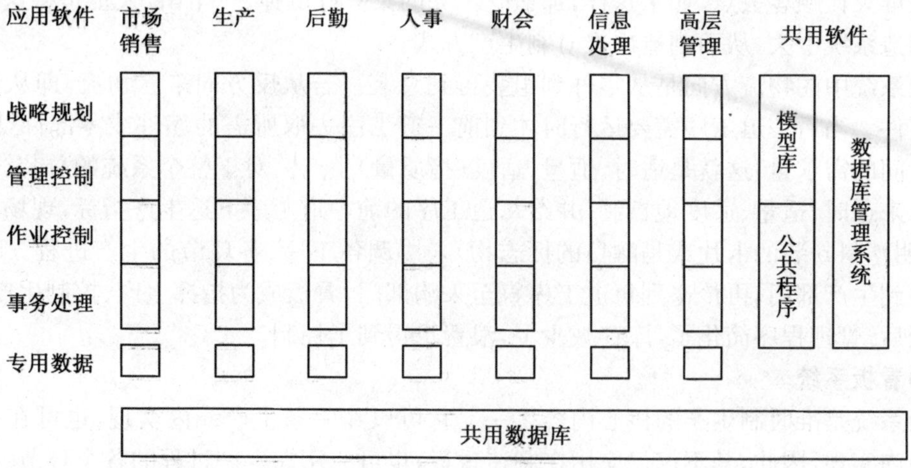

图 1—8　管理信息系统的综合结构

第五节　管理信息系统与现代管理方法

一、准时制生产

准时制生产(Just in Time,JIT)是 20 世纪 70 年代末由日本丰田汽车制造公司创立并实施的一种东方式现代企业生产管理模式。JIT 不仅是一种生产控制方法，而且是一种管理的哲学。与制造资源计划中的“推”式生产管理模式相对照，JIT 是一种“拉”式生产管理模式。此外，JIT 还强调消除生产中的一切浪费，包括过量生产、部件与操作者的移动和等待时间、劣质的制造过程、物料存储和次品等。

准时制生产是精益生产的重要内容。精益生产(Lean Production,LP)是通过系统结构、人员组织、运行方式和市场供求等方面的变革，使生产系统能很快适应用户需求的不断变化，并能使生产过程中一切无用、多余的东西被精简，最终达到包括市场供销在内的生产的各个方面最好的结果。

精益生产的特征体现在工厂组织、产品设计、供货环节、顾客和企业管理五个方面：对外以用户为“上帝”，对内以“人”为中心，在组织机构上以“精简”为手段，在工作方法上采用“团队合作”和“并行设计”，在供货方式上采用 JIT 方式，在最终目标方面为“零缺陷”。

(一)准时制生产的含义

准时制的核心是及时。在一个物流系统中，原材料准确(适量)无误(及时)地提供给加工单元(或加工线)，零部件准确无误地提供给装配线。这就是说，所提供的零部件必须不多不少，不是次品而是合格品，不是别的而正是所需要的，而且提供的时间不早也不晚。对于制造系统来说，这肯定是一种苛刻的要求，但这正是准时制生产追求的目标。

显然，如果每个生产工序只考虑自己，而不考虑下一道工序需要什么、什么时候需要和需要多少，那么一定会多生产或少生产，不是提前生产就是滞后生产，甚至生产出次品或废品，这种浪费必然降低生产的效率和效益。准时制生产可以消除这种浪费。其实，超级市场或餐饮行业早已实行这种及时制造、及时供货的方式。饭店里总是顾客要什么菜才去做，通常不会先做了一大堆菜让顾客去点，如果这样，那么吃不完的菜只好倒掉。“丰田”人正是将这种经营原则用到制造系统中去，从而创造出准时制生产方式。

制造系统中的物流方向是从零件到组装再到总装。若从反方向来看物流，即从装配到组装再到零件。当后一道工序需要运行时才到前一道工序去取所需的坯件或零部件，同时下达下一段时间的需求量，这就是适时、适量、适度（指质量）生产。对于整个系统的总装线来说，由市场需求来适时、适量、适度地控制，并给每道工序的前一道工序下达生产指标，现场利用看板（一种透明塑料封装的卡片或是醒目的标志物）来协调各工序、各环节的生产进程。看板由计划部门送到生产部门，再传送到每道工序直至采购部门，看板成为指挥生产、控制生产的媒体。实施看板后，管理程序简化了，库存减少了，浪费也得到了控制。

（二）看板系统

看板系统是准时制生产的核心内容之一。它可以在一条生产线内实现，也可在一个公司（或企业）内实现，因此，其不仅仅应用在制造过程，也可应用在生产过程的各个环节。

使用最多的看板有两种：传送看板（即拿取看板）和生产看板（订货看板）。它们一般都做成 10cm×20cm 的尺寸，传送看板标明后一道工序向前一道工序拿取工件的种类和数量，而生产看板则标明前一道工序应生产的工件的种类和数量（如图 1—9 和图 1—10 所示）。

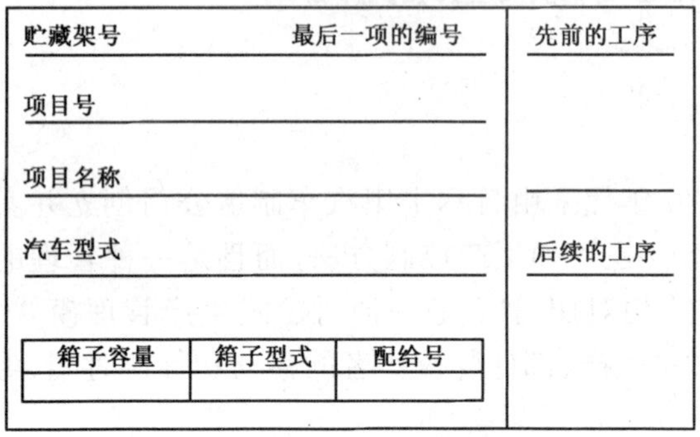

图 1—9 传送看板

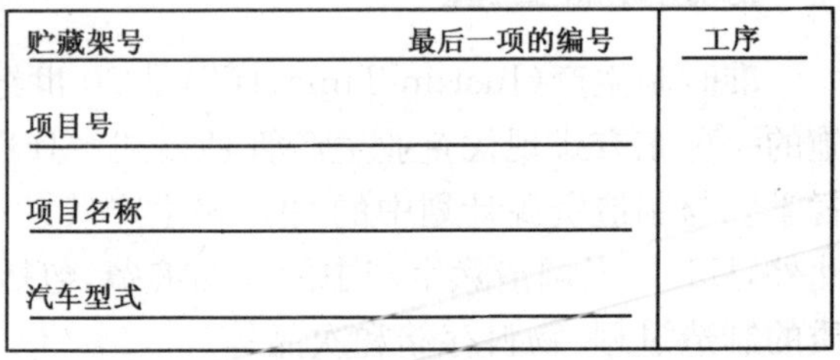

图 1—10 生产看板

看板的工作过程如图 1—11 所示。

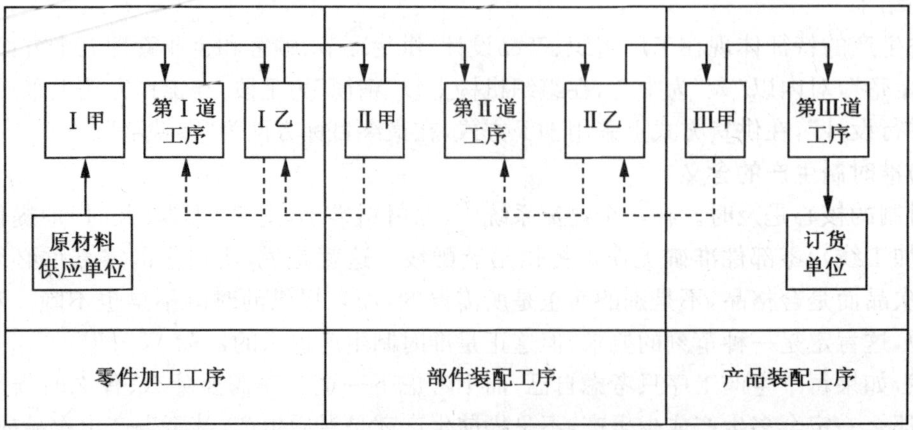

图 1—11 看板的工作过程

图 1—11 表示一个由三道工序组成的生产流程，即零件加工工序、部件装配工序和产品装配工序。每道工序前后设有两个存件箱甲和乙，甲箱存放前工序已制成的、为本工序准备的在制品或零部件，乙箱则存放本工序已加工完成、以备下道工序随时提用的在制品或零部件；实线表示零部件的传送过程，虚线表示看板的传送过程。当产品装配工序Ⅲ的工人从Ⅲ甲箱中取出一个部件后，即从部件上取下附在上面的传送看板并到前一道工序（即部件装配工序Ⅱ）的乙箱中提取一个装配好的部件，将该传送看板附于其上，并将原先附在上面的生产看板取下交予工序Ⅱ的工人，工人拿到生产看板即开始生产，此时他将从Ⅱ甲箱中拿取零件准备进行部件装配，而将附在零件上的传送看板取下并到前一道工序（即零件加工工序Ⅰ）的乙箱中提取一个加工好的零件，附上该传送看板，放入Ⅱ甲箱中，同时，将换下的生产看板交予工序Ⅰ的工人。工序Ⅱ的工人完成部件的装配后，要将生产看板附在其上并放入Ⅱ乙箱中。生产看板如同生产指令，工人拿到后即开始生产。

显然，这是一种"拉动式"的生产，即以销售（面向订货单位）为整个企业工作的起点，后道工序拉动前道工序，一环一环地"拉动"各个环节，以市场需要的产品品种、数量、时间和质量来组织生产，从而消除生产过程中的一切松弛点，实现产品"无多余库存"以至"零库存"，最大限度地提高生产过程的有效性。

除以上两种看板以外，还有一些其他的看板，如用于工厂和工厂之间的外协看板；用于标明生产批量的信号看板；用于零部件短缺场合的快捷看板；用于发现次品、机器故障等特殊突发事件的紧急看板；等等。

（三）使用看板的规则

第一，下道工序应当准时到前道工序领取适量的零件。为此，须保证平稳的生产、合理的车间布置及工序标准化。

丰田公司有两种取货方式：一种是定量而不定周期。例如，一台减速器由 4 种零部件组成，货车由装配站出发逐一到加工上述 4 种零部件的工作地去各取一种，以便组装一台减速器。另一种方式为固定周期的取货方式。例如，4 个协作厂在同一个地区生产同一个组件所需的零件，因此，它们的运货周期是一样的。如果每天必须给组装厂送 4 次货，则每个协作厂可以承担其中一次送货，送货时将本厂和其他 3 个厂的货一起送往组装厂，这样不仅减少了送货费用，而且保证了组装厂及时生产。当然，这必须要求 4 个协作厂距离均很近，交通运输畅通，如丰田汽车公司在美国选址的原则是必须距总装厂 5 小时距离行车的半径范围（大约 500 千米）内，以便总装厂能够准时取货，减少库存。

第二，前道工序必须及时适量地生产后道工序所需的产品。如果要同时生产几种不同类型的产品，其生产必须严格遵守看板订货或接收的顺序。为了实现这一点，前道工序必须多次进行生产准备，因此，快速生产准备变得非常必要。快速生产准备（Setup Reduction, SUR）意味着将生产准备尽可能地减少，其主要思路是将在线和离线的生产准备活动分开，并尽可能地将在线生产准备活动转变为离线方式完成。要具体实施快速生产准备，首先要将所有的生产准备工作列成清单，包括所需机器设备，注明准备步骤和所需工具，说明包括哪些工作，每项工作要做到什么程度，哪些属于离线，哪些属于在线等。有了详尽的清单，可以避免准备工作丢三落四，且可以据此清单分析研究哪些在线活动可以细化，以便使其中更多的部分转移到离线完成。

在我国，目前多是一人操作一台机器，当机器自动工作时，工人就无事可做。而在丰田公司，工人不仅一人看管一台以上的机器，而且利用机器自动工作的时间进行离线生产准备活动。

第三，绝对不能将次品和废品送给下一道工序。显然，废品或次品送到下一道工序必定会造成后道工序停工待料，从而使整条生产线瘫痪。

第四，看板的数量必须控制到最少。看板流通数量的多少是衡量一条生产线能够减少库存的程度的标志，最少的看板数量意味着最少的库存量。

第五，看板应起到对生产幅度的微调作用，这样才能适应市场需求的小幅波动。从JIT拉动式的特点可以看出，生产计划的变更只需提供给总装线，其余各工序只要通过下一道工序收到看板的变化，就可及时响应市场需求的微小变化。

JIT是一种提高整体生产管理水平和消除浪费的严谨方法。其宗旨是使用最少量的设备、装置、物料和人力资源，在规定的时间、地点提供必要数量的零部件，达到以最低成本、最高效益、最好质量、零库存进行生产和完成交货的目的。

二、敏捷制造

（一）敏捷制造的含义

敏捷性是指企业在不断变化、不可预测的经营环境中善于应变的能力，它是企业在市场中生存和领先能力的综合表现。敏捷制造（Agile Manufacturing，AM）是指制造企业采用现代通信手段，通过快速配置各种资源（包括技术、管理和人），以有效和协调的方式响应用户需求，实现制造的敏捷性。

敏捷制造依赖各种现代技术和方法，最具代表性的是敏捷虚拟企业（简称虚拟企业）的组织方式和虚拟制造的开发手段。

虚拟企业也称动态联盟，是为抓住一定的市场机遇而由地理上分散的不同合作伙伴间按照资源、技术和人员的最优配置，快速组成临时性的同盟，以便共享资源，迅速完成既定目标。这种动态联盟的虚拟企业组织方式可以降低企业风险，使生产能力前所未有地提高，从而缩短产品的上市时间，减少相关的开发工作量，降低生产成本。组成虚拟企业，利用各方的资源优势，迅速响应用户需求，是21世纪生产方式社会集成的具体表现。企业的虚拟化是敏捷制造的基本要求，其特点是企业功能的虚拟化、地域的虚拟化和组织的虚拟化。虚拟企业要求在互联网的支持下实现分散资源的整合，因此，要实现功能上的虚拟性，就必须通过各企业管理信息系统的互联，实现企业间的远程生产调度和协作设计等功能。

虚拟制造也称拟实产品开发，它综合运用仿真、建模、虚拟现实等技术，提供三维可视交互环境，对从产品概念产生、设计到制造的全过程进行模拟实现，以期在真实制造之前预估产品的功能及可制造性，获取产品的实现方法，从而大大缩短产品上市时间，降低产品的开发和制造成本。其组织方式是由从事产品设计、分析、仿真、制造和支持等方面的人员组成“虚拟”产品设计小组，通过网络合作进行工作；其应用过程是用数字形式“虚拟”地创造产品，即完全在计算机上建立产品数字模型，并在计算机上对这一模型产生的形式、配合和功能进行评审、修改，这样，常常只需做一次最终的实物原形便可使新产品开发一次获得成功。

企业的虚拟化和制造的虚拟化是敏捷制造区别于其他生产方式的显著特征，但敏捷制造的精髓在于提高企业的应变能力，因此，在实际应用中应该作为一种经营管理理念，任何有助于提高企业响应能力的改进都可以认为是企业管理向敏捷制造方向的进步。

敏捷制造认为，在未来的新生产模式下，决定产品成本、利润和竞争能力的主要因素是开发、生产该产品所需的知识的价值，而不是材料、设备和劳动力。发达国家在认识到它们无法与发展中国家在人员工资和劳动力成本上竞争之后，希望能尽可能地获取利润中的知识部分，希望掌握迅速把知识融入产品进而转变为利润的方法和手段。

自20世纪80年代以来，随着全球交通、通信技术的飞速发展，商务环境的变化大大超出了企业的跟踪、应变能力，市场竞争日趋激烈。新产品、新技术的出现和交替速度越来越快，用户在追求高质量的同时必然要求多品种、低成本和短交货期。面对市场众多要求的新形势，制造业的战略必须变革。以美国为例，为扭转其产品在世界市场所占份额急剧下降的局面，其制造业的战略已从20世纪80年代的“质量竞争第一”发展到20世纪90年代的“市场响应速度第一”。为了在世界经济中重振雄风，美国提出了21世纪的制造战略——敏捷制造。敏捷制造就是以“竞争—合作(协同)”的方式，提高企业竞争能力，实现对市场需求作出灵活、快速反应的一种制造新模式。这种模式要求企业采用现代通信技术，以敏捷而动态优化的形式组织新产品的开发，通过动态联盟、先进柔性生产技术和高素质人员的全面集成，迅速响应客户需求，及时交付新产品并投入市场，从而赢得竞争优势。敏捷制造的内涵是企业通过与用户、合作伙伴在更大范围、更高程度上的集成来最大限度地满足市场的需求，适应竞争，获取长期的经济效益。

(二)敏捷制造的特点

1. 敏捷制造的着眼点是快速响应市场的需求

未来产品市场总的发展趋势是多元化和个人化，传统的大批量生产方式已不能满足瞬息万变的市场需求。目前，制造业已呈现从规模经济向品种经济发展的趋势。敏捷制造思想的出发点是在对产品和市场进行综合分析时，首先考虑：用户是谁？用户的需求是什么？企业对市场作出快速响应是否值得？如果企业作出快速响应，能否获利？由此可见，敏捷制造的着眼点在于快速响应市场需求，使产品设计、开发、生产等各项工作并行，迅速设计和制造高质量的新产品，以满足用户不断提高的要求。

2. 敏捷制造要求企业不断提高自身能力，全面、协调地集成技术、管理和人员

企业要在激烈的市场竞争中生存和发展，必须具有敏捷性，即能够适时抓住各种机遇，把握各种变化的挑战，不断通过技术创新来引导市场潮流。企业实施敏捷制造必须不断提高自身能力，实现对技术、管理和人员全面、协调的集成。企业的敏捷性体现在企业的应变能力、先进制造技术、企业信息网和信息技术几个方面。其中，最关键的因素是企业的应变能力。敏捷企业在纷繁复杂的商务环境中能够以最快的速度、最好的质量和最低的成本迅速、灵活地响应市场和用户需求，从而赢得竞争。

3. 敏捷制造强调“竞争—合作(协同)”，采用灵活多变的动态组织结构

瞬息万变的竞争环境要求企业作出快速反应，为了赢得竞争优势，必须改变过去以固定的专业部门为基础的静态不变的组织结构，以最快的速度从企业内部某些部门和企业外部选出设计、制造该产品的优势部分，组成单一的经营实体。

三、最优化生产技术

(一)计算机集成制造系统

1. 计算机集成制造系统的含义

计算机集成制造系统(Computer Integrated Manufacturing System，CIMS)是将计算机辅助设计(CAD)、计算机辅助制造(CAM)、MIS等不同类型的子系统逐一连接起来，使之成为一个有机的整体。

1973年，美国的约瑟夫·哈林顿(Joseph Harrington)博士首次提出了“计算机集成制造

系统"的概念,其基本思想可归纳为两点:从产品研制到售后服务的生产周期的全部活动是一个不可分割的整体,每个组成过程应紧密连接,不能单独考虑;整个生产过程,实质上是一系列数据处理过程,每一过程都有数据产生、分类、传输和加工等处理,其最终生成的产品可以看做数据的物质表现。

2. 计算机集成制造系统的特点

(1)从科学技术、创造发明来说,CIMS 是高科技密集型技术,是系统工程、计算机技术、通信网络技术、软件工程和制造技术等高技术的高度综合。

(2)从制造业的生产管理和经营管理来看,CIMS 是一个大型的一体化的管理系统。由于 CIMS 将市场分析、预测、经营决策、产品设计、工艺设计、加工制造和销售集成为一个良性循环系统,这就大大地增强了企业的应变和竞争力。

(3)从数据的共享来看,CIMS 将物流、技术信息流和管理信息流集成为一体,使企业中的数据共享达到了一个崭新的水平。

(4)从管理技术和方法上看,CIMS 将 MIS、MRPⅡ、CAD、CAM 等技术集成起来。

CIMS 的实施还可以带来一系列重要的、间接的、不可定量计算的效果,如提高企业的市场竞争能力,提高顾客的满意度,保证均衡生产,缩短产品更新换代的周期,交货期准时,改善企业形象,提高人员素质,改善人员结构和员工工作气氛等。实施 CIMS 已成为现代企业发展的一个方向。

(二)柔性制造系统

传统的"刚性"自动化生产线主要实现单一品种的大批量生产。随着批量生产时代逐渐被适应市场动态变化的生产所替换,一个制造自动化系统的"柔性"占有相当重要的位置。"柔性"是相对于"刚性"而言的,一方面是系统适应外部环境变化的能力,可用系统满足新产品要求的程度来衡量;另一方面是系统适应内部变化的能力,可用有干扰(如机器出现故障)情况下系统的生产率与无干扰情况下系统的生产率之比来衡量。

柔性制造系统(Flexible Manufacturing System,FMS)是由计算机集成管理和控制的,用于高效率地制造中小批量多品种零部件的自动化制造系统。FMS 具有多个标准的制造单元,有自动上下料功能的数控机床以及一套物料存储运输系统,可以在机床的装夹工位之间运送工件和刀具。

FMS 是一套可编程的制造系统,含有自动物料输送设备,能在计算机的支持下实现信息集成和物流集成,其"柔性"表现在以下几个方面:(1)可同时加工具有相似形体特征和加工工艺的多种零件;(2)能自动更换刀具和工件;(3)能方便地联网,易与其他系统集成;(4)能进行动态调度,局部故障时可动态重组物流路径。

目前,FMS 规模趋于小型化、低成本,演变成柔性制造单元(Flexible Manufacturing Center,FMC),它可能只有一台加工设备,但具有独立自动加工能力。有的 FMC 具有自动传送和监控的功能,有的 FMC 还可以实现 24 小时无人运转。

第六节　企业资源计划

工业企业是一个以生产为核心,对产、供、销等活动进行全面控制的大系统。要使整个企业正常运行,就离不开符合生产过程实际需要的管理系统。广义的生产管理包括从原材料、劳动力、资金、设备等资源的组织,经产品的设计、制造、供应、销售等环节,直至售后服务的整个产品生命周期。生产管理系统的目标是通过对生产过程中的信息管理，使物流和信息流同步运行，从而使管理工作有效地指挥生产活动，为实现企业的经营目标服务。企业资源计划正是实现这一目标的现代化管理方法。

一、物料需求计划

物料需求计划(Material Requirements Planning，MRP)的初期为分时间段的物料需求计划，即基本 MRP，主要解决间歇生产的生产计划和控制问题。在间歇生产情况下，如何保证生产计划高效运行、及时供应物料以满足生产需要，是生产管理中的重要问题。这个问题解决不好，就会造成一边是库存积压，另一边是物料缺件的情况。物料需求由以下四个要素组成：需要什么？何时需要？需要多少？何时订货？

随着应用范围的逐渐扩大，MRP 已广泛应用于小批量、多品种的离散制造企业中。MRP 根据产品的需求情况和产品结构，确定原材料和零部件的需求数量及订货时间，在满足生产需要的前提下，有效地降低了库存；同时，以基本 MRP 为基础，把采购和加工作业等环节纳入 MRP，形成 MRP 系统。

MRP 系统包含以下模块：主生产计划、物料需求计划、物料清单、库存控制、采购订单和加工订单。

MRP 系统如图 1—12 所示。

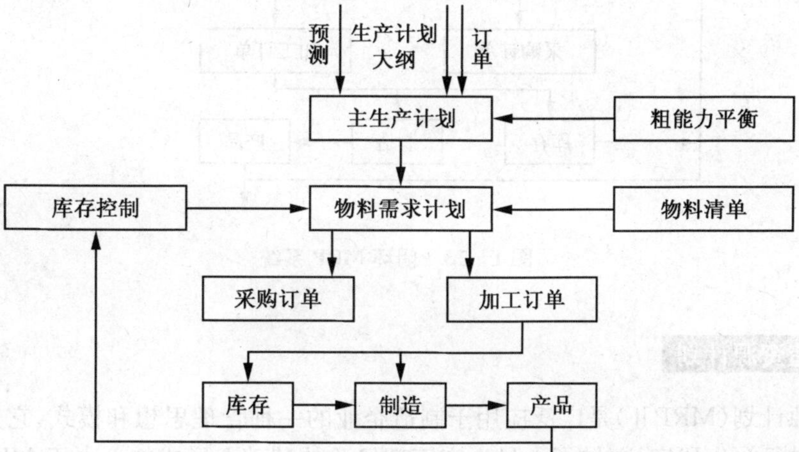

图 1—12　MRP 系统

二、闭环物料需求计划

MRP 系统建立在两个假设的基础上：一是生产计划是可行的，即假设有足够的设备、人力和资金来保证生产计划的实现；二是物料采购计划是可行的，即假设有足够的供货能力和运输能力来保证完成物料供应。但在实际生产中，能力资源和物料资源总是有限的，因而往往会出现生产计划无法完成的情况。因此，为了保证生产计划符合实际，必须把计划与资源统一起来，以保证计划的可行性。

闭环物料需求计划，即闭环 MRP 在 MRP 系统的基础上，增加了能力需求计划，使系统具有生产计划与生产能力的平衡过程。粗能力平衡是主生产计划与整个企业的总体能力平衡，在制订主生产计划时，将能力需求与实际能力进行平衡，以找出"瓶颈"资源，进行调整。能力需求计划是在物料需求计划作出之后进行的，是对产品的零部件加工能力需求与各工作地可用能力之间的平衡过程。当工作地出现较大超负荷不足时，应调整主生产计划，促使主生产计划与生产能力的基本平衡(如图 1－13 所示)。

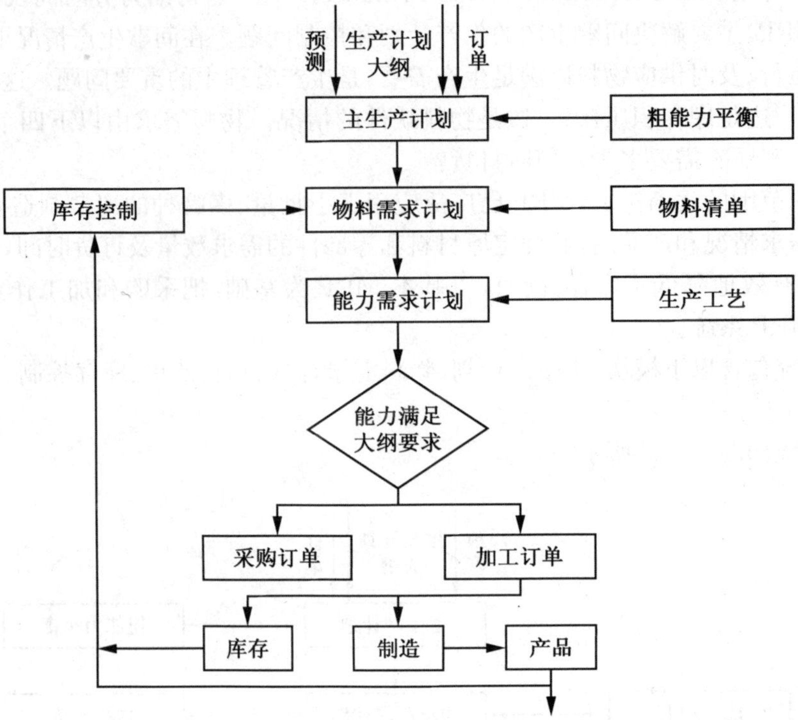

图 1－13　闭环 MRP 系统

三、制造资源计划

制造资源计划(MRPⅡ)是广泛应用于制造企业的一种管理思想和模式，它是人们在对生产管理规律进行深入研究，总结了大量生产管理经验的基础上形成的。由于 MRPⅡ正确反映了企业生产中人、财、物等要素和产、供、销等管理活动的内在逻辑联系，能够有效地组织企业的所有资源进行生产，因此获得了广泛的应用。

在传统的生产管理中，由于一个企业生产的产品品种繁多、批量变化较大，为了及时生产出合格的产品，就必须采用各种方法解决生产中存在的问题。早期一般采用监视库存的方法，一旦库存降低就重新订货，以保证不间断地生产。这种方法在企业生产较为复杂的情况下，常常造成库存占用过多，资金利用率较低。美国管理学家威尔逊(R. H. Wilson)在 1915 年提出了经济批量的概念，1934 年又提出用统计方法确定订货点，首开库存管理研究之先河，后经人们不断完善，形成现在的古典生产存储系统。古典生产存储系统虽具有相对严密、完善的理论体系，却以理论假设和理想的生产环境为前提：订货点方法建立在历史数据环境上，用预测方法确定需求项目，适用于物料需求连续不变、库存消耗稳定的情况。而在多变的市场中，物料需求也是随时间而变化的，为了避免物料短缺而对每个项目设置安全库存，使得库存投资增加、生产成本上升。

为了解决生产中库存量较高的弊端，提高资金利用率，人们逐渐把注意力转向企业生产的物料需求上来，希望物料能在需要时运来，而不是过早地存放在仓库中，从而达到降低库存的目的。1965年，美国的约瑟夫·奥列基(Joseph A. Orlicky)博士提出了物料需求中的"独立需求"和"相关需求"的概念，认为订货点法只适用于独立需求物料，并与奥列弗·怀特(Oliver W. Wight)等管理专家一起在深入调查美国企业管理状况的基础上，针对制造业物料需求随机性大的特点，提出了MRP这种新的管理思想。此后，随着计算机技术的发展，MRP管理思想借助于计算机这一强有力的工具，发展成为一种有效的管理方法。

后来的研究者在MRP的基础上增加了能力需求计划，使系统具有生产计划与能力的平衡过程，形成了闭环MRP。闭环MRP系统解决了生产计划与生产能力的平衡问题，但只是解决了生产中的物料需求与生产计划的问题，而没有包括企业管理的全部内容。生产的发展和市场竞争的加剧对企业的整体管理水平提出了更高的要求，因而，把生产、财务、销售、技术、物资供应等功能结合起来，构成完整的企业管理信息系统就形成了MRPⅡ。

MRPⅡ中新增加的经营计划为企业领导了解、分析、制定企业经营目标提供了科学依据；成本核算计算出产品的准确成本，为监控企业经营状况提供了依据；此外，MRP提供了生产计划优先级的基础；能力需求计划给出了详细的能力状况分析；车间控制能力的加强使均衡生产有了切实的保证。特别是，人们认识到技术管理在企业管理中的作用，物料清单(Bill of Materials，BOM)成为企业管理各部分联系的纽带。MRPⅡ利用计算机网络把生产计划、库存控制、物料需求、车间控制、能力需求、工艺路线、成本核算、采购、销售、财务等功能综合起来，实现企业生产的计算机集成管理，全方位地提高了企业管理效率。

综上所述，MRPⅡ系统是现代化管理方法与手段的结合，对企业生产中的人、财、物等制造资源进行全面控制，以达到最优的客户服务、最小的库存投资和高效率的工厂作业。

四、企业资源计划

(一)企业资源计划的含义

从MRP到MRPⅡ的发展过程中可以看出，MRPⅡ系统在企业中的应用有以下趋势："资源"概念的内涵不断扩大，企业计划的闭环逐渐形成，应用由离散制造业逐步转向流程工业。MRPⅡ系统已比较完善，应用也已相当普及，但其"资源"的概念始终局限于企业内部，在决策支持上主要集中于结构化决策问题。随着计算机网络技术的迅猛发展，自20世纪90年代以来，统一的国际市场逐渐形成，面对国际化的市场环境，包括供应商在内的供需链管理已经成为企业生产经营管理的重要部分，MRPⅡ系统已无法满足企业对资源进行全面管理的要求。MRPⅡ逐渐发展成为新一代的企业资源计划(Enterprise Resource Planning，ERP)。

ERP的基本构架和基本逻辑与MRPⅡ并无本质上的不同。ERP系统从功能上看仍是以制造过程为中心，其核心是MRP，体现了制造业的通用模式。

(二)企业资源计划的功能

ERP在MRPⅡ原有功能的基础上向内、外两个方向延伸，向内主张以精益生产方式改造企业生产管理系统，向外则增加战略决策功能和供需链管理功能。这样，ERP管理系统主要由以下功能子系统组成：

1. 支持企业整体发展战略的战略经营系统

该系统的目标是在多变的市场环境中建立与企业整体发展战略相适应的战略经营系统，

实现基于互联网环境的战略信息系统，完善决策支持服务体系，为决策者提供全方位的信息支持；完善人力资源开发与管理系统，既面向市场又注重企业内部人员的培训。

2. 全面成本管理系统

在一个不完全竞争的市场环境中，价格在竞争中仍旧占据着重要的地位。ERP 的全面成本管理系统的作用和目标就是建立和保持企业的成本优势，并由企业成本领先战略体系和全面成本管理系统予以保障。

3. 敏捷后勤管理系统

很多企业存在着供应链影响企业生产“柔性”的情况。ERP 的一个重要目标就是在 MRP 的基础上建立敏捷后勤管理系统（Agile Logistics），以解决供应“柔性”差、生产准备周期长等制约“柔性”生产的“瓶颈”，增加与外部协作单位技术和生产信息的及时交互，改进现场管理方法，缩短关键物料的供应周期。

（三）企业资源计划的意义

ERP 系统不仅仅是 MRPⅡ系统的扩展，而且是在新的市场环境下的全新的经营理念，ERP 系统的改进实际上包含着一系列管理思想和方法的变革。

1. 精益生产方式

制造企业的核心是生产，应用精益生产方式对生产系统进行改造不仅是制造业的发展趋势，而且将使 ERP 的管理体系更加牢固。ERP 主张将精益生产方式的理念引入企业的生产管理系统，其目标是通过精益生产方式的实施使管理体系的运行更加顺畅。

2. 实现全球大市场营销战略与集成化市场营销

这是对市场营销战略的一个扩展，目标是实现在市场规划、广告策略、价格策略、服务、销售、分销、预测等方面进行信息集成和管理集成，推行基于“顾客服务”为中心的经营方针；建立企业商业风险预警机制和风险管理系统；进行经常性的市场营销与产品开发、生产集成性评价工作；优化企业的物流系统，实现集成化的销售链管理。

3. 新的技术开发和工程设计管理模式

ERP 的一个重要目标就是通过对系统各部门持续不断地改进，最终提供顾客满意的产品和服务。从这个角度出发，ERP 致力于构筑企业核心技术体系，建立和完善开发与控制系统之间的递阶控制机制，实现从顶向下和从底至上的技术协调机制，利用互联网实现企业与外界的良好信息沟通。

本章小结

本章重点介绍了信息的概念、信息系统的概念及管理信息系统的概念，说明了信息系统与管理的关系，介绍了基于信息系统的现代管理方法和企业资源计划。

一般来说，信息是指经过处理后的数据，可从不同角度对信息进行分类。信息有普遍性、事实性、传递性、存储性、共享性、可加工性、时效性、层次性、相对性和价值性等属性。

信息系统是人工系统，由人、计算机硬件、计算机软件和数据资源组成，目的是及时、正确地收集、加工、存储、传输和提供决策所需的信息，实现组织中各项活动的管理、调节和控制。它具有收集、存储、传输、加工和输出五个基本职能。

管理信息系统是利用计算机的硬、软件资源，网络通信设备以及办公设备，为实现企业整体目标，对信息进行收集、传输、存储、加工、输出，向各级管理人员提供业务信息和决策信息的人机系统，体现在面向管理决策、综合性和人机系统方面。

准时制生产是一种提高整体生产管理水平和消除浪费的严谨方法；敏捷制造是指制造企业采用现代通信手段，通过快速配置各种资源（包括技术、管理和人），以有效和协调的方式响应用户需求，实现制造的敏捷性。

制造资源计划是广泛应用于制造企业的一种管理思想和模式。企业资源计划在制造资源计划原有功能的基础上，向内、外两个方向延伸，向内主张以精益生产方式改造企业的生产管理系统，向外则增加了战略决策功能和供需链管理功能。

中英文对照专业名词及术语

1. 数据挖掘(Data Mining,DM)
2. 管理信息系统(Management Information System,MIS)
3. 准时制生产(Just in Time,JIT)
4. 精益生产(Lean Production,LP)
5. 敏捷制造(Agile Manufacturing,AM)
6. 计算机集成制造系统(Computer Integrated Manufacturing System,CIMS)
7. 柔性制造系统(Flexible Manufacturing System,FMS)
8. 企业资源计划 (Enterprise Resource Planning,ERP)

思考题

1. 什么是信息？信息具有哪些特性？
2. 什么是信息系统？其通常包括哪两个方面？其基本功能有哪些？
3. 什么是管理信息系统？其具有哪些特点？
4. 解释下列名词：数据挖掘、管理信息系统、准时制生产、精益生产、敏捷制造、计算机集成制造系统。
5. 给出管理信息系统的物理结构和层次结构描述。
6. 结合实际，给出某个管理信息系统的功能结构描述。

参考文献

1. 黄梯云. 管理信息系统[M].北京：高等教育出版社，2000.
2. 薛华成. 管理信息系统[M].北京：清华大学出版社，2003.
3. 蔡淑琴. 管理信息系统[M].北京：科学出版社，2004.
4. 陈国青等. 信息系统的组织、管理、建模[M].北京：清华大学出版社，2002.
5. 杨善林. 企业管理学[M].北京：高等教育出版社，2004.
6. 王汉新，王道平. 管理信息系统教程[M].北京：中国劳动社会保障出版社，2000.
7. 甘利人. 企业信息化建设与管理[M].北京：北京大学出版社，2001.
8.[美]斯蒂芬・哈格. 信息时代的管理信息系统[M]. 北京：机械工业出版社，2002.
9. 岳剑波. 信息管理基础[M]. 北京：清华大学出版社，2001.
10. 杨善林等. 信息管理学[M]. 北京：高等教育出版社，2004.

第二章

管理信息系统的技术基础

第一节　信息技术概述

信息技术是管理信息系统的基础，是管理信息系统实现的依托。管理信息系统是一个人机系统，而信息技术中计算机系统日益增强的功能极大地影响着管理信息系统的发展和进步，并且对管理理念也起到促进作用。我们很难想象，当个人计算机需要人们记大量的命令来操作时，人们可以轻松地发送电子邮件，用视频、语音聊天。因此，对于管理信息系统的设计者和使用者而言，学习、了解和掌握信息技术的发展概况和基本概念，并运用这些知识正确地为开发、使用管理信息系统服务是非常必要的。至于具体的程序设计、接口电路设计、网络布线等则应参考相关的专业书籍。我们的宗旨是根据实际需求，很好地把适合的技术和管理模型集成起来，使管理信息系统真正发挥作用。在不同的信息系统中根据需求选择不同的硬件、软件、通信网络以及数据库系统的设计方法和原则，阐述先进的硬件、软件、通信技术对管理信息系统的模式和实现方法的影响，如远程控制技术的发展将对管理组织的模式及信息系统的整体布局产生较大的影响。

信息技术包含信息采集和获取技术，信息存储和传递技术，信息处理和认知技术，信息决策和再生技术，信息执行和发布技术。在这些技术中，计算机技术起到了基础作用。因此，有必要学习和了解计算机硬件、软件和数据通信技术。

一、计算机硬件技术

计算机硬件是指所有计算机的物理设备，主要包括中央处理器、存储器、I/O 接口、网络设备、外部设备和各种总线。计算机系统是一个整体，需要各个部分相互匹配，才能发挥最大的作用。

(一)中央处理器

中央处理器(Central Processing Unit，CPU)在上述设备中是最重要的，它是各个时期计算机发展水平的标志。CPU 按照其用途的不同而分成多个级别，从 IC 卡里的 CPU 到并行处理大型机里的CPU。衡量CPU水平的指标有：

1. 机器字长

机器字长即CPU能一次并行处理的二进制数的宽度，从4位发展到目前的64位。目前，64位CPU的代表产品有Intel公司的IA64和AMD公司的Athlon64/FX、Sempron。机器字长越宽，CPU的速度就越快。但在实际使用中，还要根据具体情况来选择。例如，在一些智能仪器、仪表中就只使用4位CPU，如计价电子秤、智能峰谷分时计价电表等。现在非常流行的IC卡，其中就有8位、16位或32位的精简指令系统（Reduced Instruction Set Computer, RISC）CPU，如Motorola公司的MV4000D（8位）、MJ2000D（32位）。在特定的使用范围内，并非CPU的字长越宽越好，而是要考虑成本和可靠性，因为硬件的摩尔定理还在起作用，硬件的折旧非常快。所以，我们在选择机器时一定要遵循够用原则，尽量在系统实施时再选择主流产品，以获取较高的性价比和较好的经济性。

2. 主频

目前，微处理器的主频已经到3.8G。在同等的结构情况下，微处理器主频越高，其处理速度就越快。但主频的提高也有一个限度，在达到一定的极限后，又得寻找其他的途径。目前，提高主频最有效的方法是减少线宽，主流CPU已经采用0.13微米工艺。据资料显示，目前已经有样品在采用65纳米的工艺了。

3. 内核优化

目前，CPU的内核结构着重研究指令级并行和线程级上的并行技术，如至强处理器已经采用的超线程技术。而超线程技术就意味着一个处理器可以同时处理两个线程，从而将性能提高30%～50%。这是提高处理器性能很有效的方式，用不着提高主频或者加长流水线，也不用花费大量的晶体管去增强指令级并行处理。较之没有超线程技术的处理器，超线程技术的实现只需增加5%的晶体管。在指令级并行和线程级并行两个阶段后，下一个阶段是设计的安腾架构。在给定的频率下，安腾架构每周期能执行2倍于IA－32架构的指令数，1Ghz IA2的性能与2Ghz P4一样。我国曙光服务器L4000就使用了安腾2微处理器。

4. 高速缓存

CPU内的高速缓存是提高CPU性能的有效方法之一。在Intel处理器中，内置的缓存容量从128KB到4MB不等，级别也分为L1、L2和L3。但是，随着PCI-X总线等新型技术的出现，要求总线分配给I/O的总线带宽越来越大，总线就成为各个子系统争夺的重点，整个系统对缓存的要求也越来越高。IBM公司设计了四级缓存系统。例如，Xcel4服务器加速缓存系统使"企业级X－架构"的四级缓存达到了32MB或者64MB，远远超出了通常系统1MB～2MB的缓存量。Xcel4充分利用本地缓存，同时释放常规内存为I/O设备提供方便。它使CPU和I/O存取数据基本上做到各行其道，使得总线压力大为减小。四级缓存技术优化了处理器，使所有组件的性能得到了改善，比单纯增加价格昂贵的同步动态随机存取内存（Synchronous Dynamic Random Access Memory，SDRAM）或者提升CPU速度的方式更节省成本。此项"企业级X－架构"技术是移植IBM大型机技术中的Xcel4服务器加速缓存系统技术而来的，使得服务器的性能提高了15%～20%。

微处理器的性能越来越强，目前的趋势表明，一些公司停止了大、巨型计算机专用CPU的研制，而将一些大型计算机的技术应用到微型计算机上，而社会所需要的大型机就依靠多微处理器的并行处理来实现。我国自行研制的高性能计算机就有银河系列、曙光系列和联想系列，它们都是采用这种模式发展的。联想收购IBM全球个人电脑（Personal Computer，PC）业务，标志着我国 IT 企业开始走向世界。

CPU 的发展还将继续，摩尔定理在未来的 10 年内还会起作用，除了半导体硅以外，人们已经在用新的半导体材料，如砷化镓、硅锗复合等来研制新材料的 CPU；此外，人们还在研制量子、光子 CPU。随着科学技术的进步，产品价格的下降，层出不穷的新产品将极大地改变我们的生产和生活。现在已经成为热点的射频识别（Radio Frequency Identification Devices，RFID）的应用就对目前的供应链、物流、生产、营销、零售等管理模式产生了较大的影响。

Intel 公司推出的新一代迅驰系列符合无线通信 EEE802.11b/G 标准的 CPU 芯片，由于无线通信技术主要用于笔记本电脑，目前 P4-M 的 CPU 就是用于笔记本电脑的专用 CPU。作为管理信息系统，在考虑系统方案时就可以根据需要组成无线局域网，根据人员的流动情况配置具有无线通信功能的笔记本电脑。这对以前的固定办公模式又是一个进步和挑战。

（二）内存

计算机内存分为随机存取存储器和只读存储器。

1. 随机存取存储器

随机存取存储器（Random Access Memory，RAM）是计算机工作时临时存放程序和数据的地方，机器断电，数据就会丢失。工作时操作系统一般在 RAM 里开出对应的缓冲区，以存放从外存导出的程序和数据。CPU 的处理过程就是不断地与内存交换数据，其就像是车间里的加工机器，RAM 就是生产车间，它的大小和与 CPU 交换数据的速度直接影响计算机的数据处理速度。由于超大规模集成电路技术的发展，512M 的 DDR2－533（533Mhz 的前端总线频率）内存芯片已经问世。

第二代同步双倍速率动态随机存取存储器（Double Data Rate 2，DDR2）是由电子元件工业联合会定义的全新下一代 DDR 内存技术标准。DDR2 内存的基本工作原理类似于二倍速率同步动态随机存取存储器（Double Data Rate Synchronous Dynamic Random Access Memory，DDRSDRAM）。只不过 DDRSDRAM 每个时钟周期内可能通过总线传输两次数据，而 DDR2SDRAM 则可以传输 4 次数据。DDR2 使用一样的内存单元，但由于使用多路技术而使得带宽加倍。DDR2 内存单元的工作频率与 DDRSDRAM 和 SDRAM 的内存单元的工作频率一样，但 DDR2SDRAM 的 I/O 缓冲区的工作频率更高一些。DDR2 与缓冲区连结内存单元的总线带宽是 DDR 的两倍。当 I/O 缓冲区执行多路技术时，数据沿着一条较宽的总线进入内存单元，然后又通过一条与 DDRSDRAM 总线位宽相当的总线出来，但其传输速率却是 DDRSDRAM 的两倍。这种数据传输方式又称四位预读取架构（4-Bit Prefetch），可以在核心频率较低的情况下实现较高的数据传输速率。

由于 Intel 推广 PCI-E 总线标准的力度不断加大，市场上 DDR2 内存的品种日渐丰富起来，加上 DDR2 内存价格不断下降，因此，在这里介绍一下 DDR2 内存，对内存选择有所帮助。

2. 只读存储器

只读存储器（Read Only Memory，ROM）是线路最简单的半导体电路，通过掩模工艺，一次性制造，其中的代码与数据将永久保存。只能读，不能改写。一般保存 PC 系统的程序码、主机板上的基本输入/输出系统和引导程序、自检程序、启动程序、监控程序等。其读取速度比 RAM 慢很多。其中的内容是芯片制造时按照需要烧进去的。还有一种是可编程只读存储器（Programmable Read Only Memory，PROM），可以一次写入需要的软件，主要用于需要固定操作的地方，如自动控制、智能仪表等。还有可以多次擦写的只读存储器 EPROM 和 EEPROM，它们的区别是擦除方式的不同，EPROM 是用紫外线擦除，EEPROM 是用电擦除，用户使用专用的开发系统就可以擦除后重新写入新的软件，一块 EPROM 可以使用多次。有些需要不断升级和优化的软件可以使用该方式。

(三)外存

外存是计算机系统长期存储数据和程序的地方，其特点是存储量大(也叫海量存储器)、速度慢(相对于内存)、断电后数据能保存、单位存储量的价格低。目前，常用的外存设备有磁盘、光盘、磁带、半导体盘。磁盘分软盘和硬盘，其记录数据的介质是磁粉颗粒。软盘的使用越来越少，有被 U 盘代替的趋势。硬盘是计算机系统必备的设备之一，但现在有些网络上使用无盘工作站。硬盘有如下性能衡量指标：

1. 单片容量

单片容量即一片的容量，是指标志硬盘的记录密度。

2. 转速

转速目前有 4 200rpm、5 400rpm、7 200rpm 和 10 000rpm，它标志着硬盘寻道的时间和读写数据的速度。

3. 缓存大小

硬盘在读写数据的过程中存在机械运动，为了缩小硬盘与 RAM 交换数据时在速度上的差距，一般在硬盘上设计有缓存，缓存的大小一般有 2M、4M、8M 和 16M 之分。

4. 接口形式

硬盘接口是硬盘与主机系统之间的连接部件，是在硬盘缓存和主机内存之间传输数据。不同的硬盘接口决定着硬盘与计算机之间的连接速度，在整个系统中，硬盘接口的优劣直接影响着程序运行的快慢和系统性能的好坏。目前，从整体上看，硬盘接口分为 IDE、SCSI、光纤通道和 SATA 四种。IDE 接口硬盘多用于家用产品中，也部分应用于服务器；SCSI 接口的硬盘则主要应用于服务器；而光纤通道只在高端服务器上使用，其价格昂贵；SATA 是一种新生的硬盘接口类型，尚处于市场普及阶段。

最早出现的电子集成驱动器(Integrated Drive Electronics，IDE)类型硬盘 ATA-1 已经被淘汰，其后发展出更多类型的硬盘 IDE 接口，如 ATA、超速 ATA、DMA、高速 DMA 等。

小型计算机系统接口(Small Computer System Interface，SCSI)是广泛应用于小型机上的高速数据传输技术。SCSI 接口具有应用范围广、多任务、宽带宽、CPU 占用率低、支持热插拔等优点，主要应用于中、高端服务器和高档工作站中。

光纤通道是为在多硬盘系统环境中的服务器而设计的，它能满足高端工作站、服务器、海量存储子网络、外设间通过集线器、交换机和点对点连接进行双向、串行数据通信等系统对数据高传输率的要求。

串行高级技术附件(Serial Advanced Technology Attachment，SATA)总线使用嵌入式时钟信号，纠错能力更强，并能对传输指令进行检查，发现错误会自动矫正，提高数据传输的可靠性。另外，串行接口还具有结构简单、支持热插拔的优点。在某些功能上可超过 SCSI 接口硬盘。

快闪存储器(Flash Memory)是一种可以直接在主机板上通过接口修改内容的存储器，当电源关掉后，储存在里面的资料不会丢失。现在这种叫 U 盘的产品一般用 USB2.0(标准串行总线)接口与主板连接，因为它体积小、存储速度快、存储数据可靠、单位存储价格低，有取代软驱和软盘的趋势。

磁带机是大型机存储数据的专业设备之一，数百个磁带匣组成的自动系统可以海量地、低成本地存储如银行、保险、广播、医疗等行业的大量数据。

光盘是存储数据的较新方式。目前应用得最多的 CD-ROM,一张盘片的存储量达 670M,且价格便宜,只要善于保存,就是一种较好的存储资料的方式,如电子版图书、影视和音乐产品等都选择光盘作载体。在正常使用的情况下,激光头的寿命为 1~2 年。现在的可刻录光驱已经成为 PC 机的标准配置。空光盘分一次写入、可多次读出和可以重复多次读写几种,盘片价格也相当便宜。

数位影音光盘(Digital Video Disk,DVD)的标准存储容量达 4.7G,由于现在标准组织批准了 MPEG2、MPEG-4AVC/H264 和 VC-9 三种视频编码方式标准,新一代的 DVD 都采用 MPEG4 编码方式标准,其代表有 HD-DVD 和 BLU-RAYDISC(BD),现在市面上已经有 BD 的产品面世,如蓝光录像机、蓝光专业广播和编辑设备,其单面单层的容量达 27G。HD-DVD 的样品也已面世,其单面单层的容量达 15G,其从生产到使用都与现在的 DVD 兼容,成本比 BD 低。大容量光盘存储系统对管理信息系统的发展和推进作用将是巨大的。

(四)总线

总线是可以连接多种设备的数据"高速公路",通过它可以灵活地组成各种各样的应用系统。在计算机系统里,按传输方式的不同,分为串行总线和并行总线,常见的并行总线有 STD 总线、ISA 总线、PCI 总线、PCI-X 总线等。STD 总线的数据线宽度为 8 位,主要用于工业控制;ISA 总线为 16 位总线;PCI 总线为 32 位和 64 位两种宽度,这两种总线主要用于 PC 机和服务器。PCI-X 是在 PCI 的基础上发展起来的性能更好的总线,并兼容 PCI 总线。

1. ISA 总线

工业标准体系结构(Industry Standard Architecture,ISA)最初为 8 位宽度,运行速度为 4.77Mhz,与当时的 CPU 速度相同。后来发展为 16 位,运行速度达到 8Mhz。现在有一些 PC 板卡仍采用 8 位技术。

2. PCI 总线

外设互联标准(Peripheral Component Interconnect,PCI)总线的运行速度最初为 33Mhz。PCI 总线可以配置为 32 位和 64 位两种宽度。1999 年,PCI 总线的理论带宽达到 524Mbps。另外,它能共享中断申请,有效解决高端 PC 系统中断申请不够用的问题;同时,还实现了"即插即用"功能。在需要高可靠性的情况下,服务器总线还可以选择紧凑型 PCI,它是以 PCI 电气规范为标准的高性能工业用总线。紧凑型 PCI 系统与传统 PCI 系统使用相同的芯片、防火墙和相关软件。两者的最大不同在于:第一,该总线具有更好的机械特性。它增强了 PCI 系统在电信或其他条件恶劣的工业环境中的可维护性和可靠性。其遵从欧洲封装标准,增加了工业级别的可靠性与可维护性。第二,该总线垂直插入板柜的设计避免了气流通路上的阻碍,每一块板表面都能得到均匀的气流。第三,该连接器的电源和信号引线均支持热插拔规范。第四,该总线易扩展,可同时支持多达 256 个标准的 PCI 总线设备,能在每个子系统中支持 8 个插槽,加上桥接芯片,能轻易地扩展到 32 个插槽。

3. AGP

显示技术一直是计算机输出速度的"瓶颈"。加速图形接口(Accelerated Graphics Port,AGP)总线是目前应用最广泛的图形接口,其规范在 1996 年由 Intel 公司提出,是一种电脑图形显示专用接口,但它只是在 PCIV2.1 的标准上建立起来,当时是为了解决 PCI 总线在处理 3D 图形时的"瓶颈"问题。AGP 规范采取了多种技术措施,主要包括:(1)建立显示控制单元(显示卡)与系统之间的专用信息的高速传输通道;(2)采用内存映射技术,利用电脑系统内存虚拟显存以扩大显存容量。这两点是 AGP 技术的精髓。它解决了数据带宽和系统内存利用的问题。AGP 的内存映射技术通过显示控制芯片，让主板芯片组对系统内存进行直接操作，利用地址映射方法将系统内存模拟成显存，用来存储大量数据。

由于 AGP 总线自身仍然有带宽“瓶颈”，其带宽不能满足越来越高的数据传输需要，因此，其作用非常有限，不能大量依靠系统内存来作为显存。另外，当内存被固定地划分给图显存后便不能随意改变，系统难以对这部分内存加以重新利用，这也造成了内存资源的浪费。

4. PCI-E

PCI-E 图形接口针对 AGP 的问题，首先解决了数据带宽的问题，目前的 PCI-E 连接信号传输速度为每对线单向 2.5Gbps，以后可以实现 5Gbps 的速度，可以为系统内存的利用敞开大门。

如何智能优化地使用系统内存，既能保证 3D 运行时系统内存的合理应用，又能让系统在日常的处理时不受影响是解决问题的关键。在独立显卡上推出了类似的内存使用技术 TC 和 HM 技术。

PCI-E 采用差分信号接口，高达 2.5Gbps 的传输率，可缩放的带宽为 1X，2X，…，32X；带内控制；Load/Store 架构增加了消息传递；100%兼容的 PCI 软件；先进的能源管理，支持热插拔。从长远来看，PCI-E 总线作为未来显卡接口的规范和趋势，取代 AGP 接口是早晚的事。

5. PCI-X

PCI-X 是对 PCI 所作的高性能补充，由 IBM、HP、Compaq 共同提出，1999 年获得外围设备互连专业组批准。它完全向后兼容标准的 PCI 总线，显著增加 I/O 带宽，以满足千兆以太网和光纤通道等技术应用的需求。它不仅提高了总线的速度，而且增加了高速接口插槽，成倍提高了现行标准 PCI 的速度，使综合吞吐能力达到 1Gbps。

（五）外设接口及外部设备

外设接口和外部设备是计算机数据输入与处理结果输出的通道和装备，其性能直接关系到计算机效率的发挥和正常应用。总线是计算机与外部设备进行数据交换的通道。USB、RS232、IEEE1394 都是串行总线，ISA、PCI、PCI-E 和 PCI-X 都是并行总线。

1. ISA 总线外设控制接口技术

ISA 总线的组成和时序关系已为广大计算机工作者所掌握。由于 ISA 总线的地址、数据、控制信号都是独立的物理信号，且工作频率较慢，利用常规门电路即可搭建出相应的译码逻辑电路，数据寄存、锁存缓冲电路也有成熟的方法。因而，ISA 总线外设控制接口技术广泛应用于工业控制、数据存储、各种标准外设和常用外设，如图像处理卡、电源维护卡、加密卡、防毒卡、调制解调卡等都有 ISA 总线形式的产品。据估计，ISA 总线接口卡有几千种之多，要想使 ISA 总线产品彻底淘汰，仍需要一段时间。

2. PCI 总线外设控制接口技术

PCI 总线是 32 位总线，可以升级到 64 位宽度，地址长度可变，可重复读写，其访问延迟时间短。总线的工作频率为 33Mhz，传输率为 132Mbps，其 2.1 版规范升级到了 66Mhz 的频率及 264Mbps 的传输率，64 位总线可达 528Mbps。

PCI 总线采用多路复用技术，简化了总线结构，节省了成本。它能够自动配置参数，为此而专门设计有配置空间，记录 PCI 总线的设备信息，使之支持即插即用功能。

PCI 总线与处理器无关，其占用权、仲裁权不是由 CPU 管理，而是由专门的 PCI 芯片组完成；同时，PCI 总线具有存储器管理功能，任何 CPU 要访问共享存储器都必须经过 PCI 总线的允许。另外，PCI 总线支持多处理器功能，利用它构建多处理器系统十分方便。PCI 总线支持 5V 和 3.3V 工作电压，将来可达到 2.7V。

3. USB 通用串行总线外设控制接口技术

多媒体技术的发展对外设与主机之间的数据传输率有了更高的需求，USB 总线技术应运而生。

USB 接口的主要特点是：不用打开机箱即可方便地实现 PC 主机与各种外设之间的快速连接。USB 连接器是 Intel、Microsoft、NEC、Compaq 等公司为简化 PC 与外设之间的互连而共同研究开发的一种免费的标准化连接器，它支持各种 PC 与外设之间的连接，还可实现数字多媒体集成。可热插拔使之具有自动配置能力，且带宽更宽，增加外设时无须在 PC 内添加接口卡，多个 USB 集成线器可相互传送数据，使 PC 可以用全新的方式控制外设。USB 可以自动检测和安装外设，实现真正的即插即用。

USB 总线标准由 1.1 版升级至 2.0 版后，传输率由 12Mbps 增加至 480Mbps，更换介质，连接距离可由原来的 5 米增加至近百米。USB 总线结构简单，信号定义仅由 2 条电源线和 2 条信号线组成。

由于 USB 接口已成为 PC 机的标准配置，基于 USB 的外设逐渐增多，非独立性 I/O 连接的外设将逐渐减少，在外设选型时其 USB 接口也是必须考虑的因素之一。

4. IEEE1394 总线

随着多媒体技术的发展，实时多媒体数据的传输成为家电厂商与计算机厂商共同关心的问题。多媒体数据传输的实时性要求有更高速率的总线。家电与计算机之间的接口要简单方便。在通用性上，这种接口不能局限于某个特定环境、特定设备，而要适用面广。设想中的 IEEE1394 总线正是基于以上背景而产生的。

IEEE1394 总线能连接打印机、磁盘驱动器、DVD 驱动器、电视机顶盒等家用多媒体设备和信息家电产品。它是串行总线，与 USB 总线的比较如表 2—1 所示。

表 2—1　　IEEE1394 与 USB 的比较

项　目	IEEE1394 总线	USB 总线 2.0
传输速度(bps)	100M，200M，400M	480M
可连接点数	63	127
接点间距离	4.5M	5M
信号线数	6 条(电源—2，信号—4)	4 条(电源—2，信号—2)
编码方式	Dslink	NRZI

IEEE1394 适用于多媒体应用中的实时数据传输，其数据传输率将来可望达到 800Mbps、1.6Gbps 或 3.2Gbps；当实时连接或断开时，数据不会丢失或中断；支持即插即用自动配置；具有不同设备的通用连接方式。IEEE1394 既是新一代接口，又是新一代总线；既是计算机外设的接口标准，又是家电接口标准；作为用户友好的多媒体连接方式，它可以广泛应用于家庭、移动环境及办公室。

IEEE1394 总线(接口)在家电中诞生，在数字娱乐软件、非对称数字用户环路、数字通信技术、音频视频设备的数字化中发展起来。它以计算机为中心，集计算、娱乐、通信和各种多媒体应用为一体，将计算机产业与家电产业联系起来，从而开创了信息技术应用的新领域。

5. 外部设备及其发展趋势

目前，外设产品主要向以下几个方向发展：

第一，智能化。智能化是指不完全依靠主机指令，自身具有一定自主控制功能的外设产品。外设产品的智能控制方法是指具有 CPU 能力，具有自备 ROM、RAM，能自动识别、自动注册的外设控制方法。多功能一体化是现在的外设主流，如集扫描仪、打印机、传真机、复印机等多种功能为一体的外设为用户减少设备投资，在军事装备上也十分有意义。

第二，微型化。外设产品越来越小型化、微型化，适用于野外作业、外出旅行和军事。国内有专门从事外设产品微型化开发设计的公司。目前，微型外设比较少见，市场占有量也较小，但微型外设产品将来一定能在外设系列产品中占有一席之地。

第三，遥控化。键盘、鼠标、打印机等目前市面上都有红外遥控产品。外设与主机之间的"无线"连接，利用红外光而不是利用电磁波。红外遥控技术的日趋成熟及其在外设产品领域中的应用，使外设遥控产品成为外设产品系列中的特殊一员。在某些专用领域，如不能靠近的场合和恶劣环境中，它将发挥极大的作用。

目前，外设控制产品（泛指外设控制板卡）已集成到主机板上，有的计算机主板集成了显卡、多功能卡、调制解调卡等，一块 All in One 计算机主板基本上包含了所有的计算机通用外设的控制电路。CPU 生产厂家也将部分外设功能集成进 CPU，如含有图像处理功能、多媒体功能、无线网络通信功能的 CPU 芯片等。这种高度集成的方案正好与外设中含有 CPU 芯片、外设脱离主机自动工作的方案相对应，使我们可选择的余地更大了，能为我们丰富多彩的管理信息系统提供量身定制的配置。

第四，输入设备除了传统的键盘、鼠标和电子触摸屏外，还有一些自动识别设备已经成为很多管理信息系统中不可分割的一部分。例如，POS 系统里的条码扫描识读器、数据采集器，供应链管理中的 RFID 读写器，OFFICE 2003 中 WORD 的语音识别和 EXCEL 中的语音校对功能，图形字符扫描识读等，它们都用最新的研究成果为保证管理信息系统数据快速、准确地录入起到了不可替代的作用，同时也影响着管理信息系统的组织和方案的制订。

输出设备除了传统的打印机、绘图仪、显示器（从简单的数码管显示到户外的大电子显示屏）外，还有相关的网络设备，如各类网卡（网络数据的输入、输出）和各种语音、图形图像的输出设备。

二、计算机软件技术

计算机软件技术发展得非常快，为了充分发挥硬件的功能，软件总是与硬件的发展相适应。计算机软件是计算机的灵魂，它负责协调和指挥计算机所有硬件的运行，从数据的采集、处理一直到结果的保存和发布。没有软件的计算机是裸机，相当于植物人。

计算机软件分为系统软件和应用软件。系统软件包括操作系统、数据库管理系统、各种计算机语言的解释或编译系统；应用软件包括为用户直接使用的、面向用户的、为用户服务的软件，如人事管理系统、财务管理系统、辅助设计类软件、数据处理和科学计算类软件、办公自动化软件等。

（一）操作系统

操作系统是系统软件里最基础、最底层的软件，是其他所有软件运行的基础平台，它通过提供用户界面、资源管理、文件管理、作业管理和实用服务程序管理等功能来保证计算机系统的正常运行和使用。

按操作系统的功能和用户数分，有单用户单任务操作系统，如DOS(磁盘操作系统)；单用户多任务操作系统，如MACOS、WINDOWS 9X系列；多用户多任务操作系统，如UNIX、LINUX、OS2、WINDOWS SEVERS 2000、WINDOWS XP等网络操作系统。

不同的管理信息系统应该量体裁衣，选择不同的操作系统平台。例如，最初的工资管理系统是一种单项管理，其运行平台为DOS操作系统，目前一些小型企业应用的单机管理的操作平台为WINDOWS 9X的单机版操作系统，如果是较大的管理信息系统，如ERP、CRM等就可以选择多用户多任务的网络操作系统。只有这样的操作系统平台才能满足应用需求。

在管理信息系统的使用寿命周期内要注意该操作系统版本的升级和补丁程序的更新，因为大的操作系统软件是一项非常复杂的系统工程，尽管在上市前做过系统测试，但难免有漏洞出现；另外，现在的计算机病毒层出不穷，专找操作系统的漏洞进行攻击，因此，除了建立完善的信息安全机制、配置先进的网络防火墙和防病毒软件外，还需要及时下载补丁程序，从源头防止病毒和黑客的攻击，保证系统的安全。

现在的操作系统借助互联网实行远程协助，邀请您信任的人来帮助您。例如，使用互联网连接，任何运行WINDOWS XP的人都可以与您聊天，查看您的计算机屏幕，并且在您允许的情况下，在您的计算机上操作，实行远程控制。这个功能极大地方便了管理信息系统的维护和使用，对管理模式产生了较大的影响。

下面就各种类操作系统进行简单比较。

1. DOS

DOS操作系统基本上退出了历史舞台，目前只在智能卡、单片机组成的小型智能仪器上还有一些DOS系统运行，需要输入命令执行操作。

2. WINDOWS 9X

WINDOWS 9X操作系统在PC机上使用得较多，形成主流；另外，还有苹果公司的MA-COS。使用视窗鼠标操作，极大地简化了计算机的操作，使计算机的普及成为可能。

3. 网络操作系统

网络操作系统是一种利用网络底层所提供的数据传输功能，为高层网络用户提供网络共享资源管理服务和其他网络服务功能的网络系统软件。目前，网络协议软件大多被包含在网络操作系统中。管理信息系统为了资源共享，克服信息“孤岛”现象，大多选择网络操作系统，根据用户数的多少进一步选择不同的网络操作系统，如几十个用户可以选择WINDOWS系列，成百上千个用户则要选择UNIX、LINUX了。

(二)数据库管理系统

在管理信息系统中，负责提供数据组织、管理、存储、查询、控制、安全等功能的系统软件是数据库管理系统。随着互联网的发展，数据库管理系统的数据模型有层次型、网状型和关系型，现在已经建立和使用的管理信息系统大多采用关系型数据库管理系统，并且在网络模式上完成了由C/S模式向B/S模式的升级。数据库的下一个发展方向就是开发更多的基于互联网的数据库产品。

在网络应用的推动下，关系数据库也发生了一些变革，面向对象的数据库、互联网数据库和多媒体数据库相继涌现，人们称之为“后关系数据库时代”。今后的管理信息系统将使用这些数据库技术作为数据管理平台，开发出更高效、更安全、功能更强的应用系统。

(三)计算机语言

计算机软件里的各类计算机语言是人与计算机进行交流的工具，有高级语言和低级语言之分。高级语言发展较快，它与计算机硬件的发展相一致，成为当前计算机程序设计使用的主要工具，也是数据库前端平台设计的主要工具和对使用的信息系统进行二次开发和接口开发的工具，目前使用较多的有 C、C＋＋、VC、C＃、JAVA、VB、FORTRAN、ADA、HTML、XML等。高级语言有编译型和解释型之分。编译型是经过全部扫描编译再连接生成可执行文件(不需要选定的语言环境，直接在操作系统平台上运行)，速度快，能排除语法错误，能保护源代码。解释型是解释一句，执行一句，不能脱离语言环境，方便排错，速度慢，不保护程序源代码。要根据使用场合的不同来选择不同的计算机语言。例如，设计系统则选择 C 系列好处多一点，设计网页等前端平台则可以选择 JAVA、VB、DELPHE 等，科学计算则选择 FORTRAN 好一点。高级语言完成了从结构化程序设计到面向对象的程序设计的转变。目前普遍使用类、封装、继承、对象的嵌入和连接等技术使程序设计的效率更高，设计的程序界面更友好，功能更强。低级语言有各类汇编语言和机器语言等，随着计算机技术的发展，除了前端智能仪器的开发外，已经较少使用在管理信息系统中了。现在有较多的工具软件，方便系统的开发、相应功能的生成和模块的集成。要善于使用这些工具为系统开发设计服务。

(四)应用软件

应用软件包括各种实际使用的管理信息系统，如工资管理系统、ERP、CRM 等；另外，办公自动化、多媒体播放、辅助设计类、数据处理和科学计算类软件都属于应用软件。这些软件是直接供用户使用的，界面友好，使用方便，几经升级，目前功能越来越强。例如，语言识别，即从语言到文本，可以用语音输入文本；语音校对，即从文本到语音已经实现并已经使用。这些功能为管理信息系统增色不少，使之更人性化、更少出错。

三、数据通信技术

在管理信息系统中涉及数据通信技术的，按传输介质分为有线和无线。

(一)有线数据通信

有线数据通信又分为远程网络通信和近距离的主机与外设之间的数据通信。在远程网络通信中，有局域网和广域网，从主机到外设的数据通信大有串行代替并行的趋势。

(二)无线数据通信

无线数据通信同样也有远程与近距离之分。远程中占主流地位的是 IEEE802.16 标准和 IEEE802.11 标准，近距离的有红外和蓝牙技术。

红外数据通信技术是一种点对点的数据传输协议，是对传统设备之间连接线缆的替代。其通信距离一般为 0～1 米，传输速率最快可达 16Mbps，通信介质的波长为 900 纳米左右的近红外线。

蓝牙是由东芝、爱立信、IBM、Intel 和诺基亚于 1998 年 5 月共同提出的近距离无线数据通信技术标准。它能够在 10 米的半径范围内实现单点对多点的无线数据和声音传输，其带宽可达 1Mbps。通信介质是频率为 2.402Ghz～2.480Ghz 的电磁波。

这两种无线技术可以广泛地应用于笔记本电脑、台式电脑和手持电脑，打印机、键盘、鼠标等计算机外围设备，电话机、移动电话、寻呼机，数码相机、计算器、游戏机、机顶盒、手表，工业设备和医疗设备，网络接入设备如调制解调器。目前，红外产品较多，成本较低；蓝牙产品较少，价格较高，其语音传输技术使其可以实现红外技术无法实现的某些特定功能，如无线电话、多台设备组网等。至于采用哪种技术，应在满足需求的前提下综合考虑各种技术的特点和成本进行选择。

第二节 数据处理

一、数据处理的概念和发展过程

(一)数据处理的概念

数据处理是指对得到的数据按照要求,用特定的方法来加工处理,使之成为有用的信息。其处理方式可以用人工直接处理,也可以用电子设备进行处理。电子数据处理(Electronic Data Processing,EDP)是指用电子计算机或电子记录设备对数据进行处理。数据处理的方法是依数据结构类型的不同而采用不同的处理方法。数据处理是管理信息系统中的核心内容,如何高效地进行数据处理也是衡量管理信息系统好坏的一个重要指标。

从数据采集开始,数据进入计算机,一直到按照要求将加工好的数据输出计算机为止,过程中的数据组织、存储、转换、运算、分类、索引、排序、检索等都属于数据处理范畴。如何保证数据的安全、准确、完整和一致一直是人们不断追求的目标。由于数据信息"爆炸",数据采集已经成为管理信息系统运行的"瓶颈",人们采用较多的新技术如自动识别技术(条码、IC 卡、语音、图像)作为数据采集工具,以保证数据采集的快速和可靠。这样的应用系统也越来越多。

(二)数据处理的发展过程

数据处理的发展过程是随着计算机硬件、软件和网络通信技术的发展而发展的。

1. 人工处理阶段(20 世纪 50 年代初)

这一阶段的数据存在于程序之中,没有独立,更谈不上管理,没有操作系统,计算机还只是科学家手中的"宠物"。

2. 文件处理阶段(20 世纪 50 年代后期到 60 年代中期)

这一阶段,数据能按不同的数据结构以不同的数据文件形式存于磁盘上,并且可以重复使用,程序和数据初步分离。这一阶段出现了磁盘操作系统——DOS,但数据冗余度大,不能共享,维护困难,完整性和一致性难以保证。

3. 数据库系统处理阶段(自 20 世纪 60 年代后期起)

随着计算机硬件和软件技术的大力发展,大容量磁盘出现,联机实时处理要求增多,数据量急剧增加,共享要求增强。数据库系统的出现能使数据的冗余度减少,易于扩充,数据和程序独立,并且实现了数据的物理独立性和逻辑独立性,能为更多的应用程序共享(增加了并发控制)。有了统一的数据控制功能,在保证数据使用效率的同时,运用字段、记录、参照完整性规则和日志、恢复、权限功能,有力地保证了数据的完整性、一致性和安全性。数据库技术的出现使管理信息系统的应用步入了快车道。

4. 关注新的数据处理技术——网格计算

网格计算就是按需计算(公用计算),也称把异构系统合并成虚拟计算资源。资源的汇聚和共享是网格最重要的特征,虽然很早就有相应的技术实现部分 IT 资源的共享,但网格共享的意义在于不同平台、不同系统之间的互联互通。我国已研制出了织女星网格,并把网格技术列为"863"的专项课题(即高性能计算课题)。威斯康星大学的 Condor、Globus Toolkit 和全球网格论坛的开放网格服务架构(Open Grid Services Architecture,OGSA),甲骨文、微软、HP、IBM、Sun 等厂商宣布的其他网格计划,已应用于成千上万的测试案例。在美国,已经有成功的商业网格解决了运营问题。在各种管理、计费和投资机制逐步完善的今天,网格系统的自动化运营似乎不是难题。网格计算技术的发展将对管理信息系统模式的发展产生重大影响。

二、数据组织

数据组织是数据处理的核心，而数据的有效组织是与数据结构分不开的。数据结构是相互之间存在一种或多种特定关系的数据元素的集合。数据结构严格地分为物理结构和逻辑结构。物理结构又称存储结构，是指数据元素及其关系在计算机里的映象方式。数据元素是按二进制位串的形式在计算机里的映象，而关系的映象方式有顺序映象和非顺序映象。由此就有两种不同的存储结构：顺序存储结构和链式存储结构。

任何信息系统都有一个数据组织的层次体系。在该层次体系中，每一后继层都是其前一层数据元组合的结果，最终实现一个综合的数据库。处于第一层的是"位"，其他五层分别是"字符（字节）""数据元""记录""文件"和"数据库"。数据是一切信息系统的基础。一个高质量的计算机管理信息系统的最终用户必须具备数据的组织及其处理方面的知识。

"位"是主存储器（内存）和辅助存储器（外存）的基本单位。数字计算机里只能实现两种状态。从物理上讲，可以通过不同途径来实现这两种状态（电流的方向、开关、涂在带上和盘上的铁淦氧的磁性排列）。由于每一位只能表示两种状态，因此，必须用位的组合来表示字母、数字和字符。由位组合成的字母、数字和字符被暂时存放在主存储器中，或永久地存放在辅助存储器中。在主存和辅存中存放的是它们的内部表示形式（例如，采用 EBC-DIC 编码体制，则 11000010 表示字母 A，11110001 表示数字 1）。

在输入时，对字母、数字、字符进行编码以形成若干位的组合，而在输出时进行译码。目前，还没有工业标准的编码体制。最为流行的编码体制是六位二进制编码的十进制码（BCD）、七位 ASCII 码以及八位扩充二进制编码的十进制交换码（EBCDIC）。

六位编码最多可以表示 64 个字符，七位编码可以表示 128 个字符，而八位编码可以表示 256 个字符。如果希望表示大写和小写字母，那么，六位编码就不够用了，因此，就需要具有 128 种组合的七位编码。

目前还难以想象出对 128 种以上的位的组合需要。引进八位编码体制是为了利用这个事实，即只用四位来表示一个数值数据。因此，一个 8 位的编码实际上可以用来表示两个十进制数字。由于所存储的数据多数是数值数据，因此，将两个数字的编码压缩成八位可以节省存储空间。EBCDIC 的八位组合称为一个字节。而 BCD 的六位组合就构成一个字节。在 BCD 和 ASCII 编码体制中，字节是字符的同义词。在 EBCDIC 编码体制中，由于可以将两个数字压缩到一个字节中，因此，EBCDIC 的字节与字符间并不一一对应。然而，在涉及存储容量时，则经常交替地使用字符和字节。通常将千和兆分别缩写为"K"和"M"，将千兆写成"G"。

在通过键盘（光符号识别器或其他输入设备）输入一个字符时，机器直接将字符翻译成某特定的编码系统中一串位的组合。一个计算机系统可以使用不止一种编码体制。例如，某些计算机系统中将 ASCII 编码体制用于数据通信，而将 EBCDIC 编码体制用于数据存储。

描述数据元的最好办法是举例说明。一个人的社会保险号、姓名、信用卡号、街道地址和婚姻状况等都是数据元。在数据的层次体系中，数据元是最低一层的逻辑单位，为了形成一个逻辑单位，需要将若干位和若干字节组合在一起。一个日期不一定是一个数据元，它可以是三个数据元：年、月、日。对地址来说，也是同样的。一个地址中可以包括州、城市、街道地址和邮政编码这四个数据元。从逻辑上可以把日期和地址都看成是一个数据元，但输出这种数据元是不方便的。例如，通常在输出时总是把街道地址单写一行，因而应该把一个地址的几个数据元分开。此外，由于姓名和地址文件经常按邮政编码排序，因此，需要将邮政编码作为一个逻辑实体（数据元）来对待。

有时也把数据元称作字段（记录中的字段）。数据元是泛指的，而数据项才是实体（或实际的“值”）。例如，社会保险号是一个数据元，而445487279和44214158则是两个数据项。

为了节省输入数据时敲打键盘的时间和存储空间，通常将数据元编码。例如，通常将“职工”主文件中的“性别”数据元编码，这样，数据录入员就可以简单地输入“M”或“F”来代替“Male”或“Female”。在输出时再将“M”和“F”分别翻译成“男”或“女”。

将逻辑上相关的数据元组合在一起就形成一条记录。记录是能够从数据库中存取的最低一层的逻辑单位。

文件是逻辑上相关的记录的集合。“职工”主文件包含每一个职工的记录。“库存”文件包含每一种库存货物的记录。“应收账目”文件包含每个顾客的记录。“文件”这个词有时也指某台二级存储设备上的一块已命名的区域，该区域中可以包含程序代码、教材、数据，甚至还可以包含输出报表。

数据库是一种作为计算机系统资源而共享的全部数据的集合。有时根据不同的应用领域，可将该共享数据分成若干段。例如，财会数据库可以划分为应用领域，它可以包含6个不同的文件。用“文件”组织数据这种方法将带来数据的冗余。为了在处理时能方便使用，必须将某些数据元重复存放在几个文件中。例如，一所大学的安置办公室、宿舍管理处、财务支持办公室以及注册处等都有可能保存学生文件，像学生名、校内地址这类数据元几乎在每个文件中都重复出现。先进的数据库管理系统比传统的文件系统有较大的改进，它使得用户可以将存储数据的重复程度降至最低。

数据库应用的类型是复杂的，不同类型的应用对系统的要求不尽相同，为了满足与适应不同类型的应用系统及不断增长的数据需求，我们要通过对系统的诊断和调整提高系统的运行效率。系统运行效率的相关要素诸多，涉及服务器硬件、网络结构、操作系统、数据库系统、应用系统、并发用户数等，具有很高的不确定性。因此，我们的工作目标是在现有硬件和软件条件下，通过调整系统结构、调整数据库对象结构和系统资源的物理再分配，消灭性能“瓶颈”，使其达到总体性能的综合平衡，实现性能的最大化。

第三节　数据库技术

围绕着数据结构和模型的演变，传统数据库技术相继经历了网状数据库、层次数据库和关系数据库三个阶段。

一、数据库系统的产生和构成

（一）数据库系统的产生

数据库是以一定的组织方式存储在一起的相关数据的集合，它能以最佳的方式、最少的数据冗余为多种应用服务，程序与数据具有较高的独立性。数据库技术的萌芽可以追溯到20世纪60年代中期，20世纪60年代末70年代初数据库技术日益成熟，具有了坚实的理论基础，其主要标志事件如下：

1969年，IBM公司研制开发了基于层次结构的数据库管理系统IMS（Information Management System)。

美国数据系统语言协商会的数据库任务组(Data Base Task Group,DBTG)于20世纪60年代末70年代初提出了DBTG报告。DBTG报告确定并建立了数据库系统的许多概念、方法和技术。DBTG基于网状结构,是数据库网状模型的基础和代表。

1970年,IBM公司的研究员埃德加·弗兰克·科德(E.F.Codd)发表了题为《大型共享数据库数据的关系模型》的论文,提出了数据库的关系模型,开创了关系方法和关系数据研究,为关系数据库的发展奠定了理论基础。

20世纪70年代,数据库技术有了很大发展,出现了许多基于层次或网状模型的商品化数据库系统,并广泛运行于企业管理、交通运输、情报检索、军事指挥、政府管理和辅助决策等方面。这一时期,关系模型的理论研究和软件系统研制也取得了很大进展。1981年,IBM公司宣布具有System R全部特性的数据库产品SQL/DS问世。与此同时,加州大学伯克利分校研制成功关系数据库实验系统(Interactive Graphics and Retrieval System,INGRES),接着又实现了INGRES商务系统,使关系方法从实验室走向社会。

自20世纪80年代以来,几乎所有新开发的数据库系统都是关系型的。微型机平台的关系数据库管理系统也越来越多,功能越来越强,其应用已经遍及各个领域。

(二)数据库系统的构成

数据库系统是由计算机系统、数据、数据库管理系统和有关人员组成的具有高度组织性的总体。

1. 计算机系统

计算机系统是指用于数据库管理的计算机硬件和软件系统。数据库需要大容量的主存以存放和运行操作系统、数据库管理系统程序、应用程序以及数据库、目录、系统缓冲区等,辅存方面则需要大容量的直接存取设备;此外,计算机系统应具有较强的网络功能。

2. 数据库

数据库既有存放实际数据的物理数据库,也有存放数据逻辑结构的描述数据库。

3. 数据库管理系统

数据库管理系统(Data Base Management System,DBMS)是一组对数据库进行管理的软件,通常包括数据定义语言及其编译程序、数据操纵语言及其编译程序以及数据管理例行程序。

4. 人员

(1)数据库管理员。为了保证数据库的完整性、明确性和安全性,必须有人来对数据库进行有效的控制。行使这种控制权的人称为数据库管理员,他负责建立和维护模式,提供数据的保护措施和编写数据库文件。所谓模式,是指对数据库总的逻辑描述。

(2)系统程序员。系统程序员是设计数据库管理系统的人员。他们必须关心硬件特性及存储设备的物理细节,实现数据组织与存取的各种功能及从逻辑结构到物理结构的映射等。

(3)应用程序员。应用程序员负责编制和维护应用程序,如库存控制系统、工资核算系统等。

5. 用户

(1)专门用户。专门用户是指通过交互方式进行信息检索和补充信息的用户。

(2)参数用户。参数用户是指那些与数据库的交互作用相固定的、有规则的人,如售货员、订票员等。

二、数据库设计的主要内容

信息是人们对客观世界各种事物特征的反映，而数据则是表示信息的一种符号。从客观事物到信息，再到数据，是人们对现实世界认识和描述的过程，这经过了三个世界（或称领域）：

（一）现实世界

现实世界是人们头脑之外的客观世界，它包含客观事物及其相互联系。

（二）观念世界

观念世界是现实世界在人们头脑中的反映，又称信息世界。客观事物在观念世界中称为实体，为了反映实体与实体之间的联系，可以采用实体联系模型。

（三）数据世界

数据世界是信息世界中信息的数据化。现实世界中的事物及其联系在数据世界中用数据模型描述。

从现实世界、观念世界到数据世界是一个认识的过程，也是抽象和映射的过程。与此相对应，设计数据库也要经历类似的过程，即数据库设计的步骤包括用户要求分析、概念结构设计、逻辑结构设计和物理结构设计四个阶段。其中，概念结构设计是根据用户需求设计的数据库模型，所以称之为概念模型。概念模型可用实体联系模型表示，也可用 3NF 关系模式表示。逻辑结构设计是将概念模型转换成某种数据库管理系统支持的数据模型。物理结构设计是为数据模型在设备上选定合适的存储结构和存取方法。

三、实体联系模型

实体联系模型反映的是现实世界中的事物及其相互联系，与此有关的概念有以下几个：

（一）实体

“实体”是观念世界中描述客观事物的概念。实体可以是人，也可以是物或抽象的概念；可以指事物本身，也可以指事物之间的联系。

（二）属性

“属性”是指实体具有的某种特性。

（三）联系

现实世界的事物之间总是存在着这样或那样的联系，这种联系必然要在信息世界中得到反映。在信息世界中，事物之间的联系可分为两类：一是实体内部的联系，如组成实体的各属性之间的关系；二是实体之间的联系。这里我们主要讨论实体之间的联系。

实体有个体和总体之分。个体如“张三”“李四”等；总体泛指个体组成的集合。总体又有同质总体（如职工）和异质总体之分。异质总体是由不同性质的个体组成的集合，如一个企业的所有事物的集合。一个异质总体可以分解出多个同质总体。数据文件描述的是同质总体，而数据库描述的是异质总体。

设 A、B 为两个包含若干个体的总体，它们之间建立了某种联系，其联系方式可分为以下三类：

1. 一对一联系

如果对于 A 中的一个实体，B 中至多有一个实体与其发生联系；反之，B 中的每一实体至多对应 A 中的一个实体，则称 A 与 B 是一对一联系。

2. 一对多联系

如果对于A中的每一个实体,B中有一个以上的实体与之发生联系;反之,B中的每一个实体至多只能对应A中的一个实体,则称A与B是一对多联系。

3. 多对多联系

如果A中至少有一个实体对应B中一个以上的实体;反之,B中也至少有一个实体对应A中一个以上的实体,则称A与B为多对多联系。

概念模型最常用的表示方法是实体—联系方法(Entity-Relation Approach,E-R方法)。该方法是用E-R图来描述某一组织的信息模型(如图2—1所示)。

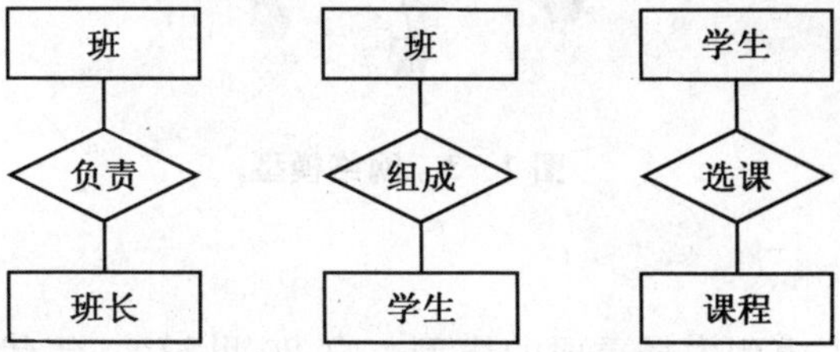

图2—1　两个实体集之间的联系

在图2—1中,矩形表示实体,矩形框内填写实体名;椭圆形表示属性,其平直边联系对应的实体;菱形表示联系,其框内填写联系名,无向边联系相关的实体,并在旁标写联系类型如1∶1、1∶N或M∶N。

四、数据模型

数据模型是对客观事物及其联系的数据化描述。在数据库系统中,对现实世界中数据的抽象、描述以及处理等都是通过数据模型来实现的。数据模型是数据库系统设计中用于提供信息表示和操作手段的形式构架,是数据库系统实现的基础。目前,在实际数据库系统中支持的数据模型主要有以下三种:

(一)层次模型

层次模型是数据库系统中最早出现的数据模型。它是用树型结构表示各类实体及实体间的联系。它只有一个根节点,根以外的其他节点有且只有一个双亲节点(如图2—2所示)。

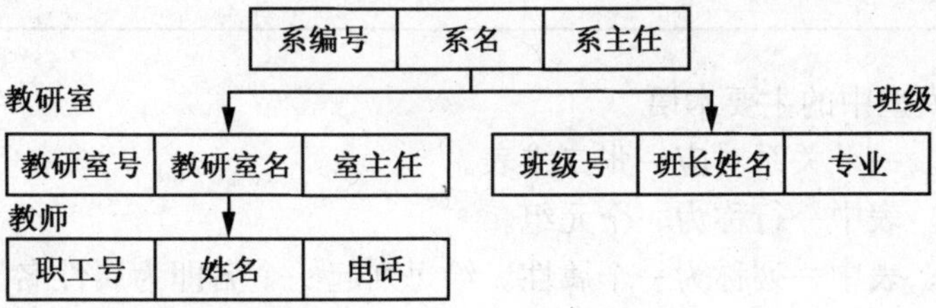

图2—2　层次模型

它适合表示一对多的实体联系,且使用简单,完整性好。但对于多对多的实体联系模型则要采用效率不高的办法(引入冗余数据,易产生不一致,或引入虚拟节点)来解决。典型代表是IBM公司的IMS数据库管理系统。

(二)网络模型

网络模型是比层次模型更具普遍性的数据模型(如图 2—3 所示)。它允许一个以上的节点无双亲,一个节点可以有多于一个的双亲。它能直接地描述客观世界,性能好,效率高,但结构复杂,不利使用。其典型代表是 DBTG 系统。

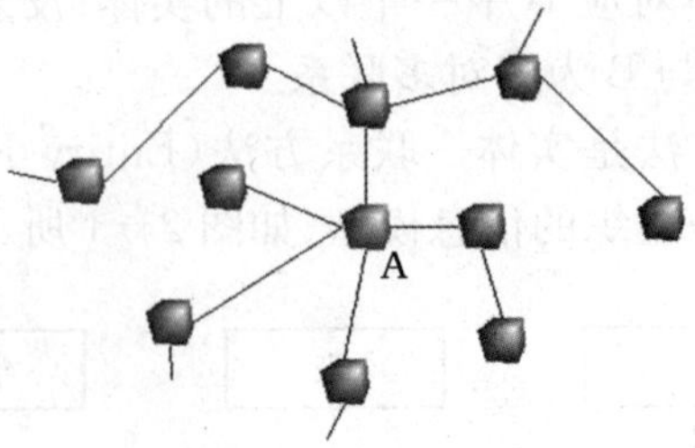

图 2—3 网络模型

(三)关系模型

关系模型是三种数据模型中最重要的模型。自 20 世纪 80 年代以来,计算机系统商推出的数据库管理系统几乎全部是支持关系模型的。

关系模型是建立在数学概念的基础上,应用关系代数和关系演算等数学理论处理数据库系统的方法。应用这类方法进行数据处理最早是从 1962 年数据系统语言会议发表的《信息代数》开始的。1968 年,戴维·蔡尔德(David Child)在 7090 机上实现了“集合论的数据结构”,但系统而严格地提出关系模型的是美国 IBM 公司的埃德加·弗兰克·科德。他从 1970 年起连续发表了多篇论文,奠定了关系数据库的理论基础。从用户的观点来看,在关系模型下,数据的逻辑结构是一张二维表。每一个关系为一张二维表,相当于一个文件。实体间的联系均通过关系进行描述。例如,表 2—2 用 m 行 n 列的二维表表示了具有 n 元组的“职工”关系。每一行即一个 n 元组,相当于一条记录,用来描述一个实体。

表 2—2 职工表

编号	姓名	性别	职称	出生日期	工资	部门
1001	刘海英	男	教授	1948.10.06	3 000.00	管理学院
3002	吴 艳	女	实验员	1975.05.12	1 200.00	物理实验室
…	…	…	…	…	…	…

1. 关系模型中的主要术语

(1)关系。一个关系对应一张二维表。

(2)元组。表中一行称为一个元组。

(3)属性。表中一列称为一个属性。给每列起一个名即为属性名。

(4)主码,也称主关键字。表中的某个属性组,其值唯一地标识一个元组,如表 2—2 中,编号就是主码。

(5)域。属性的取值范围即域。

(6)分量。元组中的一个属性值即分量。

(7)关系模式。对关系的描述用关系名(属性 1,属性 2,…,属性 n)来表示。

2. 关系模型的特点

(1)关系模型的概念单一。对于实体与实体之间的联系均以关系来表示。

(2)关系是规范化的关系。规范化是指在关系模型中,关系必须满足一定的条件,最基本的要求是关系中的每一个分量都是不可分的数据项,即表不能多于二维。

(3)在关系模型中,用户对数据的检索和操作实际上是从原二维表中得到一个子集,该子集仍是一个二维表,因而易于理解,操作直接、方便,而且由于关系模型把存取路径隐藏起来,用户只需指出"做什么",而不必关心"怎么做",从而大大提高了数据的独立性。

由于关系模型概念简单、清晰、易懂、易用,并有严密的数学基础以及在此基础上发展起来的关系数据理论,简化了程序开发及数据库建立的工作量,因此,迅速获得了广泛的应用,并在数据库系统中占据了统治地位。

五、关系数据规范化

规范化理论研究关系模式中各属性之间的依赖关系及其对关系模式性能的影响,探讨关系模式应该具备的性质和设计方法。规范化理论给我们提供了判别关系模式优劣的标准,为数据库设计工作提供了严格的理论依据。规范化理论是埃德加·弗兰克·科德于 1971 年提出的。他及后来的研究者为数据结构定义了五种规范化模式(Normal Form,简称范式)。范式表示的是关系模式的规范化程度,也即满足某种约束条件的关系模式,根据满足的约束条件的不同来确定范式。例如,满足最低要求,则为第一范式(First Normal Form,简称 lNF);符合 lNF 而又进一步满足一些约束条件的成为第二范式(2NF);等等。在五种范式中,通常只使用前三种,下面介绍这三种范式。

(一)第一范式

属于第一范式(lNF)的关系应满足的基本条件是元组中的每一个分量都必须是不可分割的数据项。

(二)第二范式

所谓第二范式(2NF),是指这种关系不仅满足 1NF,而且所有非主属性完全依赖于其主码。例如,表 2—3 所示关系虽满足 lNF,但不满足 2NF,因为其非主属性不完全依赖于由教师代码和课题代码组成的主关键字。这种关系会引起数据冗余和更新异常,当要插入新的研究课题数据时,往往缺少相应的教师代码,以致无法插入;当删除某位教师的信息时,常常会丢失有关研究课题的信息。解决的方法是将一个非 2NF 关系模式分解为多个 2NF 关系模式。如将表 2—3 分解为表 2—4 和表 2—5。

表 2—3　　教师课题经费表

教师代码	教师姓名	课题代码	课题名称	课题经费	所属部门	部门地址
1001	刘海英	0504100	疲劳计数法研究	50 000.00	机械学院	机电楼
3002	吴　艳	0507200	二维条码识读器研究	40 000.00	理学院	科技楼

表 2—4　　教师部门地址表

教师代码	教师姓名	所属部门	部门地址
1001	刘海英	机械学院	机电楼
3002	吴　艳	理学院	科技楼

表 2—5 课题经费表

课题代码	课题名称	课题经费	教师代码
0504100	疲劳计数法研究	50 000.00	1001
0507200	二维条码识读器研究	40 000.00	3002

(三)第三范式

所谓第三范式(3NF),是指这种关系不仅满足 2NF,而且其任何一个非主属性都不传递依赖于任何主关键字。例如,表 2—4 所示教师部门与地址的关系属于 2NF,但不是 3NF。这里,由于所属部门依赖于教师代码(教师代码唯一确定该教师的所属部门),部门地址又依赖于所属部门,因此,部门地址传递依赖于教师代码。这样的关系同样存在着高度冗余和更新异常问题。解决的办法是将其分解为表 2—6 和表 2—7。

表 2—6 教师部门表

教师代码	教师姓名	部门代码
1001	刘海英	01
3002	吴 艳	04

表 2—7 部门地址表

部门代码	所属部门	部门地址
01	机械学院	机电楼
04	理学院	科技楼

六、数据库技术的发展

(一)互联网数据库

所谓互联网数据库,其实质是在传统关系数据库技术的基础上,融合最新网络技术、存储技术和检索技术而发展的新型数据库技术。它在数据库模型、存储机制和检索技术等方面作出革新,以全面面向互联网的功能结构来适用新的以互联网为基础的应用,从而开辟了一个互联网数据库的新时代。

面向互联网的数据挖掘比面向单个数据库的数据挖掘要复杂得多。传统数据库中的数据是结构化的,而互联网上的数据的最大特点是半结构化,这就决定了面向互联网的数据挖掘将是一个颇具挑战性的课题。半结构化是相对于结构化和非结构化而言的。传统数据库中的数据结构性很强,我们称之为完全结构化的数据,同时还存在一些诸如一本书、一张图片等完全无结构的数据。但互联网上存在的数据既不是完全结构化的,也不是完全非结构化的,因为其页面具有一定的描述层次,存在一定的结构,所以我们称其为半结构化的数据。

从数据库研究的角度出发,网站的信息也可以看做一个数据库,一个更大的、复杂性更高的数据库。网络上的每一个站点就是一个数据源,每一个数据源都是异构的,因为任意两个站点之间的信息和组织形式都不一样,这就构成了一个巨大的、异构的数据库环境。如果想要利用这些数据进行数据挖掘,首先必须研究站点之间异构数据的集成问题。因为只有将这些站点上的数据都集成起来,提供给用户一个统一的视图或视角,才有可能从巨大的数据资源中获取所需的信息。其次，还要解决互联网上的数据查询问题。因为如果所需的数据不能有效地得到，对这些数据进行分析、处理就无从谈起。这些基础性的问题都亟待解决。

传统的数据库都有一定的数据模型，可以根据这些模型来具体地描述特定的数据，同时可以很好地定义和解释相关的查询语言。而互联网上的数据特点很复杂，没有特定的模型来描述。每一个站点上的数据都是由站点开发人员自行设计和放置的，而且数据本身具有自描述性和动态可变性等一系列复杂特性，其结构也不可捉摸。在这种情况下，如何解决异构数据的集成和数据查询问题呢？这就迫切需要一个模型来清晰地描述互联网上的数据。针对互联网上数据半结构化的特点，寻找一个半结构化的数据模型成为了解决上述问题的关键。此外，除了要定义这样一个半结构化数据模型外，还需要一项技术能够自动地从现有数据中将这个模型抽取出来，这就是模型抽取技术。因为半结构化数据模型和半结构化数据模型抽取技术是面向互联网的数据挖掘技术实施的前提，所以堪称是当今数据库研究领域的最大热点。

（二）可扩展标记语言

近年来涌现了一个标记语言叫可扩展标记语言（Extensive Markup Language，XML），其最大的特点在于其标签是具有语义的，是由用户定义的，能够反映一定的数据含义。XML 的出现给做数据库研究的人带来了很大的惊喜。从某种意义上说，XML 就是一种半结构化的数据模型。XML 文档描述的语义非常清楚，而且很容易就可以将之与关系数据库中的属性一一对应起来，能够支持实施十分精确的查询。XML 为在网络上的数据查询和模式抽取提供了一个重要的契机，以此为基础，基于网络的数据挖掘的实现距离我们也不会太遥远。目前，已经有很多关于 XML 数据存储、XML 数据查询和 XML 系统实现与应用模式等方面的研究工作纷纷开展起来，以 XML 家族为基础的新一代万维网环境是直接面对网络数据的，不仅可以很好地兼容原有的网络应用，而且可以更优地实现万维网这一分布计算环境下的信息共享与交换。因此，它已成为网络信息发展的可喜趋势。

（三）数据仓库

数据仓库也是近年来逐渐兴起的一个概念。随着企业信息化建设的不断深入，企业的数据积累量越来越大，企业信息系统本身的构成也越来越复杂，原有的系统中可能会采用面向对象数据库，也可能会采用关系数据库，还可能采用不同厂家的产品，由此就出现了庞大而异构的数据资源。数据仓库就是要将这些数据资源集成起来，以满足决策支持的需求。

数据仓库的实质也是一个数据库，但它存储的数据与普通数据库中的数据不太一样，它存储的是数据库中经过加工整理后的数据。例如，对于商场应用来说，原有数据库中存储的是每一笔交易的数据，而数据仓库则要根据过往的历史记录进行提炼、整理，存放的可能是某种产品某月在某地区的特定销量等记录。

数据仓库将异构的数据集成起来，经过加工、整理变成可用的数据资源，而数据挖掘和联机分析处理（Online Analysis Process，OLAP）则是在数据仓库的基础上进行操作，它们都是基于数据仓库的分析工具。数据挖掘与 OLAP 最本质的区别在于，数据挖掘是一种挖掘性的分析工具，它主要是利用各种分析方法主动地挖掘大量数据中蕴含的规律；而 OLAP 则是一种求证性的分析工具，即已有一个假设，通过 OLAP 来得到验证。OLAP 所采用的验证方法多是基于数据立方体法，即通过对数据立方体的切片、切块、旋转、钻取等操作来实现对数据立方体快速的多维存取。所谓多维存取，是指从不同的角度根据数据仓库中的不同主题来得出不同的结论。数据挖掘和 OLAP 这两种分析工具本身是相辅相成的，因为 OLAP 可以帮助人们提出假设，也可以验证数据挖掘预测的结果；数据挖掘能够挖掘出一个结论，这个结论正确与否，可以用OLAP去验证。

传统的数据环境基本上是数据操作型的，传统的信息系统只负责数据的增、删及修改操作，而在数据库的基础上可实现的工作就是联机事务处理（Online Transaction Process，OLTP）。由于数据积累的不断增多，人们需要分析型的数据环境，于是就出现了由数据库导出的数据仓库，以此为基础则可以实现OLAP和数据挖掘。

第四节 计算机网络技术

一、计算机网络的概念与分类

（一）计算机网络的概念

计算机网络就是将分散在不同地点的计算机和计算机网络系统通过通信设备和通信介质连接起来，在网络软件（即网络通信协议、信息交换方式及网络操作系统等）的支持下进行数据通信，以实现资源共享的计算机系统。

计算机网络是计算机与通信这两大现代技术紧密结合的产物，它代表着当前计算机体系结构发展的一个重要方面。计算机只有与网络相结合，才能发挥更强大的作用。没有联网的计算机只是一个信息孤岛。没有网络的管理信息系统只是初级的管理系统。

（二）计算机网络的分类

计算机网络的分类方法较多，有按网络的分布距离分类、按网络的拓扑结构分类及按传输介质分类等分类方法。

1. 按分布距离分类

按照分布距离的长短，计算机网络可分为局域网（Local Area Network，LAN）、广域网（Wide Area Network，WAN）、互联网（Internet）。

（1）局域网。局域网的地理分布范围比较小，一般在十几千米以内，它是一个部门或单位组建的计算机网络，如建立在一座建筑物内或一个校园内的网络。局域网具有成本低、传输速率高、延迟小、组网方便、使用灵活等特点。局域网主要有三种网络拓扑结构，即总线结构、环形结构和星形结构。目前流行的局域网有以太网、令牌环网、分布队列双总线网及无线网。

（2）广域网。广域网的分布范围较广，可以实现城市甚至一个国家的计算机网络互联。广域网的网络规模大，可以提供比较丰富的网络资源，可以实现远程计算机通信，更能发挥计算机网络的优势。目前有几个全国范围的计算机网络就属于广域网，如Chinanet、CEInet和CERnet等。比较流行的广域网有分组交换网、综合业务数字网、宽带综合业务数字网、帧中继、异步传输模式和非对称数字用户环线等。

（3）互联网。互联网并不是一种单独规划和建造的网络，而是将已有的不同物理网络按照某种协议连接起来，实现网络与网络之间的通信，如将局域网与局域网、局域网与广域网、广域网与广域网进行互联，实现局部处理、远程处理。

2. 按网络拓扑结构分类

将多个独立的计算机系统连成网络的方法有多种，将组成网络的各个节点之间的连接方式称为拓扑结构。计算机网络的拓扑结构主要有下列五种：

（1）总线结构。总线结构的网络采用一条开环、无源的双绞线或同轴电缆，通过对应的接口把所有计算机设备连接在一起，形成一条公共的多路访问总线，其属于共享介质。总线上的机器都是平等的，每个节点发送的信号其他节点均可接收，但在同一时间内只允许一个节点发送信号，不然就会发生冲突。总线结构常用于局域网，其特点是网络结构简单，在总线上增减设备容易，扩充性好，但总线本身的故障将导致整个网络瘫痪。

(2)环形结构。在环形结构的网络中，各个节点首尾相接构成一个封闭的环，信号通常是顺着一个方向从一台主机传到另一台主机，每台主机在向内来的电缆上都有一个接收器，在向外去的电缆上都有一个发送器，环上每个节点都是平等的，均可向其他节点发送信息。环形网络主要使用在局域网，信息延迟稳定可测，但只要一个节点发生故障，则整个网络不能工作。

(3)星型结构。星型结构以一个特定节点为中心，从中心以辐射状线路连接到其他节点。这个中心节点所用的设备一般为集线器。在星型结构的网络中，任意一条线路的损坏只会影响与该线路相连的一个节点设备，而对其他节点设备的工作无影响，因此，这是一种比较稳定、可靠的拓扑结构。

(4)树型结构。如果将星型网络中的普通节点用作另一个星型网络的中心节点，就构成了树型网络，因此，树型结构是星形结构的扩充，具有与星型网络相似的特点。

(5)分布式结构。分布式结构的网络是由分布在不同地点且具有多个终端的节点互连而成的。在该网络中，任一节点至少与两条线路相连，当任意一条线路发生故障时，通信可转经其他线路完成，因而具有较高的可靠性；同时，分布式结构的网络易于扩充。其缺点是网络控制机构复杂，线路增多时成本会增加。

二、网络介质

网络传输介质是信息传输的物理通道，所有计算机通信都是以一种能量的形式通过数据编码在特定传输介质中传送而实现的，传输介质可根据其物理形态分为有线和无线两大类。有线介质有光纤、双绞线、同轴电缆、电力线电缆之分。现在的主流是主干线路选由光纤组成的光缆，到桌面则选用双绞线，但也有三网合一选用同轴电缆的方案。随着技术的进步，电力电缆为组建局域网提供了一种新的选择，显示了较强的实用性，其最大的优点就是在一个变压器范围内不用重新布线，且传输速率可以达到1Gbps，完全能满足当前的应用。无线介质是不同频率的电磁波，分为无线电、微波和红外线。

(一)有线介质

有线介质是一种可靠性高，铺设方便的方式。已有的绝大多数局域网都选择了有线介质。

1. 双绞线

双绞线是两根包有绝缘材料而相互绞在一起的多股导线。绞在一起就是为了抗干扰。目前，局域网使用的双绞线有无屏蔽双绞线(UTP)和屏蔽双绞线(STP)两类，在以太网中常用3、4、5类非屏蔽线。3类是数据线，传输语音及10Mbps以下的数据传输；5类是高速数据线，传输语音及100Mbps的高速数据传输。在网络中最常用的是3类和5类线。

2. 同轴电缆

同轴电缆由一根金属屏蔽层所包围的导线组成，其比双绞线有更好的抗干扰性，且具有更长的连接距离，同轴电缆按其直径分为粗缆和细缆两种。粗缆直径为10mm，细缆直径为5mm。除按直径区分外，同轴电缆有多种规格。例如，RC11用于粗以太网，阻抗50欧，适合传输数字信号；RL58用于细以太网，阻抗50欧，适合传输数字信号；RC59阻抗75欧，是一种宽带传输电缆，常用于有线电视网，称为公用天线电视电缆。

3. 电力线

在同一电源变压器范围内，依靠电力线作为传输网线，现在的传输速率可达到1Gbps。

4. 光纤

光纤是一种由导光性能极好的玻璃纤维和塑料材料制成的介质，其核心的玻璃纤维是光波的通道。光纤分为两类，单模光纤和多模光纤。单模光纤的光线以直线方式前进，频率单一；多模光纤以波浪方式传输，多种频率共存，在发送端将电信号变为光信号送入光纤中，而在接收端则将接收的光信号检测出来，重新变为电信号。在发送端和接收端都有相应的光电或电光转换设备。与其他网络传输介质相比，光纤是效率最高的一种。

(二)无线介质

无线传输是用电磁波为介质，主要用于运动对象或一些不能铺设电缆的环境中。使用无线传输介质时需要配置相应的无线发射和接收设备，按照不同频率的电磁波，可以分为无线电(10^5～10^8hz)、微波(10^9～10^{11}hz)和红外线(10^{12}～10^{14}hz)进行通信。现在的无线局域网是比较新的组网方式。较多单位和部门为了满足日益增长的移动互联互通的需要，组成了无线局域网，如国内某著名大学的无线局域网等。远程的有卫星通信，全球定位系统是卫星微波；近距离的有蓝牙技术和红外技术。

1. 微波

微波使用高于广播与电视所用的电磁波频率。微波通信技术已经比较成熟，局域网可直接利用微波收发机进行通信，或将微波用作中继接力来扩大传输距离。基于微波的局域网可以不被限制在一座建筑物中，但它不受建筑物限制的特点使得其安全性值得考虑。

2. 红外线

红外线使用远高于微波而接近于可见光的频率，适用于小范围的信号传输，不需要天线，使用时要求发射器直接对准接收器，红外线信号不能穿透墙壁和其他物体，而且易受强烈光源的干扰。

每种传输介质都有自己的性能，这些性能的好坏对传输的速率、通信的距离、连接的网络节点数目以及数据传输的可靠性等均有很大影响，因此，要根据不同的需求，合理地选择传输介质。

三、网络设备

在组建局域网之前，一定要确定组网方案，这样可以避免很多麻烦，让整个组网过程更有条理。局域网组成后与外网进行互联的形式有LAN-LAN、LAN-WAN、WAN-WAN、LAN-WAN-LAN。在LAN-LAN的互联里，还存在同构互联和异构互联的问题，不同互联的设备也不尽相同。

为了有效地解决这个问题，将非常复杂的网络通信问题转化为若干个彼此功能相关的、层次性很强的模块来处理。不同层次的互联所解决的问题及实现的功能是不同的。网络互联从通信协议的角度来看可以分成4个层次，即物理层、数据链路层、网络层和高层(传输层及以上各层)，国际标准化组织的开放系统互联七层协议参考模型的确定为网络的互联提供了明确的指导。

(一)网内设备

1. 选择网络结构

开始组网就需要选择网络结构，选择星型网还是总线网会有两种截然不同的组网方案，所需要的设备也不一样。总线网需要的设备仅仅是网卡。在星型网中，除了每台计算机的网卡外，还需要将所有计算机都连接在一起的集线器或交换机。

2. 网络模式的选择

网络模式的选择也会影响设备的选择，对等网与主从网是目前最为流行的两大网络模式。主从网是由一台专用的主机来作“服务器”，其他采用服务器资源的工作电脑称为“工作站”，它们之间存在着主从关系，硬件、软件的资源共享都必须通过服务器的相应软件来控制（如文件服务器、打印服务器等）。而对等式网络则不用一台专用的服务器，各电脑之间处于对等、平行的关系，资源也不必集中管理，而是分散在各自的机器上，若想共享他人的资源（不论硬件或软件），只需借助“网上邻居”。这种网络形式简单、易上手，同时也不用系统管理员，减轻了管理上的负担。

（1）网卡。网卡是组网计算机的必备设备。现在市面上很多台式机都配有 10/100M 自适应网卡，高档的还配有千兆网卡，现在的笔记本也大多带有迅驰移动计算功能的 CPU 和符合 IEEE80211B 标准的无线网卡。当然，如果是老机器也可以配适用于台式机和笔记本 PCI 总线或 USB 接口的网卡。

（2）集线器。集线器是物理层通信设备，是进行集中管理的最小单元，是一个信号放大和中转的设备，没有自动寻址和交换能力，所有传到集线器的数据均被广播到与之相连的各个端口，容易形成数据堵塞。当某条线路或节点出现故障时，不会影响其他节点的工作。从带宽来看，集线器上的所有端口都共享一条带宽，同一时刻只能有两个端口传送数据，其他端口只能等待；同时，集线器只能工作在半双工模式下。

集线器可分为无源、有源和智能集线器。无源集线器只负责把多段介质连接在一起，不对信号作任何处理，每段只能扩展到最大有效距离的一半。有源集线器类似于无源集线器，但其具有对传输信号进行再生和放大从而扩展介质长度的功能。智能集线器除了有源集线器的功能外，还可以将网络管理、选择网络传输线路等网络的部分功能集成起来。

（3）交换机。在网络设计中，交换机起着与集线器相同的作用，即将网络设备结合在一起。但是，与集线器不同的是交换机可在每个端口实现最高网速，能够大幅度提高网络流量。安装一经济有效的 8 端口 10/100 交换机可使网速提高 5 倍！一些交换机的有效流控机制，能在高负载情况下也不“丢包”。

（二）网间设备

1. 网桥

网桥是数据链路层互联的主要设备。网桥可以连接两个或多个局域网网段，对各网段的数据以帧为单位进行接收、存储和转发，并提供数据流量控制和差错控制，可以大大减少整个网络中的广播和网络冲突，从而能够显著提高网络通信效率。网桥把两个物理网络连接成一个逻辑网络。这个逻辑网络的行为如同一个单独的物理网络。用网桥实现数据链路层互联时，允许互联网络的数据链路层与物理层协议相同。

2. 路由器

路由器是网络层上互联的主要设备，可以连接多个网络或网段。路由器要对数据包进行检测，它阅读每个数据包或帧中包含的信息，将不同网络或网段之间的数据信息进行“翻译”，以使它们能够相互“读”懂对方的数据，使用网络寻址过程来判断适当的网络目标，丢弃外部数据包或帧，然后重新打包并重新传输数据。如果网络层协议相同，则互联主要是解决路由选择问题；如果网络层协议不同，则需使用多协议路由器，从而构成一个更大的网络。

路由器有两大典型功能，即数据通道功能和控制功能。数据通道功能包括转发决定、背板转发以及输出，链路调度一般由特定的硬件来完成；而控制功能一般用软件来实现，包括与相邻路由器之间的信息交换、系统配置和系统管理等。

3. 网关

高层互联的设备是网关。网关的功能体现在开放系统互联模型的最高层，它将协议进行转换，将数据重新分组，以便在两个不同类型的网络系统之间进行通信。由于协议转换比较复杂，一般来说，网关只进行一对一转换，或是少数几种特定应用协议之间的转换，很难实现通用的协议转换。用于网关转换的应用协议有电子邮件、文件传输和远程工作站登录等。

当连接不同类型而协议差别又较大的网络时，则要选用网关设备。网关和多协议路由器(或特殊用途的通信服务器)组合在一起，可以连接多种不同的系统。

网关主要有三种：协议网关、应用网关和安全网关。高层互联使用的网关多是应用网关，使用应用网关来实现两个网络高层互联，允许两个网络的应用层及以下各层网络协议存在差异。

四、网络操作系统

网络操作系统是一种利用网络底层所提供的数据传输功能，为高层网络用户提供网络共享资源管理服务和其他网络服务功能的网络系统软件。目前，网络协议软件大多包含在网络操作系统中。

网络操作系统能提供一个使用网络内所有资源的一致性的存取方法，能调节资源之间的不兼容性，支持对信息和文件的存取控制，对资源的利用进行统计，及时提供现有网络资源的状态信息，是向网络用户提供的一个便利操作的管理平台。网络操作系统与普通操作系统的不同点在于，它可以提供网络服务，是网络用户与计算机网络之间的接口，网络用户通过网络操作系统请求网络服务。

(一)网络操作系统的功能

网络系统是通过通信介质将多个独立的计算机连接在一起的系统。连接到网络上的计算机都有独立的操作系统。网络操作系统正是建立在这些独立的操作系统之上的，其主要功能是：管理共享的系统资源，在多个网络用户争用系统资源时进行资源的调配管理，提供网络通信服务。

(二)网络操作系统的分类

每台计算机在网络中所扮演的角色取决于计算机里使用的操作系统的类型，一般有三种：客户机、服务器和对等计算机。在计算机网络中，主要有两种网络类型：一种是对等网络，另一种是基于服务器的网络。

1. 对等网络

对等网络的特点是网络上每台计算机的地位是平等的，没有特定的计算机提供文件和打印服务，对等局域网上的计算机既是使用资源的客户机，又是提供资源的服务器，其上运行的网络操作系统是 WINDOWS 和 MACINTOSH 等。

2. 基于服务器的网络

基于服务器的网络操作系统有 WINDOWS SEVER 2000、XP、2003，UNIX 及 LINUX 操作系统。大多数的计算机局域网使用客户机/服务器模式实现资源共享。服务器运行的是基于服务器的网络操作系统。客户机运行的是客户机网络访问软件。

(1)客户机软件。客户机网络软件的作用是使客户计算机能方便地使用网络服务。通过这种软件,对客户机而言,网络服务似乎是由本机直接提供的。当某个程序需要打开一个文件的时候,向操作系统,如 WINDOWS 发出一个请求,指出文件所在的驱动器、路径以及文件名,在 WINDOWS 获得这个文件要求之前,网络客户机软件会先将其截获,判断驱动器字母是否指向共享资源,如果是指向本机的驱动器,则返回本机操作系统,由本机操作系统执行本任务;如果是指向某个网络资源,网络客户机软件就会与服务器通信,传送文件的内容。

(2)服务器软件。服务器软件的主要作用如下:

①管理用户账号。网络操作系统要求用户提供用户名和口令,通过安全检查,保证网络资源不被非法用户访问,从而维护网络的安全,这种安全检查过程通常称为"登录",只有登录后,用户才有权访问网络资源。用户的资料存放在用户账号数据库里,这个数据库由网络管理员进行管理。

②数据保护。网络操作系统支持对数据的保护,如数据备份、容错文件系统、不间断电源等。容错文件系统是网络操作系统的组成部分,其通过一种特殊的方式,确保操作系统不会因偶然因素而造成对文件的破坏。

③多用户多任务操作。当很多用户同时访问网络操作系统的资源时,网络操作系统将众多服务请求接收下来,形成一个个任务,操作系统为每个任务产生一个或多个进程,通过多线程能力处理每一个进程;同时,网络操作系统将 CPU 处理时间分时,通过多任务能力处理每一个进程,处理完成后任务就完成了。

(三)常用的网络操作系统

网络操作系统的选择是一个关键问题,因为几乎所有的网络功能都是通过其网络操作系统来实现的,它代表着整个网络的水平。目前,在局域网中常用的网络操作系统有 UNIX, LINUX,WINDOWS SEVER 2000、XP、2003,NETWARE 等。至于使用何种网络操作系统一定要根据网络的规模来选择,10 台以下甚至可以选简单的对等网,大型系统可以选 UNIX, LINUX,中小型系统可以选 NETWARE 或 WINDOWS SEVER 2003 等。

1. UNIX

UNIX 操作系统诞生于 1969 年,是一个分时、多用户、多任务、具有网络功能、通信功能和可移植性的操作系统,广泛应用于各种机型,是影响范围最大、最稳定的操作系统之一。但是, UNIX 操作系统较庞大,大部分安装在小型机型以上,价格昂贵。在 LINUX 出现之前,个人用户使用 UNIX 操作系统是一个可望而不可即的事情,但正是 LINUX 现实了这种梦想。

2. LINUX

LINUX 是 UNIX 操作系统的压缩版,其创始人芬兰郝尔辛基大学学生林纳斯·托瓦兹(Linus Torvalds)出于对 UNIX 操作系统的兴趣,将其移植到个人计算机(IntelX86 架构)上。他在认真研究 UNIX 核心代码的基础上,除去了 UNIX 中较繁复的核心程序,于 1991 年开发出了在 I386 计算机上运行的 LINUX 第一个 0.01 版内核,并且首次在互联网上公布。从此之后,在林纳斯的带领下,一个世界范围内的开发组主要通过互联网对 LINUX 进行了坚持不懈的开发和扩充,于 1994 年正式发布了内核为 1.0 的 LINUX 操作系统。在 10 年里,LINUX 的内核发布了数十个版本,目前已升至 2.6 版。

在 LINUX 十几年的发展过程中,不断融入其他图形化操作系统的优点,包括微软的 WINDOWS 系统和 UNIX 的 CDE 等。目前,LINUX 已实现了多个图形管理程序,并可变换不同的桌面图案或功能菜单,这是如 WINDOWS 操作系统这样的单一图形接口所望尘莫及的。LINUX应用最普遍的图形用户界面KDE和GNOME不但能够给用户提供一个完整的图形界面，而且给软件开发提供了一条捷径。事实上，已涌现出越来越多针对KDE和GNOME的应用程序。LINUX已成为最近几年来最受瞩目的操作系统之一，除了其免费以及系统的开放性、可以随时取得程序的源代码这几个主要原因以外，在技术上，其还具有以下优点：

(1)可靠的硬件支持。LINUX的内核大部分是用C语言编写的，并采用了可移植的UNIX标准应用程序接口，所以它支持如I386、ALPHA、AMD和SPARC等系统平台，包括从嵌入式系统、个人电脑到大型主机在内的各种硬件设备；对系统硬件要求很低，向上兼容性好，就是在一些被淘汰的硬件上，LINUX也可以运行得相当顺畅与稳定。

(2)丰富的软件支持。与其他操作系统不同的是，当安装了LINUX系统后，用户常用的一些办公软件、图形处理工具、多媒体播放软件和网络工具等都无须安装，在LINUX的软件包中包含了多种程序语言和开发工具，如GCC、CC、C＋＋、TCL/TK、PERL、FORTRAN77等。另外，BORLAND公司也推出了基于LINUX操作系统的可视化开发工具KYLIX，其功能与WINDOWS下的DEPHI相当。

(3)多用户、多任务。LINUX是一个真正的多用户、多任务操作系统，有超级用户设置，各用户对自己的资源(如文件、设备)有特定的权限，互不影响。多个用户可以在同一时间以网络联机的方式共同使用计算机系统。LINUX系统的进程调度是每一个进程都平等地访问微处理器，因而能同时执行多个程序，且各个程序的运行互不影响。

(4)可靠的安全性。LINUX是具有先天病毒免疫能力的操作系统，很少受到病毒攻击。对于一个开放式系统而言，在方便用户的同时，很可能存在安全隐患。由于LINUX自带防火墙和安全认证等工具并能及时修补系统漏洞，大大提高了LINUX系统的安全性，让黑客们无机可乘。

(5)良好的稳定性。LINUX内核的源代码是以规范的32位(在64位CPU上是64位)计算机来作的最佳化设计，可确保其系统的稳定性。事实表明，一些安装LINUX的主机能像UNIX机一样常年不关而不当机。

(6)强大的网络功能。LINUX内置了丰富的免费网络服务器软件、数据库和网页开发工具，如APACHE、QMAIL、VSFTP、SSH、MYSQL、PHP和JSP等。近年来，越来越多的企业在LINUX上建立了企业的网络服务器。

LINUX是一个近乎完美的操作系统，它具有运行稳定、功能强大、获取方便等优点，因而有着广阔的前景，确实是管理信息系统应该首选的操作系统平台。

3. WINDOWS SEVER 2000、XP、2003

WINDOWS SEVER 2000、XP、2003是被广泛采用的网络操作系统，是将网络功能作为操作系统功能的一部分来运行的。其内含的“微内核”技术使之具有良好的可扩展、可移植性。另外，其符合C2安全标准，具有文件访问权限、用户登录、系统容错恢复、用户审计等内部安全保密机制，允许用户同时使用不同的网络协议。

4. NETWARE6

NETWARE6是NOVELL公司开发的众多优秀的网络软件之一。NOVELL的产品第一个支持多种平台分布式处理，第一个支持多种拓扑结构互联，第一个支持各种版本的DOS、OS/2，其NDS技术也被广泛地应用于各种操作系统目录服务。NOVELL公司收购了LINUX桌面软件专业制造商XIMIAN公司，给NOVELL在桌面LINUX应用软件方面带来了关键技术。NOVELL公司成功并购世界第二大LINUX生产厂商SUSE公司，更加确立了公司在LINUX产业中的重要地位。

NETWARE6是网络服务软件解决方案，它让您能够安全地直接访问核心网络资源。使用NETWARE6，您可以跨各种类型的网络、存储平台和客户机桌面访问文件、打印机、目录、电子邮件和数据库。NETWARE6利用了功能强大的NDS，可以从任何启用万维网的无线设备或者传统的台式计算机上方便地管理您的网络。NETWARE6还支持开放的因特网标准，并包含一些全新的基于浏览器的网络服务。

五、几种常用的局域网技术

局域网与广域网从基本通信机制上看是不同的，局域网是“介质共享”方式和“交换”方式，而广域网是“存储转发”方式。为了解决“介质共享”中的冲突，就派生出两类解决冲突的协议：一类是争用型访问协议。例如，带冲突检测的载波监听多路访问(Carrier Sense Multiple Access/Collision Detect，CSMA/CD)的以太网，允许冲突发生，但能保证数据不丢失、不受到破坏。另一类是确认型访问协议。例如，令牌传递不允许冲突发生，但能给要发送数据的站点分配一定的时间，保证每个站点都有机会进入网络，如令牌总线型局域网和令牌环型局域网。

(一)高速局域网

随着应用的需要和技术的进步，进一步提高局域网的速度就成为必须。目前，一是提供数据的传输速率，现在已经有了100M、1 000M高速以太网了，它们的数据帧结构与10M以太网的一样，仍采用CSMA/CD介质访问控制方法，保证了设备的兼容性。其关键差别在于不同的双绞线。10M的标准为IEEEE802.3；100M为IEEEE802.3U；1G的标准已经制定，相关产品也相继面世，且这些产品最大限度地保留了10M的资源，确定了最佳的升级方案。

(二)光纤分布数据接口

光纤分布数据接口(Fiber Distributed Data Interface，FDDI)是目前成熟的局域网技术中传输速率最高的一种。这种传输速率高达100Mbps的网络技术所依据的标准是ANSIX3T 9.5。该网络具有定时令牌协议的特性，支持多种拓扑结构，传输媒体为光纤。

使用光纤作为传输媒体具有多种优点：

第一，较长的传输距离。相邻站间的最大长度可达2km，最大站间距离为200km。

第二，具有较大的带宽。FDDI的设计带宽为100Mbps。

第三，具有对电磁和射频干扰的抑制能力。其在传输过程中不受电磁和射频噪声的影响，也不影响其设备。

第四，光纤可防止传输过程中被分接、偷听，也杜绝了辐射波的窃听，因而是最安全的传输媒体。

由光纤构成的FDDI的基本结构为逆向双环。一个环为主环，另一个环为备用环。一个顺时针传送信息，另一个逆时针传送信息。当主环上的设备失效或光缆发生故障时，通过从主环向备用环的切换可继续维持FDDI的正常工作。这种故障容错能力是其他网络所没有的。

FDDI使用了比令牌环更复杂的方法访问网络。与令牌环一样，也需在环内传递一个令牌，而且允许令牌的持有者发送FDDI帧。与令牌环不同，FDDI网络可在环内传送几个帧，这可能是由于令牌持有者同时发出了多个帧，而非在等到第一个帧完成环内的一圈循环后再发出第二个帧。

令牌接受了传送数据帧的任务以后，FDDI令牌持有者可以立即释放令牌，把它传给环内的下一个站点，无须等待数据帧完成在环内的全部循环。这意味着，第一个站点发出的数据帧仍在环内循环的时候，下一个站点可以立即发送自己的数据。

FDDI 主要用作校园环境的主干网。这种环境的特点是站点分布在多个建筑物中。FDDI 也常常被划分在广域网的范围内。

（三）电力线高速局域网

电力线通信（Power Line Communication，PLC）技术是利用电力线传输数据和媒体信号的一种通信方式，该技术是把载有信息的高频加载于电流，然后用电线传输，接受信息的适配器再把高频从电流中分离出来并传送到计算机或电话以实现信息传递。该技术最大的优势是不需要重新布线。在现有电线上实现数据语音和视频等多业务的承载，实现四网合一，终端用户只需要插上电源插头就可以实现因特网接入电视频道接收节目、打电话或者可视电话。

由于电力线通信技术基于民用家庭（办公）电线，这使得无法为每一个端站划分独立的物理信道，从而 PLC 只能基于共享方式，这样，冲突就不能避免，而电力线的拓扑环境比较随意、无序，传统的冲突检测难以进行，因此，引入了新的协议 CSMA/CA，该协议的目的不是为了检测冲突，而是借由划分时间段的方法来避免冲突。

偶合设备是将信号传入线路并过滤噪音。目前，它还是一个插销插入电插座的相对独立的设备，今后它可能会和 PLC 调制解调器集成于一体。PLC 调制解调器和 PC 内的偶合设备的集合体有一天将使 PC 可以直接在网上运行。

电源线网络终端（Powerline Network Terminal，PNT）为 PC 或其他用户提供适当的接口，如以太网或 USB。为了降低成本，这一独立设备能够和 PC 或其他设备相集成。

电力线网络单元（Powerline Network Unit，PNU）负责控制电力线网络并从单元配电网集成话务。通过适当的电信干线接口，PNU 再将话务传至馈电网络。根据馈电网络中使用的不同介质，PNU 也可转换来自低压配电网的数据话务。

模拟线路信号的速率也称调制速率，以波形每秒的振荡数来衡量。如果数据不压缩，波特率等于每秒传输的数据位数；如果数据进行了压缩，那么每秒传输的数据位数通常大于调制速率，使得交换使用波特和比特/秒偶尔会产生错误。

（四）无线局域网

无线局域网（Wireless Local Area Network，WLAN）是一种局域网技术，与有线局域网的不同主要体现在便携性上。WLAN 技术近两年的发展较为迅速，由于 IEEE802.11 的标准成功解决了空中接口的兼容性问题，促进了无线局域网终端和接入点（Access Point，AP）的互通，因此，WLAN 设备的成本下降很快，应用也非常广泛。WLAN 在企业网中和公众网中都有应用，主要面向个人用户，公众热点一般部署在商旅人士经常出入的场所或数据业务需求较大的公共场合，如机场、会议中心、展览馆和宾馆等。

最初的 IEEE802.11 规范是在 1997 年提出的，称为 802.11b，主要目的是提供 WLAN 接入，也是目前 WLAN 的主要技术标准，其工作频率是 2.4Ghz，与无绳电话、蓝牙等许多不需要频率使用许可证的无线设备共享同一频段。随着 Wi-Fi 协议新版本如 802.11a 和 802.11g 的先后推出，Wi-Fi 的应用将越来越广泛。速度更快的 802.11g 使用与 802.11b 相同的正交频分多路复用调制技术。它工作在 2.4Ghz 频段，速率达 54Mbps。根据最近国际消费电子产品的发展趋势判断，802.11g 将有可能被大多数无线网络产品制造商选择作为产品标准。

微软推出的桌面操作系统 WINDOWS XP 和嵌入式操作系统 WINDOWS CE 都包含了对 Wi-Fi 的支持。其中，WINDOWS CE 同时还包含对 Wi-Fi 的竞争对手蓝牙等其他无线通信技术的支持。由于投资 802.11b 的费用降低,许多厂商介入这一领域。Intel 推出了集成 WLAN 技术的笔记本电脑芯片组,不用外接无线网卡就可实现无线上网。

六、两个典型的局域网案例

(一)国内某著名大学无线网络构建应用案例分析

1.解决方案概要

国内某著名大学在已经建成全国规模最大的有线校园局域网的同时,正在积极开展无线局域网方面的相关研究和试验性推广工作,目前已经在校图书馆、主楼和部分教学楼架设了功能完善的基于 IEEE802.11b 标准的无线局域网络。

该大学是一所综合性高等教育学府,学校设有建筑学院、土木水利学院、信息科学技术学院、人文社会科学学院、经济管理学院等 11 个学院共 44 个系。目前有在校学生25 000余人,教职员工7 000余人。

该大学的网络化建设在国内高校中一直处于领先地位,其校园内计算机网络及相关的系统开发已有 15 年以上的历史,是全国范围内规模最大的校园网,覆盖了校内教学楼、学生宿舍等主要地区,现有注册用户超过 3 万人。除了基础网络设施建设外,该大学的科研和管理活动也全面网络化,这对于科研水平的提高起到了很重要的作用。此外,该大学大量开展网络化教学活动,学生的每一门课都有网址,内容包括课程介绍、课程材料、学生答疑、作业提交、教师批改等,成为师生间很好的交流窗口。

作为综合性高等教育学府,该大学除了拥有数量众多的教学楼、宿舍楼、图书馆等基础设施外,医院、体育馆、超级市场等生活教学辅助设施也一应俱全。由于历史悠久,校园内还保留了多处具有纪念意义的古典建筑。

随着互联网的普及,学校学生以及教职员工对网络的需求日益迫切,而校内很多建筑无法架设或不适于架设有线网络的现状,严重阻碍了全校信息化的步伐,影响了学生和教职员工的学习、工作效率。因此,该大学早在 1998 年便有了架构无线局域网的想法,由于当时无线设备成本高,技术尚不完善而未能大规模实施,但他们对无线局域网技术的基础性研究和试验性推广工作并没有停滞。1999 年,伴随着 IEEE802.11b 标准的出台,无线传输速率达到了 11Mbps。经过几年的发展,该标准无论在传输速率还是有效范围等方面都得到了市场和厂商的认可。随着研发成本的不断下降,相关产品的性价比已经趋于合理化,进入市场已是大势所趋。

无线局域网技术发展得非常迅速,它最大的优势是解决了无线接入问题,同时,接入后与互联网完全融合在一起。

在这种情况下,该大学决定在校园内的图书馆和部分教学楼试验性地架设基于 IEEE802.11b标准的无线局域网络,该大学信息网络工程研究中心的相关负责人解释了在校内架设无线局域网的主要原因:(1)学校内建筑设施复杂多样,包括体育馆、图书馆、超市和一些古典建筑,这些场所都是不易于或者不能进行综合布线的,因此,适合架设无线局域网;(2)教职员工对移动办公的要求比较高,如会议、校长办公等都适合使用无线局域网;(3)部分公共场所,如图书馆,由于端口数量的限制导致现有有线网络资源紧张,给使用者带来不便,无线局域网则可解决该问题;(4)初期投入无线局域网要高于有线局域网,但后期运行维护成本要大大低于后者。

以该大学图书馆旧馆二层为例,该层共有三个普通阅览室以及楼道、走廊等设施,根据图书馆的特点,考虑到每个阅览室容纳师生的数量,在第三普通阅览室架设 4 台 AP,覆盖阅览室内和室外楼道、走廊等空旷地区,在第一和第二普通阅览室分别架设 2 台 AP,覆盖阅览室内和室外楼道、走廊等空旷地区。搭建无线局域网初期投入的资金要比搭建有线局域网高30%左右,但由于后期维护方便,运行维护成本只有原来的 50%。这样设计不但满足了师生们对无线局域网的使用需求,而且使整个网络与现有的有线网络充分结合,便于对网络的管理和维护。

除了网络基础构建和网络基础设施评估外,该大学还进行了一系列无线局域网的相关研究工作,如目前已经可以做到管理多种厂商产品的无线网管系统,结合了虚拟私人网络和虚拟局域网等新技术的无线安全技术以及具有本地特色的无线计费系统等。而一些基于无线局域网的媒体应用、语音应用等也在研发和测试中。在新的无线局域网的驱动下,该大学越来越多的学生和老师开始接触并投入其中,很多人通过它来辅助学习或查阅资料。一些人为此专门购买了支持无线功能的终端产品,也有人选择从学校租用无线网卡。学生们利用无线局域网连接中国教育科研计算机网和内部网络,从课程网页下载讲义、习题,访问学校图书馆目录。此外,学生们还使用微软公司的 OFFICE 软件记笔记、制作多媒体演讲稿,并通过网络向老师提交作业。随着无线局域网在学校内的普及,体积轻巧、移动方便的笔记本电脑越来越受到师生们的青睐,由于具备完善的操作系统和大量附加功能,笔记本电脑是可访问终端中最理想的设备;同时,移动应用中的笔记本电脑也对自身的电池续航能力提出了更高的要求。

2. 收获与经验

(1)无线局域网是有线网络的完善和补充。"中国有很多固定电话,但是移动电话还是发展起来了",这个例子可以很好地用在互联网上。有线网络和无线网络并不是技术竞争,而是技术互补。

(2)使用无线局域网,应该从学校开始。学生是最有热情、最容易接受新鲜事物的群体,只有他们充分了解、掌握了新技术、新产品后步入社会,才能让更多的人接受、使用它们。

(3)厂商的支持和帮助非常重要。在上述大学无线局域网的建设中,Intel 公司起到了重要的作用,从初期提供产品来协助完成架设测试工作到后期的技术建议,Intel 公司给予了该大学很大的帮助和支持。

(4)无线局域网建设过程中需要注意以下三点:第一,无线局域网的架设门槛很低,但真正做好、做精是很难的。架设无线局域网要充分吸取前人的经验教训,无线网络要与应用结合,要根据应用去选型。第二,全面考虑无线网络的支撑系统(包括无线网管、无线安全,无线计费等),否则无线设备之间的不兼容性或者网络管理的混乱会导致大量问题。第三,无线网络的基础构建要考虑采用专业的设施,聘请专业的队伍去操作,否则在规模扩大到一定程度时就会遇到功率控制、频率选择、环境噪声等很多问题。

(二)Powerline 技术在酒店中的应用

国内某公司推出了全新的网络产品——利用技术实现电力线组网 Powerline 的 Powerline 交换机,改变了传统的组网方式,免去了布线的烦恼,并可带来极强的可移动性,实现了有电源插座就有网络的理想。

目前,该技术主要用于酒店的管理信息系统和提供给旅客的视频点播系统。其实,在此基础上还有很大的应用空间,如为旅客提供万维网浏览服务、网上订餐、网上购物、当地旅游名胜介绍、网上订车、会务服务等,通过这些增值服务,一方面可以增强酒店的竞争力,另一方面也增加了酒店的创收点。这些应用都需要一个基础,那就是酒店的所有房间需要组建成一个局域网，而大多数酒店在建设时都没有进行综合布线，传统的组网技术限制了酒店局域网应用的发展。随着 Powerline 产品的推广和普及，将带动酒店局域网应用进入一个崭新的时期。

1. Powerline 在酒店中的应用优势

(1)酒店的电表数量非常少，为 Powerline 提供了很大的应用空间。

(2)利用现有的电源插座即可组建局域网，具备很强的可移动性，有电源插座就有网络。

(3)稳定的 14M 带宽足以保证酒店的各种应用。

2. 酒店局域网应用的网络拓扑结构

酒店局域网应用的拓扑结构主要包括 10/100M 以太网、电力线和 USB 连接线。

3. Powerline 相关设备

(1)Patriot R PL0501 Powerline 10/100M。以太网桥—内建 5 口交换机，是一款集成了 Powerline 技术和以太交换技术的网络设备，内建 5 口 10/100M 交换机可以接入以太网设备，同时，Powerline 局域网接口可以将 Patriot R PL0501 接入 Powerline 网络(在一个电表内控制的电网)，是电力线局域网的关键设备。

(2)Patriot R PLA-USB-USB Powerline 适配器。该适配器通过计算机的 USB 接口将计算机接入 Powerline 网络(电网)中，功能相当于以太网中的网卡。

七、OSI 参考模型

国际标准化组织和国际电工委员会是致力于国际标准的、自愿和非营利的专门机构，其宗旨是在全世界范围内促进标准化工作的发展。其于 1977 年建立了计算机网络标准委员会，负责研究网络的标准化问题。该委员会于 1982 年提出了异质系统互联的七层框架，也称开放系统互联(Open System Interconnection，OSI)参考模型(如图 2－4 所示)。该模型已被世界各国所承认。参照 OSI 模型进行标准化，就使得各系统之间能够互联，并最终开发成全球的网络结构。

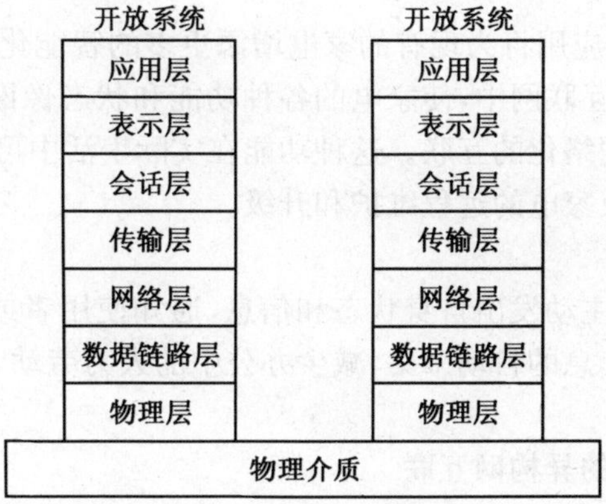

图 2－4　OSI 七层参考模型

基于此框架，各协议规范可进一步详细地规定每一层的功能，每一层都具有自己的独立性，以完成各自的任务，而每一层使用其下层提供的服务。各层的功能介绍如下：

(一)物理层

物理层(Physical Layer)提供机械、电气、功能和过程服务。例如，规定使用电缆和接头的类型，传送信号的电压等。在这一层，数据还没有被组织，仅作为原始的位流或电气电压处理。

（二）数据链路层

数据链路层（Data Link Layer）实现数据的无差错传送。它接收物理层的原始数据位流以组成帧（位组），并在网络设备之间传输。帧含有源站点和目的站点的物理地址。

（三）网络层

网络层（Network Layer）处理网络间路由，确保数据及时传送。将数据链路层提供的帧组成数据包，包中封装有网络层包头，其中含有逻辑地址信息——源站点和目的站点的网络地址。

（四）传输层

传输层（Transport Layer）提供建立、维护和取消传输连接服务，负责可靠地传输数据。

（五）会话层

会话层（Session Layer）提供包括访问验证和会话管理在内的建立和维护应用之间通信的机制，如服务器验证用户登录便是由会话层完成的。

（六）表示层

表示层（Presentation Layer）提供格式化的表示和转换数据服务，如数据的压缩和解压缩、加密和解密等工作都由表示层负责。

（七）应用层

应用层（Application Layer）提供网络与用户应用软件之间的接口服务。

八、网络技术的发展

网络技术的发展将对管理信息系统的发展模式产生深远的影响，而导引这场革命的核心技术就是嵌入式互联网（Embedded Internet，EI）技术的发展和成熟及其在社会各个领域的广泛应用，其必然会对社会生活产生一系列革命性的影响，主要表现在以下几个方面：

（一）网络智能家电

EI 技术在家电领域的应用将为现有的家电增添更多的智能化功能。例如，以即插即用的形式将家用电器设备嵌入互联网中，使家电的各种功能和状态像网站主页一样表现在消费者的浏览器上，并形成家电网络化的互联。这种功能在实际生活中可应用于家庭监控和保安、家电设备的自动化管理，以及家电的远程维护和升级。

（二）智能化办公设备

未来的办公设备可以主动发出自身状态和信息，通知使用者或直接进入办公自动化的管理信息库，实现企业数字信息的自动采集，减少办公中的人力劳动，增强自动化程度，以提高工作效率和可靠程度。

（三）工业控制领域中的异构网互联

中国的工业自动化程度以每年 10%的速度增长，工厂 CIMS 化的改造将上层的管理计算机网络和底层的车间控制网络连接在了一起。随着 CIMS 化的不断加深，智能设备在生产中的运用越来越多。对不同层次网络互联的需求也日益扩大，目前的系统大多为单机工作或某几个设备相互简单连接，不能将现有的智能设备以网络的形式相互连接，形成数据相互交换的网络环境，更不能实现与上层的管理计算机网络交换数据。利用传统的控制技术实现的互联造价较高并且实用性不强，今后在工厂自动化领域内，对于将控制设备嵌入互联网中的需求将会逐年增多。

(四)改变传统电器生产厂家的售后服务方式

无论是家用电器、办公设备还是工控设备,由于其状态随时可以在网上浏览,而且设备本身也具有交互智能,因此,厂家与客户之间可以通过互联网直接建立起可靠、方便的沟通与联系,从客户手中获取第一手商业反馈信息。由于电器本身具有了智能,因此,它能够主动向社会有关部门发出各种请求和呼叫,替代人工的参与,从而减少人的工作量。各种社会服务机构都可以直接接受智能设备的信息,以社会服务的形式满足人们生产、生活、学习中的各种需求,使生活方式更加社会化,使生产分工更加细化、效率化,使人们的生活更加轻松。而且,这种新技术的应用在带来生产、生活方式的变化的同时,将会创造大量的社会就业机会,尤其能够增加第三产业的就业人口。

(五)设备网络化

EI 产品可广泛应用于各种电器设备,它将成为电器生产厂家的一个主要设备配件,有大量的市场需求,可以形成与调制解调器、集线器、低端路由器等网络产品发展相似的产业道路,而且其产业容量要比上述网络产品的容量大。此外,由于此类产品的出现,使各种电器设备具备了智能化的条件,对于不同行业的电器设备、不同的应用方式、不同的客户需求,其应用软件的开发也将成为 IT 行业的一大产业。

实际上,在 21 世纪互联网和信息家电浪潮的推动下,让电子设备能互动沟通,变得更有智能,已经成为信息产业发展的一个核心领域。最近,沈阳东大新业信息技术股份有限公司已经研制出可实现产业化的划时代的 EI 产品 WEBIT,并取得了国家级技术专利。其样机已经问世,并正在组织这项新技术产品的市场启动工作。据该公司总经理赵海介绍,WEBIT 是一种能将互联网非标电器设备接入互联网的新型通用网络设备。它创造性地将家电、办公设备、工业控制设备的功能及状态网络化,并可用网络浏览器将程序下载到设备现场执行,从而实现对设备的远程管理和控制。该产品可应用于工业控制、信息家电及办公自动化领域,为国际首创。除了具有目前诸多家电厂商和 IT 厂商所关注的智能家电的所有功能以外,其还具有多任务代码的远程下载、执行和删除以及各种设备功能的远程下载和转换等真正意义上智能家电所应该具备的功能。

当工业自动化从现场总线走向互联网的时候,当家用电器从传统功能向智能家电发展过渡的时候,当仪表由简单的电子仪表向智能仪表发展的时候,当计算机网络走向家庭的时候,当互联网延伸到世界的每一个角落的时候,人们不约而同地要实现一个技术,即要将世界上最小的物理网与世界上最大的逻辑网连在一起。而当世界上最小的物理网与世界上最大的逻辑网真正连在一起的时候,这场革命就真正开始了。在这种形势下,无论是家电厂商、EI 技术相关领域的厂商,还是在 IT 领域的诸多从事 EI 技术研发的企业,不仅要有紧迫感,更要有精诚合作的意识。因为合作已经成为技术进步和企业发展的大势。只有合作,才能更有效地利用现有的资源,争取时间,尽早抢占这场新的互联网革命的制高点。同时,由于我国目前在高新技术成果产业化方面的环境尚不够成熟,来自方方面面的行为缺乏规范,尽管我们可能已经在国际 EI 技术领域占有诸多优势,但如果不能善加利用,全面提升我国产业水平,进而提高民族产业在国际上的竞争力,机会就会从我们的旁边溜过。因此,国家有关部门应该尽快采取积极措施,为 EI 技术的发展、成熟和产业化创造有利的条件,并从发展高新技术产业和利用高新技术改造传统产业等角度,培育和引导 EI 产业和市场的早日成熟。

(六)IM 技术

即时消息计算(Instant Messaging,IM)是现代交流方式的象征,它是至今为止对人类社会生活影响最为深刻的一种网络新形态，它将建立起一种新的社会关系。它集成的功能重点是借助音频、视频数据即时信息为企业提供“协同办公”服务，便于企业进行管理、部署、安全维护、分析、开发、定制等工作。

互联网的最大特点就是瞬息万变，商机在无形中产生，又在转瞬间消失得无影无踪，其最为成功之处不仅在于对技术的突破，而且对人们的思想观念、思维方式和生活理念产生了深刻的影响。

计算机技术发展到今天，使用单机已经很难发挥计算机的强大功能，“网络就是计算机”不再是广告用语，而是现实所在。计算机网络是充分利用计算机及其相关资源的唯一有效途径。

本章小结

信息技术是管理信息系统的基础，是管理信息系统实现的依托。阐述技术基础的主流技术和最新发展是本章的重点。

本章较全面地叙述了计算机系统硬件中的CPU、内存、外存、接口、总线、外设等主流技术及发展趋势，体现了硬件技术的基础作用。对系统软件中的各类操作系统作了简要的描述和对比，有利于不同规模的管理信息系统的选用；网络通信标志着管理信息系统的应用水平，对新兴的无线局域网、电力线高速网也作了叙述，以帮助设计和选型；数据库技术是管理应用系统的直接实现技术，其中有数据组织、数据处理、数据共享、数据安全等内容。本章的重点在于熟悉管理信息系统所需的各种主流技术及新兴发展技术，能较好地配合开发，提出切实的需求分析，并就一些对管理信息系统的方案制订有深远影响的技术作了较深入的叙述。计算机技术的快速发展带动管理信息系统应用的快速普及，向着更深、更广的领域发展。

实现管理信息系统所需要的技术应该在计算机基础、程序设计、数据库应用、计算机网络等专业技术书中解决。本章根据实际需求，把适合的技术和管理模型集成起来，使管理信息系统真正发挥作用。这部分内容主要是：在不同的信息系统中根据需求选择不同的硬件、软件、通信网络以及数据库系统的设计方法和原则，同时，阐述先进技术对管理模式和方法的影响(如远程控制技术的发展将对管理模式产生较大的影响等)。

中英文对照专业名词及术语

1. PCI-X（由IBM、HP共同提出，1999年获得PCISIG批准，兼容标准的PCI总线，增加I/O带宽，能满足千兆以太网、光纤通道和Ultra3 SCSI等技术应用的需求，增加高速接口插槽，成倍提高了现行标准PCI的速度的新总线。）
2. 第二代同步双倍速率动态随机存取存储器(Double Data Rate 2，DDR2)
3. 加速图形接口(Accelerated Graphics Port，AGP)
4. 可编程只读存储器(Programmable Read Only Memory，PROM)
5. 数位影音光盘(Digital Video Disk，DVD)
6. 数据库管理系统(Data Base Management System，DBMS)
7. 无线局域网(Wireless Local Area Network，WLAN)

思考题

1. 简述计算机硬件的组成。

2. CPU 的技术指标有哪些？各有什么特点？
3. 简述计算机总线的概念。
4. 计算机外存的种类有哪些？各有什么特点？
5. 计算机软件包括哪几个部分？各有什么功能？
6. 计算机数据录入存在哪些问题？目前是使用哪些技术有效地解决的？
7. 简述数据库管理系统的概念和发展。
8. 简述管理信息系统建设时计算机软件和硬件的选购策略。
9. 简述计算机网络的概念。
10. 简述计算机网络技术的发展对管理信息系统建设的影响。

参考文献

1. 刘腾红. 操作系统[M]. 北京：科学出版社，2008.
2. 夏火松. 数据仓库与数据挖掘技术[M]. 北京：科学出版社，2007.
3. 刘腾红，孙细明. 信息系统分析与设计[M]. 北京：科学出版社，2008.
4. 杨善林. 信息管理学[M]. 北京：高等教育出版社，2004.

第三章

计算机辅助管理

企业为了实现其经营目标，必须开展生产、销售、财务、库存、人事管理等各种业务活动，而在这些业务活动的过程中，随时会发生各种经营数据。这些数据既是企业业务活动的记录，又是企业业务活动的根据，更是企业经营业绩的体现，是企业极为重要的资源，学会对这些数据进行合理的组织、查询、汇总与分析，也就学会了计算机在经济管理中的一项基本应用。

第一节　数据库关系模型的建立

一、数据库、表与记录的基本概念

(一)数据库

从技术上说，企业的数据库(Database)就是以一种合理的方法组织起来的、与该企业的业务活动和组织结构相对应的各种相关数据的集合，这个集合所使用的数据组织方法保证了这些数据能够为企业中各种计算机信息系统和各个部门的所有得到授权的管理人员所共享。

(二)表与记录

数据库的构造方法并不是唯一的，在计算机技术的发展过程中，人们曾经创造出各种不同的数据库结构。现在一种被广泛采用的数据库结构是关系型数据库(Relational Database)，这种数据库结构是这样的：每个数据库由一系列表(Tables)组成，每张表围绕企业业务活动中所涉及的特定实体(Entity)(或者两个实体之间的某种关系)，保存该实体或关系(以下统称主体)的所有实例(Instances)的各种属性值数据。每个这样的属性(Attribute)称为一个字段(Field)，每张表包含若干条记录(Records)，每条记录是该主体的一个实例的所有属性值组成的集合，这些属性值就是该记录在相应字段中的字段值。在数据库的一张表中，每一行(Row)是一条记录，它代表该表所描述的主体的一个实例，一行中与各个字段名称对应的各列(Column)中的数据就是该记录在相应字段中的字段值。一张表所包含的列数等于该表所代表的主体所具有的属性的个数，一张表所包含的行数则等于该主体所具有的实例的个数。主体属性的个数通常是不变的而主体实例的个数则会经常改变，因此，与一张表的结构相联系的列数一般是固定的，但与一张表的内容相联系的行数则经常在变。

例如，表明各个客户向一个公司订购产品的状况的"订单"就是各类企业在业务活动中的一个主体，所有实际的订单都是这个主体的实例。我们可以把公司销售业务中发生的订单代号、订货日期、发货日期、客户等数据归结为"订单"这一主体的各个属性，也就是说，可以规定一个称为"订单"的表，其中有"订单代号""订单日期""发货日期""运货商"和"客户"。如图 3－1中显示了一个公司的订单表中前 10 条记录中的部分字段值，其中每列是一个字段，列标题是相应字段的字段名，每条记录表示一份订单（"订单"主体的一个实例）的各种属性值。就拿其中第三条记录而言，其表明存在一份订单，其订单代号为"33"，订货客户的名称是"迈多贸易"，订购日期与发货日期分别为"2006－1－30"和"2006－1－31"，发货城市是"南京"。

订单 ID	客户_公司	订单日期	发货日期	运货商_公司	发货地址	发货城市
31	国顶有限公司	2006-1-20	2006-1-22	急速快递	广汇东区甲 2 号	南京
32	威航货运有限公司	2006-1-22	2006-1-22	统一包裹	黄岛区新技术开发区 65	青岛
33	迈多贸易	2006-1-30	2006-1-31	联邦货运	江北开发区 7 号	南京
34	国顶有限公司	2006-2-6	2006-2-7	联邦货运	陕西路 423 号	上海
35	东旗	2006-2-10	2006-2-12	统一包裹	广东路 867 号	上海
36	坦森行贸易	2006-2-23	2006-2-25	统一包裹	冀北路 23 号	秦皇岛
37	森通	2006-3-6	2006-3-9	统一包裹	市中区绮丽路 54 号	烟台
38	康浦	2006-3-10	2006-3-11	联邦货运	新技术开发工业区 32 号	烟台
39	迈多贸易	2006-3-22	2006-3-24	联邦货运	新技术开发工业区 66 号	青岛
40	广通	2006-3-24	2006-3-24	统一包裹	曙光路东区 45 号	深圳

图 3－1　订单表的部分字段与记录

在某些表中存在着具有特殊性质的字段，表中每条记录在该字段中的值都是不相同的，因此，根据该字段的每个特定值便可唯一地确定一条记录，这种可以通过其值在表中唯一地确定各条记录的字段被称为该表的关键字(Key)。图 3－1 所示的订单表中的"订单 ID"字段就是该表的关键字，因为任何一个特定的"订单 ID"值只能出现在一条特定的记录中，即该字段的每个特定值可以唯一地确定订单表中的一条记录。

订单表记录了公司每项订货的概况而没有涉及订货的实质内容。每项订货牵涉的所订产品的代号、数量、单价等信息的总体实际上是"订单"这个主体与"产品"实体之间的又一种关系，我们可以用一张订单明细表来表示这个关系。显然，一方面，订单明细表中的每条记录应该与一份特定的订单相联系，这种联系可以用能够唯一地代表一份订单的"订单 ID"字段来表示；另一方面，这张表中的每条记录又应该与一个特定的产品相联系，这种联系可以用能够唯一地代表一个产品的"产品 ID"字段来表示。除此之外，订单明细表中当然还应该具有表示订单与产品之间的具体联系的订购数量与单价，以及表示实际成交价格与名义单价之间差别的折扣率等数据。因此，该表还应包含"数量""单价"和"折扣率"等字段。图 3－2 显示了图 3－1 中订单表所描述的同一公司数据库中的订单明细表中的部分字段值（这 10 条记录表明了图 3－1 所示订单表中前 5 个订单所订的各种产品的产品代号、数量与单价等信息）。

订单 ID	产品 ID	产品名称	数量	单价
31	7	海鲜粉	10	￥30.00
31	51	猪肉干	10	￥53.00
31	80	葡萄干	10	￥3.50
32	1	苹果汁	15	￥18.00
32	43	柳橙汁	20	￥46.00
33	19	糖果	30	￥9.20
34	19	糖果	20	￥9.20
35	48	玉米片	10	￥12.75

图 3—2　订单明细表的部分字段与记录

对于订单明细表的特点进行深入思考后可以发现：一方面，一份订单可以同时订购多种不同的产品，因此，在表中会出现具有相同订单代号的多条记录（如图 3—2 显示的订单明细表中，订单代号值为 31 的记录有 3 条）；另一方面，由于不同的客户在不同的订单中完全可以订购相同的产品，因此，在表中也会出现具有相同产品代号的多条记录（如图 3—2 的订单明细表中，产品代号为 19 的记录有 2 条）。所以，“订单 ID”与“产品 ID”这两个字段中的任何一个都不具备关键字的条件（其他字段显然更不具备关键字的条件）。然而，正由于这张表所代表的主体是订单与产品之间的关系，因此，“订单 ID”与“产品 ID”这两个字段值的每个特定的组合能够唯一地确定一条记录。在关系数据库理论中，把值联合起来可以唯一地确定表中一条记录的两个字段称为该表的联合关键字。在目前的订单明细表中，“订单 ID”与“产品 ID”这两个字段就组成了该表的联合关键字。

图 3—1 与图 3—2 显示的两张表实际上是从一个属于（虚构的）Northwind Traders 贸易公司的数据库 Northwind.mdb 的“订单”与“订单明细”这两张表中查询出来的部分内容。

二、表与表之间的联系

在数据库中的任何两张表之间可能存在着一对一、一对多与多对多三种联系。

(一)一对一联系

如果同一数据库中两张表的各条记录之间存在着一一对应的关系，即每张表中的一条记录均（通过关键字）与对方表中的一条记录相对应，那么，我们就说这两张表存在着一对一的联系。

假定在某个数据库中具有名为“订货”与“发货”的两张表，其中，“订货”表中有“订单代号”“客户代号”与“订购日期”等字段，而“发货”表中有“订单代号”“发货日期”“到货日期”与“运货费”等字段。两张表都以“订单代号”为各自的关键字。显然，“订货”表中的各条记录与“运货”表中的各条记录之间就存在着一种通过共同关键字“订单代号”字段值实现的一一对应的关系，因此，我们就可以说这两张表之间具有一对一的联系。

(二)一对多联系

如果数据库中一张表中的一条记录（通过其关键字的值）与同一数据库中另一张表中的多条记录相对应，反过来，后一张表中的一条记录（通过其中作为联合关键字的一部分的一个字段的值）只与前一张表中的一条记录相对应，那么，我们就说这两张表存在着一对多的联系。

前述“订单”表与“订单明细”表之间就存在着一对多的联系。事实上，“订单”表中的一条记录（通过作为其关键字的“订单 ID”字段的值）与“订单明细”表中的多条记录相对应（这是因为同一份订单可以订购多种产品而其中每种产品的订货信息构成订单明细表中的一条记录），反过来，“订单明细”表中的一条记录（通过作为其联合关键字一部分的“订单 ID”字段的值）却只与“订单”表中的一条记录相对应。

（三）多对多联系

如果同一数据库中的两张表中每张表的一条记录都与对方表的多条记录相对应，那么，我们就说这两张表存在多对多的联系。

很多企业数据库中的“订单”表与“商品”表之间实际上就存在着多对多的联系：“订单”表中的一条记录可以与“商品”表中的多条记录相对应（因为同一份订单可以订购多种商品）；同样，“商品”表中的一条记录也可以与“订单”表中的多条记录相对应（因为同一种商品可以被订购多次）。因此，这两张表之间就存在着多对多的联系。

在实际数据库中，如果有两张表具有多对多联系的话，通常可以找到一张中间表，该两张表中的每一张都与这张中间表存在着一对多联系。以上述“订单”表与“商品”表的情况来说，“订单明细”表就是它们之间的中间表，它与“订单”和“商品”这两张表中的每一张的联系都是一对多的联系。因此，在数据库结构图中，我们只要表示出两张表中的每一张与中间表之间的一对多联系，实际上就间接地表示出了两张表之间的多对多联系。

综上所述，尽管从理论上说一个数据库中的各张表之间可以存在一对一、一对多和多对多三种联系，但具有实际重要性的只有一对多联系这一种。在设计一个数据库时，必须搞清楚其中各张表两两之间可能存在的一对多联系。

三、Northwind 示例数据库的数据模型

（一）数据模型概述

存放在数据库里的数据是某个公司、组织或部门的业务活动所涉及的各种数据，这些数据相互之间是有联系的，必须用一定的结构将其组织起来，在数据库中引入数据模型来描述数据之间的联系。针对不同的对象和应用目的，可以采用不同的数据模型。常用的数据模型包括层次模型、网状模型、关系模型和面向对象模型。其中，关系模型最容易理解，使用也最为广泛。采用关系数据模型的数据库称为关系数据库，相应的数据库管理系统称为关系数据库管理系统，如 Oracle、DB2、SQL Server 和 Access 等。

在关系数据库中，表与表之间的联系是一个很重要的概念，对于数据查询是非常关键的。如果我们将一个数据库中代表所有表的字段名列出来，又将它们之间的联系用线条表示出来，就形成了这个数据库的概念模型，这样的示意图就形象地表明了一个数据库的结构。

（二）数据模型的建立

在创建任何一个数据库之前都必须首先进行数据库的设计，即从实际业务需要出发，确定数据库中所要表示的主体，规定与这些主体相联系的表；按照有关主体的属性设计好各张表的结构，即规定各张表所包含的字段的字段名、数据类型、字段长度（以及它们的取值范围与含义说明等）并规定其中的关键字，以便将所有业务数据以合乎逻辑的方法组织到这些表中；规定好数据库中各张表之间的联系；等等。

以 Northwind Traders 公司为例，该数据库将公司的经营管理数据组织到“产品”“供应商”“员工”“客户”“运货商”和“订单”“订单明细”和“订单状态”8 张表中（如图 3—3 所示），前 5 张表记录关于该公司所经销的各种产品、供应商、雇员、客户以及运货商等实体的静态数据，“订单”和“订单明细”表则记录该公司发生的所有订货业务数据。

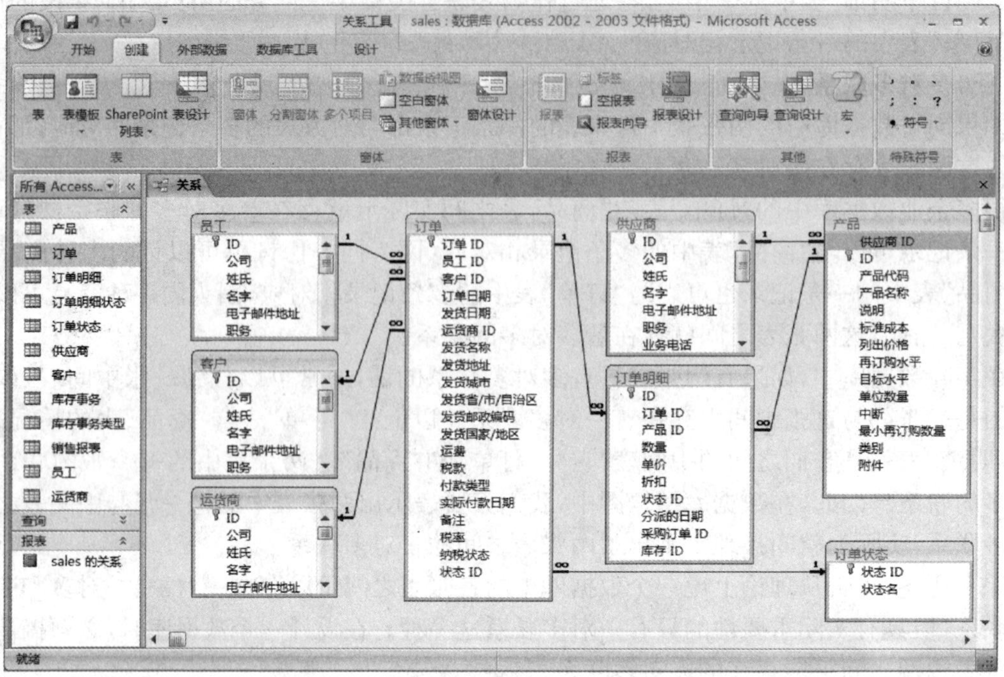

图 3—3　Northwind 数据库的表关系结构图

Microsoft Access 有一个关系工具可以用来定义表与表之间的联系，图 3—3 就是 Access 为 Northwind.mdb 显示的数据库结构图，要注意的是，在 Access 结构图中，使用无穷大符号来表示“一对多”关系中的“多”方。

在 Microsoft Access 中，两张表之间借以实现一对多联系的字段在两张表中虽然不一定具有相同的名称，但本质上应是相同数据类型的字段。这个字段必定是其中一张表中的关键字，这张表就称为主表(Primary Table)，而另一张表就称为相关表(Related Table)，该字段在相关表中称为外来关键字(Foreign Key)。

第二节　Access 数据库表的创建

一、认识 Microsoft Access 2007

Microsoft Access 是美国 Microsoft 公司推出的关系型数据库管理系统(Relational Data Base Management System，RDBMS)，它作为 Office 的一部分，具有与 Word、Excel 和 PowerPoint 等相同的操作界面和使用环境，深受广大用户的喜爱，是目前十分流行的一个适合在中小型企业使用的数据库管理系统。

首先介绍 Access 2007 的工作界面、数据库对象及它们之间的关系、Access 数据库中使用的数据类型以及表达式和函数。

当用户安装完 Office 2007(典型安装)之后，Access 2007 也将成功安装到系统中，这时启动 Access 就可以使用它来创建数据库。Access 2007 展现了一个开放式的、充满活力的新外观，如图 3—4 所示。

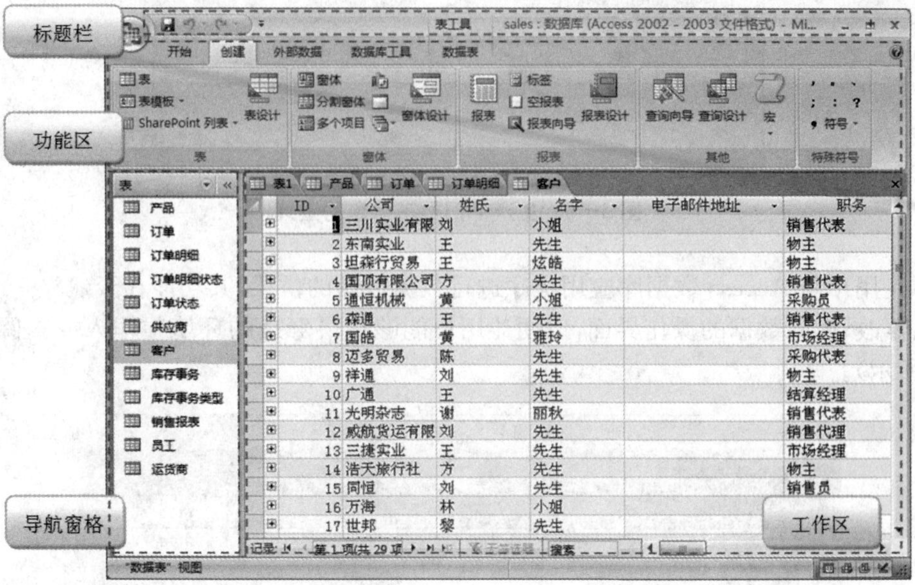

图 3－4　Access 2007 的外观

标题栏位于窗口的顶端，是 Access 应用程序窗口的组成部分，用来显示当前应用程序的名称、编辑的数据库名称和数据库保存的格式。标题栏最右端有 3 个按钮，分别用来控制窗口的最大化/还原、最小化和关闭应用程序。Access 2007 取消了菜单命令，将菜单栏转换为相应的选项卡，并且每个选项卡的下方都列出了不同功能的组，如“开始”选项卡中包含“字体”“格式文本”“排序和筛选”等组。

导航窗格位于窗口左侧，用来显示数据库对象的名称。导航窗格取代了 Access 早期版本中的数据库窗口。工作区是 Access 2007 工作界面中最主要的部分，它用来显示数据库中的各种对象，是使用 Access 进行数据库操作的主要工作区域。

一个 Access 数据库可以包括多种 Access 对象，其中，最基本的对象是表；除此之外，Access 2007 数据库的对象还包括查询、窗体、报表、宏以及模块等。

表是同一类数据的集合体，也是 Access 数据库中保存数据的地方。一个数据库中可以包含一张或多张表，表与表之间可以根据需要创建关系。我们把使用一些限制条件来选取表中的数据（记录）称为“查询”。例如，查询所有技术员的基本数据、查询 2000 年之后工作的员工等。用户可以将查询保存，成为数据库中的“查询”对象，在实际操作过程中，就可以随时打开既有的查询以提高工作的效率。图 3－5 和图 3－6 分别为基本工资大于4 500元和所有生产部门员工信息的查询。

员工编号	基本工资	业绩奖金	住房补助	应扣劳保
211	4600	1720	650	320
212	5000	57000	850	300
213	4600	5600	550	300
214	4600	0	550	300
215	7800	4080	550	300
219	5000	35600	850	300
220	4600	7000	550	300

图 3－5　基本工资大于 4 500 元的查询

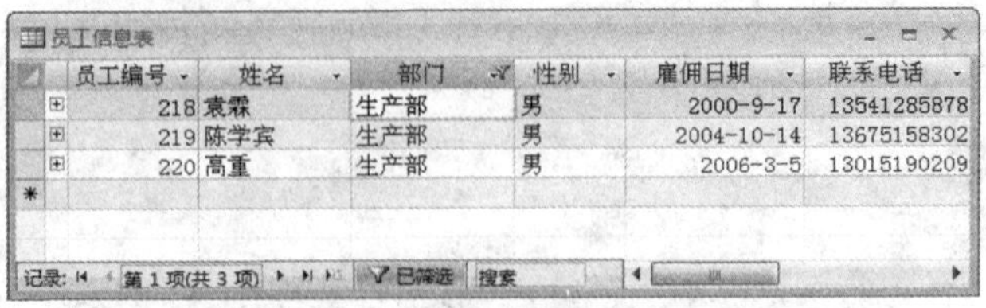

图 3—6 生产部门员工信息的查询

窗体是用户与 Access 数据库应用程序进行数据传递的桥梁，其功能在于建立一个可以查询、输入、修改、删除数据的操作界面，以便让用户能够在最舒适的环境中输入或查阅数据（如图 3—7 所示）。

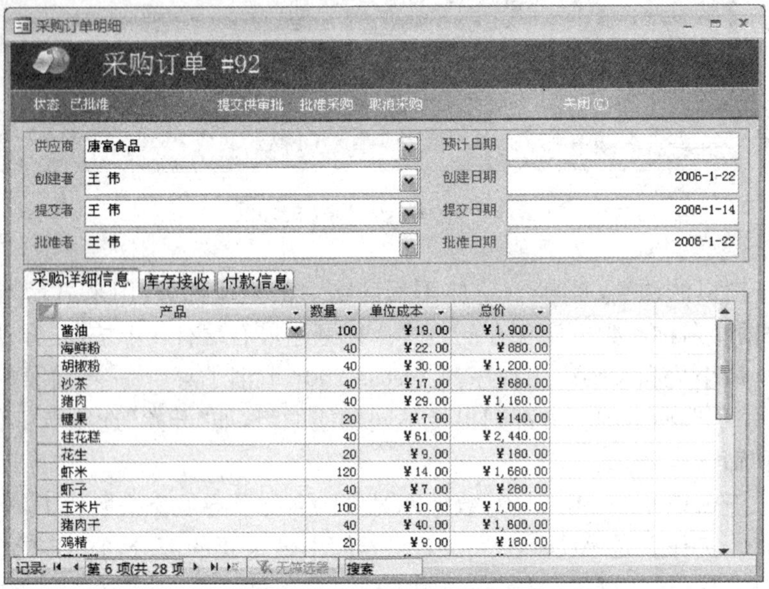

图 3—7 Access 数据库的窗体

报表用于将选定的数据以特定的版式显示或打印，是表现用户数据的一种有效方式，其内容可以来自某一张表，也可来自某个查询。在 Access 中，报表能对数据进行多重数据分组，并可将分组的结果作为另一个分组的依据；报表还支持对数据的各种统计操作，如求和、求平均值和汇总等。

宏是一个或多个命令的集合，其中每个命令都可以实现特定的功能，通过将这些命令组合起来，可以自动完成某些经常重复或复杂的操作。

模块就是所谓的“程序”，Access 虽然在不需要撰写任何程序的情况下就可以满足大部分用户的需求，但对于较复杂的应用系统而言，只靠 Access 的向导及宏仍然稍显不足。所以，Access 提供 VBA(Visual Basic for Application)程序命令，可以自如地控制细微或复杂的操作。

二、数据库的创建与维护

在 Access 数据库管理系统中，数据库是一个容器，存储于数据库应用系统中的其他数据库是对象，也就是说，构成数据库应用系统的其他对象都存储在数据库中。

在 Access 中创建数据库有两种方法：一是使用模板创建，模板数据库可以原样使用，也可以对它们进行自定义，以便更好地满足需要；二是先建立一个空数据库，然后再添加表、窗体、报表等其他对象，这种方法较为灵活，但需要分别定义每个数据库元素。无论采用哪种方法，都可以随时修改或扩展数据库。Access 提供了种类繁多的模板，使用它们可以加快数据库的创建过程。模板是随即可用的数据库，其中包含执行特定任务时所需的所有表、窗体和报表。通过对模板的修改，可以使其符合自己的需要。但通常情况下，用户都是先创建数据表等组件之后才创建数据库，或者先创建一个空数据库，然后再在此空数据库中添加表、查询、窗体等组件（如图 3－8 所示）。

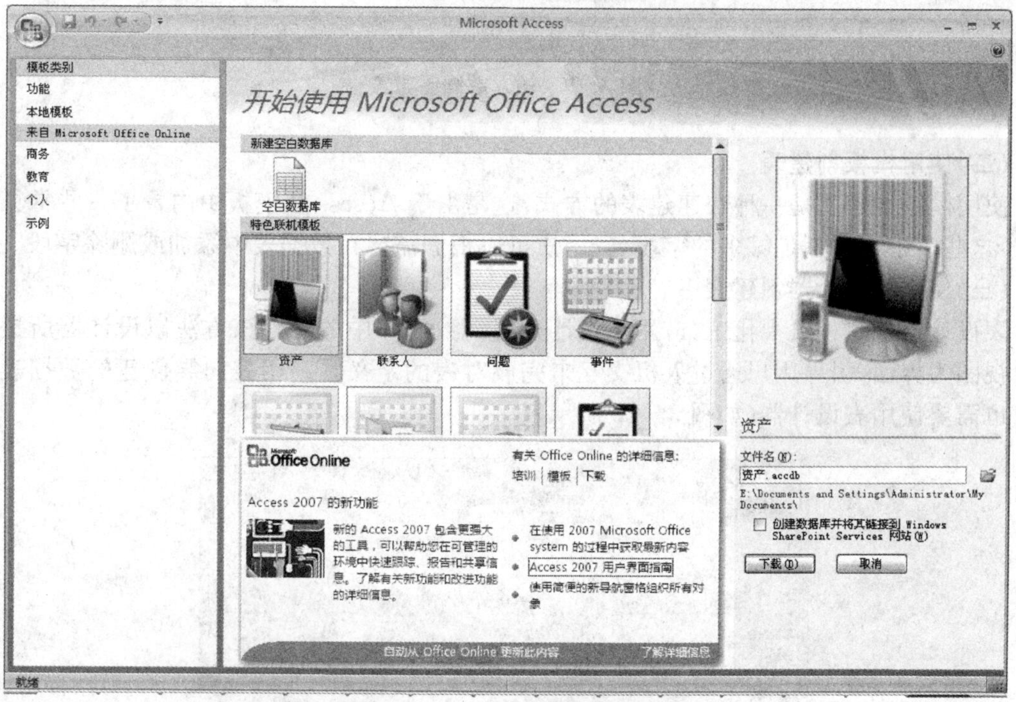

图 3－8 Access 数据库界面

三、表的创建与使用

创建数据库后，可以在表中存储数据。表就是由行和列组成的基于主题的列表。例如，可以创建“联系人”表来存储包含姓名、地址和电话号码的列表，或者创建“产品”表来存储有关产品的信息。设计数据库时，应在创建任何其他数据库对象之前先创建数据库的表。表是关系型数据库系统的基本结构，是关于特定主题数据的集合。与其他数据库管理系统一样，Access 中的表也是由结构和数据两部分组成。表的创建方法有以下 3 种：

（一）输入数据创建表

输入数据创建表是指在空白数据表中添加字段名和数据，同时，Access 会根据输入的记录自动指定字段类型（如图 3－9 所示）。

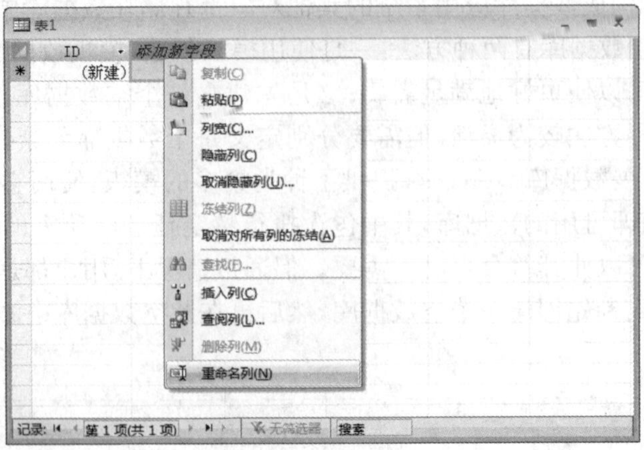

图 3—9 输入数据创建表

(二)使用模板创建表

使用模板创建表是一种快速建表的方式,这是由于 Access 在模板中内置了一些常见的示例表,这些表中包含了足够多的字段名,用户可以根据需要在数据表中添加或删除字段。

(三)使用表设计器创建表

表设计器是一种可视化工具,用于设计和编辑数据库中的表。该方法以设计器所提供的设计视图为界面,引导用户通过人机交互来完成对表的定义。利用表向导创建的数据表在修改时也需要使用表设计器(如图 3—10 所示)。

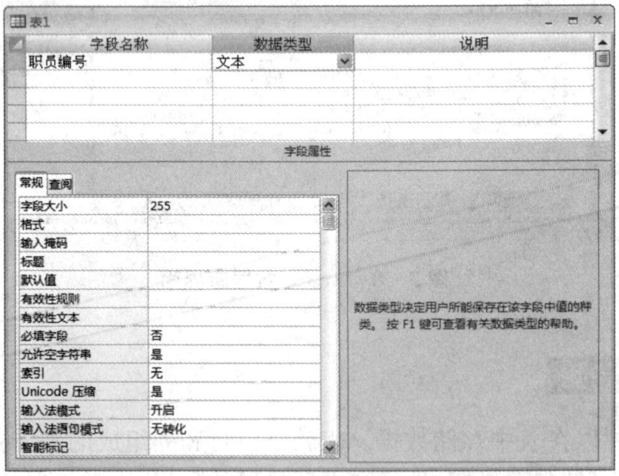

图 3—10 使用表设计器创建表

使用设计视图创建表是 Access 中最常用的方法之一,在设计视图中,用户可以为字段设置属性。在 Access 数据表中,每一个字段的可用属性取决于为该字段选择的数据类型。

1. 字段数据类型

Access 2007 定义了 11 种数据类型,显示在表设计窗口"数据类型"单元格的下拉列表中。有关数据类型的详细说明如表 3—1 所示。

表 3—1 数据类型的详细说明

数据类型	使用说明	字段大小
文本（Text）	文本类型或文本与数字的结合，与数字类型一样，都不需要计算，如姓名	最多可用 255 个字符或由字段长度属性设置长度，Access 不会为文本字段中未用的部分保留空格
备注（Memo）	长文本类型或文本与数字类型的组合	最多可用 640 000 个字符
数字（Number）	用于数学计算中的数值数据，关于如何设定特殊数字类型，可以查看字段长度属性的说明	1、2、4 或 8 个字节
日期（Date/Time）	日期或时间数值的设定范围为 100～9 999 年	8 个字节
货币（Currency）	用于数学计算的货币数值与数值数据，包括小数点后 1～4 位，整数位最多为 15 位	8 个字节
自动编号（Auto Number）	每当向表中添加一条新的记录时，由 Access 指定一个唯一的顺序号（每次递增 1）或随机数，自动编号字段不能更新	4 个字节
是/否（Yes/No）	“是”和“否”的数值与字段只包含两个数值 True/False 或 On/Off 中的一个	1 位
超级链接（Hyperlink）	保存超级链接的字段，超级链接可以是某个文件的路径 UNC 或 URL	最长为 64 000 个字节
OLE 对象（OLE Object）	链接或内嵌于 Access 数据表中的对象，可以是 Excel 电子表、Word 文件、图形、声音或其他二进制数据	最多可用 10 亿字节，受限于所用的磁盘空间
查询向导（Lookup Wizard）	创建字段，该字段将允许使用组合框来选择另一张表或另一个列表中的值。从数据类型列表中选择此选项，打开向导进行定义	通常为 4 个字节
附件	可以将多个文件存储在单个字段之中，也可以将多种类型的文件存储在单个字段之中	最多可以附加 2GB 数据，单个文件的大小不得超过 256MB

2. 选择数据格式

Access 允许为字段数据选择一种格式，“数字”“日期/时间”和“是/否”字段都可以选择数据格式（如图 3—11 所示）。选择数据格式可以确保数据表示方式的一致性。

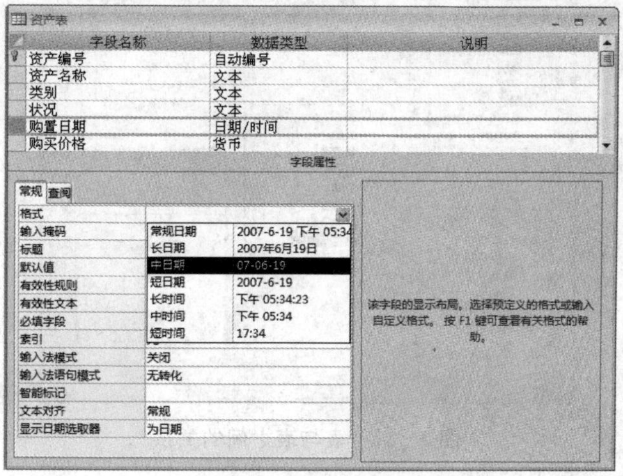

图 3—11 选择数据格式

3. 改变字段大小

Access 允许更改字段默认的字符数。改变字段大小可以保证字符数目不超过特定限制，从而减少数据输入错误。

4. 输入掩码

“输入掩码”属性用于设置字段、文本框以及组合框中的数据格式，并可对允许输入的数值类型进行控制。要设置字段的“输入掩码”属性，可以使用 Access 自带的“输入掩码向导”来完成。例如，设置“电话号码”字段时，可以使用掩码引导用户准确地输入，其格式为(　)－____。

5. 设置有效性规则和有效性文本

当输入数据时，有时会将数据输入错误，如将薪资多输入一个 0，或输入一个不合理的日期。事实上，这些错误可以利用“有效性规则”和“有效性文本”两个属性来避免。

“有效性规则”属性可输入公式(可以是比较或逻辑运算组成的表达式)，用在将来输入数据时，对该字段上的数据进行查核，如查核是否输入数据、数据是否超过范围等；“有效性文本”属性可以输入一些要通知使用者的提示信息，当输入的数据有错误或不符合公式时，会自动弹出提示信息。

6. 设定表的索引

简单地说，索引就是搜索或排序的根据。也就是说，当为某一字段建立了索引后，可以显著加快以该字段为依据的查找、排序和查询等操作。但是，并不是将所有字段都建立索引，搜索的速度就会达到最快，这是因为，索引建立得越多，占用的内存空间就会越大，这样会减慢添加、删除和更新记录的速度。

7. 字段的其他属性

在表设计视图窗口的“字段属性”选项区域中，还有多种属性可以设置，如“必填字段”属性、“允许空字符串”属性和“标题”属性等。

四、创建表与表之间的关系

Access 是一个关系型数据库，用户创建了所需要的表后，还要建立表与表之间的关系，Access 就是凭借这些关系来连接或查询表中的数据的(如图 3－12 所示)。

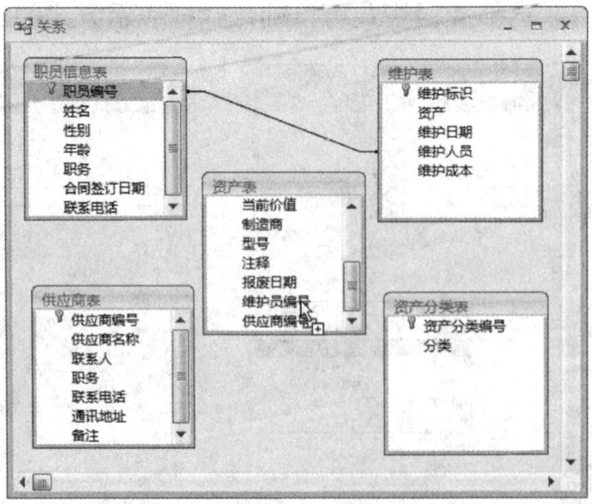

图 3－12　表与表之间的关系

(一)创建关系

在表与表之间创建关系,可以确保 Access 将某一表中的改动反映到相关联的表中。一张表可以与多张其他表相关联,而不是只能与另一张表组成关系对(如图 3—13 所示)。

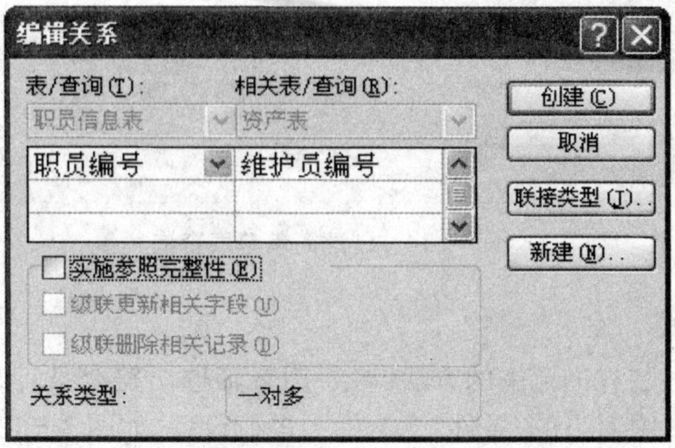

图 3—13　编辑表与表之间的关系

(二)设置参照完整性

参照完整性是一种系统规则,Access 可以用它来确保关系表中的记录是有效的,并且确保用户不会在无意间删除或改变重要的相关数据(如表 3—2 所示)。

表 3—2　　参照完整性的设置内容

复选框选项			关系字段的数据关系
实施参照完整性	级联更新相关字段	级联删除相关字段	
√			两表中关系字段的内容都不允许更改或删除
√	√		当更改主表中关系字段的内容时,子表的关系字段会自动更改,但仍然拒绝直接更改子表的关系字段内容
√		√	当删除主表中关系字段的内容时,子表的相关记录会一起被删除,但直接删除子表中的记录时,主表不受其影响
√	√	√	当更改或删除主表中关系字段的内容时,子表的关系字段会自动更改或删除

第三节　Access 数据库的查询

查询是数据库最重要和最常见的应用,它作为 Access 数据库中的一个重要对象,可以让用户根据指定条件对数据库进行检索,筛选出符合条件的记录,构成一个新的数据集合,从而方便用户对数据库进行查看和分析。

一、单表查询

选择查询是最常用的查询类型,它从一个或多个相关联的表中检索数据,并且用数据视图显示结果。用户也可以使用选择查询来对记录进行分组,或对记录进行总计、计数、平均值以及其他类型的计算,本节介绍单表查询。

(一)创建简单单表查询

单表查询就是在一张数据表中完成查询操作,不需要引用其他表中的数据。打开"创建"选项卡,"其他"组提供了"查询向导"和"查询设计"两种创建查询的方法,如图 3—14 所示。

图 3—14　创建简单单表查询

(二)设置查询条件

查询条件是一种限制查询范围的方法,主要用来筛选出符合某种特殊条件的记录。查询条件可以在查询设计视图窗口的"条件"文本框中进行设置(如图 3—15 所示)。

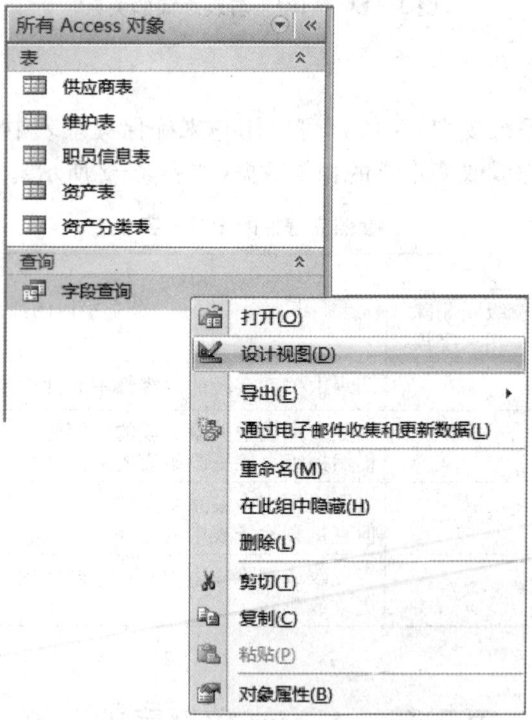

图 3—15　设置查询条件

(三)设置查询字段

用户可以在查询中引用某些对象的值,使用 Access 提供的函数计算字段的值,或者使用运算符处理字段的显示格式(如图 3—16 所示)。

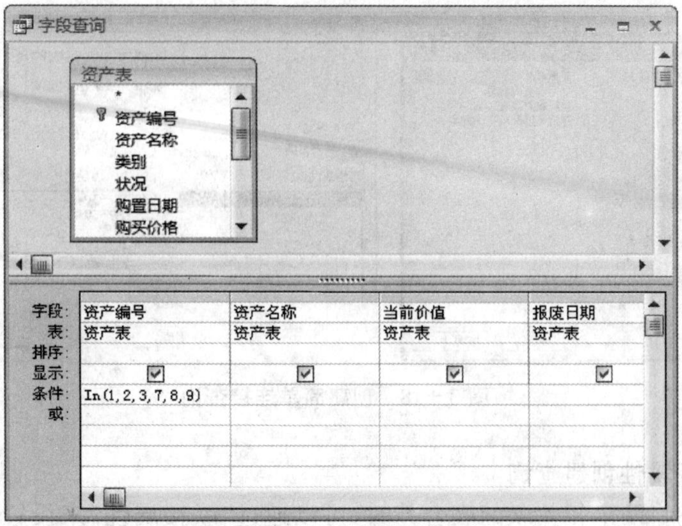

图 3－16　设置查询字段

(四)在单表中应用总计查询

总计查询可以对表中的记录进行求和、求平均值等操作。总计查询是选择查询中的一种，在单表查询和连接查询中都可以使用(如图 3－17 所示)。

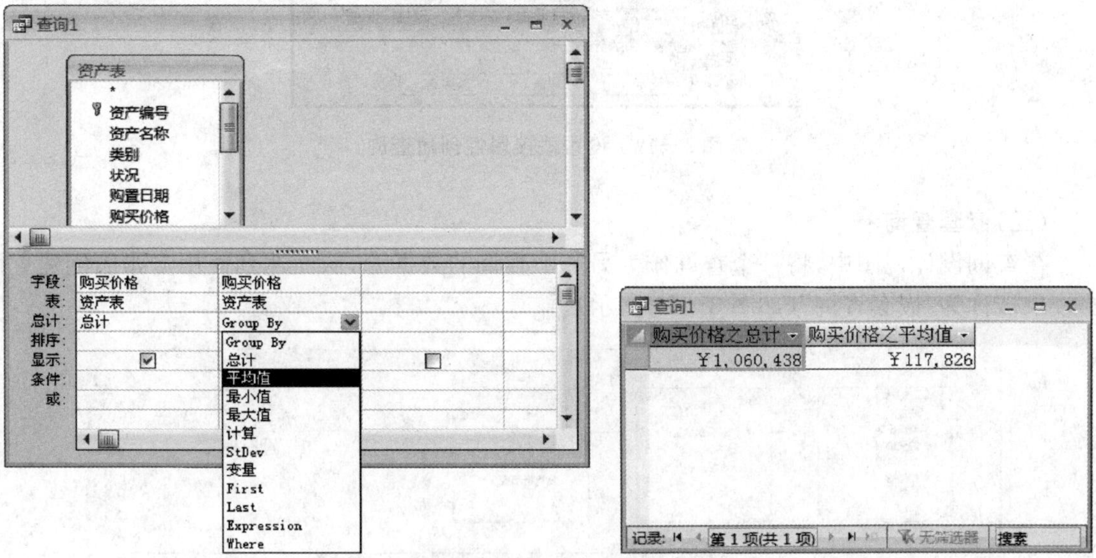

图 3－17　总计查询

二、连接查询

在实际操作过程中，查询的数据大多来自多张表，因此，要建立基于多张表的查询。查询时使用两个或两个以上的表被称为连接查询。

(一)创建简单连接查询

连接查询是关系数据库中最重要的查询，图 3－18 为使用“简单查询向导”创建的查询。

图 3－18　创建简单连接查询

(二)设置联接属性创建查询

当要通过查询将两个相关联的表合并时，可以通过“联接属性”来设置。在查询设计视图窗口中双击表之间的连接线，即可打开“联接属性”对话框(如图 3－19 所示)。

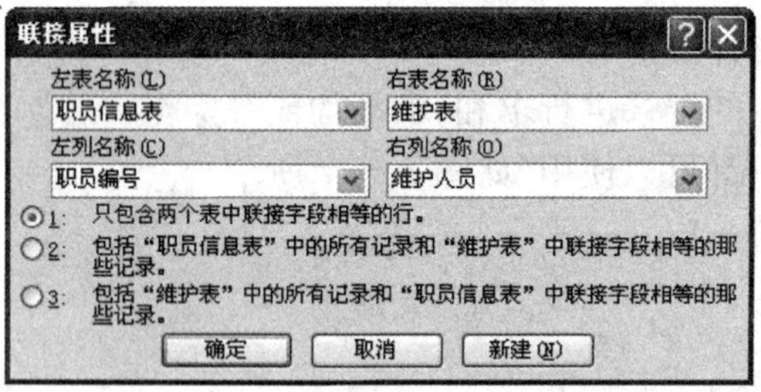

图 3－19　设置联接属性创建查询

(三)嵌套查询

在查询设计视图中，将一个查询作为另一个查询的数据源，从而达到使用多张表创建查询的效果被称为“嵌套查询”(如图 3－20 所示)。

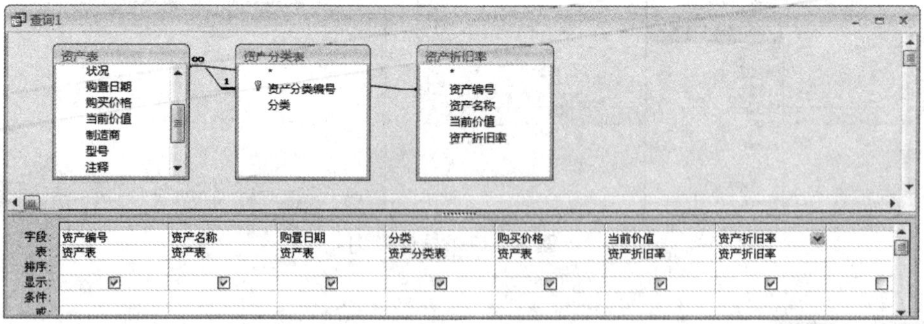

图 3－20　嵌套查询

(四)使用交叉表查询向导

使用交叉表查询计算和重构数据，可以简化数据分析。交叉表查询将用于查询的字段分成两组，一组以行标题的方式显示在表格的左边，另一组以列标题的方式显示在表格的顶端，在行和列交叉的地方对数据进行求和、平均、计数或者其他类型的计算，并显示在交叉点上。

（五）设置参数式查询

在执行查询的过程中，在对话框中输入指定参数，即可查询与该参数相关的整条记录（不显示其他记录），我们把这种查询称为参数式查询（如图 3－21 所示）。

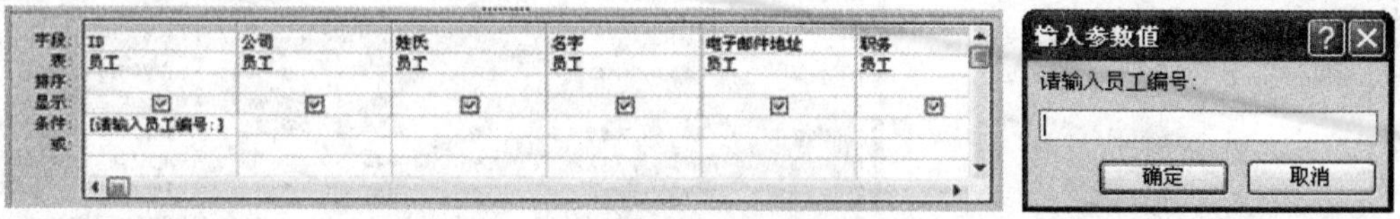

图 3－21　设置参数式查询

（六）SQL 查询

Access 的交互查询不仅功能多样，而且操作简便。事实上，这些交互查询功能都有相应的 SQL 语句与之对应，当在查询设计视图中创建查询时，Access 将自动在后台生成等效的 SQL 语句。当查询设计完成后，就可以通过 SQL 视图查看对应的 SQL 语句。

（七）SQL 视图

SQL 视图是用于显示和编辑 SQL 查询的窗口（如图 3－22 所示），主要用于以下两种场合：一是查看或修改已创建的查询；二是通过 SQL 语句直接创建查询。

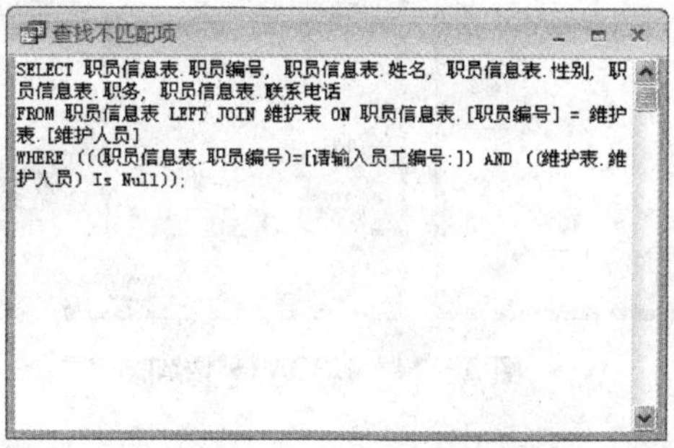

图 3－22　SQL 视图

（八）SELECT 查询

SQL 查询是使用 SQL 语句创建的查询。在 SQL 视图窗口中，用户可以通过直接编写 SQL 语句来实现查询功能。在每个 SQL 语句中，最基本的语法结构是“SELECT…FROM…[WHERE]…”，其中，SELECT 表示要选择显示哪些字段，FROM 表示从哪些表中查询，WHERE 说明查询的条件。

SELECT 语句的一般格式如下：

SELECT[谓词]{＊|表名.＊|[表名.]字段 1[AS 别名 1][,[表名.]字段 2[AS 别名 2][,...]]}

FROM 表的表达式[,...][IN 外部数据库]

[WHERE...]

[GROUP BY...]

[HAVING...]

[ORDER BY...]

[WITH OWNER ACCESS OPTION]

(九)INSERT 语句

使用 SQL 语言中的 INSERT 语句可以向数据表中追加新的数据记录(如图 3—23 所示)。

图 3—23 INSERT 语句

(十)UPDATE 语句

UPDATE 语句用来修改数据表中已经存在的数据记录(如图 3—24 所示)。

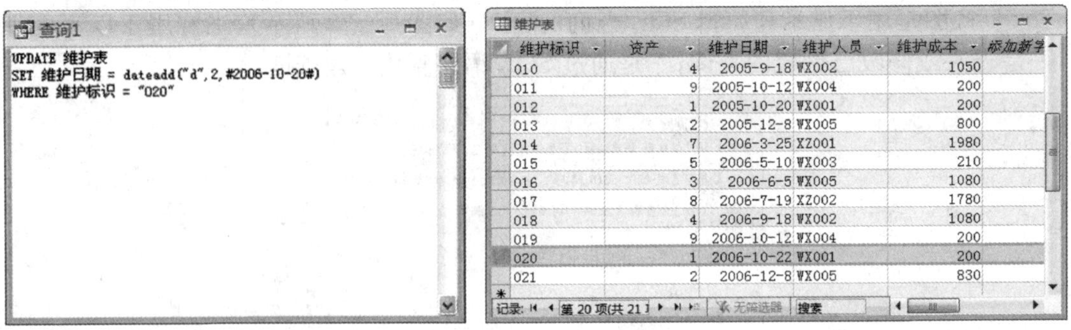

图 3—24 UPDATE 语句

它的基本语法格式如下:

UPDATE 表名

SET 字段 1 = 值 1,…, 字段 N = 值 N,

[WHERE<条件>]

(十一)DELETE 语句

DFLETE 语句用来删除数据表中的记录(如图 3—25 所示)。

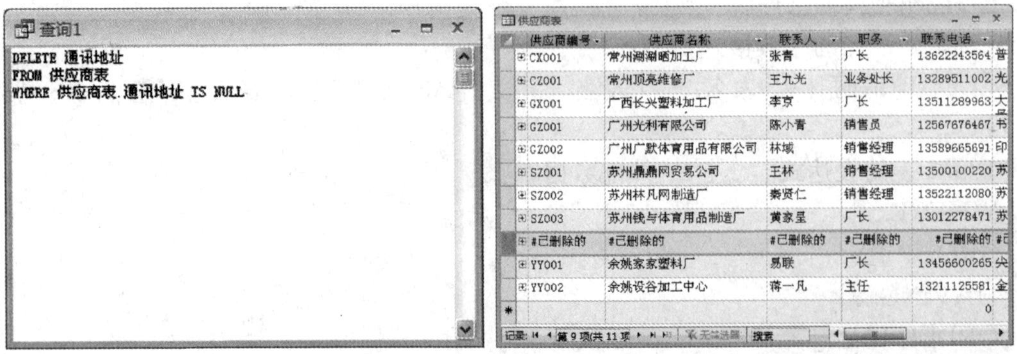

图 3—25 DELETE 语句

它的基本语法格式如下：

DELETE 字段

FROM 表名

[WHERE＜条件＞]

(十二)SELECT…INTO 语句

SELECT…INTO 语句用于从一个查询结果中创建新表(如图 3－26 所示)。

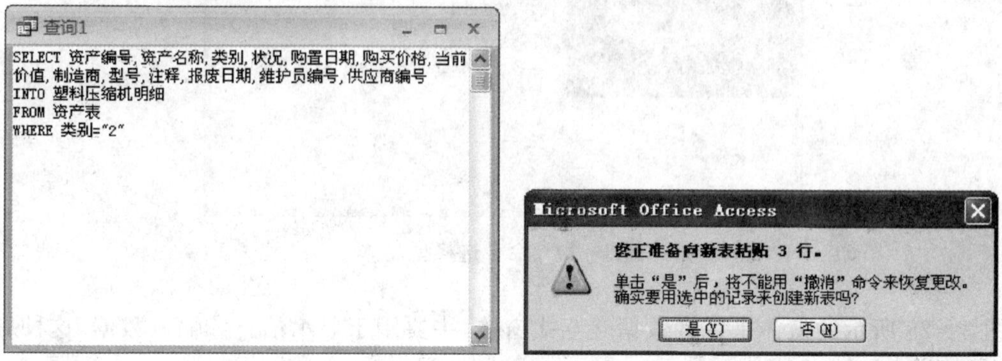

图 3－26 SELECT…INTO 语句

它的基本语法格式如下：

SELECT 字段 1,字段 2,…

INTO 新表

FROM 表

[WHERE ＜条件＞]

当然,并不是所有的 SQL 查询都能转化成查询设计视图,我们将这一类查询称为 SQL 特定查询,如联合查询、传递查询和数据定义查询等,不能在设计视图中创建,只能通过在 SQL 视图中输入 SQL 语句来创建。

第四节 Access 数据库中窗体的创建

一、窗体的类型和窗体视图

Access 提供了主要的人机交互界面——窗体。事实上,在 Access 应用程序中,所有操作都是在各种各样的窗体内进行的。因此,窗体设计的好坏直接影响 Access 应用程序的友好性和可操作性。

窗体是主要用于输入和显示数据的数据库对象,也可以将窗体用作切换面板来打开数据库中的其他窗体和报表,或者用作自定义对话框来接收输入及根据输入执行操作。

(一)窗体的类型

窗体主要有命令选择型窗体和数据交互式窗体两种。

图 3－27 所示的就是一种命令选择型窗体,主要用于信息系统控制界面设计。例如,可以在窗体中设置一些命令按钮,单击这些按钮可以调用相应的功能。图 3－27 显示了 5 个功能,分别是"客户记录""员工记录""销售记录""奖惩记录"和"退出",在应用系统的开发过程中,可

以根据实际要求进行相应的设计。

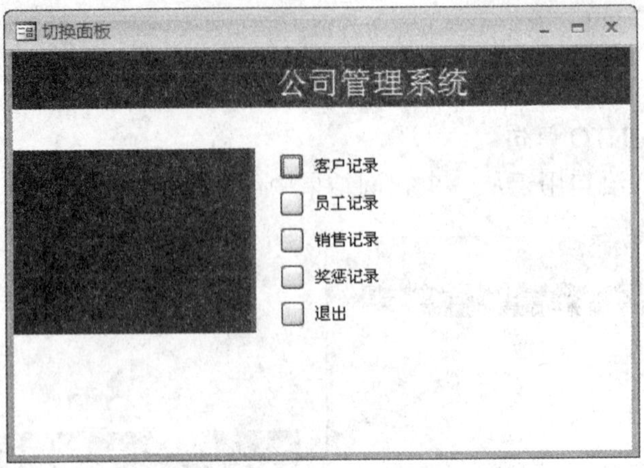

图 3—27　命令选择型窗体

图 3—28 所示的窗体是一种数据交互式窗体，主要用于显示信息和输入数据，这种形式的窗体应用最广泛。

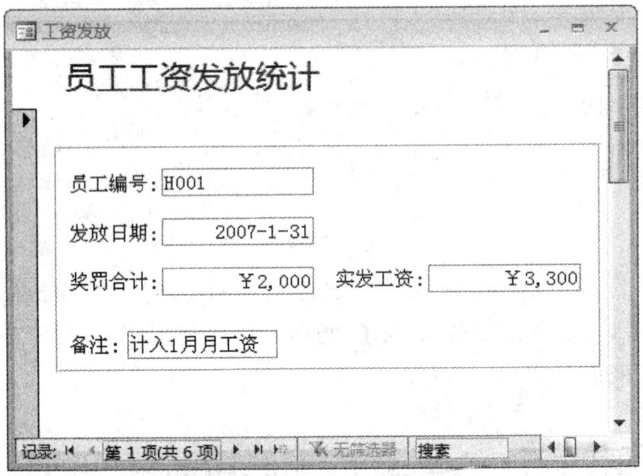

图 3—28　数据交互式窗体

(二)窗体视图

为了能够从各种不同的角度与层面来查看窗体的数据源，Access 为窗体提供了多种视图，不同视图的窗体以不同的布局形式来显示数据源。在 Access 2007 环境下，窗体具有下列 6 种视图类型：

1. 窗体视图

如果要查看当前数据库中的所有窗体列表，可以在导航窗格的窗体列表中双击某个对象，即可打开该窗体的窗体视图(如图 3—29 所示)。

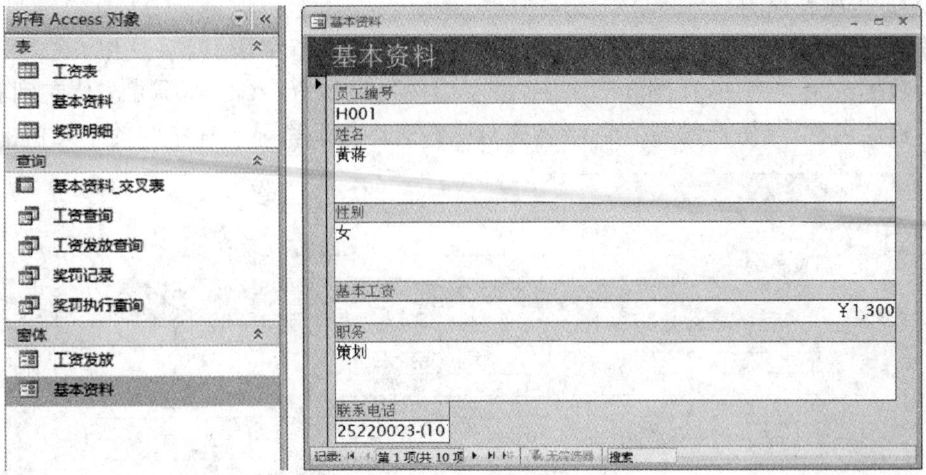

图 3—29　窗体视图

2. 数据表视图

窗体的数据表视图和普通数据表的视图几乎完全相同。窗体的数据表视图采用行、列的二维表格方式显示数据表中的数据记录(如图 3—30 所示)。

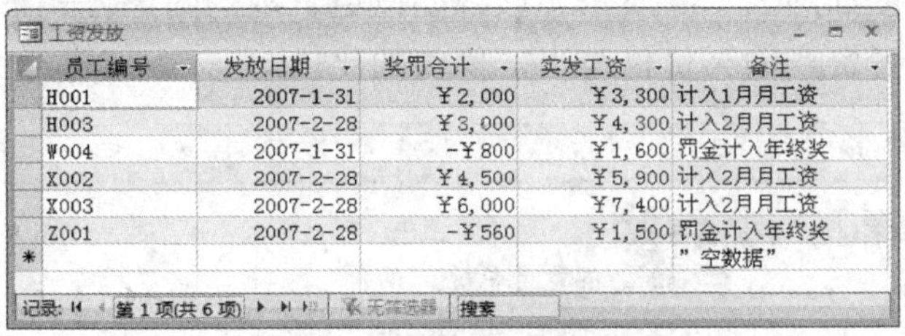

图 3—30　数据表视图

3. 设计视图

窗体的设计视图如图 3—31 所示。在设计视图中,可以编辑窗体中需要显示的任何元素,包括需要显示的文本及其样式、控件的添加和删除及图片的插入等;还可以编辑窗体的页眉和页脚,以及页面的页眉和页脚等;另外,还可以绑定数据源和控件。

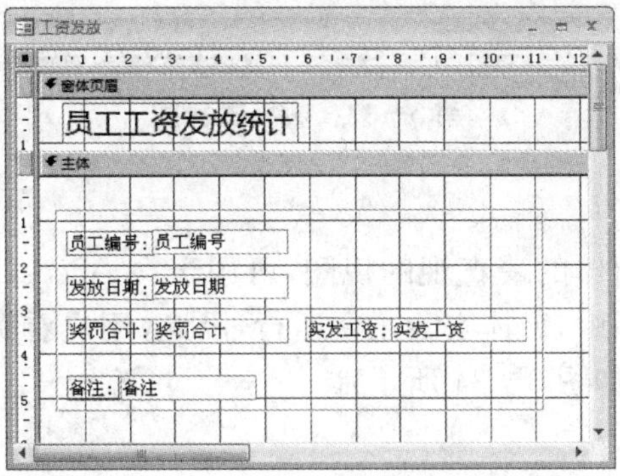

图 3—31　设计视图

4. 数据透视表视图

窗体的透视表视图如图 3—32 所示。通过指定视图的行字段、列字段和汇总字段来形成新的显示数据记录。例如，在图 3—32 中，最左端一列显示资产编号，顶端按从左到右的顺序依次显示资产名称，与资产编号和资产名称对应的资产折旧率显示在中间的单元格中。

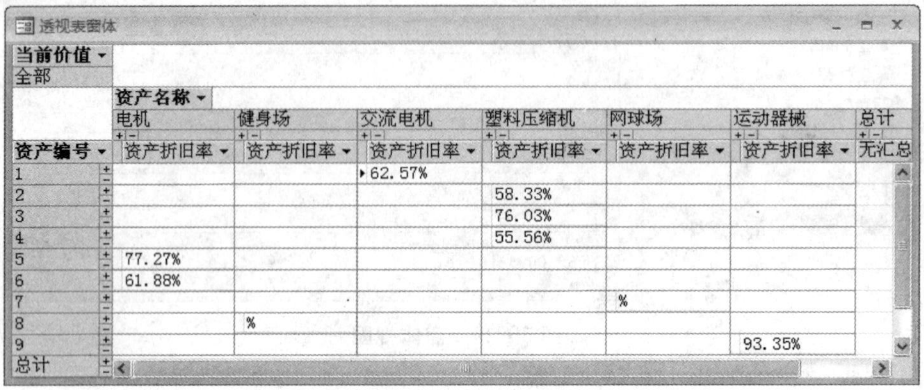
透视表窗体

当前价值 ▾
全部

资产名称 ▾

资产编号 ▾	电机 资产折旧率 ▾	健身场 资产折旧率 ▾	交流电机 资产折旧率 ▾	塑料压缩机 资产折旧率 ▾	网球场 资产折旧率 ▾	运动器械 资产折旧率 ▾	总计 无汇总
1			62.57%				
2				58.33%			
3				76.03%			
4				55.56%			
5	77.27%						
6	61.88%						
7					%		
8		%					
9						93.35%	
总计							

图 3—32 透视表视图

5. 数据透视图

窗体的数据透视图如图 3—33 所示。该视图以更直观的图形方式来显示数据，如图3—33 以柱形图的方式显示各资产购买价格与当前价值的比。

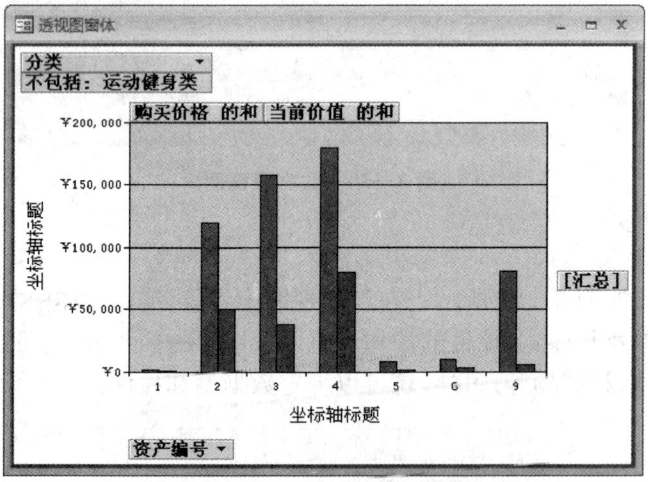

图 3—33 数据透视图

6. 布局视图

布局视图是用于修改窗体的最直观的视图，可用于在 Access 2007 中对窗体进行几乎所有需要的更改。在布局视图中，窗体实际正在运行，因此，用户看到的数据与它们在窗体视图中的显示的外观非常相似(如图 3—34 所示)。

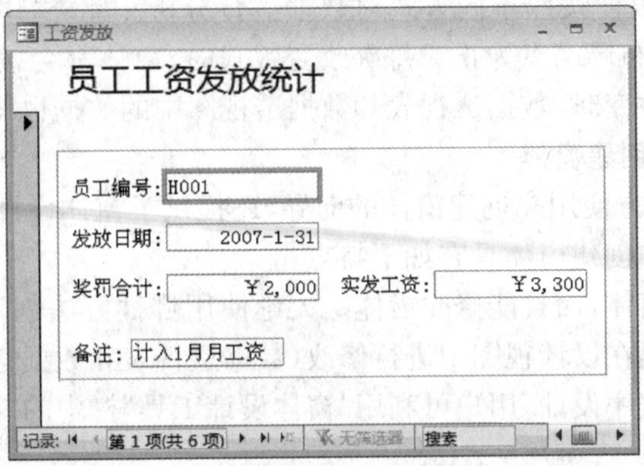

图 3－34　布局视图

二、窗体的创建

窗体的创建方法与前面章节中介绍的其他数据库对象的创建方法相同，可以使用向导创建，也可以直接在设计视图中创建。本节将全面地介绍使用各种方法创建各种类型的窗体。

(一)使用工具创建窗体

利用窗体工具，只需单击一次鼠标便可以创建窗体。使用工具时，来自基础数据源的所有字段都放置在窗体中。用户可以立即开始使用新窗体，也可以在布局视图或设计视图中修改该新窗体以更好地满足需要。例如，使用窗体工具创建新窗体、使用分割窗体工具创建分割窗体和使用多项目工具创建显示多条记录的窗体等。

(二)使用窗体向导创建窗体

要更好地选择显示在窗体上的字段，可以使用窗体向导来替代各种窗体构建工具。使用窗体向导创建窗体还可以指定数据的组合和排序方式，当指定了表与查询之间的关系时，还可以使用来自多张表或查询的字段(如图 3－35 所示)。

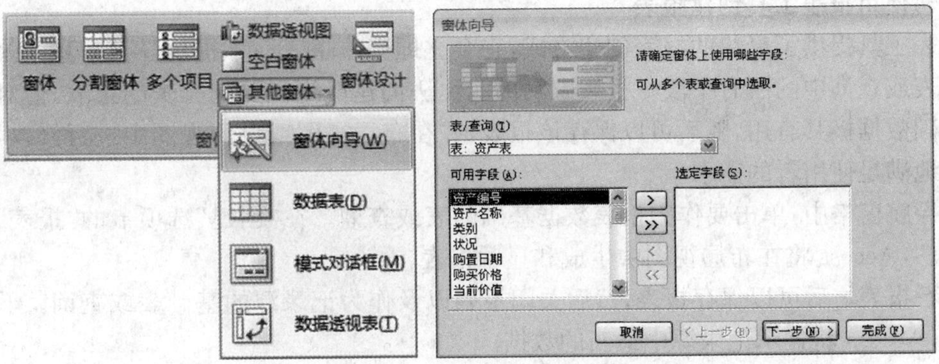

图 3－35　使用窗体向导创建窗体

(三)使用空白窗体工具创建窗体

如果窗体构建工具或窗体向导不符合创建窗体的需要，则可以使用空白窗体工具构建窗体。当计划在窗体上放置很少几个字段时，这是一种非常快捷的窗体构建方式。

(四)创建数据透视表和数据透视图

数据透视表和数据透视图窗体具有强大的数据分析功能，在创建过程中，用户可以动态地改变窗体的版式布置，以便按照不同方式对数据进行分析。此外，用户还可以重新排列行标题、列标题和页，直到对布局满意为止。每次改变版式时，窗体都会按照新的布置立即重新计算数据，当源数据发生改变时，数据透视表和数据透视图中的数据也将得到即时更新。

(五)在设计视图中创建窗体

Access 不仅提供了方便用户创建窗体的向导，还提供了窗体设计视图。与使用向导创建窗体相比，在设计视图中创建窗体具有如下特点：

第一，不但能创建窗体，而且能修改窗体。无论使用哪种方法创建窗体，生成的窗体如果不符合预期要求，均可以在设计视图中进行修改(数据透视表和数据透视图除外)。

第二，支持可视化程序设计，用户可利用“窗体设计工具”栏中的“设计”和“排列”选项卡在窗体中创建与修改对象。

(六)创建和使用主/子窗体

创建子窗体有两种方法：一种是同时创建主窗体和子窗体；另一种是将已有的窗体添加到另一个窗体中，创建带有子窗体的主窗体。

第五节 Access 数据库中报表的创建

报表是专门为打印而设计的特殊窗体，Access 2007 中使用报表对象来实现打印格式数据功能，将数据库中的表、查询的数据进行组合，形成报表，还可以在报表中添加多级汇总、统计比较、图片和图表等。建立报表与建立窗体的过程基本相同，只是窗体最终显示在屏幕上，而报表还可以打印出来；窗体可以与用户进行信息交互，而报表没有交互功能。

一、创建报表

报表是数据库的又一种对象，是展示数据的一种有效方式。与窗体一样，在报表中也可以添加子报表或者控件。

(一)使用报表工具创建报表

报表工具提供了最快的报表创建方式，它会立即生成报表而不提示任何信息。报表将显示基础表或查询中的所有字段。报表工具可能无法创建最终需要的完美的报表，但对于迅速查看基础数据极其有用，随后可以保存该报表，并在布局视图或设计视图中进行修改，以使报表更好地满足使用者的需求。

在导航窗格中，单击要作为报表数据基础的表或查询。在“创建”选项卡的“报表”组中单击“报表”，Access 将在布局视图中生成和显示报表。

查看报表之后可以保存报表，然后关闭报表以及作为记录源的基础表或查询。下次打开报表时，Access 将显示记录源中最新的数据。

(二)使用报表向导创建报表

可以使用报表向导来选择在报表上显示哪些字段，还可以指定数据的分组和排序方式，并且，如果事先指定了表与查询之间的关系，那么还可以使用来自多张表或查询的字段。

在“创建”选项卡的“报表”组中单击“报表向导”。按照报表向导页上的说明操作。在最后一页上单击“完成”。

如果要在报表中包含多张表和查询中的字段，在报表向导中从第一张表或查询中选择字段之后，不要单击“下一步”或“完成”，而是重复上述步骤来选择表或查询，然后单击报表中要包含的任何其他字段，单击"下一步"或"完成"以继续。

(三)使用标签向导创建标签

可以使用标签向导轻松地创建各种标准的标签。

在导航窗格中，双击要作为标签记录源的表或查询以打开它。在"创建"选项卡的"报表"组中单击"标签"。按照标签向导页上的说明操作。在最后一页上单击"完成"。

Access 将在打印预览中显示标签，以便看到标签打印后的效果。可以使用 Access 状态栏上的滑块控件来放大细节。例如，要给本公司的客户发送邮件，那么，信封上客户的地址信息可以使用报告标签一次打印(如图 3—36 所示)。

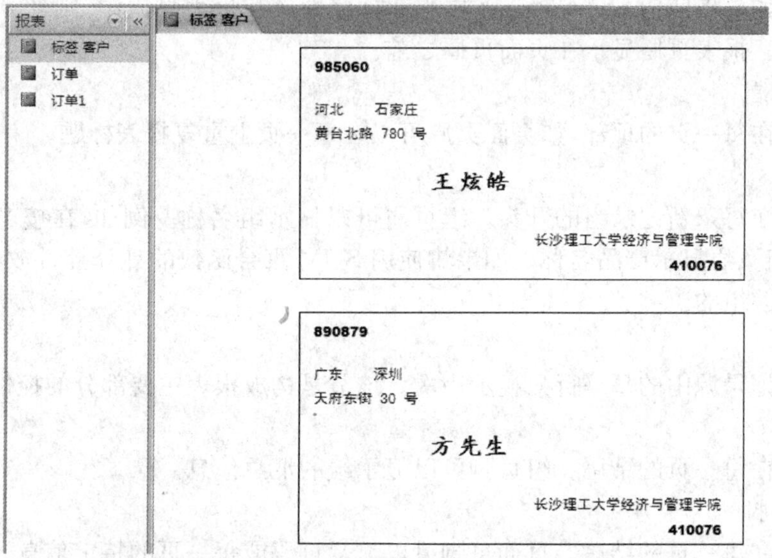

图 3—36　使用标签向导创建标签

(四)使用空白报表工具创建报表

如果对使用报表工具或报表向导不感兴趣，那么，可以使用空白报表工具生成报表。这是一种非常快捷的报表生成方式，尤其当计划只在报表上放置很少几个字段时。

在"创建"选项卡的"报表"组中单击"空报表"。布局视图中将显示一张空白报表，且 Access 窗口右侧将显示字段列表(列出了基础记录源或数据库对象中的全部字段)窗格。在"字段列表"中单击包含要显示在报表中的字段的表旁边的加号。将各个字段逐个拖动到报表上；或按住 Ctrl 同时选择多个字段，然后同时将所有字段拖动到报表上。使用"格式"选项卡上"控件"组中的工具向报表中添加徽标、标题、页码、日期和时间(如图 3—37 所示)。

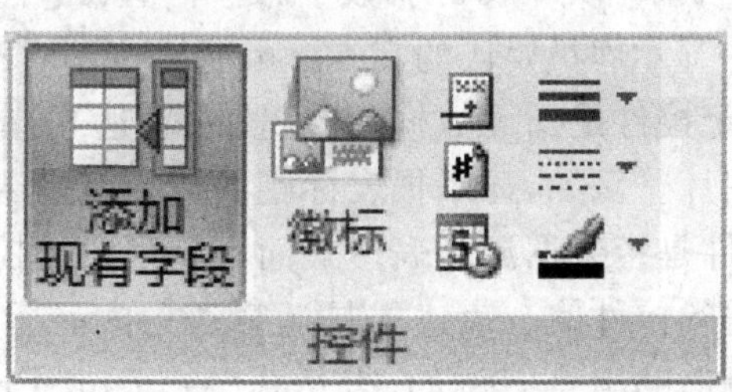

图 3—37　控件

二、调整报表的设计

(一)了解报表的节

在 Access 中,报表是按节来设计的。可以在设计视图中查看报表,以查看报表的各个节。若要创建有用的报表,则需要了解每一节的工作方式,如用来放置计算控件的节将确定 Access 计算结果的方式。以下摘要说明节的类型及其用法:

1. 报表页眉

本节仅在报表开头显示一次。报表页眉可以放置通常可能出现在封面上的信息,如徽标、标题或日期。如果将使用 SUM 聚合函数的计算控件放在报表页眉中,则计算后的总和是针对整个报表的。报表页眉显示在页面页眉之前。

2. 页面页眉

本节显示在每一页的顶部,如页面页眉可以在每一页上重复报表标题。

3. 组页眉

本节显示在每条新记录组的开头。组页眉可以显示组名称。例如,在按产品分组的报表中,可以使用组页眉显示产品名称。如果将使用 SUM 聚合函数的计算控件放在组页眉中,则总计是针对当前组的。

4. 主体

本节对于记录源中的每一行只显示一次。该节是构成报表主要部分的控件所在的位置。

5. 组页脚

本节显示在每一页的结尾。组页脚可以显示组的汇总信息。

6. 页面页脚

本节显示在每一页的结尾。页面页脚可以显示页码或每一页的特定信息。

7. 报表页脚

本节仅在报表结尾显示一次。报表页脚可以显示针对整个报表的报表汇总或其他汇总信息。

在设计视图中,报表页脚显示在页面页脚的下方。不过,在打印或预览报表时,在最后一页上,报表页脚位于页面页脚的上方,紧靠最后一个组的页脚或明细行之后。

(二)了解控件

1. 控件的含义及种类

控件是用于显示数据和执行操作的对象,可以通过它来查看和处理能改善用户界面的信息,如标签和图像。Access 支持以下三种控件:

(1)绑定控件。绑定控件是指数据源为表或查询中的字段的控件。使用绑定控件可以显示数据库中字段的值。这些值可以是文本、日期、数字、是/否值、图片或图形。文本框是最常见的一类绑定控件。例如,窗体中显示雇员姓氏的文本框可能从“雇员”表的“姓氏”字段获得信息。

(2)未绑定控件。未绑定控件是指无数据源(字段或表达式)的控件。使用未绑定控件可以显示信息、线条、矩形和图片。例如,显示报表标题的标签就是未绑定控件。

(3)计算控件。计算控件是指数据源是表达式而不是字段的控件,可以通过将表达式定义为控件的数据源来指定所需的控件值。表达式是运算符(如 = 和 +)、控件名称、字段名称、返回单个值的函数以及常量值的组合。例如,表达式“=[Unit Price]×0.75”将“Unit Price”字段的值乘以常量值(0.75)来计算折扣为 25%的商品价格。

表达式所使用的数据可以来自报表的基础表或查询中的字段,也可以来自报表上的控件。

2. 控件的运用

创建报表时，先添加和排列所有绑定控件可能是最有效的方式，尤其是当它们占报表控件的大多数时；然后可以使用“设计”选项卡上“控件”组中的工具添加未绑定控件和计算控件以完成设计。

从标识控件中获得数据的字段，可以将文本框控件绑定到字段。通过将字段从“字段列表”窗格拖到报表上，可以创建绑定到选定字段的控件。“字段列表”窗格显示了报表的基础表或查询的字段。要显示“字段列表”，可在“设计”选项卡的“控件”组中单击“添加现有字段”，也可以通过在控件本身或控件属性表的“控件来源”值框中键入字段名称，从而将字段绑定到控件。属性表定义控件的特征，如它的名称、数据源和格式。

使用“字段列表”窗格是创建控件的最佳方式，原因有两个：其一是绑定控件有一个附加的标签，该标签默认采用字段名称（或在基础表或查询中为该字段定义的标题）作为其标题，因此不必自己键入标题；其二是绑定控件继承了很多与基础表或查询中的字段相同的设置（如 Format 和 Input Mask 属性），因此，可以确保在创建绑定到该字段的控件时，字段的这些属性保持不变。

（三）在布局视图中微调报表

创建报表之后，也可以在布局视图中轻松地调整其设计。可以根据实际报表数据调整列宽，将列重新排列并添加分组级别和汇总；还可以在报表设计上放置新的字段，并设置报表及其控件的属性。

要切换到布局视图，可在导航窗格中右键单击报表名称，然后单击“布局视图”。Access 将在布局视图中显示报表。可以使用属性表来修改报表及其控件和节的属性。若要打开属性表，可按 F4。可以使用“字段列表”窗格向报表设计添加基础表或查询中的字段。若要显示“字段列表”窗格，可执行下列操作之一：(1)在“格式”选项卡的“控件”组中单击“添加现有字段”；(2)按 Alt+F8。然后，可以通过将“字段列表”窗格中的字段拖动到报表来添加字段。

（四）在设计视图中微调报表

可以通过将控件和字段添加到设计网格来将其添加到报表中。通过属性表可以访问大量属性，可以对这些属性进行设置以自定义报表。

要切换到设计视图，可在导航窗格中右键单击报表名称，然后单击“设计视图”。Access 将在设计视图中显示报表。可以使用属性表来修改报表本身及其包含的控件和节的属性。要显示属性表，可按 F4。可以使用“字段列表”窗格向报表设计添加基础表或查询中的字段。若要显示“字段列表”窗格，可在“格式”选项卡的“控件”组中单击“添加现有字段”。然后可以通过将“字段列表”窗格中的字段拖动到报表来添加字段。

某些控件是自动创建的，如将字段从“字段列表”窗格添加到报表时会创建绑定文本框控件。通过在设计视图中使用“设计”选项卡上“控件”组中的工具，可以创建很多其他控件（如图 3—38 所示）。

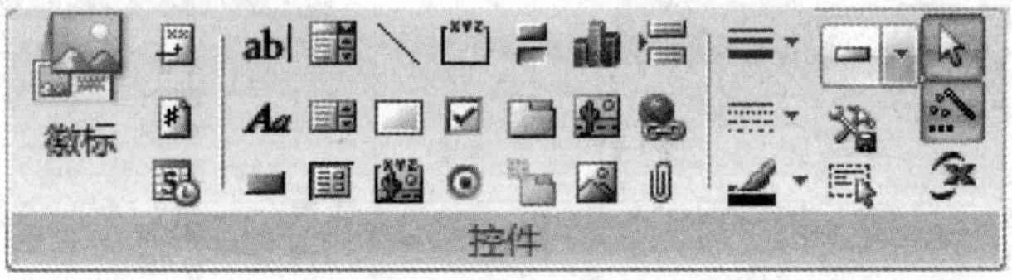

图 3—38　“控件”组中的工具

例如，要创建复选框，单击“复选框”工具。在报表设计网格中要放置控件的左上角的位置单击。单击一次可以创建默认大小的控件，单击工具并在报表设计网格中拖动可以创建所需大小的控件。此过程创建了一个“未绑定”控件。如果控件为可显示数据的类型（如文本框或复选框），那么，需要在控件的“控件来源”属性中输入字段名称或表达式，这样，控件才能显示数据。

三、创建分组报表或汇总报表

(一)关于分组和排序

打印报表时，通常需要按特定顺序组织记录。例如，在打印供应商列表时，可能按公司名称的字母顺序对记录进行排序。

对于很多报表来说，仅对记录排序还不够，可能还需要将它们划分为组。组是记录的集合，并且包含与记录一起显示的介绍性内容和汇总信息（如页眉）。组由组页眉、嵌套组（如果有）、明细记录和组页脚构成。

通过分组，可以直观地区分各组记录，并显示每个组的介绍性内容和汇总数据。例如，图3－39中的报表按发货日期对销售数据进行分组，并计算每天的销售总量。

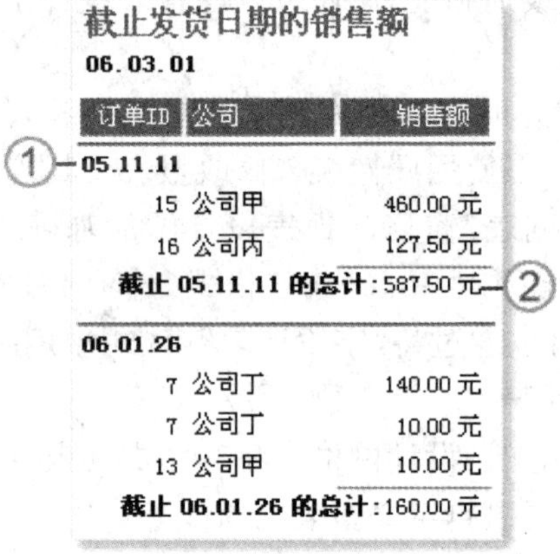

图 3－39 分组

日期是分组的依据。汇总是对组中的数据进行求和。

将按类别分组的产品列表报表（如图3－40所示）与其基础查询数据表（即产品列表）进行比较，可以看到分组是如何工作的。报表和查询都按类别对产品进行排序，但报表还在每一组开头（组页眉）的单独一行中打印每个类别的名称，并在每一组结尾（组页脚）的单独一行中打印每个类别的产品数量。

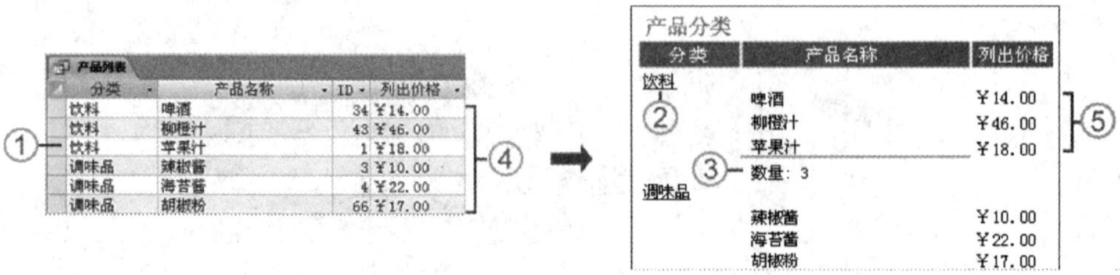

图 3－40 产品列表报表的分组

类别名称出现在数据表的每一行中，其在报表中对于每一组只出现一次，位于组页眉中。

类别汇总出现在每一组的结尾，位于组页脚中。

记录作为一个大型组出现在数据表中。每个类别的记录都作为单独的一节出现在报表中，位于组页眉之后、组页脚之前。

可以按作为排序依据的任何字段和表达式（最多 10 个）进行分组。可以多次按同一字段或表达式分组。当按多个字段或表达式进行分组时，Access 2007 将根据其分组级别嵌套各个组。作为分组依据的第一个字段是第一个也是最重要的分组级别，第二个分组依据字段是下一个分组级别，依此类推。

通常，在组开头单独的节中使用组页眉来显示该组的标识数据，在组结尾单独的节中使用组页脚来汇总组中的数据。

（二）在现有报表中添加或修改分组和排序

如果已经有了现成的报表，并且要在其中添加排序或分组，或者要修改该报表现有的排序或分组，则可以在布局视图中添加分组、排序和汇总。

简单的排序、分组和汇总操作可以通过以下方式执行：在布局视图中右键单击字段，然后从快捷菜单中选择所需的操作。要切换到“布局”视图，请在导航窗格中右键单击报表，然后单击“布局视图”。在操作时最好打开“分组、排序和汇总”窗格并观察该窗格的变化。

要显示“分组、排序和汇总”窗格，在“格式”选项卡的“分组和汇总”组中单击“分组和排序”。

1. 单字段排序

在要进行排序的字段中，右键单击任意值。

在快捷菜单中，单击所需的排序选项。例如，要按升序对文本字段进行排序，单击“升序”；要按降序对数值字段进行排序，单击“降序”。

Access 将根据指定的设置对报表进行排序。如果“分组、排序和汇总”窗格已打开，则可以看到该字段新增了“排序依据”行。

2. 多字段排序

当通过在布局视图中右键单击字段来应用排序时，一次只能对一个字段进行排序。如果对其他字段进行排序，则将会取消对第一个字段的排序。这与窗体中的排序行为不同，在窗体中可以通过依次右键单击每个字段并选择所需的排序顺序来建立多个排序顺序。

3. 对字段进行分组

在要进行分组的字段中，右键单击任意值。

在快捷菜单上，单击“分组形式”。

Access 将添加分组级别，并为其创建组页眉。如果“分组、排序和汇总”窗格已打开，则可以看到该字段新增了“分组形式”行。

4. 添加字段的汇总

通过此选项，可以计算字段的合计、平均值、计数或其他聚合值。报表的结尾将添加总计，报表上存在的任何组将添加组小计。

在要进行汇总的字段中，右键单击任意值，单击“合计”，单击要执行的操作：“合计”“平均值”“记录计数”（统计所有记录的数目）、“值计数”（只统计此字段中有值的记录的数目）、“最大值”“最小值”“标准偏差”或“方差”。

Access 在报表页脚添加一个计算文本框控件，该控件创建总计；同时，如果报表中有任何分组级别，则 Access 将添加组页脚（如果尚不存在），并在每个组页脚中放置小计。

此外，还可以通过以下方式来添加汇总：单击要进行汇总的字段，然后在“格式”选项卡的“分组和汇总”组中单击“汇总”。

5. 使用“分组、排序和汇总”窗格添加分组、排序和汇总

要在报表中添加或修改分组、排列顺序或汇总选项时，使用“分组、排序和汇总”窗格提供了最大的灵活性。此外，布局视图是首选的操作视图，因为在该视图中更易于看到所做的更改如何影响数据的显示。

显示“分组、排序和汇总”窗格，在布局视图中，在“格式”选项卡的“分组和汇总”组中单击“分组和排序”；或者在设计视图中，在“设计”选项卡的“分组和汇总”组中单击“分组和排序”。

Access 显示“分组、排序和汇总”窗格（如图 3—41 所示）。

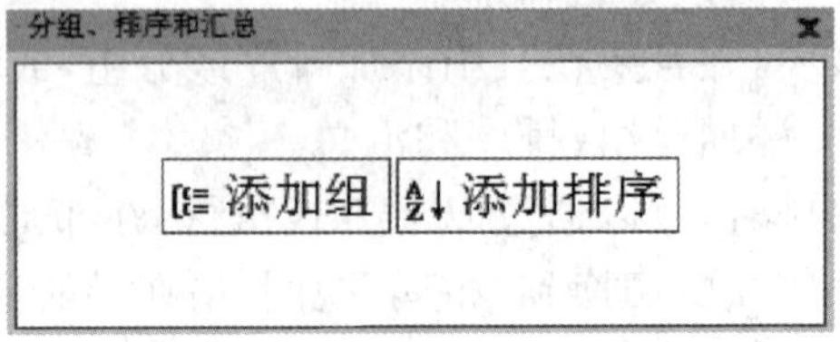

图 3—41 “分组、排序和汇总”窗格

若要添加新的排序和分组级别，则单击“添加组”或“添加排序”。“分组、排序和汇总”窗格中将添加一新行，并显示可用字段的列表（如图 3—42 所示）。

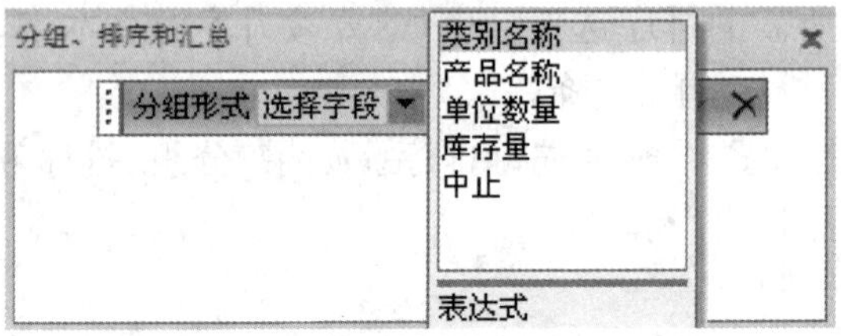

图 3—42 添加新的排序和分组级别

可以单击其中一个字段名称，或单击字段列表下的“表达式”以输入表达式。选择字段或输入表达式之后，Access 将在报表中添加分组级别。如果位于布局视图中，则显示内容将立即更改为显示分组或排列顺序。一个报表最多可定义 10 个分组和排序级别。

6. 更改分组选项

每个排序级别和分组级别都具有大量选项，可以通过设置这些选项来获得所需的结果（如图 3—43 所示）。

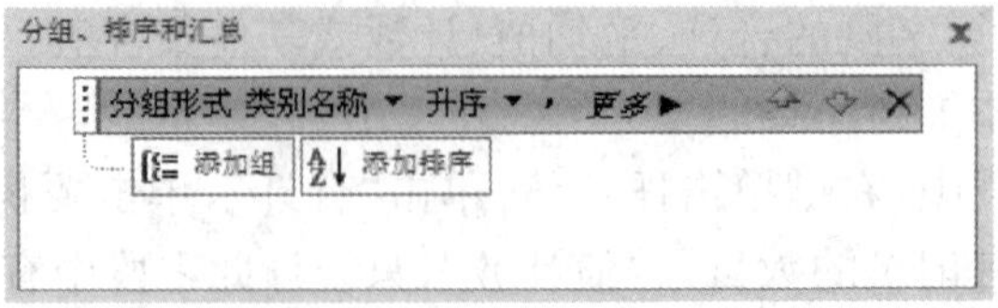

图 3—43 选项设置

若要显示分组级别或排序级别的所有选项，则在要更改的级别上单击“更多”；若要隐藏选项，则单击“更少”（如图 3—44 所示）。

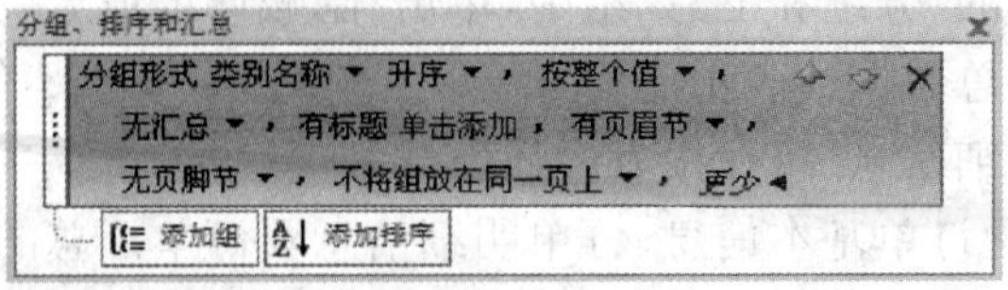

图 3—44　更改级别

(1)排列顺序。可以通过单击排列顺序下拉列表，然后单击所需的选项来更改排列顺序。

(2)汇总。若要添加汇总，则单击此选项，可以添加多个字段的汇总，并且可以对同一字段执行多种类型的汇总（如图 3—45 所示）。

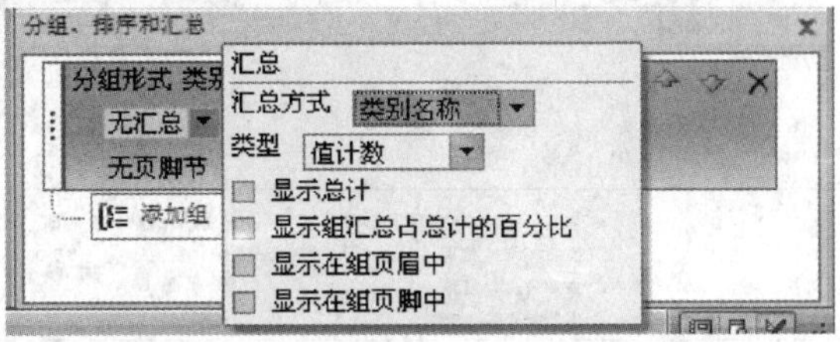

图 3—45　添加汇总

单击“汇总方式”下拉箭头，然后选择要进行汇总的字段。

单击“类型”下拉箭头，然后选择要执行的计算类型。

选择“显示总计”以在报表的结尾（即报表页脚中）添加总计。

选择“显示组汇总占总计的百分比”，以在组页脚中添加用于计算每个组的小计占总计的百分比的控件。

选择“显示在组页眉中”或“显示在组页脚中”以将汇总数据显示在所需的位置。

选择了字段的所有选项之后，可从“汇总方式”下拉列表中选择另一个字段，重复上述过程以对该字段进行汇总；否则，单击“汇总”弹出窗口外部的任何位置以关闭该窗口。

(3)标题。通过此选项，可以更改汇总字段的标题。此选项可用于列标题，还可用于标记页眉与页脚中的汇总字段。

(4)有/无页眉节。此设置用于添加或移除每个组前面的页眉节。在添加页眉节时，Access 将把分组字段移到页眉。当移除包含非分组字段的控件的页眉节时，Access 会询问是否确定要删除该控件。

(5)有/无页脚节。使用此设置添加或移除每个组后面的页脚节。在移除包含控件的页脚节时，Access 会询问是否确定要删除该控件。

7. 删除分组级别和排序级别

若要删除分组或排序级别，在“分组、排序和汇总”窗格中，单击要删除的行，然后按“Delete”或单击该行右侧的“删除”按钮。在删除分组级别时，如果组页眉或组页脚中有分组字段，则 Access 将把该字段移到报表的“主体”节中。组页眉或组页脚中的其他任何控件都将被删除。

8. 创建汇总报表

如果只想显示汇总信息(即只显示页眉和页脚行中的信息)，则在“格式”选项卡(或在设计视图中的“设计”选项卡)的“分组和汇总”组中，单击“隐藏详细信息”。这将隐藏下一个较低分组级别的记录，从而使汇总数据的表示更为紧凑。虽然隐藏了记录，但隐藏的节中的控件并未删除。再次单击“隐藏详细信息”将在报表中还原详细信息行。

图 3—46 是一张包含订单基本信息、订单明细信息及订单汇总的报表。

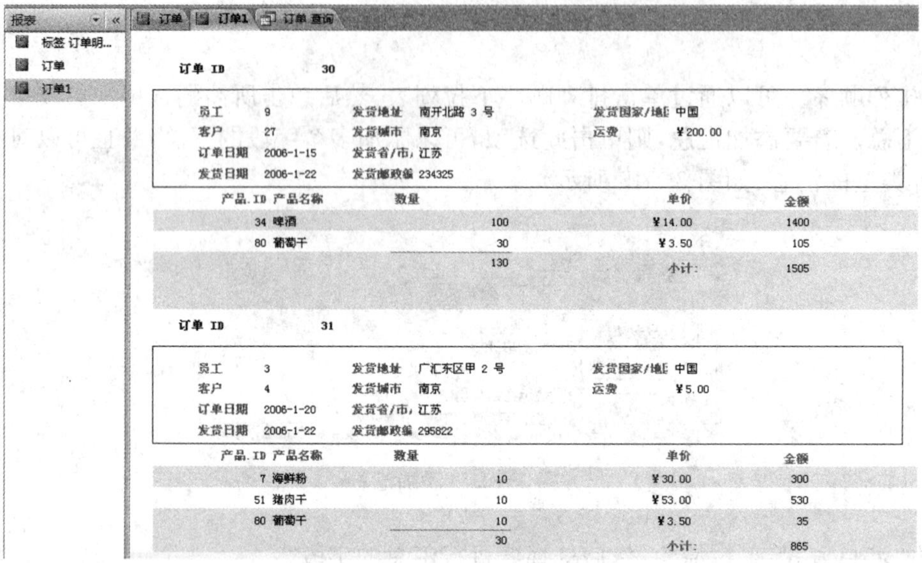

图 3—46 汇总报表

本章小结

Access 数据库管理系统是 Microsoft Office 套件的重要组成部分，适用于中小型商务活动，用以存储和管理商务活动所需要的数据。本章从数据库、表、记录与关系等一些基本概念出发，阐述了数据模型的基本思想，并通过一个实例展示了数据模型的建立过程；在此基础上，较详细地介绍了在 Access 2007 数据库中建表、建关系、建查询、窗体和报表的操作技术。

在 Access 数据库管理系统中，数据库是一个容器，存储数据库应用系统中的其他数据库对象，构成数据库应用系统的其他对象都存储在数据库中。

表是关系型数据库系统的基本结构，是关于特定主题数据的集合。Access 中的表由结构和数据两部分组成。

Access 是一个关系型数据库，用户创建了所需要的表后，还要建立表与表之间的关系，Access 就是凭借这些关系来连接表或查询表中的数据的。

查询是数据库最重要和最常见的应用，可以让用户根据指定条件对数据库进行检索，筛选出符合条件的记录，构成一个新的数据集合，从而方便用户对数据库进行查看和分析。

窗体是主要用于输入和显示数据的数据库对象，也可以将窗体用作切换面板来打开数据库中的其他窗体和报表，或者用作自定义对话框来接收输入及根据输入执行操作。

报表是专门为打印而设计的特殊窗体，Access 2007 通过使用报表对象来实现打印格式数据的功能。

中英文对照专业名词及术语

1. 数据库(Database)
2. 实体(Entity)
3. 关系型数据库(Relational Database)
4. 一对多(One-to-many)
5. 一对一(One-to-one)
6. 多对多(Many-to-many)
7. 相关表(Related Table)
8. Visual Basic 应用程序语言(Visual Basic for Application,VBA)

思考题

1. 简述数据库、表与记录的基本概念。
2. 简述数据模型的概念,介绍 Access 中建立数据模型的基本过程。
3. 完成某个成绩管理系统的数据库设计及操作,要求:

(1)用 Access 建立如图 3—47 所示的几张表,设计这些表之间的关系,再往表中输入一些数据。

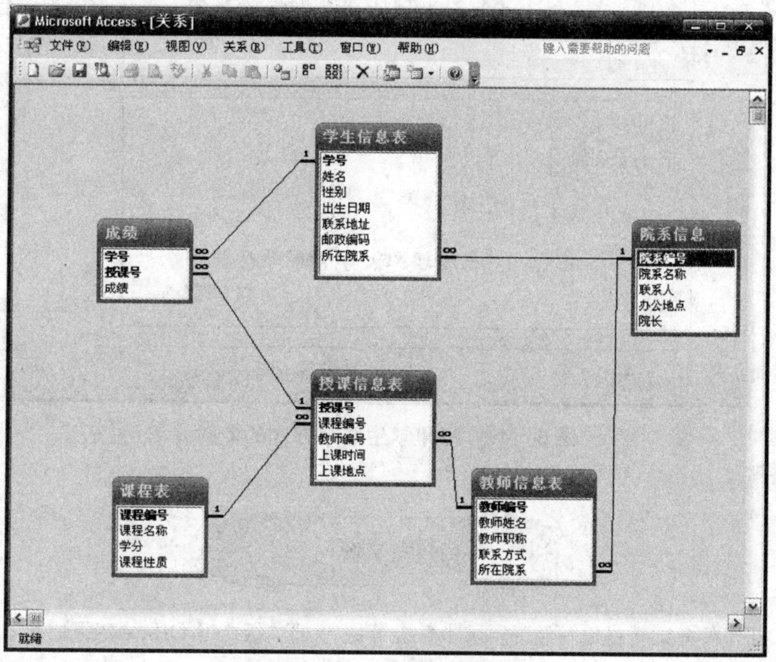

图 3—47　关系数据模型

(2)建立一个"查询",使其能合并多张表并显示图 3—48 所示的字段(字段的数据类型可自行设定,表中的数据也可随意输入)。

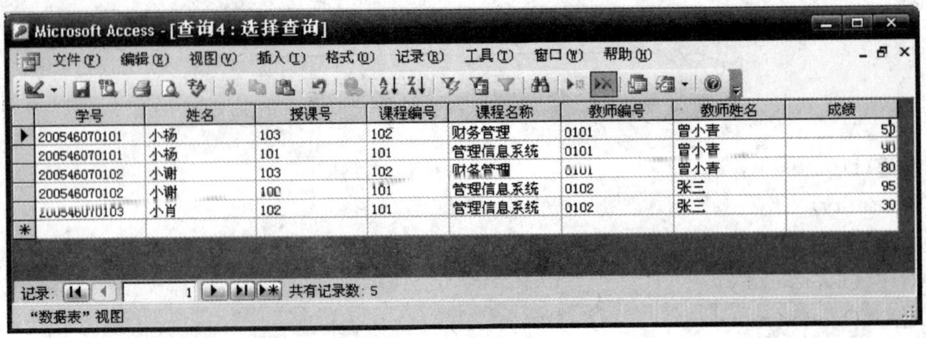

图 3—48 显示成绩信息

(3)假如要给图 3—48 中的同学寄送成绩单，请制作一张报表，一次性将所有学生的联系方式打印成信封(如图 3—49 如示)。

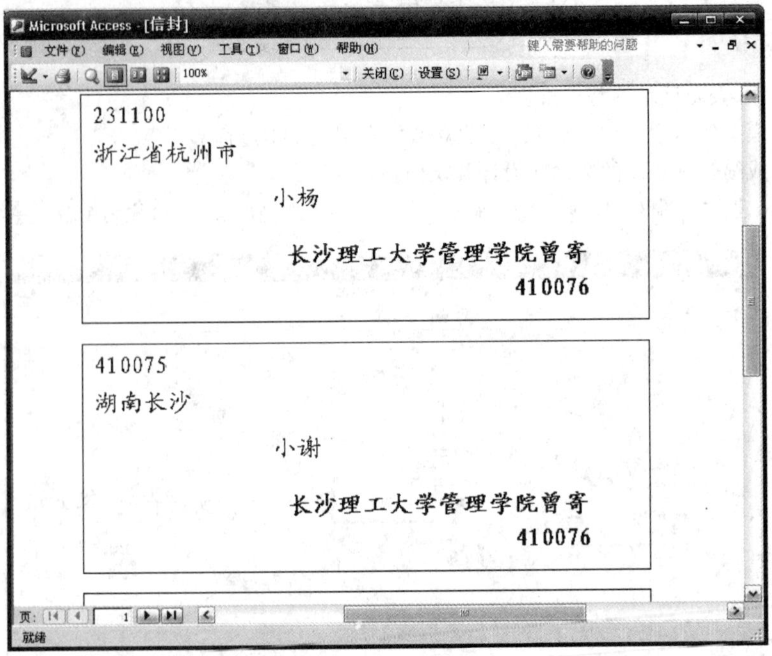

图 3—49 打印学生联系方式的信封

参考文献

1. 全国计算机等级考试教材编写组. 全国计算机等级考试二级 MS Office 高级应用教程[M]. 北京：人民邮电出版社，2014.

2. 杨继萍. Access 2007 数据库应用与开发从新手到高手[M]. 北京：清华大学出版社，2008.

3. [美]西尔伯沙茨. 数据库系统概念(第 6 版)[M]. 北京：机械工业出版社，2012.

第四章

管理信息系统的战略规划和开发方法

管理信息系统的建设是个投资巨大、历时很长的系统工程,而现代企业用于信息系统的投资越来越多,如宝钢投资已多达亿元。在信息系统建设过程中,如果规划得不好,不仅自身造成损失,由此而引起企业运行不好的间接损失更为可观。所以,信息系统的规划已经摆到企业管理重要的战略位置上来。

第一节　管理信息系统战略规划概述

一、信息系统发展的阶段论

随着信息对企业运作和企业产品、服务的渗透,信息化建设已经成为现代企业内部体制建设的一个极其关键的环节。如何确定一个合适的发展战略,有效地利用企业有限的资源进行信息化建设是企业所面临的迫切任务。

针对这个问题,美国学者诺兰(Richard L.Nolan)早在1973年首次提出了数据处理时代信息系统在企业组织中发展的阶段理论,被称为诺兰阶段模型。1980年,诺兰进一步完善模型,把信息系统的成长过程划分为如图4-1所示的六个不同阶段,到1993年又改进成四阶段理论。利用这个理论,可以有效地解释企业信息化的发展过程,为企业的战略规划提供了一个极有价值的模板。

(一)第一阶段——初装

在20世纪60年代中期以前,计算机首次引入组织,个别人具有了初步使用计算机的能力。信息系统主要应用在事务性、规范化的业务运作中,最常见的是财务记账的自动化。

(二)第二阶段——蔓延

20世纪60～70年代,由于计算机应用初见成效,管理层致力于在各个可能的场合引入信息技术,大量部门和个人采用信息技术,信息系统的开销急剧增加,但对实验的强调超过了效率,管理松散,资源浪费严重,各个部门各自为政,出现数据冗余、不一致性、难以共享等问题,只有一部分计算机的应用收到了实际的效益。该阶段的数据处理能力发展最为迅速。

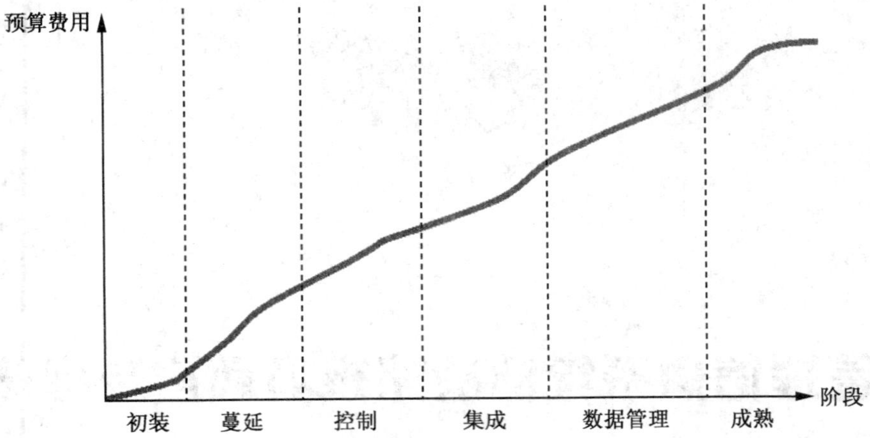

图 4—1　诺兰的阶段理论模型

(三)第三阶段——控制

第二阶段的后期,对于信息技术的投资多、回报少,管理层开始加强控制,信息技术的蔓延开始放慢,但却抑制了组织学习,领导对整个企业的信息系统建设进行规划,如何在松散与控制之间寻找一个平衡点是信息技术管理的关键。

(四)第四阶段——集成

在控制的基础上,对子系统中的硬件进行重新连接,建立集中式的数据库及能够充分利用和管理各种信息的系统。该阶段的费用支出迅速增长。

诺兰的阶段理论是总结了发达国家信息系统发展的经验和规律之后提出的。他认为各个阶段是不能跨越的,时间可能长短不一。所以,在信息系统的开发过程中,应找到本组织处于信息系统发展的哪个阶段,该阶段有哪些问题,用诺兰的阶段理论指导我们的信息系统建设。

二、开发管理信息系统的策略

(一)"自下而上"的开发策略

"自下而上"的开发策略是从现行系统的业务状况出发,先实现一个个具体的功能,逐步地由低级到高级建立管理信息系统。因为任何一个管理信息系统的基本功能都是数据处理,所以,"自下而上"的方法首先从研制各项数据处理的应用开始,然后根据需要逐步增加有关管理控制方面的功能。一般情况下,一些组织在初装和蔓延阶段,各种条件(设备、资金、人力)尚不完备,常常采用这种开发策略。

"自下而上"的开发策略的优点是,可以避免大规模系统可能出现的运行不协调的危险;但缺点是不能像想象的那样完全周密,由于缺乏从整个系统出发考虑问题,随着系统的进展,往往要作许多重大修改,甚至重新规划、设计。

(二)"自上而下"的开发策略

"自上而下"的开发策略强调从整体上协调和规划,由全面到局部,由长远到近期,从探索合理的信息流出发来设计信息系统。由于这种开发策略要求很强的逻辑性,因此难度较大。

"自上而下"的开发策略是一种更重要的策略,是信息系统的发展走向集成和成熟的要求。整体性是系统的基本特性,虽然一个系统由许多子系统构成,但它们是一个不可分割的整体。

通常,"自下而上"的开发策略用于小型系统的设计,适用于对开发工作缺乏经验的情况。

在实践中，对于大型系统往往把这两种方法结合起来使用，即先自上而下地做好管理信息系统的战略规划，再自下而上地逐步实现各系统的应用开发。

三、管理信息系统战略规划的作用和内容

管理信息系统战略规划是一个组织战略规划的重要组成部分，是关于管理信息系统长远发展的规划。由于建设管理信息系统是一项耗资大、历时长、技术复杂且涉及面广的系统工程，在着手开发之前，必须认真地制定有充分根据的管理信息系统战略规划。这项工作完成得如何往往是管理信息系统成败的关键。

(一)管理信息系统战略规划的作用

第一，管理合理分配和利用信息资源(信息、信息技术和信息生产者)，以节省信息系统的投资。

第二，通过制定规划，找出存在的问题，正确识别为实现企业目标管理信息系统必须完成的任务，促进信息系统的应用，带来更多的经济效益。

第三，指导管理信息系统的开发，用规划作为将来考核系统开发工作成效的标准。

(二)管理信息系统战略规划的内容

管理信息系统战略规划一般包括 3 年或更长期的计划，也包括 1 年的短期计划。规划的内容主要包括：

第一，信息系统的目标、约束及总体结构，其中：信息系统的目标确定了管理信息系统应实现的功能；管理信息系统的约束包括管理信息系统实现的环境和条件(如管理的规章制度、人力、财务等)；管理信息系统的总体结构指明了信息的主要类型和主要子系统。

第二，组织(企业、部门)的状况，包括计算机软件及硬件情况、应用系统及现有人员的配备情况、开发费用的投入情况等。

第三，业务流程的现状、存在的问题和不足，以及流程在新技术条件下的重组。

第四，对影响规划的管理信息技术发展的预测。这些管理信息技术主要包括计算机硬件技术、网络技术及数据处理技术等。这些技术的不断更新将给管理信息系统的开发带来深刻的影响(如处理效率、响应时间等)，与管理信息系统的性能有着密切的联系，决定着管理信息系统的优劣。因此，在规划过程中需要吸收相关技术的最新发展，从而使所开发的管理信息系统具有更强大的生命力。

四、制定战略规划的具体步骤

第一，确定规划的性质。明确管理信息系统战略规划的年限及具体的设计方法。

第二，收集相关信息，包括从各级干部、类似企业、本企业内部各种信息系统、各种文件以及书籍和杂志中收集信息。

第三，进行战略分析。对管理信息系统的目标、开发方法、功能结构、计划活动、信息部门的情况、财务情况、风险度和政策等进行分析。

第四，定义约束条件。根据单位(企业、部门)的财务资源、人力及物力等方面的限制，定义管理信息系统的约束条件和政策。

第五，明确战略目标。根据步骤三和步骤四的结果，确定管理信息系统的开发目标，明确管理信息系统应具有的功能、服务范围和质量等。

第六，提出未来的发展蓝图。给出管理信息系统的初步框架，包括各子系统的划分等。

第七，选择开发方案。选定优先开发的项目，确定总体开发顺序、开发策略和开发方法。

第八，提出实施进度。估计项目成本和人员需求，并列出开发进度表。

第九，通过战略规划。将战略规划形成文档，经组织（企业、部门）领导批准后生效。

第二节　制定管理信息系统战略规划的常用方法

用于管理信息系统规划的方法很多，主要是关键成功因素法、战略目标集转化法和企业系统规划法。此外，还有企业信息分析与集成技术、产出/方法分析、投资回收法、征费法、零线预算法和阶石法等，主要用于特殊情况，或者作为整体规划的一部分使用。

一、关键成功因素法

1970 年，哈佛大学教授威廉·泽尼（William Zani）在管理信息系统模型中运用了关键成功变量，这些变量是确定管理信息系统成败的因素。10 年后，麻省理工学院教授约翰·罗卡特（John Rockart）把关键成功因素法（Critical Success Factors，CSF）提高成为管理信息系统的战略，成为管理信息系统规划的一种方法。

关键成功因素法主要包括如下几个步骤：(1)了解企业目标；(2)识别所有的成功因素；(3)确定关键成功因素；(4)明确各关键成功因素的性能指标和评价标准。这四个步骤可以用图 4—2 表示。

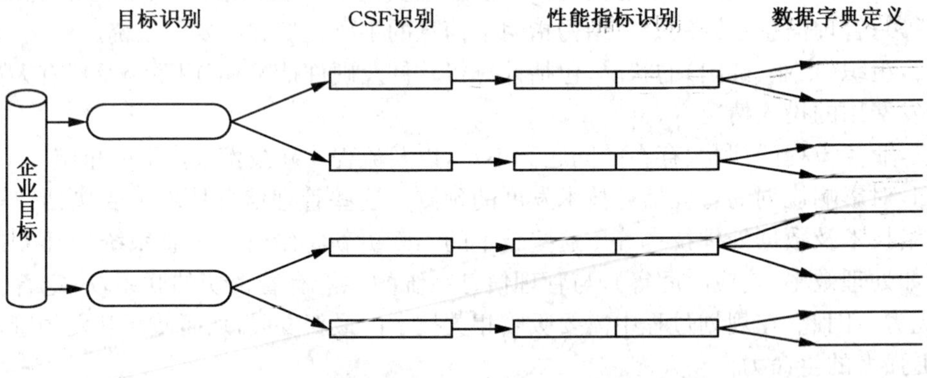

图 4—2　关键成功因素法

关键成功因素法源自企业目标，通过目标分解和识别、关键成功因素识别、性能指标识别，一直到产生数据字典。关键成功因素就是要识别关系到系统目标的主要数据类及其关系。识别关键成功因素所用的工具是树枝因果图。例如，某企业有一个目标，是提高产品竞争力，可以用树枝因果图画出影响该目标的各种因素，以及影响这些因素的子因素（如图 4—3所示）。

不同的组织，其中的关键成功因素是不同的，即使是同一组织的业务活动，在不同的时期，其关键成功因素也会不同。关键成功因素法在高层应用一般效果好，因为每一个高层领导人总在考虑什么是关键因素；对中层领导来说一般不太适合，因为中层领导所面临的决策大多数是结构化的，其自由度较小，对他们最好应用其他方法。

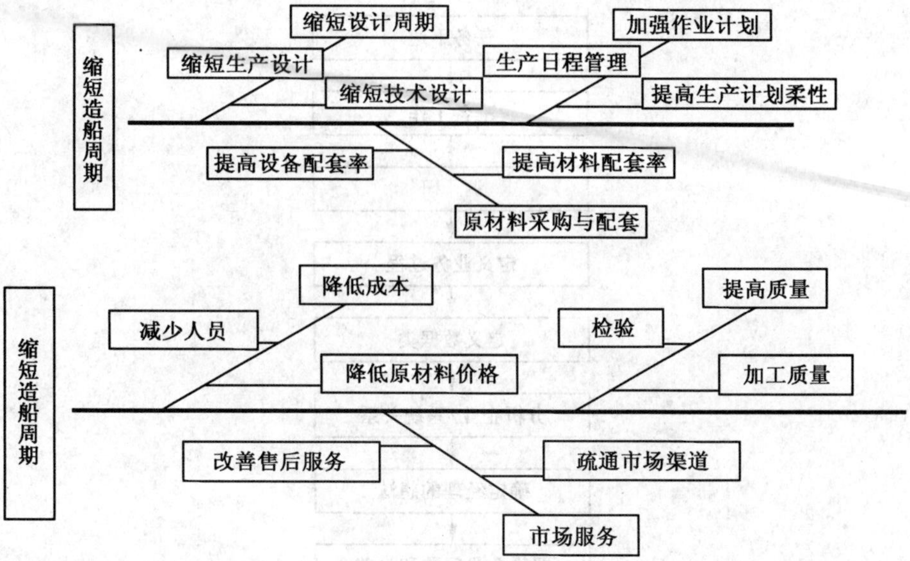

图 4—3　树枝因果图

二、企业系统规划法

(一)BSP 法的含义

企业系统规划法(Business System Planning,BSP)是 IBM 公司在 20 世纪 70 年代初用于内部系统开发的一种方法。它主要是基于用信息支持企业运行的思想,在总的思路上与前述方法有许多类似,也是先自上而下识别系统目标、识别企业过程、识别数据,然后再自下而上设计系统,以支持目标(如图 4—4 所示)。

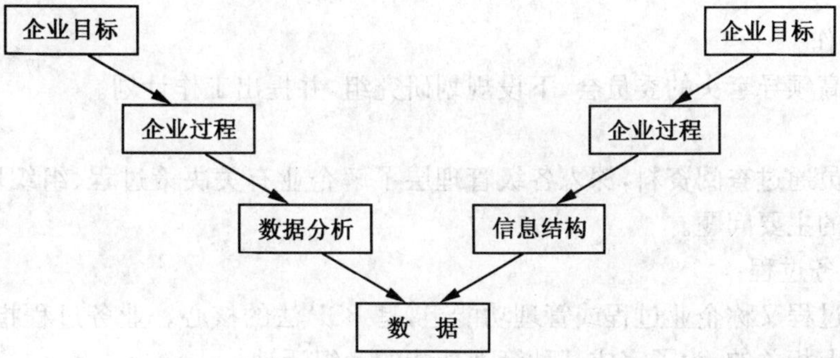

图 4—4　企业系统规划法的实现方法

(二)BSP 法的工作步骤

BSP 法是把企业目标转化为信息系统战略的过程。BSP 法所支持的目标是企业各层次的目标,实现这种支持需要许多子系统。用 BSP 制定规划是一项系统工程,其主要的工作步骤如图 4—5 所示。

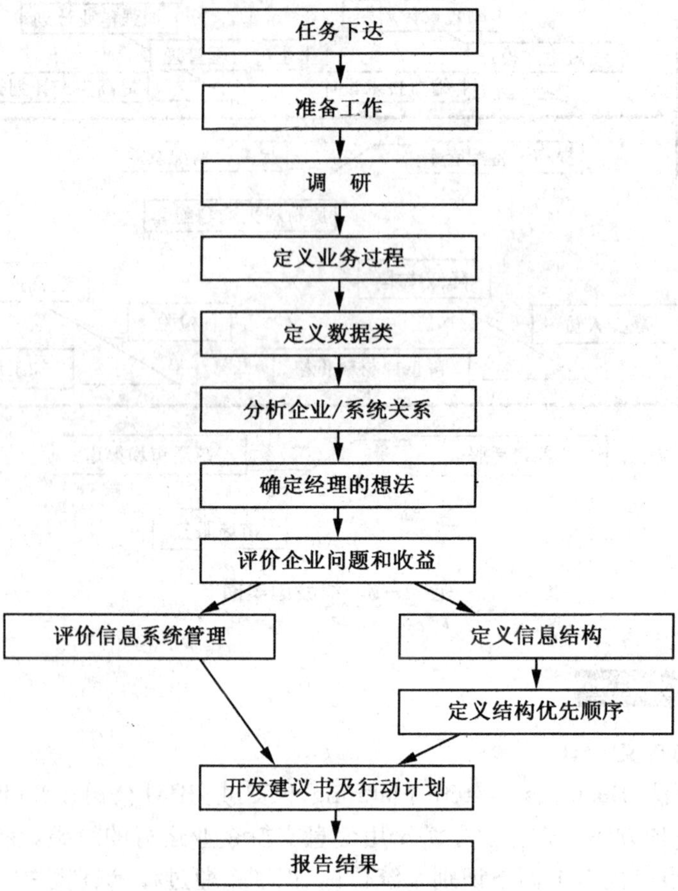

图 4－5　BSP 详细步骤

1. 准备工作

成立由最高领导牵头的委员会，下设规划研究组，并提出工作计划。

2. 调研

规划组成员通过查阅资料，深入各级管理层了解企业有关决策过程、组织职能、部门的主要活动和存在的主要问题。

3. 定义业务过程

定义业务过程又称企业过程或管理功能组，是 BSP 法的核心。业务过程指的是企业管理中必要且逻辑上相关的、为了完成某种管理功能的一组活动。

整个企业的管理活动由许多业务过程所组成。识别业务过程可对企业如何完成其目标有深刻的了解，识别业务过程可以作为信息识别构成信息系统的基础，按照业务过程所建造的信息系统，在企业组织变化时可以不改变。定义业务过程的步骤如图 4－6 所示。

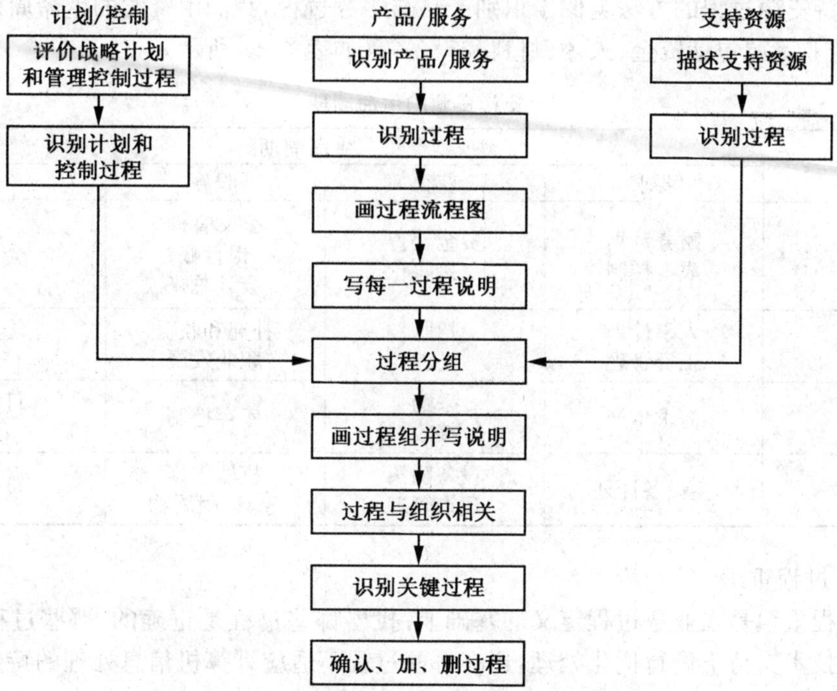

图 4－6　BSP 法识别业务过程

任何企业的活动均由三个方面组成:计划和控制、产品和服务、支持资源。

识别业务过程要依靠占有材料和分析研究,但更重要的是要与有经验的管理人员商议。我们先从第一个源计划与控制出发,经过分析、讨论、研究、切磋,最后确定业务过程。可以把企业战略规划和管理控制方面的过程列于表 4－1 中。

表 4－1　企业战略规划和管理控制方面的过程

战略规划	管理控制	战略规划	管理控制
经济预测	市场/产品预测	预测管理	预测
组织计划	工作资金计划	目标开发	测量与评价
政策开发	雇员水平计划	产品线模型	
放弃/追求分析	运营计划		

识别产品与服务过程与此稍有不同,任何一种产品均有"生、老、病、死",或者说有要求、获得、服务、退出四阶段组成的生命周期。对于每一个阶段,用一些过程对它进行管理。我们可以沿着这条线去摸清这些过程(如表 4－2 所示)。

表 4－2　产品与服务过程

要　求	获　得	服　务	退　出
市场计划	工程设计开发	库存控制	销售
市场研究	产品说明	接受	订货服务
预测	工程记录	质量控制	运输
定价	生产调度	包装存储	运输管理
材料需求	生产运行		
能力计划	购买		

识别支持资源过程的方法类似于识别产品与服务过程，我们由资源的生命周期出发列举，一般来说，企业资源包括资金、人才、材料和设备等(如表 4—3 所示)。

表 4—3　　支持资源的生命周期

资　源	生命周期			
	要求	获得	服务	退出
资金	财务计划 成本控制	资金获得 接收	公文管理 银行账 会计总账	会计支付
人才	人事计划 工资管理	招聘 转业	补充和收益 职业发展	终止合同 退休
材料	需求生产	采购 接收	库存控制	订货控制 运输
设备	主设备计划	设备购买 建设管理	机器维修 家具、附属物	设备报损

4. 业务过程重组

业务过程重组是在业务过程定义的基础上，找出哪些过程是正确的，哪些过程是低效的，需要在信息技术支持下进行优化处理，还有哪些过程不适应计算机信息处理的特点，可能要增加、合并或取消。

5. 定义数据类

数据类是指支持业务过程所必需的逻辑上相关的数据。对数据进行分类是按业务过程进行的，即分别从各项业务过程的角度将与该业务过程有关的输入数据和输出数据按逻辑相关性整理归纳成数据类，目的是了解企业目前的数据状况和数据需求，查明数据共享关系，画出过程/数据类矩阵，为设计出管理信息系统体系结构提供基本依据。

定义数据类的步骤是：(1)识别数据类；(2)给出数据类定义；(3)建立数据类与过程的关系。

识别企业数据的方法有以下两种：

一种是企业实体法。企业的实体有顾客、产品、材料及人员等企业中客观存在的事物，每个实体的生命周期阶段都有各种数据与之相联系，各种数据的关系如图 4—7 所示。

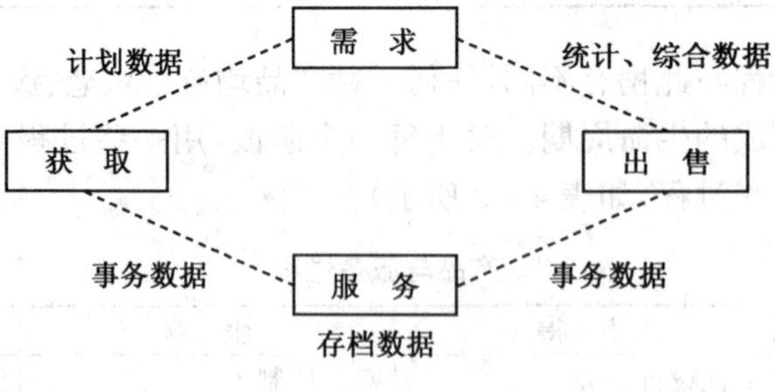

图 4—7　定义数据类

企业实体法的第一步是列出企业实体，一般来说要列出 7～15 个实体；再列出一个矩阵，实体列于水平方向，垂直方向列出数据类（如表 4－4 所示）。

表 4－4　　数据/企业实体

	产品	顾客	设备	材料	卖主	现金	人员
计划/模型	产品计划	销售领域 市场计划	能力计划 设备计划	材料需求 生产调度		预算	人员计划
统计/汇总	产品需求	销售历史	运行 设备利用	开列需求	卖主行为	财务统计	生产率 盈利历史
库存	产品 成本 零件	顾客	设备 机器负荷	原材料 成本 材料单	卖主	财务 会计总账	雇用工资 技术
业务	订货	运输		采购 订货	材料 接收	接收 支付	

另一种是业务过程法。它利用以前识别的业务过程，分析每一个过程利用什么数据、产生什么数据，或者说每一过程的输入和输出数据是什么。它可用输入—处理—输出图来表达（如图 4－8 所示）。

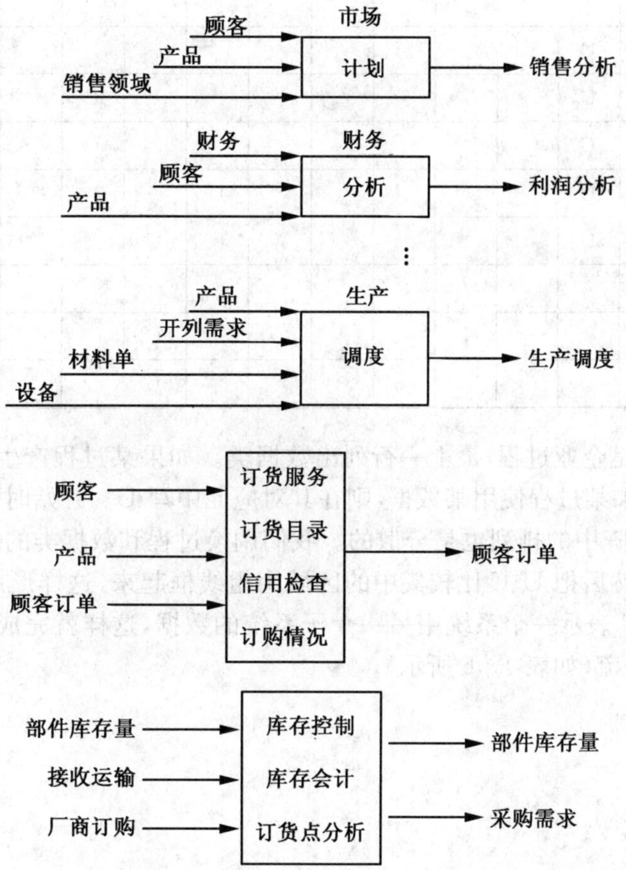

图 4－8　输入—处理—输出图

6. 定义信息系统总体结构

定义信息系统总体结构的目的是刻画未来信息系统的框架和相应的数据类。其主要工作是划分子系统，具体实现可利用 U/C 矩阵(如表 4—5 所示)。

表 4—5　　U/C 矩阵

	客户	订货	产品	加工路线	材料表	成本	零件规格	原材料库存	成品库存	职工	销售区域	财务	计划	设备负荷	材料供应	工作令
经营计划						U						U	C			
财务规划						U				U		U	U			
产品预测	U		U								U		U			
产品设计开发	U		C		U		C									
产品工艺			U		C		U	U								
库存控制								C	C						U	U
调度			U											U		C
生产能力计划				U										C	U	
材料需求			U		U										C	
作业流程				C										U	U	U
销售区域管理	C	U	U													
销售	U	U	U								C					
订货服务	U	C	U													
发运		U	U						U							
会计	U		U							U						
成本会计		U				C										
人员计划										C						
人员招聘考核										U						

表 4—5 的左列是企业过程，最上一行列出数据类。如果某过程产生某数据，就在某行某列矩阵元中写 C；如果某过程使用某数据，则在其对应元中写 U。开始时数据类和过程是随机排列的，U 和 C 在矩阵中的排列也是分散的。我们调换过程和数据类的顺序，尽量使 U、C 集中到对角线上排列，然后把 U、C 比较集中的区域用粗线框起来，这样形成的框就是一个个子系统。在粗框外的 U 表示一个系统用另一个子系统的数据，这样就完成了子系统的划分，即确定了信息结构的主流(如表 4—6 所示)。

表 4—6　　子系统的划分

		计划	财务	产品	零件规格	材料表	原材料库存	成品库存	工作令	设备负荷	材料供应	加工路线	客户	销售区域	订货	成本	职工
经营计划	经营计划	O	U													U	
	财务规划	U	U													U	U
技术准备	产品预测	U		U									U	U			
	产品设计开发			C	C	U							U				
	产品工艺			U	U	C	U										
生产制造	库存控制						C	C	U		U						
	调度			U					C	U							
	生产能力计划									C	U	U					
	材料需求			U		U					C						
	作业流程								U	U	U	C					
销售	销售区域管理			U									C		U		
	销售			U									U	C	U		
	订货服务			U									U		C		
	发运			U				U							U		
财会	会计			U									U				U
	成本会计														U	C	
人事	人员计划																C
	人员招聘考核																U

7. 确定总体结构中的优先顺序

这是指对信息系统总体结构中的子系统按先后顺序排出开发计划。

确定开发顺序的方法有成本或效益比较法、全面评审法、收费法和指导委员会法。

(1)成本或效益比较法。利用项目的成本和效益量计算出投资回收率,根据投资回收率制定决策规则,即从所有的可选项目中选择投资回收率最高的项目优先开发。

(2)全面评审法。对各应用项目不仅要分别进行评价,而且应把它们作为实现系统总体方案的全套项目的组成部分去评价。考虑项目的风险性及对组织战略方向的支持等因素。

(3)收费法。这是把管理信息系统资源的费用分摊给用户的一种会计手段,包括费用直接分摊给不同用户和向用户收取信息服务费。

(4)指导委员会法。成立由组织的总负责人和各主要职能部门负责人组成的指导委员会。

8. 完成 BSP 研究报告,提出建议书和开发计划

第三节　企业流程重组

一、企业流程重组的概念

企业流程重组(Business Process Reengineering,BPR)最早于 1993 年由美国学者哈默(Hammer)和杰姆培(Champy)提出。他们给企业流程重组下的定义是:对企业过程进行根本的再思考和彻底的再设计,以求企业当代关键的性能指标获得巨大的提高,如成本、质量、服务和速度。

企业流程重组的三个关键词是根本的、彻底的和巨大的。

"根本的",是指不是枝节的,不是表面的,而是本质的,也就是说,它是革命性的,是要对现存系统进行彻底怀疑,认为"现存的均是不合理的",是"一无是处"的。所有这些均是强调要用敏锐的眼光来看透问题,才能更好地解决问题。

"彻底的"是指要动大手术,是要大破大立,而不是一般性的修补。正如我国政府改革那样,先转变职能,再精简组织,只有这样才能彻底改革。

"巨大的"是指造成十倍、百倍的提高,而不是改组了很长时间才提高 20%~30%。例如,有的企业人员减到只剩 10%,产量提高 10 倍,总体效益就提高了百倍。

企业流程重组实现的手段是两个使能器(Enabler):一个是 IT 信息技术,另一个是组织。企业流程重组之所以能达到巨大的提高,原因在于充分发挥 IT 的潜能,即利用 IT 改变企业过程、简化企业过程。而变革组织结构就能达到组织精简、效率提高的目的。

二、企业流程重组的思想与原则

(一)企业流程重组的思想

企业流程重组的思想是:战略上精简分散的过程,职能上纠正错位的过程,执行上删除冗余的过程。

(二)企业流程重组的原则

纵向集成:权力下放,压缩管理层次。

横向集成:跨部门按业务流程压缩。

减少检查、校对和控制:变事后检查为事前管理。

单点对待顾客:用入口信息代替中间信息。

单库提供信息:建立统一的共享数据库。

一条路径到达输出:明确处理路径。

并行工程:将串行变为并行。

灵活选择过程联接:对不同输入用尽可能少的过程实现输出。

(三)一个简化采购流程的例子(如图 4－9 和图 4－10 所示)

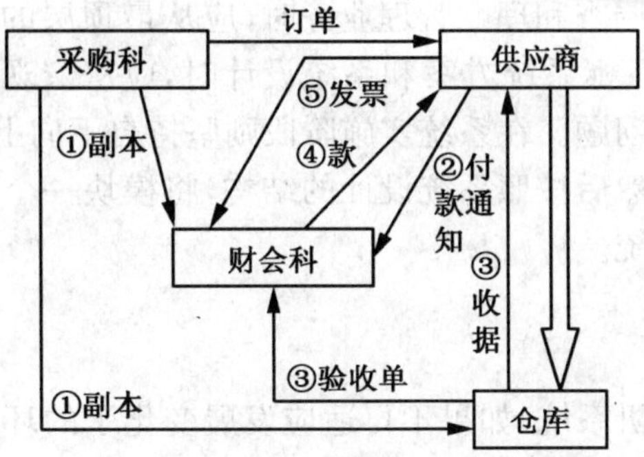

图 4—9　旧的采购流程

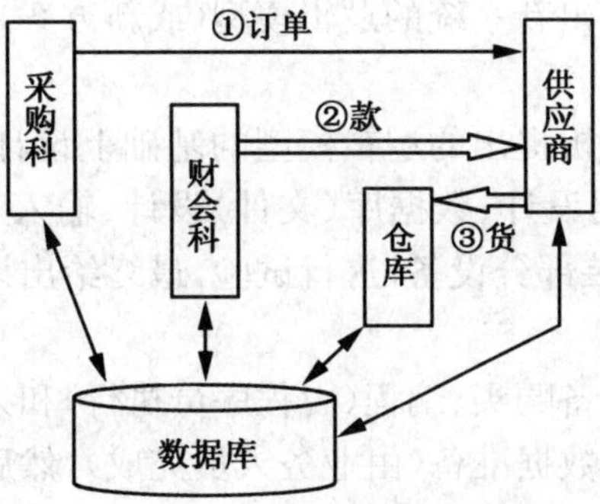

图 4—10　新的采购流程

三、企业流程重组的适用情况

第一,企业濒临破产,不改只能倒闭。

第二,企业竞争力下滑,必须调整战略和进行重构。

第三,企业领导认识到企业流程重组能大大提高企业竞争力,而企业又有扩张的需要。

第四,企业流程重组的策略在自己相关的企业获得成功,影响本企业。

第四节　开发管理信息系统的方法

开发管理信息系统的具体方法很多。通常不严格地将它们分为结构化系统开发方法、原型化开发法、面向对象开发方法和 CASE 开发方法等几大类。

一、结构化系统开发方法

(一)基本思想

结构化系统开发方法是用系统的思想和系统工程的方法,按照用户至上的原则,结构化、模块化、自上向下地对系统进行分析与设计。先将整个信息系统开发过程划分为若干个相对独立的阶段(系统规划、系统分析、系统设计、系统实施等),在前三个阶段坚持自上向下地对系统进行结构化划分:在系统调查和理顺管理业务时,应从最顶层的管理业务入手,逐步深入至最基层;在系统分析、提出目标系统方案和系统设计时,应从宏观入手,先考虑系统整体的优化,然后再考虑局部的优化问题。在系统实施阶段则坚持自下向上地逐步实施,即组织人员从最基层的模块做起(编程),然后按照系统设计的结构,将模块一个个拼接到一起进行调试,自下向上、逐步地构成整个系统。

(二)开发过程

1. 系统分析

旧的系统(手工或计算机系统)如果不再适应发展变化了的环境,就可能提出开发新系统的要求,并作出新系统的开发规划。系统分析是开发工作的第一个阶段,它以开发规划中提出的目标为出发点,对现行系统进行组织结构分析、业务功能分析、业务流程分析、数据以及数据流程分析、功能—数据分析,提出新系统的逻辑模型(或新方案)。

2. 系统设计

系统设计阶段是在系统分析提出的逻辑模型的基础上设计系统的物理模型,其主要内容包括:进行总体结构设计、代码设计、数据库(文件)设计、输入/输出设计、模块结构与功能设计。根据总体设计,配置与安装部分设备,进行试验,最终给出设计方案。

3. 系统实施

在系统设计的同时进行设备购买、编程(由程序员执行)和人员培训(由系统分析设计人员培训业务人员和操作员),以及数据准备(由业务人员完成),然后投入试运行。

4. 系统运行与维护

进行系统的日常运行管理、评价、监理审计,修改、维护、局部调整,在出现不可调和的大问题时,进一步提出开发新系统的请求,旧系统的生命周期结束,新系统诞生,构成系统的一个生命周期。

(三)优缺点

结构化系统开发方法强调了开发过程的整体性和全局性,在整体优化的前提下考虑了具体的分析设计问题;严格区分工作阶段,每一阶段及时总结,发现问题及时反馈和纠正,避免造成浪费和混乱。但该方法开发周期长,开发过程复杂,系统难以适应环境的变化。

(四)适用范围

结构化系统开发方法适用于大型系统和复杂系统。

二、原型化开发方法

(一)基本思想

在管理信息系统开发的初始阶段,开发人员对用户提出的需求进行总结,然后开发一个原型系统并运行之。开发人员和用户一起对原型系统的运行情况进行修改,直到用户对系统满意为止。

在用原型化开发法开发信息系统时，为了迅速建立和修改原型，需要利用多种软件开发工具，导致现在许多具有实用价值的开发工具的出现。

(二)开发流程

用户提出要求，开发者归纳并识别用户需求，开发系统原型，开发者和用户一起分析评价系统原型。如果原型不可行，则重新构造新原型；如果用户不满意，则修改原型，直至用户满意为止。之后系统试行，运行管理(如图 4—11 所示)。

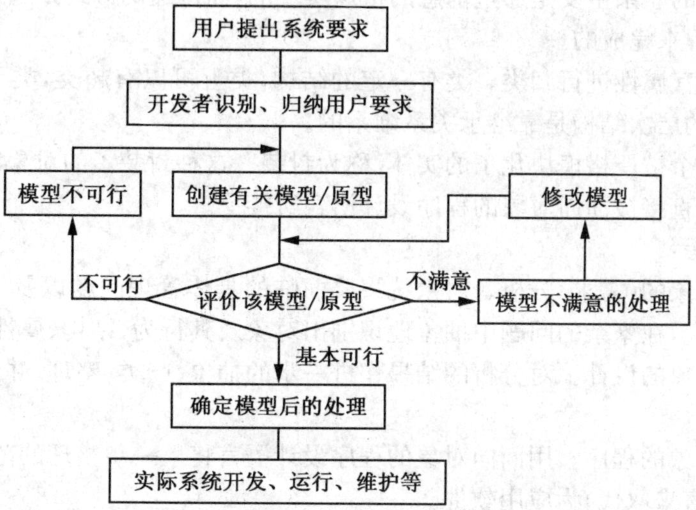

图 4—11　原型化开发方法的工作流程

(三)优缺点

原型化开发方法从原理到流程都十分简单，最终总可以获得一个满意的管理信息系统；用户与开发者的思想易于沟通；使用软件工具效率高，摆脱了传统方法。但该方法要求管理基础工作完整、准确，一般只适用于小型系统。

(四)应用范围

原型化开发方法适合于处理过程明确、简单或涉及面窄的小型系统，不适合于大型、复杂、难以模拟或存在大量运算、逻辑性强的处理系统，管理基础工作不完善、处理过程不规范或大批量处理的系统亦不适合采用该方法。

三、面向对象开发方法

在软件开发过程中，使用者会不断地提出各种更改要求，即使在软件投入使用后，也常常需要对其作出修改，在结构化开发的程序中，这种修改往往是很困难的，而且还会因为考虑不周，不但旧错误没有得到彻底改正，又引入了新的错误；另外，在过去的程序开发过程中，代码的重用率很低，使得程序员的效率不高。为提高软件系统的稳定性、可修改性和可重用性，人们在实践中逐渐创造出软件工程的一种新途径——面向对象开发方法。

(一)基本思想

客观世界是由各种各样的对象组成的，每种对象都有各自的内部状态和运动规律，不同对象之间的相互作用和联系就构成了各种不同的系统。当我们设计和实现一个客观系统时，如能在满足需求的条件下把系统设计成一些不可变的(相对固定)部分组成的最小集合，这个设计就是最好的。这些不可变的部分就是对象。

因此,以对象为主体的面向对象开发方法就可以简单地解释为:

(1)客观事物都是由对象组成的,对象是在原事物基础上抽象的结果,任何复杂的事物都可以通过对象的某种组合构成。

(2)对象由属性和方法组成。属性反映了对象的信息特征,如特点、值、状态等;而方法则是用来定义改变属性状态的各种操作。

(3)对象之间的联系主要是通过消息的传递实现的,而传递的方式是通过消息模式和方法所定义的操作过程来完成的。

(4)对象可按其属性进行归类。类有一定的结构,类上可以有超类,类下可以有子类。这种对象或类之间的层次结构是靠继承关系维系的。

(5)对象是一个被严格模块化了的实体,称为封装。这种封装了的对象满足软件工程的一切要求,而且可以直接被面向对象的程序设计语言所接受。

(二)开发过程

第一,面向对象的(需求)分析。对系统将要面临的具体管理问题以及用户对系统开发的需求进行调查研究,在繁杂的问题中抽象地识别出对象及其行为、结构、属性、方法等。

第二,面向对象的设计。对分析的结果作进一步的抽象、归类、整理,并最终以范式的形式将其确定下来。

第三,面向对象的程序。用面向对象的程序设计语言将上一步整理的范式直接映射(即直接用程序设计语言来取代)为应用软件。

(三)特点

1. 封装性

在面向对象开发方法中,程序和数据是封装在一起的,对象作为一个实体,其操作隐藏在方法中,其状态由对象的“属性”来描述,并且只能通过对象中的“方法”来改变,从外界无从得知。封装性构成了面向对象开发方法的基础。因而,面向对象就是“对象+属性+方法”。

2. 抽象性

在面向对象开发方法中,把从具有共同性质的实体中抽象出的事物本质特征称为“类”,对象是类的一个实例。类中封装了对象共有的属性和方法,通过实例化一个类创建的对象自动具有类中规定的属性和方法。

3. 继承性

继承性是类特有的性质。类可以派生出子类,子类自动继承父类的属性与方法。这样,在定义子类时,只需说明其不同于父类的特性,从而可以大大提高软件的可重用性。

4. 动态链接性

对象间的联系是通过对象间的消息传递动态建立的。

(四)适用范围

在大型管理信息系统的开发过程中,若不经自上向下的整体划分,而是一开始就自下向上地采用面向对象开发方法开发系统,会造成系统结构不合理、各部分关系失调等问题。面向对象开发方法和结构化方法在系统开发过程中相互依存、不可替代。

四、CASE 开发方法

CASE 是一种自动化或半自动化的方法,能够全面支持除系统调查外的每一个开发步骤。

严格地说，CASE 只是一种开发环境而不是一种开发方法。它主要是帮助开发者产生出开发过程中的各类图表、程序和说明性文档。它是 20 世纪 80 年代末从计算机辅助编程工具、第四代语言(4GL)及绘图工具发展而来的。目前，CASE 仍是一个发展中的概念，各种 CASE 软件也较多，没有统一的模式和标准。采用 CASE 工具进行系统开发必须结合一种具体的开发方法，如结构化系统开发方法、面向对象开发方法或原型化开发方法等。CASE 开发方法只是为具体的开发方法提供了支持每一过程的专门工具。因而，CASE 工具实际上是把原先由手工完成的开发过程转变为自动化工具和支撑环境支持的自动化开发过程。

CASE 方法具有下列特点：(1)解决了从客观对象到软件系统的映射问题，支持系统开发的全过程；(2)提高了软件质量和软件重用性；(3)加快了软件开发速度；(4)简化了软件开发的管理和维护；(5)自动生成开发过程中的各种软件文档。

现在，CASE 中集成了多种工具，这些工具既可以单独使用，也可以组合使用。CASE 的概念也由一种具体的工具发展成为开发信息系统的方法学。

应当指出，以上对管理信息系统开发方法的分类只能说是大致的、不严密的分类。由于这些方法之间有不少交叉的内容，因此，在概念上有含糊之处。例如，用结构化方法开发的时候，也可能部分采用原型法；用面向对象方法开发的同时，也可能采用了结构化分析的内容。

本章小结

本章主要介绍了诺兰阶段理论、信息系统规划的主要方法、企业流程重组、信息系统开发方法等的内容。在诺兰阶段理论部分介绍了诺兰把信息系统的发展过程划分为六个阶段，每个阶段的优缺点以及对信息化建设的指导意义，讨论了管理信息系统战略规划的作用和内容。在信息系统规划部分讨论了制定管理信息系统战略规划的主要方法，如关键成功因素法和企业系统规划法，介绍了每种方法的思想及具体的实施步骤，利用 U/C 矩阵划分子系统的过程以及信息系统开发的优先次序。

本章将管理信息系统开发方法大致分为结构化系统开发方法、原型化开发方法、面向对象开发方法等几类。用结构化系统开发方法开发管理信息系统可分为三个阶段：系统分析、系统设计和系统实施。用原型法开发管理信息系统，开发人员首先尽快建立一个简洁的功能模型作为原始系统，此时强调的是系统的建立速度，然后和用户一起针对原型系统的运行情况反复修改，直到用户满意为止。此外，还讨论了面向对象开法方法的思想，提出了面向对象开发方法的封装性、继承性、抽象性和动态链接性特点以及面向对象的开发过程。

中英文对照专业名词及术语

1. 关键成功因素法(Critical Success Factors，CSF)
2. 战略目标集转化法(Strategy Set Transformation，SST)
3. 企业系统规划法(Business System Planning，BSP)
4. U/C 矩阵(Use/Create)
5. 企业流程重组(Business Process Reengineering，BPR)
6. 面向对象开发方法(Object-oriented，OO)

思考题

1. 诺兰的阶段理论对于指导信息化的建设有何意义？
2. 信息系统开发的策略有几种？试比较它们的优缺点。
3. 信息系统战略规划有哪些方法？试比较它们的优缺点。
4. 试述用 U/C 矩阵划分子系统的过程。
5. 什么是企业流程重组？企业流程重组的原则是什么？
6. 信息系统开发的方法有几种？每种开发方法的思想和优缺点是什么？

参考文献

1. 黄梯云，李一军. 管理信息系统[M].北京：高等教育出版社，2000.
2. 薛华成. 管理信息系统[M].北京：清华大学出版社，2003.
3. 王汉新，王道平. 管理信息系统教程[M].北京：中国劳动社会保障出版社，2000.

第五章

管理信息系统的系统分析

系统分析工作是信息系统开发过程中十分重要的阶段，特别是对较大规模的信息系统的开发。系统分析工作做得好坏，直接影响整个系统的成败。系统分析工作是在系统建设可行性研究报告经批准后开始实施的。系统分析是对现行系统进行全面的调查分析，以掌握信息系统的内部结构、信息流程和处理情况，并在此基础上进行详细的功能分析，提出新系统的逻辑模型，或称逻辑模型设计。因此，系统分析的核心是确定系统能够"做什么"。

第一节　可行性分析和详细调查概述

一、可行性分析的任务和内容

(一)可行性分析的任务

可行性分析的任务是明确应用项目开发的必要性和可行性。必要性来自实现开发任务的迫切性，而可行性则是系统开发工作必须具备的资源和条件是否满足系统目标的要求及其可能带来的经济效益和社会效益。这项工作需建立在初步调查的基础上。如果领导或管理人员对信息系统的需求不迫切，或者条件尚不具备，就是不可行。

(二)可行性分析的内容

1. 管理上的可行性

这是指管理人员对开发应用项目的态度和管理方面的条件。主管领导不支持的项目肯定不行。如果高中层管理人员的抵触情绪很大，就有必要等一等，积极做工作，创造条件。管理方面的条件主要是指管理方法是否科学，相应管理制度改革的时机是否成熟，规章制度是否齐全以及原始数据是否正确等。

2. 技术上的可行性

根据现有的技术条件，考虑提出的要求能否达到。技术方面的可行性包括如下两个方面：

(1)计算机硬件的可行性，包括各种外围设备、通信设备、计算机设备的性能是否能满足系统开发的要求，以及这些设备的使用、维护及其充分发挥效益的可能性。计算机软件的可行性，包括各种软件的功能能否满足系统开发的要求，软件系统是否安全、可靠。

(2)人员和技术力量的可行性，即有多少科技人员，其技术力量和开发能力如何，有没有系统开发的可行性(如果单纯依靠外部力量进行开发是很难成功的)以及本单位使用、掌握这些软件和硬件技术的可行性。

3. 经济上的可行性

估算系统开发中所要花费的成本以及系统建成后可取得的经济效益，从而进行成本与效益的分析，得出系统在经济上是否可行。在费用支出方面，不仅要考虑主机费用，而且要计算外围设备费用、软件开发费用、人员培训费用、将来系统投入运行后的经常费用(如管理、维护费用)和备件费用。经济效益应分为两个部分综合考虑：一部分是可以用钱衡量的效益，如加快流动资金周转，减少资金积压等；另一部分是不可以用钱衡量的效益，如提供更多更高质量的信息，提高取得信息的速度等。

二、可行性分析报告

可行性分析的结果要用可行性分析报告的形式编写出来，内容包括：(1)系统简述；(2)项目的目标；(3)所需资源、预算和期望效益；(4)对项目可行性的结论。

可行性分析结论应明确指出以下内容之一：(1)可以立即开发；(2)改进原系统；(3)目前不可行或者需推迟到某些条件具备以后再进行。可行性分析报告要尽量取得有关管理人员的一致认可，并经过主管领导批准，才可付诸实施，进入对系统进行详细调查的阶段。

三、详细调查的方式

详细调查应遵循用户参与的原则，即由使用部门的业务人员、主管人员和设计部门的系统分析人员、系统设计人员共同进行，互补不足，更深入地发现系统存在的问题，共同研讨解决的方案。常见的详细调查的方式有：

(一)重点询问调查

首先列出影响信息系统成败的关键因素，编制一张调查问卷表，然后自上向下对组织的各个管理层次进行访问，并分类整理结果，从而了解各部门的工作和设想。

(二)全面业务需求分析的问卷调查

针对所需调查的各项内容，绘制各种形式的图表，用这些图表对企业管理岗位上的工作人员进行全面的需求调查(填表)，然后分析整理这些图表，逐步得出所要调查的内容。常见的调查表有上级单位对企业的要求调查表、系统功能需求调查表、企业业务流程调查表、企业各业务部门组织结构及业务范围调查表、信息需求调查表和业务文件/报表调查表。

(三)深入实际的调查方式

这是指参加业务实践，对于复杂的计算过程如能亲自动手算一算，对以后设计和编写程序设计说明书都是很有益的一步。一个好办法是在这个阶段就收集出一套将来可供程序调试使用的试验数据，这对系统实施阶段考核程序的正确性很有用处。

为了便于分析人员与管理人员之间进行业务交流和分析问题，在调查过程中应尽量使用各种形象、直观的图表工具。图表工具的种类很多，通常用组织结构图描述组织的结构，用管理业务流程图描述业务流程，用数据流程图描述和分析数据、数据流程及各项功能，用判断树和决策表等描述处理功能和决策模型。

详细调查主要针对管理业务调查和数据流程调查两部分进行。

第二节　组织结构与功能分析

组织结构与功能分析是整个系统分析工作中最简单的一环。组织结构与功能分析主要有两部分内容，即组织结构分析和业务功能分析。其中，组织结构分析通常是通过组织结构图来实现的，是将调查中所了解的组织结构具体地描绘在图上，只有理顺了各种组织关系，才能使系统分析工作找到头绪，有了调查问题的突破口，作为后续分析和设计的参考。业务功能分析是把组织内部各项管理业务功能都用一张表的方式罗列出来，它是今后进行功能/数据分析、确定新系统拟实现的管理功能和分析建立管理数据指标体系的基础。

一、组织结构图

组织结构图是一张反映组织内部隶属关系的树状结构图（如图 5－1 所示）。在绘制结构图时应注意，除后勤（如食堂、医务室、幼儿园）等与企业生产、经营、管理环节无直接关系的部门外，其他部门一定要反映全面、准确。

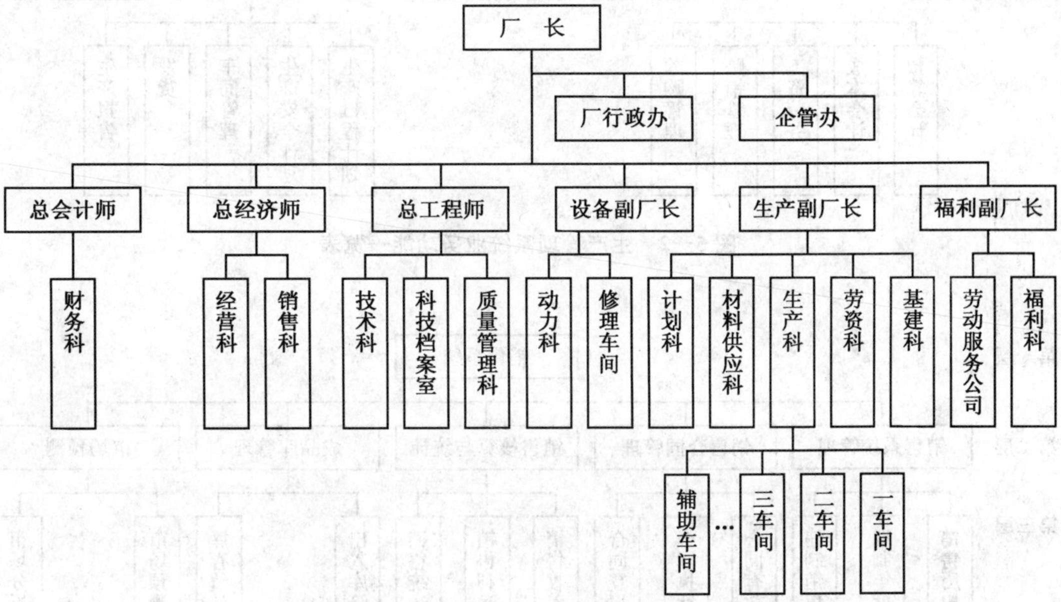

图 5－1　企业组织结构图

二、业务功能分析

组织的各个部分常常不能完整地反映该部分所包含的所有业务，因为在实际工作中，组织的划分或组织名称的取定往往是根据最初同类业务人员的集合而定的。随着生产的发展、生产规模的扩大和管理水平的提高，组织的某些部分业务范围越来越大，功能也越分越细，由原来单一的业务发展出许多业务。这些业务在同一组织中由不同的业务人员分管，其工作性质已经有了变化。当这种变化发展到一定的程度时，就要引起组织本身的变化，裂变出一个新的、专业化的组织，由它来完成某一类特定的业务功能。如最早的质量检验工作就是由生产科、成品库和生产车间交叉分管的，后来由于产品激烈的市场竞争和管理的需要，便产生了质量检验科。对于这类变化，我们事先是无法全部考虑到的，但对于其功能是可以发现的。如果我们都以功能为准绳设计和考虑系统，那么，系统相对于组织结构的变化有一定的独立性，将获得较强的生命力。所以，在分析组织情况时，还应该制作业务功能一览表。

下面我们仅列举某厂业务功能一览表中的一部分来说明其具体的制作方法(如图 5—2 和图 5—3 所示)。

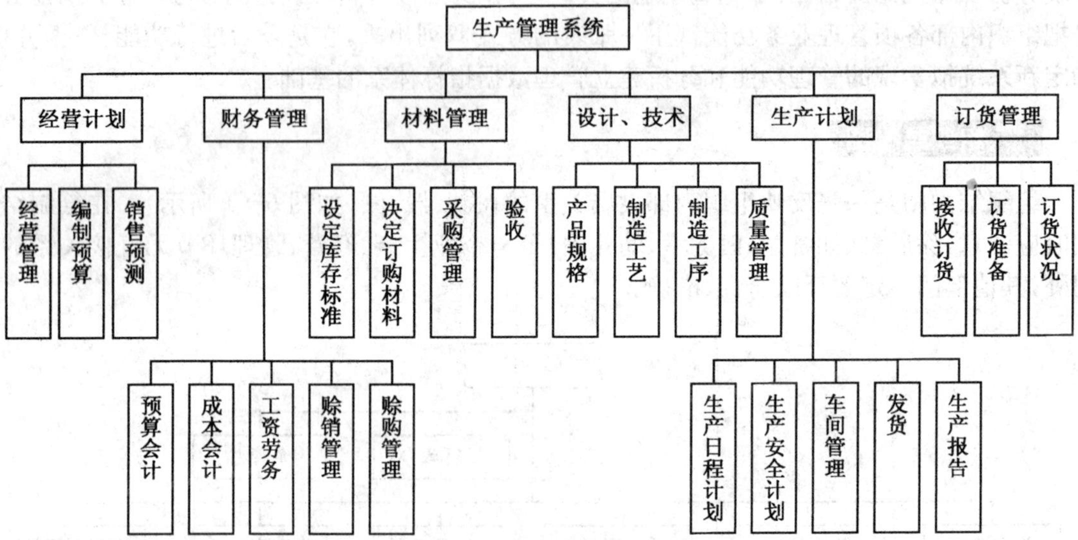

图 5—2 生产管理系统业务功能一览表

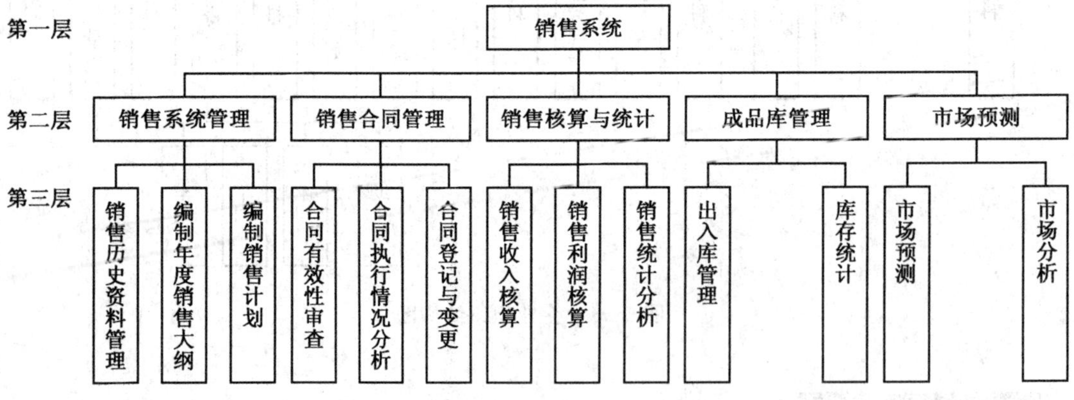

图 5—3 销售系统业务功能一览表

三、业务流程图的符号及绘制

在对系统的组织结构和功能进行分析时，需从一个实际业务流程的角度将系统调查中有关业务流程的资料都串起来作进一步的分析。业务流程分析可以帮助我们了解该业务的具体处理过程，发现和处理系统调查工作中的错误和疏漏，修改和删除原系统的不合理部分，在新系统的基础上优化业务处理流程。

业务流程分析是在业务功能的基础上将其细化，利用系统调查的资料将业务处理过程中的每一个步骤用一系列图形串起来。业务流程分析的结果用业务流程图表示。业务流程图就是用一些规定的符号及连线来表示某个具体业务的处理过程。业务流程图基本上按照业务的实际处理步骤和过程绘制，就是用图形反映的实际业务处理过程的“流水账”。

有关业务流程图的画法，目前尚不统一，但都大同小异，只是在一些具体的规定和所用的图形符号方面有所不同，在反映业务流程方面是一致的。下面给出两套常用的基本流程图符号，并给出相应的例子说明。

(一)基本符号

业务流程图的基本图形符号如图 5－4 所示。

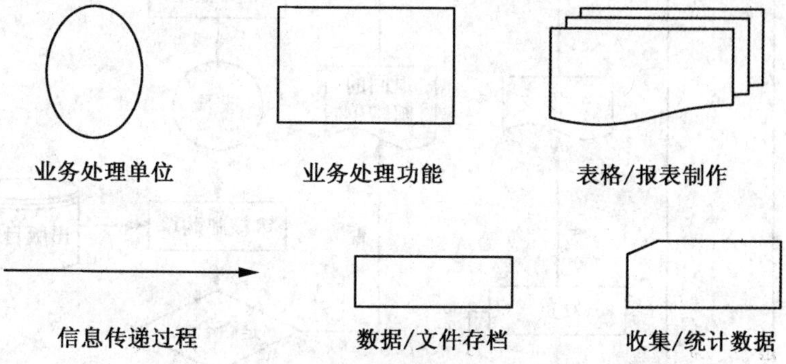

图 5－4　业务流程图的基本图形符号

(二)绘制举例

业务流程图的绘制列举如图 5－5 和图 5－6 所示。

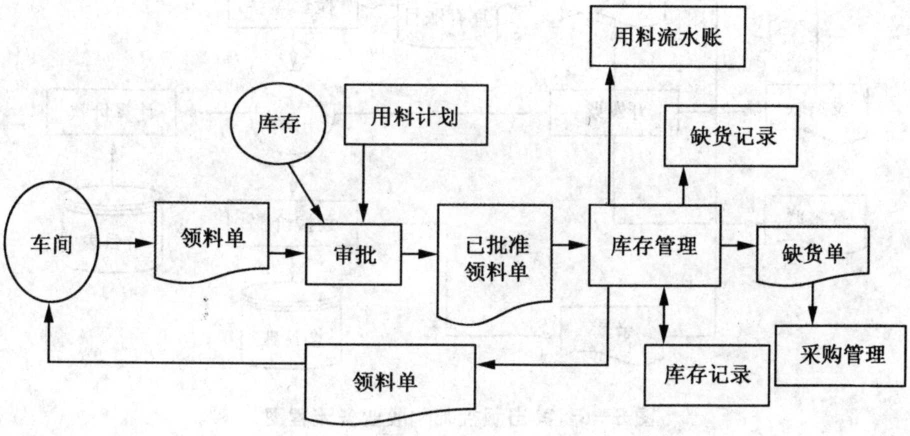

图 5－5　某企业物资管理业务流程图

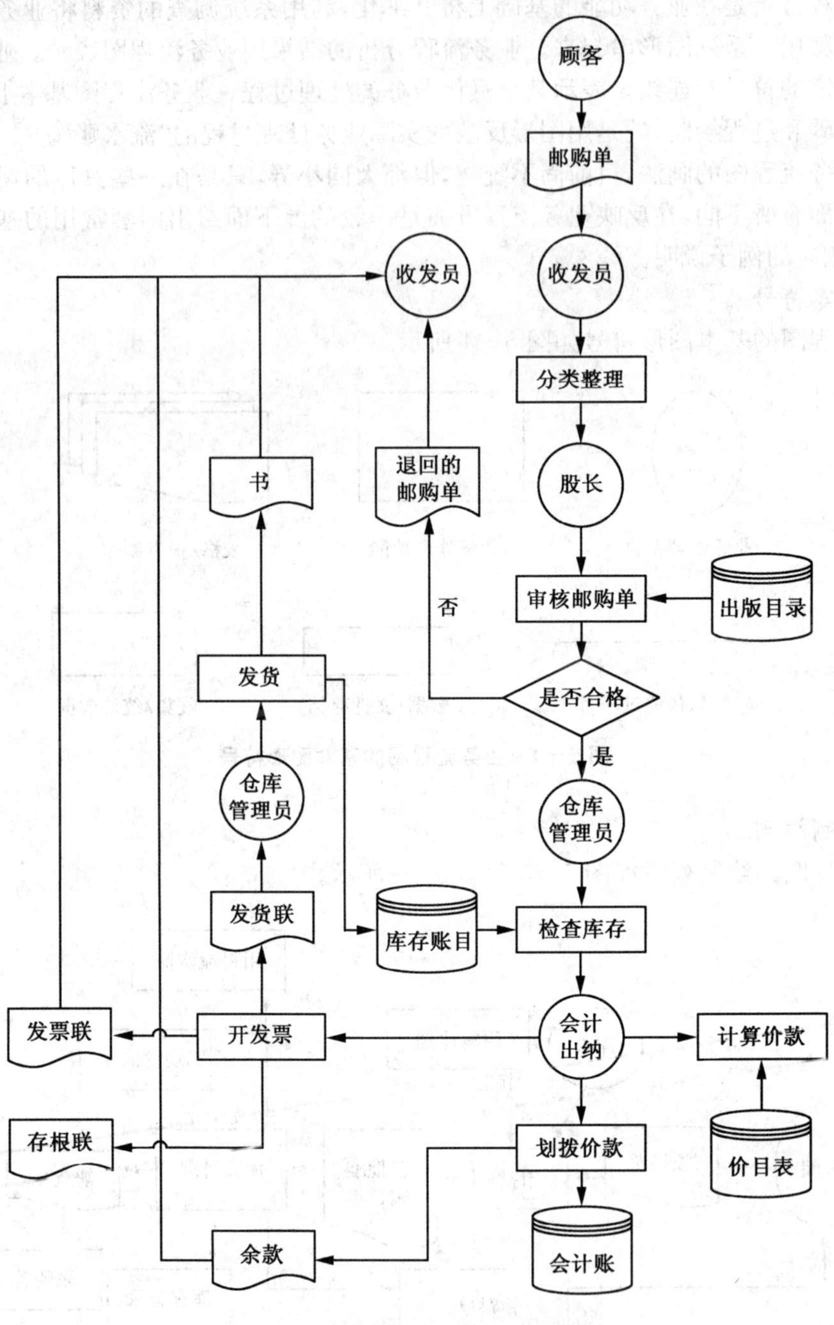

图 5—6 某出版社邮购股业务流程图

第三节 数据流程分析

管理业务调查过程中绘制的管理业务流程图虽然形象地表达了管理中信息的流动和存储过程，但仍没有完全脱离一些物质要素（如货物、产品等）。为了用计算机进行信息管理，还必须进一步舍去物质要素，收集有关资料，进行数据流程分析，绘制出原系统的数据流程图，为下一步分析做好准备。

数据流程分析是把数据在组织内部的流动情况抽象地独立出来，舍去了具体的组织机构、信息载体、物质、材料等，单从数据流动过程来考察实际业务的数据处理模式。数据流程分析主要包括对信息的流动、传递、处理、存储等的分析。

数据流程分析的目的是发现和解决数据流通中的问题。这些问题包括流通不畅、前后数据不匹配、数据处理过程不合理等。问题产生的原因有的属于原系统管理混乱、数据处理流程本身有问题，有的可能是我们调查数据的流程有误。总之，这些问题都应该尽量地暴露并加以解决。一个通畅的数据流程是今后新系统用以实现业务处理过程的基础。

数据流程图(Data Flow Diagram，DFD)是数据流程分析所使用的主要工具之一。数据流程图用少量的几个符号综合地放映出信息在系统中的流动、处理和存储情况，具有抽象性和概括性的特点。

一、数据流程图的基本符号

数据流程图由四种基本符号组成，如图 5－7 所示。

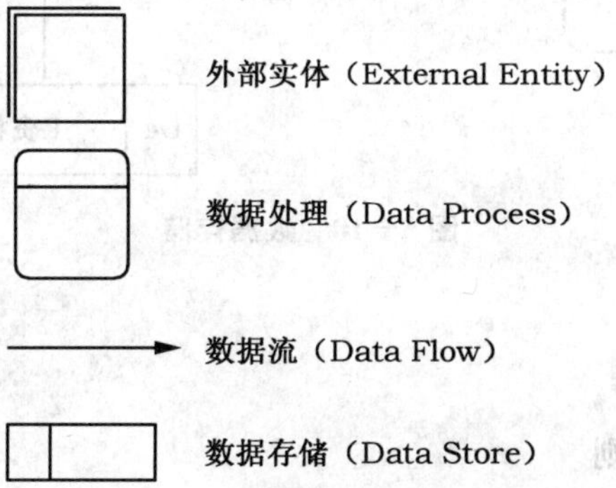

图 5－7　数据流程图的基本符号

(一)外部实体

外部实体是指本系统以外的人或单位等实体，所描述的是系统的数据来源和去向。这些实体向本系统发出或接收数据。系统开发不能改变这些外部项的结构和固有属性。为了使图形清晰，避免流程线交叉，同一外部实体可在不同处出现。外部实体要有标记。同一实体在不同处出现，要在右下角打上斜线(如图 5－8 所示)。

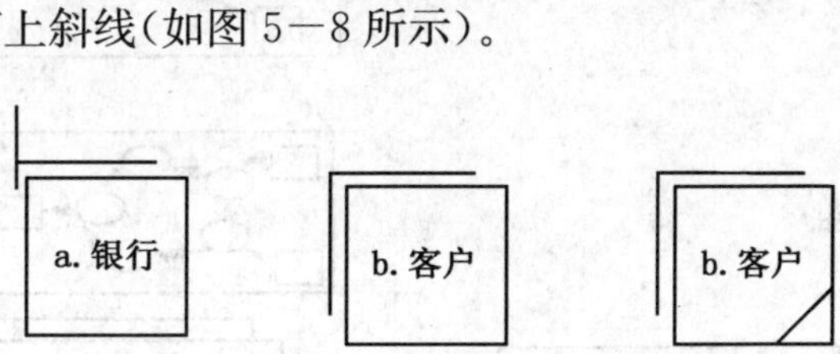

图 5－8　外部实体

(二)数据处理

数据处理是描述系统对信息进行处理的逻辑功能，即它是怎样把输入数据转换成输出数据的。处理块中可以有标识、功能描述、实行的部门或程序名(如图 5－9 所示)。

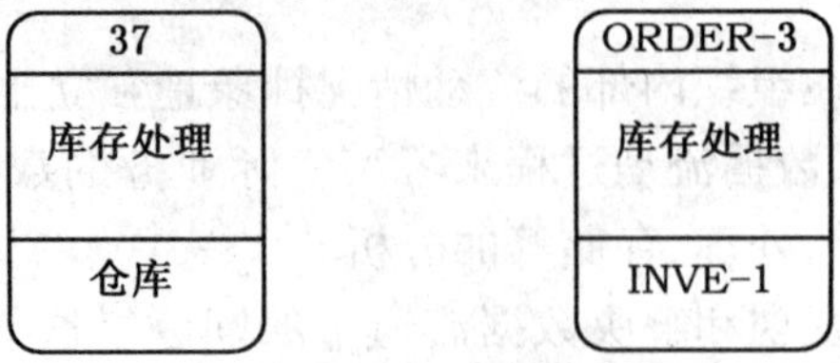

图 5—9 数据处理

(三)数据流

数据流可以是双向的。数据流上要有文字说明,也可以加符号。

(四)数据存储

数据存储不考虑存储的物理介质和技术手段,仅为逻辑意义上的存储。数据存储有标识和名称。指向数据存储的数据流箭头说明是读出还是写入(如图 5—10 所示)。

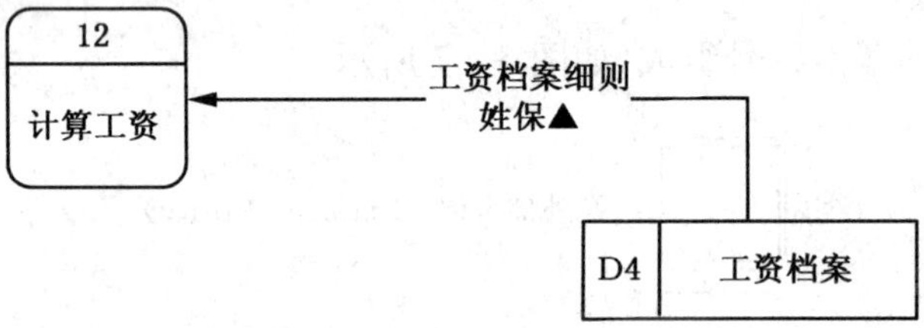

图 5—10 数据存储

二、数据流程图的画法

(一)数据流程的绘制原则

绘制数据流程图首先要明确系统的界面,找出那些不受所描述系统控制但又影响系统运行的外部环境,这就是系统的数据输入的来源和去向。这些实体确定下来,也就确定了系统输入数据的来源和输出数据的去向。自上向下逐层扩展,系统庞大,具体的数据加工可能成百上千,不可能用一张图表示(如图 5—11 所示)。

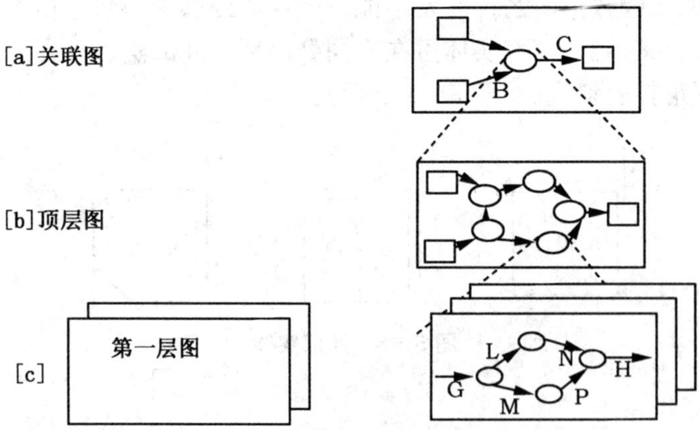

图 5—11 数据流程图绘制过程示意

(二)数据流程图举例

1. 库房管理系统

库房管理系统必须具备四个最基本的功能,即入库管理、出库管理、限额管理和统计,其系统顶层如图 5—12 所示。

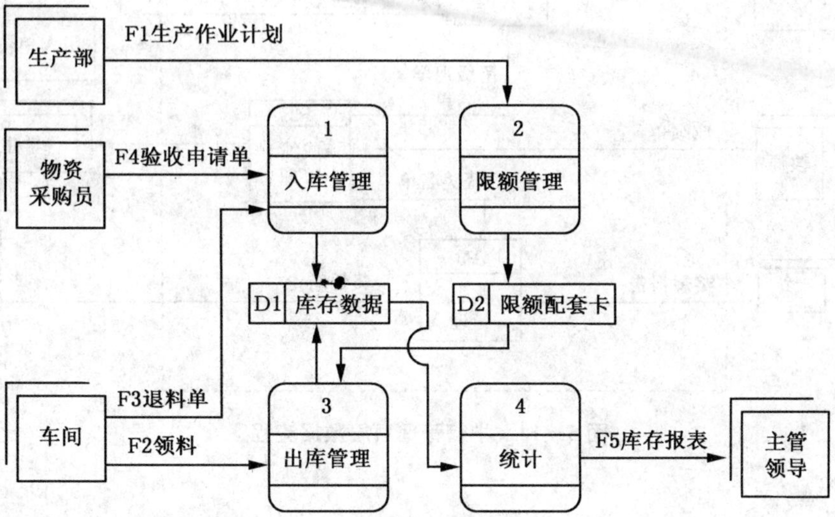

图 5—12　库房管理系统的顶层图

顶层数据流程图中的入库管理还可进一步分解为三个部分:正常入库、接受退料单和退料处理;出库管理可分解为接受限额领料单、限额核对、接受物资领料单和出库处理四个部分。这样,就可以得到系统的第一层数据流程图。

2. 学籍管理系统

学籍管理系统数据流程图的关联图如图 5—13 所示。

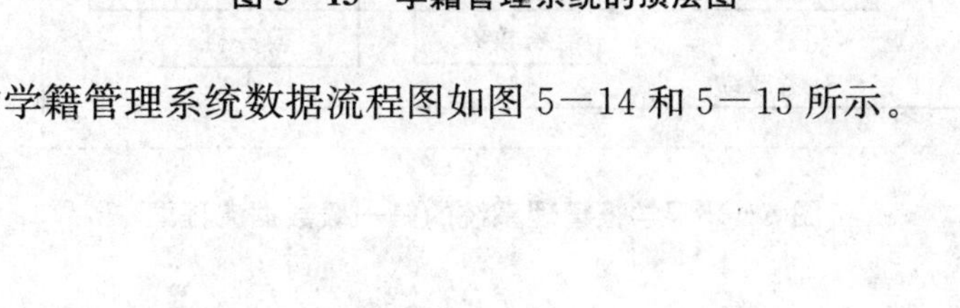

图 5—13　学籍管理系统的顶层图

进一步分解的学籍管理系统数据流程图如图 5—14 和 5—15 所示。

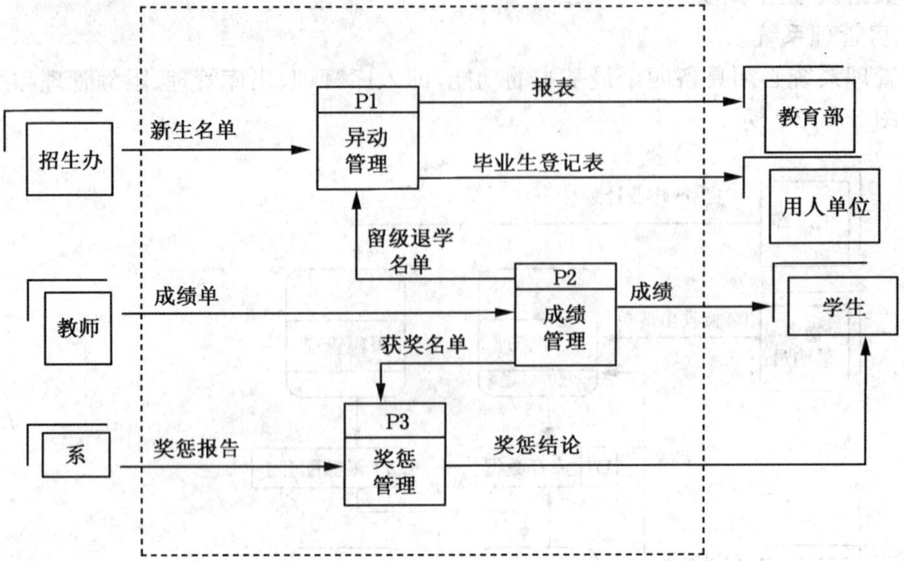

图 5－14 学籍管理顶层数据流程图

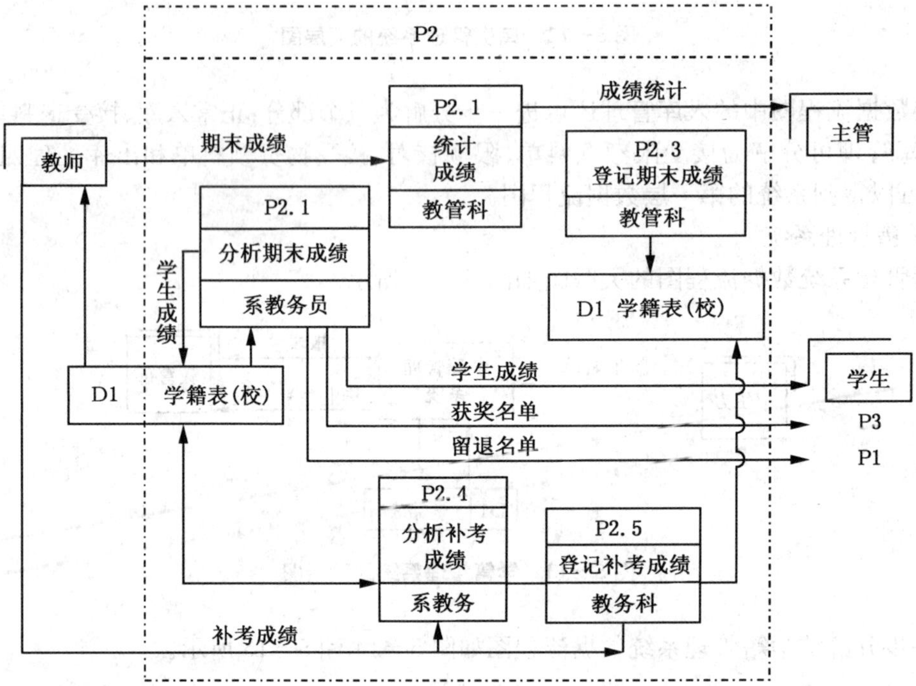

图 5－15 学籍管理系统的第一级数据流程图

第四节 数据字典

数据字典是系统分析阶段的重要文档。分析模型中包含了对数据对象、功能和控制的表示，为表示每个数据对象和控制项的特性，便建立了数据字典，它详细地定义和解释了数据流程图上未能表达的内容。数据字典精确地、严格地定义了每一个与系统相关的数据元素，并以字典式顺序将它们组织起来，使得用户和分析员对所有的输入、输出、存储成分和中间计算有共同的理解。数据流程图加上完整的数据字典，就形成一份完整的系统分析的"系统规格说明书"(System Specification)。数据字典包括的项目有：数据项、数据结构、数据流、数据存储、处理逻辑和外部实体。

一、数据项的定义举例

数据项的名称：考试成绩编号(103－05)。

简述：学生期末考试成绩，共分四等。

别名：成绩。

长度：1 个汉字。

取值含义：优(90～100)、良(80～89)、中(70～79)、及格(60～69)。

二、数据结构的定义举例

数据结构名称：学生成绩登记卡(DS03－12)。

简述：新生入学要填写的卡片。

组成：学号、姓名、入学日期、出生日期、性别、家庭地址。

三、数据流的定义举例

数据流名称：期末成绩单。

编号：D03－15。

简述：学期结束时，任课老师填写的成绩单。

数据流来源："教师"外部实体。

数据流去向："统计成绩"处理逻辑。

数据流组成：科目名称＋学生成绩＋学号＋姓名＋成绩＋任课教师。

流通量：200 份/学期。

数据结构、数据流以及数据存储的组成可以用一些简单的符号来简明地表示。例如：＋表示"与"；[1]表示"或"，即选择括号中的某一项；{}表示"重复"，即括号中的项可能重复若干次；()表示"可选"，即括号中的项可能没有。举例说明数据流名：学生选课；组成：学生编号＋课程编号＋(所选课程学分)。

四、处理逻辑的定义举例

处理逻辑名称：成绩管理。

编号：P05－1.1.5。

简述：对学生考试成绩进行日常的管理与维护。

输入：学生修课名单，课程名称，学生成绩。

处理：(1)从学生名册中获取修同一门课程的学生名单；(2)统计每门课程的修课人数并报系机关；(3)从系机关获取课程安排数据，包括各门课程的上课时间、地点；(4)形成教学安排数据，其中包括各门课程的修课学生名单、上课地点，并通知有关任课教师；(5)接收任课教师的学生成绩数据，并录入学生成绩档案；(6)进行成绩统计，计算每门课程成绩优良、及格、不及格、补考缺考的人数及比率，计算各科平均成绩并向系机关报告；(7)向学生发出学生成绩通知，并附补考安排。

输出：教学安排，学生成绩通知单，学生修课情况与成绩统计。

五、数据存储的定义举例

数据存储名称：学生成绩一览表。

编号：D05－01。

简述：学期结束，按班汇集学生各科成绩。

流入的数据流：登记“成绩一览表”处理逻辑。

流出的数据流：登记“学籍表”“评奖学金”和“成绩单”。

数据存储的组成：班级＋学号＋姓名＋科目名称＋学生成绩。

六、外部实体的定义举例

外部实体名称：教师。

编号：S01－05。

简述：任课教师。

从外部实体输入的数据流：教学安排。

输出给外部实体的数据流：学生成绩。

数据字典的编写是系统开发中很重要的一项基础工作，从系统分析一直到系统设计和系统实施都要使用它。在数据字典的建立、修改和补充过程中，始终要注意保证数据的一致性和完整性。

数据字典有两种存储形式：一种是人工方式，它是把有关内容记录在一张张卡片上，装订成册；另一种是存储在计算机中，通过数据字典软件来管理。

第五节　描述处理逻辑的工具

数据流程图中的“处理”符号仅仅简单地标出了处理的内容，功能分析则要求对它进行详细说明。计算机处理功能的内容包括运算、数据存取和逻辑判断等。其中，比较复杂的、难以表达清楚的是逻辑判断这种功能。为了简洁地说明问题，可以采用以下三种方法表达某些逻辑功能。

一、结构化语言

(一)结构化语言的含义

结构化语言也称程序设计语言(Program Design Language，PDL)，是一种介于自然语言和形式化语言之间的半形式化语言。它是在自然语言的基础上加了一些限制而得到的语言。它使用有限的词汇和有限的语句来描述加工逻辑。

(二)结构化语言的结构

1. 外层

它将语言的正文用基本控制结构进行分割。基本控制结构包括简单陈述句结构、判定结构（IF_THEN_ELSE_ENDIF 或 CASE_OF_ ENDCASE）和重复结构（WHILE_DO 或 REPEAT_UNTIL）三种。

2. 内层

它一般采用祈使句的自然语言短语，使用数据字典中定义的名字和有限的自定义词。其动词含义要具体，尽量不用形容词和副词来修饰，还可以使用一些简单的算术运算和逻辑运算符号。

此外，在书写时，必须按层次横向向右移行，续行也同样向右移行，对齐。

(三)商店业务处理系统中“检查发货单”的例子

```
IF 发货单金额超过＄500 THEN
  IF 欠款超过 60 天 THEN
    在偿还欠款前不予批准
  ELSE（欠款未超期）
    发批准书及发货单
  ENDIF
ELSE（发货单金额未超过＄500）
  IF 欠款超过 60 天 THEN
    发批准书、发货单及催款通知
  ELSE（欠款未超期）
    发批准书及发货单
  ENDIF
ENDIF
```

二、判定表

在某些问题中，数据流图中某一加工的一组动作依赖于多个逻辑条件的取值，也就是说，完成这一加工的一组动作是由于某一组条件取值的组合而引发的。这时使用判定表(Decision Table)来描述比较合适，它可以清楚地表示复杂的条件组合与应做动作之间的对应关系。

下面以“检查发货单”为例，说明判定表的构成(如表 5—1 所示)。

表 5—1　“检查发货单”的判定表

		1	2	3	4
条件	发货单金额	＞＄500	＞＄500	≤＄500	≤＄500
	赊欠情况	＞60 天	≤60 天	＞60 天	≤60 天
操作	不发出批准书	✓			
	发出批准书		✓	✓	✓
	发出发货单		✓	✓	✓
	发出赊欠报告			✓	

判定表由四个部分组成(如图 5—16 所示)。

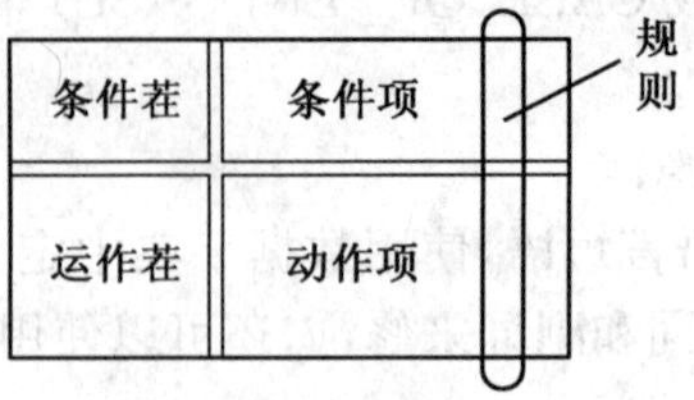

图 5－16　判定表的结构

条件项是针对各种条件给出的多组条件取值的组合。动作项列出了可能采取的动作。这些动作的排列顺序并没有什么约束，但为了便于阅读，也可令其按适当的顺序排列。动作项是与条件项紧密相关的，它指出了在条件项的各组取值的组合情况下应采取的动作。

三、判定树

判定树(Decision Tree)是用来表达加工逻辑的一种工具，有时候它比判定表更直观(如图5－17 所示)。

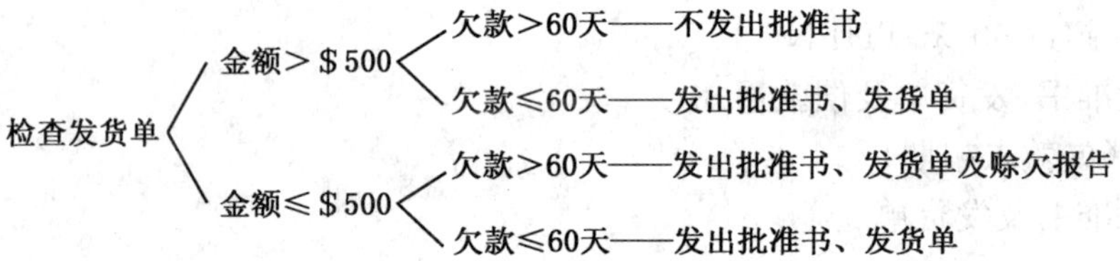

图 5－17　判定树

没有一种统一的方法来构造判定树，也不可能有统一的方法，因为它是以用结构化语言甚至自然语言写成的叙述文作为构造树的原始依据的。

加工逻辑说明是结构化分析方法的一个组成部分，对每一个加工都要加以说明。其使用的手段应当以结构化语言为主，对存在判断问题的加工逻辑，可辅之以判定表和判定树。

第六节　新系统逻辑方案的建立和需求评审

一、新系统逻辑方案的建立

逻辑方案是新系统开发中要采用的管理模型和信息处理方法。系统分析阶段的详细调查和系统化分析都是为建立新系统的逻辑方案做准备。逻辑方案是系统分析阶段的最终成果，也是今后进行系统设计和实施的依据。

新系统的逻辑方案主要包括：对系统业务流程分析整理的结果；对数据及数据流程分析整理的结果；子系统划分的结果；各个具体的业务处理过程以及根据实际情况应建立的管理模型和管理方法。

新系统的逻辑方案是系统开发者和用户共同确认的新系统处理模式以及共同努力的方向。它包括如下几个部分：

(一)确定合理的业务处理流程

确定合理的业务处理流程的具体内容包括：(1)删去或合并了哪些多余的或重复处理

的过程；(2)对哪些业务处理过程进行优化和改动，改动的原因是什么，改动(包括增补)后将带来哪些好处；(3)给出最后确定的业务流程图；(4)指出在业务流程图中哪些部分新系统(主要指计算机软件系统)可以完成，哪些部分需要用户完成(或是需要用户配合新系统来完成)。

(二)确定合理的数据和数据流程

在本章的前面各节中已经对原有系统进行了大量的分析和优化，其结果就是新系统拟采用的信息处理方案，具体内容包括：(1)请用户确认最终的数据指标体系和数据字典，确认的内容主要是指标体系是否全面、合理，数据精度是否满足要求并可以统计得到这个精度等；(2)删去或合并了哪些多余的或重复的数据处理过程；(3)对哪些数据处理过程进行了优化和改动，改动的原因是什么，改动(包括增补)后将带来哪些好处；(4)给出最后确定的数据流程图；(5)指出在数据流程图中哪些部分新系统(主要指计算机软件系统)可以完成，哪些部分需要用户完成(或是需要用户配合新系统来完成)。

(三)确定新系统的逻辑结构和数据分布

确定新系统的逻辑结构和数据分布的具体内容包括：(1)新系统逻辑划分方案(即子系统的划分)；(2)新系统数据资源的分布方案，如哪些在本系统设备内部，哪些在网络服务器或主机上。

二、新系统可能涉及的管理模型

确定新系统的管理模型就是要确定今后系统在每一个具体管理环节上的处理方法。管理模型是一个广义的概念，涉及管理的方方面面。不同单位由于环境条件各不相同，对管理模型也会有不同的要求，在系统分析阶段必须与用户协商，共同决定采用哪些模型。

这个问题一般应根据系统分析的结果和管理科学方面的知识来定，因而无法给出一个预先规定的新系统模型或产生该模型的条条框框。

三、系统分析报告

系统分析报告是分析任务的最终产物，通过建立完整的信息描述、详细的功能和行为描述、性能需求和设计约束的说明、合适的验收标准，给出对目标软件的各种需求。

作为系统分析阶段的技术文档，系统分析报告又称系统说明书，通常包括下列三个方面的内容：

(一)引言部分

引言部分的内容主要包括：名称、开发目标、主要功能和开发背景等。

(二)现行系统概况

现行系统概况的主要内容包括：(1)现行系统的详细调查说明，包括组织机构图、系统目标、功能一览表、业务流程图、业务流量以及存在的薄弱环节、数据和主要算法等；(2)现行系统分析，包括用户需求及存在的主要问题等。

(三)新系统逻辑方案

新系统逻辑方案的主要内容包括：(1)新系统目标(要求具体)；(2)新系统逻辑模型(数据流程图、数据字典、实体关系图)；(3)新系统功能分析(改进、补充、优越之处)；(4)新系统在各个处理环节上采用的管理方法和模型；(5)与新系统相配套的管理制度和运行体制的建立。

(四)下阶段工程进度计划

下阶段工程进度计划的主要内容包括:(1)工作任务的分解;(2)进度;(3)预算。

四、系统分析报告评审

作为系统分析阶段工作的复查手段,在系统分析的最后一步,应该对功能的正确性、完整性和清晰性,以及其他需求给予评审。

评审应由专门指定的人员负责,并按规程严格进行。评审结束应有评审负责人的结论、意见及签字。除分析员之外,用户/需求者,开发部门的管理者,软件设计、实现、测试的人员都应当参加评审工作。评审的结果一般包括一些修改意见,待修改完成后再经评审通过,才可进入设计阶段。

评审的主要内容包括:(1)系统定义的目标是否与用户的要求一致;(2)系统分析阶段提供的文档资料是否齐全;(3)文档中的所有描述是否完整、清晰、准确地反映用户要求;(4)与所有其他系统成分的重要接口是否都已经描述;(5)被开发项目的数据流与数据结构是否足够、确定;(6)所有图表是否清楚,在不补充说明时能否理解;(7)主要功能是否已包括在规定的系统范围之内,是否都已充分说明;(8)软件的行为及其必须处理的信息和必须完成的功能是否一致;(9)设计的约束条件或限制条件是否符合实际;(10)是否考虑了开发的技术风险;(11)是否考虑过软件需求的其他方案;(12)是否考虑过将来可能会提出的软件需求;(13)是否详细制定了检验标准,这些标准能否对系统定义是否成功进行确认;(14)有没有遗漏、重复或不一致的地方;(15)用户是否审查了初步的用户手册或原型;(16)软件开发计划中的估算是否受到了影响;等等。

五、实例

某订货系统的系统分析

假设某一企业采购部门每天需要一张订货报表,报表按材料编号排序,报表中列出所有需要再次订货的材料。对于每种需要再次订货的材料应列出下列数据:材料编号、名称、订货数量、目前价格(或参考价格)、主要供应单位和第二供应单位等。材料入库或出库称为事务,通过放在仓库的 CRT 终端把事务报告给订货系统。当某种材料的库存数量少于库存量临界值时,就应该再次订货。

如何画出上述订货系统的数据流程图呢?

1. 考虑数据的源点和终点

从上面对系统的描述可以知道,仓库管理员通过终端把事务报告给订货系统,系统经过汇总处理,每天向采购部门提供一张订货报表。所以,采购员是数据的终点,而仓库管理员是数据的源点(如图 5—18 所示)。

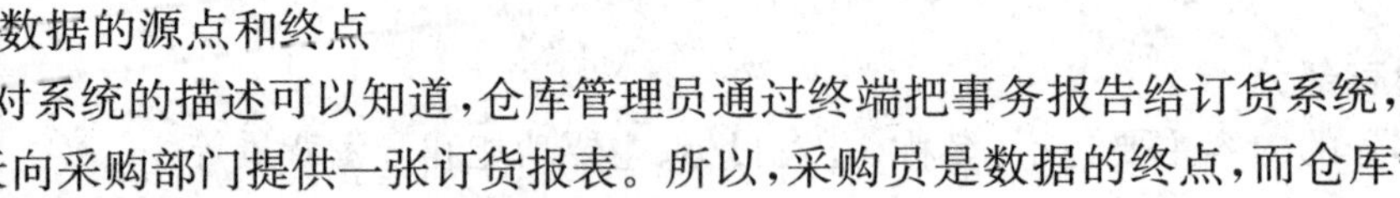

图 5—18 订货系统的顶层数据流程图

2. 考虑处理

问题给出"采购部需要报表",因此,必须有一个用于产生报表的处理。输入事务的结果是改变材料库存量，然而任何改变数据的操作都是处理，因此，对事务进行的加工是另一个处理。

3. 考虑数据流

系统把订货报表送给采购部门，因此，订货报表是一个数据流；仓库需要将每笔事务输入系统中，显然事务是另一个数据流。

4. 考虑数据存储

从问题的阐述中可以看出，产生报表和处理事务这两个处理在时间上明显不匹配，每当有一个事务发生时就必须立即处理事务，而每天只产生一次订货报表。因此，用来产生订货报表的数据必须存放一段时间，也就是说，应该有数据存储。另外，“当某种材料的库存数量少于库存量临界值时，就应该再次订货”，这个事实意味着必须在某个地方有材料库存量和库存量临界值这样的数据。因此，需要有保存清单的数据存储。

一旦把数据流程图中的四种成分都分离出来之后，就可以着手绘制系统的数据流程图。数据流程图的绘制采用自上向下的方法，由粗到细，逐层细化，最后形成一套完整的拟建系统的数据流程图（如图 5－19 至图 5－21 和表 5－2 至表 5－6 所示）。

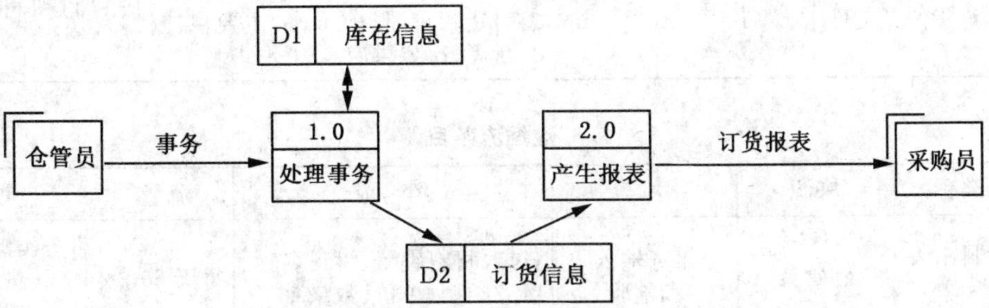

图 5－19　订货系统的一层数据流程图

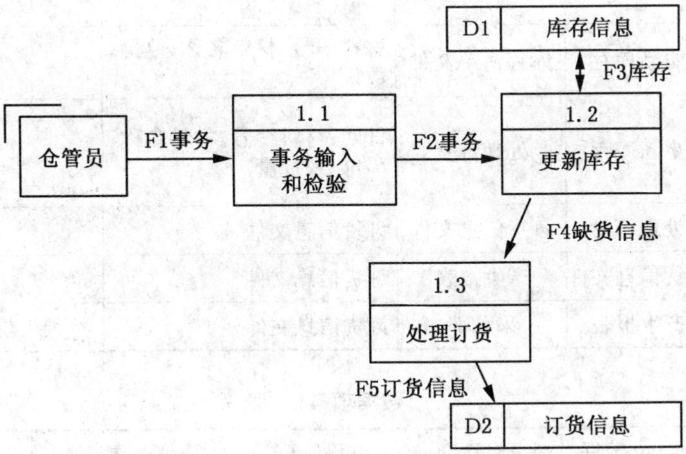

图 5－20　订货系统的二层数据流程图

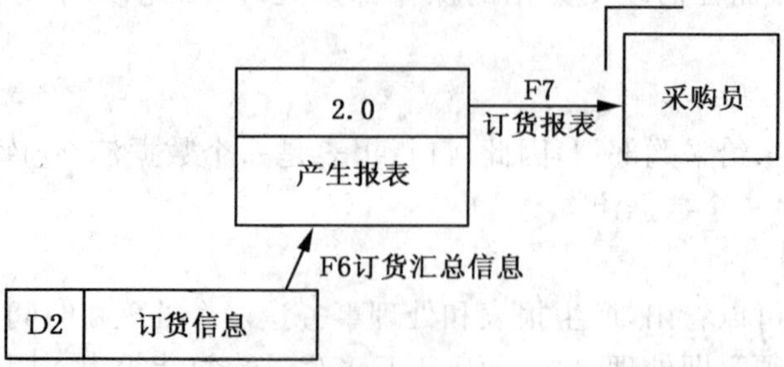

图5—21 订货系统的一层数据流程图(图5—19的局部,各数据成分加上编号)

表5—2 数据存储条目

编号	名称	流入数据流	流出数据流	组　成	组织形式
D1	库存清单文件	F3	F3	材料编号、材料名称、单价、数量	按材料类别排序
D2	订货信息文件	F5	F6	时间、材料编号、材料名称、订货数量、目前价格、主要供应者、次要供应者	按时间和材料类别排序

表5—3 数据流条目

编号	名称	来源	去年	组　成	流量	说明
F1	材料出入库单	仓管员	事务输入和检验	日期、材料编号、材料名称、事务类型、单价、数量	每天60份	事务类型： 1——进货 2——出库
F2	正确的事务单	事务输入和检验	更新库存	日期、材料编号、材料名称、事务类型、单价、数量	每天60份	事务类型： 1——进货 2——出库
F3	库存	更新库存	库存清单文件	材料编号、材料名称、单价、数量		处理与库存双向流动
F4	缺货信息	更新库存	处理订货	日期、材料编号、材料名称、单价、缺货量		低于库存临界的库存数量(需订货量)
F5	订货信息	处理订货	订货信息文件	订货信息文件		
F6	订货信息	订货信息文件	产生报表	订货信息文件		
F7	订货报表	产生报表	采购部	订货信息文件	每天1份	

表5—4 数据项条目

编号	名称	数据类型	长度	小数位	取值范围	说明
01	日期	D	08			
02	材料编号	C	04		0 000-9 999	
03	材料名称	C	20			
04	单价	N	08	03		

续表

编号	名称	数据类型	长度	小数位	取值范围	说明
05	库存数量	N	08	02		
06	订货数量	N	08	02		
07	目前价格	N	08	03		
08	主要供应者	C	20			
09	次要供应者	C	20			
10	事务类型	C	1			

表 5—5　　加工条目

编号	名称	输入	处理逻辑	输出
P1.1	事务输入与检验	出入库原始单据	提供出入库的录入界面并检验正确性	正确的出入库信息
P1.2	更新库存	进出库信息库存	库存量＝现库存量＋入库量－出库量 若库存量＜库存临界量，则需订货	库存 缺货信息
P1.3	处理订货	缺货信息	根据缺货量写入订货信息文件	订货信息
P2.0	产生报表	订货信息	根据处理订货的请求生成订货报表并打印	订货报表

表 5—6　　外部项条目

编号	名称	简　述	输入数据流	输出数据流
01	仓管员	对材料的出入库进行登记	原始出库单或入库单据	
02	采购部	根据订货报表订货		订货报表

本章小结

本章的第一部分介绍了需求分析的目标、任务、对象、过程、原则和方法。

本章的第二部分介绍了可行性研究和可行性研究报告。从经济可行性、技术可行性、社会可行性和开发方案可行性四个方面研究可行性。可行性研究是软件计划阶段要做的事情，目的是探讨软件项目是否值得立项，是否能够立项。虽然可行性研究阶段已经粗略了解了用户的要求，甚至还提出了一些可行的解决方案，但许多细节被忽略了，因此，可行性研究并不能代替需求分析。

本章的第三部分介绍了结构化分析方法，这是本章的重点。结构化分析方法最初只是着眼于数据流，考虑数据流在系统中的传递和变换，自上向下，逐层分解，建立系统的处理流程，以数据流图和数据字典为主要工具，建立系统的逻辑模型；后来经过扩充，将建模技术扩展到数据建模、功能建模和行为建模，以实体—关系图、数据流图、控制流图和状态—迁移图为工具，数据字典为核心，从不同视点建立系统的分析模型；此外，还介绍了加工规格说明、控制规格说明等。

本章最后介绍了系统分析的内容和需求评审的内容。

中英文对照专业名词及术语

1. 实体—联系图(Entity-relation，E-R)
2. 业务流程图(Transaction Flow Diagram，TFD)
3. 数据流程图(Data Flow Diagram，DFD)
4. 数据字典(Data Dictionary，DD)
5. 系统规格说明书(System Specification)
6. 判定树(Decision Tree)
7. 判定表(Decision Table)

思考题

1. 系统分析的主要任务是什么？为什么说系统分析是管理信息系统开发过程中最重要的一环？
2. 系统分析的原则有哪些？
3. 可行性研究主要做哪几方面的工作？它与需求分析的关系如何？
4. 软件需求规格说明编写的原则有哪几条？

参考文献

1. 黄梯云.管理信息系统[M]. 北京：高等教育出版社，2000.
2. 薛华成. 管理信息系统.第三版[M]. 北京：清华大学出版社，1999.
3. 王汉新，王道平. 管理信息系统教程[M]. 北京：中国劳动社会保障出版社，2000.
4. 姜旭平.信息系统开发方法[M]. 北京：清华大学出版社，1997.
5. Diana Grimwood-jones.信息管理[M]. 北京：清华大学出版社，2003.

第六章

管理信息系统的系统设计

系统设计是管理信息系统开发的一个重要阶段，这个阶段是对新系统的物理设计，即通过前面的系统分析报告对新系统逻辑功能的要求分析，从实际出发，进行各种具体设计，确定系统的实施方案，解决系统如何去完成的问题，最终给出详细的设计方案，为下一阶段的实现制订详细计划。

设计的定义："应用各种技术和原理，对设备、过程或系统作出足够详细的定义，使之能够在物理上得以实现。"①

信息系统的设计与其他领域的工程设计一样，也需要有好的方法和好的分析策略等。仅仅把系统设计看做程序设计或者编制程序是片面的。实际上，程序设计只是系统设计的实现，不能把它们混同起来。

总之，系统设计是管理信息系统开发过程中承前启后的工作，它依据系统需求规格说明书建立系统设计方案，作为下一步系统实施的依据。

第一节　系统设计的过程

一旦系统需求确定，就进入开发阶段。开发阶段由三个互相关联的步骤组成，即设计、实现（编码）和测试。设计往往是开发活动的第一步。

一、系统设计在开发阶段的重要性

第一，系统设计中作出的决策使得系统设计成为开发阶段最重要的步骤，它将是系统开发中质量得以保证的关键步骤。

第二，在这个阶段作出的决策将最终影响系统实现的成败，同时也将影响系统维护的难易程度。

第三，设计提供了软件的表示，使得对软件进行质量评价成为可能；同时，系统设计又是将

---

① 管理信息系统[M]. 武汉：武汉理工大学出版社，2005.

用户要求准确地转化为最终软件产品的唯一途径。

第四,系统设计是后续开发步骤及系统维护工作的基础。如果没有系统设计,则只能建立一个不稳定的系统。

二、系统设计的过程

从工程管理的角度来看,系统设计分两步完成。首先做概要设计,将系统需求转化为数据结构和软件的系统结构。然后是详细设计,即过程设计。通过对结构表示进行细化,得到软件的详细数据结构和算法。

从管理和技术两个不同的角度对设计的认识可以用图 6—1 表示。

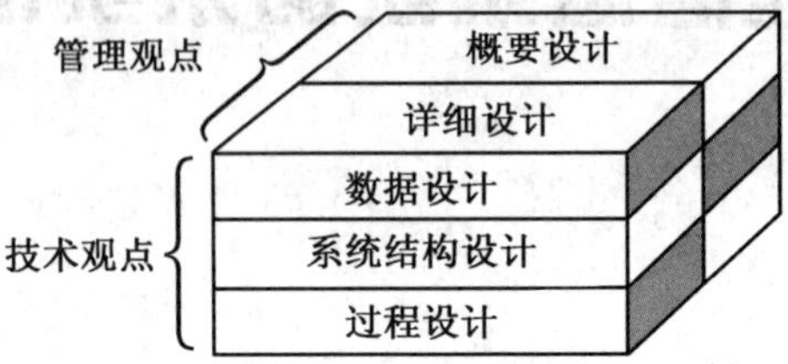

图 6—1 从技术和管理的角度看设计的关系

(一)系统设计的原则与技术标准

1. 系统设计的原则

(1)系统性原则。按照系统工程的观点,系统应始终从总体目标出发,服从总体要求,在总体方案设计中,经过对局部的调查、分析、综合形成总体方案。局部应服从全局,使方案成为一个有机的整体。

(2)实用性原则。这主要包括两层含义:一是从实用出发;二是从实际出发。管理信息系统的根本目的是实用,因此,系统不应过于追求大而全。另外,应从技术、设备、用户、管理者的实际考虑,不应过于追求硬件设备的先进性。

(3)经济性原则。在满足需要的情况下,尽可能选择性能价格比高的、相对成熟的产品,不要贪大求新。

(4)安全性原则。在开发管理信息系统时,要重视安全性问题,如计算机软件和硬件故障可能造成的数据丢失、数据共享带来的失密等,在设计阶段应采取必要的措施。

(5)规范性原则。在管理信息系统的开发过程中要制定统一的规范,要做到规范的数据、规范的编码、规范的程序设计和规范的文档等,只有这样才能保证不同的开发阶段之间和各个小系统之间能有机地衔接起来。

(6)适应性原则。无论是设备还是组织机构,管理制度或管理人员在一定时间内只能是相对稳定的,变化是经常的。例如,由于经营方式变化的需要而改变管理制度。管理信息系统的设计要适应社会经济的发展、企业管理水平的提高、技术的进步等诸多变化。

2. 衡量系统设计的技术标准

(1)设计出来的结构应是分层结构,从而建立软件成分之间的控制。

(2)设计应当模块化,从逻辑上将软件划分为完成特定功能或子功能的构件。

(3)设计应当既包含数据抽象,也包含过程抽象。

(4)设计应当建立具有独立功能特征的模块。

(5)设计应当建立能够降低模块与外部环境之间复杂连接的接口。

(6)设计应能根据系统需求分析获取的信息,建立可驱动、可重复的方法。

系统设计过程应根据基本的设计原则,使用系统化的方法和完全的设计评审来建立良好的设计。

(二)系统概要设计

在概要设计过程中需要完成的工作有以下几个方面:

1. 制定规范

在进入系统开发阶段后,首先应为系统开发组制定在设计时应该共同遵守的标准,以便协调组内各成员的工作,具体包括:

(1)阅读和理解软件需求说明书,在给定的预算范围内和技术现状下,确认用户的要求能否实现以及实现的条件,从而确定设计的目标和它们的优先顺序。

(2)根据目标确定最合适的设计方法。

(3)规定设计文档的编制标准,包括文档体系、用纸及样式、记述的详细程度和图形的画法等。

(4)规定编码的信息形式(代码体系),与硬件、操作系统的接口规定和命名规则等。

2. 系统结构的总体设计

在需求分析阶段,功能设计是从系统开发的角度出发,把系统按功能逐次分割成层次结构,使每一部分完成简单的功能且各个部分之间又保持一定的联系。

在设计阶段,基于这个功能的层次结构把各个部分组合起来成为系统,包括:

(1)采用某种设计方法,将一个复杂的系统按功能划分成模块的层次结构。

(2)确定每个模块的功能,建立与已确定的软件需求的对应关系。

(3)确定模块之间的调用关系。

(4)确定模块之间的接口,即模块之间传递的信息;设计接口的信息结构。

(5)评估模块划分的质量及导出模块结构的规则。

3. 处理方式设计

(1)确定为实现系统的功能需求所必需的算法,评估算法的性能。

(2)确定为满足系统的性能需求所必需的算法和模块之间的控制方式(性能设计)。

(3)确定外部信号的接收和发送形式(接口设计)。

其中,性能主要是指以下4个指标:

①周转时间:向计算机发出要求处理的请求之后,从输入开始,经过处理直到输出结果为止的整段时间。

②响应时间:这是对于实时联机系统的性能需求。当终端用户向计算机发出处理请求之后,从输入开始到输出最终结果的一段时间内,用户需要多次对计算机进行输入和输出,而一次输入和输出的时间就是响应时间。

③吞吐量:单位时间内能够处理的数据量称为吞吐量,是表示系统能力的指标。

④精度:在进行科学计算或工程计算时,对运算精确度的要求。

4. 数据结构设计

确定系统涉及的文件系统的结构以及数据库的模式、子模式,进行数据完整性和安全性的设计,包括:

(1)确定输入、输出文件的详细数据结构。

(2)结合算法设计,确定算法所必需的逻辑数据结构及其操作。

(3)确定对逻辑数据结构所必需的那些操作的程序模块(软件包),限制和确定各个数据设计决策的影响范围。

(4)当需要与操作系统或调度程序接口有关的控制表等数据时,确定其详细的数据结构和使用规则。

5. 可靠性设计

可靠性设计也称质量设计。在计算机的使用过程中,可靠性是很重要的。可靠性不高的软件会使得运行结果不能使用而造成严重损失。软件的可靠性,简言之是指程序和文档中的错误少。

软件可靠性与硬件不同,软件越使用可靠性越高。但是,在运行过程中,为了适应环境的变化和用户的新要求,需要经常对软件进行改造和修正,这就是软件的维护。

6. 编写概要设计阶段的文档

概要设计阶段完成时,应编写以下文档:

(1)概要设计说明书。列出系统目标、总体设计、数据设计、处理方式设计、运行设计和出错设计等。

(2)数据库设计说明书。列出所使用数据库的简介、数据模式设计和物理设计等。

(3)用户手册。对需求分析阶段编写的初步的用户手册进行审订。

(4)修订测试计划。对测试的策略、方法和步骤提出明确的要求。

7. 概要设计评审

在以上几项工作完成之后,应当组织对概要设计工作的评审,内容包括:

(1)可追溯性。分析该软件的系统结构和子系统结构,确认该系统设计是否覆盖了所有已确定的软件需求,软件的每一成分是否可追溯到某一项需求。

(2)接口。分析软件各部分之间的联系,确认该软件的内部接口与外部接口是否已经明确定义。模块是否满足高内聚和低耦合的要求。模块的作用范围是否在其控制范围之内。

(3)风险。确认该系统设计在现有技术条件下和预算范围内是否能按时实现。

(4)实用性。确认该系统设计对于需求的解决方案是否实用。

(5)技术清晰度。确认该系统设计是否以一种易于翻译成代码的形式表达。

(6)可维护性。从软件维护的角度出发,确认该系统设计是否考虑了方便未来的维护。

(7)质量。确认该系统设计是否表现出良好的质量特征。

(8)各种选择方案。看是否考虑过其他方案,比较各种选择方案的标准是什么。

(9)限制。评估对该软件的限制是否现实,是否与需求一致。

(10)其他具体问题。对于文档、可测试性和设计过程等进行评估。

对系统的一些外部特性的设计,如系统的功能、一部分性能以及用户的使用特性等,在系统需求分析阶段就已经开始。这些问题的解决多少带有一些“怎么做”的性质,因此,有人称之为系统的外部设计。

(三)系统详细设计

在详细设计过程中,需要完成的工作是:系统平台设计、代码设计、输入输出设计、对话设计、数据库或数据文件设计和模块内部的算法设计。

(四)系统设计说明书

系统设计的最终目标是要取得最佳方案。所谓“最佳”,是指在所有备选方案中,就节省开发费用、降低资源消耗、缩短开发时间的条件，选择能够赢得较高的生产效率、较高的可靠性和可维护性的方案。

第二节　代码设计

代码设计问题是一个科学管理的问题。设计出一个好的代码方案对于系统的开发工作是一件极为有利的事，它可以使很多机器处理（如某些统计、查询等）的工作变得十分方便，还能把一些现阶段计算机很难处理的工作变成简单的处理。

一、代码设计的目的

代码就是以数或字符来代表各种客观实体。在系统开发过程中设计代码的目的是：

（一）唯一化

在现实世界中，有很多东西如果不加标识是无法区分的，这会给机器处理带来困难。所以，能否将原来不确定的东西唯一地加以标识是编制代码的首要任务。最简单、最常见的例子就是职工编号，在人事档案管理中不难发现，人的姓名不管在一个多么小的单位里都很难避免重名。为了避免二义性，唯一地标识每一个人，人们编制了职工代码。

（二）规范化

唯一化虽是代码设计的首要任务，但如果仅仅为了唯一化来编制代码，那么代码编出来后可能是杂乱无章、无法辨认的，而且使用起来也不方便。所以，在唯一化的前提下还要强调编码的规范化。例如，纺织系统关于纺织工业产品标准编码的规定，以“2”打头表示纯毛类产品，其中“21”表示纯毛哔叽类产品，“22”表示纯毛华达呢类产品，“24”表示纯毛花呢类产品等。这样，在查找或统计某一类产品时就十分方便了。例如，要查找纯毛类产品，只要对文件记录进行一次排序，显示出“2”打头的一段即可。再要细分的话，就再限定第二位，如“22”打头的记录显示的就是纯毛华达呢类产品的记录。

（三）系统化

系统所用代码应尽量标准化。在实际工作中，一般企业所用的大部分编码都有国家或行业标准。例如，在会计领域中，一级会计科目由国家财政部进行标准分类，二级会计科目由各部委或行业协会统一进行标准分类，企业只能对其会计业务中的明细账目，即对三、四级会计科目进行分类，并且这个分类必须参照一、二级会计科目的规律进行。又如，各行业都对在产品和商品有标准分类方法，所有企业必须执行。另外一些需要企业自行编码的内容，如生产任务码、生产工艺码、零部件码等，都应该参照其他标准化分类和编码的形式进行编码。

代码是代表客观存在的实体或属性的符号（如数字、字母或它们的组合）。在信息系统中，代码是人和机器的共同语言，是便于进行信息分类、校对、统计和检索的关键。代码设计是实现一个信息系统的前提条件，其目的是要设计出一套为系统共用的优化的代码系统。

二、代码设计的原则

严格地讲，代码设计是从编制数据字典开始的。编码对象主要为数据存储（数据库或文件）中所包含的数据元素和数据结构。代码设计的结果应形成编码文件，作为系统设计和编程的标准。

现行系统中已经存在着一套代码系统。但是，这种代码不一定适合计算机处理，而且往往不科学、不统一。为此，应对本系统使用的代码进行调查研究和统一规划，以便进行重新设计或修订，其中，对重要代码的设计应依据国家有关编码标准。

代码设计是一项重要的工作。如果代码设计不合适，小修改将会引起程序的变化，大修改则会引起文件的重新建立。因此，一定要进行全面的考虑和仔细的推敲，反复修改，逐步优化。优化的代码系统应具有如下特点：

第一，唯一确定性。每一个代码都仅代表唯一的实体或属性。

第二，标准化与通用性。国家有关编码标准是代码设计的重要依据。此外，系统内部使用的同一种代码应做到统一。

第三，可扩充性和稳定性。要考虑系统的发展和变化，一般考虑 3～5 年的使用期限。当增加新的实体或属性时，直接利用原代码加以扩充，而不需要重新变动代码系统。

第四，便于识别和记忆。为了同时适于计算机和人工处理使用，代码不仅要具有逻辑含义，而且要便于识别和记忆。对于一些易混淆的字母，如 I、O、Z 等，尽量不用。

第五，短小精悍。代码的长度不仅会影响所占据的存储单元和信息处理的速度，而且会影响代码输入时出错的概率和输入、输出的速度。

第六，容易修改。当某个代码的条件、特点或代表的实体关系改变时，容易进行变更。

三、代码的分类

代码的分类如图 6－2 所示。

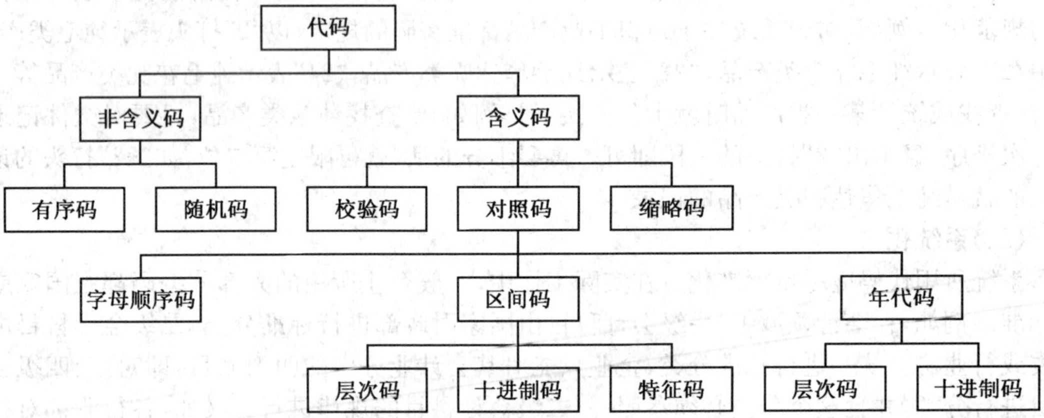

图 6－2 代码分类参考标准

(一)有序码

用连续数字代表编码对象的码，通常从 1 开始，如张平的工号为 0001、王立的工号为 0002。块码是有序码的特例，将有序码分为各个块，每块代表一定类型的编码对象，这种编码允许扩充。例如：

01……宣传科

02……组织科　　01－04 政治部

03……

04……

05……行政科

06……膳食科　　05－08 总务处

07……基建科

08……

有序码因为没有逻辑含义作基础，一般不能说明信息的任何特性，但在有些场合下使用它比较方便。

(二)区间码

区间码把数据项分成若干组，每一区间代表一个组。码中的数字和位置代表一定的意义。

区间码又分为以下类型：

1. 层次码

在层次码的结构中，为数据项的各个属性各规定一个位置（一位或几位），并使其排列符合一定的层次关系。例如，关于某公司组织机构代码的含义如表 6－1 所示。

表 6－1　　层次码

公司级	科(课)级	小组级
1——总公司	1——销售科	1——订单处理组
2——江苏分公司	2——会计科	2——广告组
		3——会计组

依据表 6－1，代码 112 就代表总公司销售科广告组。

2. 十进制码

在十进制码中，每一位数字代表一类，一般用于图书分类等。例如：

500.　　自然科学

510.　　数学

520.　　天文学

530.　　物理学

531.　　机构

531.1　　机械

531.1.1　　杠杆和平衡

3. 特征码

在特征码的结构中，为多个属性各规定一个位置，从而表示某一编码对象不同方面的特征。例如，某服装厂生产的服装编码如表 6－2 所示。

表 6－2　　特征码

类　别	尺　寸	式　样	料　子
M(男装)	38	1—9	W1(毛料)
F(女装)	39		C1(布料)
	40		
	41		

例如，某一种男装的编码为 M38－2W1。

在特征码中，数字的值与位置均代表一定意义，故使排序、分类、检索容易进行；缺点是有时造成码很长。

（三）助忆码

将编码对象的名称、规格等作为代码的一部分。例如：

TV－B－12　　12 寸黑白电视机

TV－C－20　　20 寸彩色电视机

（四）缩略码

缩略码是助忆码的特例，从编码对象名称中撮几个关键字母作为代码。例如：

Amt　　总额（Amount）

Cont　　合同（Contract）

Inv.No　　发票号（Invoice Number）

（五）校验码

校验码又称编码结构中的校验位，为了保证输入正确，有意识地在编码设计结构中原代码的基础上，通过事先规定的数学方法计算出校验码（一位或两位），附加在原代码的后面，使它变成代码的一个组成部分。该代码使用时与原代码一起输入，此时计算机会用同样的数学运算方法按输入的代码数字计算出校验位，并将它与输入校验位进行比较，以检验输入是否有错。

校验码可以检查出移位错（如将 1234 记录为 1243），双重移位错（如将 1234 记录为 1432），抄写错（如将 1234 记录为 1235）及其他错误（如将 1234 记录为 2434）等。

产生校验码的方法有多种，各具有不同的优缺点，通常根据使用设备的复杂程度或功能，以及某项应用要求的可靠性决定采取哪种方法。下面介绍较适用于管理信息系统的一种方法——“加权取余”校验方法。

1. 校验值的生成过程

（1）对原代码中的每一位加权求和（S）。

N 位代码为：$C_1, C_2, C_3 \cdots C_n$

权因子为：$P_1, P_2, P_3 \cdots P_n$

加权和为：$C_1 \times P_1 + C_2 \times P_2 + C_3 \times P_3 + \cdots + C_n \times P_n = S$

其中，权因子可任意选取，以提高错误发生率为基础，常用的有：全取 1；几何级数 20，21，22，…；摆动数列 1，2，1，2，…；等等。

（2）求余数（R）

用加权和除以模数（M）可得余数。

即 $\frac{S}{M} = Q \cdots\cdots R$（Q 为商数）

其中，模数也可任意选取，同样以提高错误发生率为基础。常用的模数为 10 和 11。

（3）选择校验值

可选用下述方法中的一种获得校验值：用余数直接作为校验值；把模数和余数之差（即 M－R）作为校验值；取余数的若干位作为校验值。把获得的校验值放在原代码的最后作为整个代码的组成部分。

2. 用校验值检查代码

用校验值检查代码的过程是上述生成过程的逆过程。例如：

为原代码 5186 生成一个校验值。

(1)选取加权值:1,2,1,2。

(2)加权求和 S=5×1+1×2+8×1+6×2=27。

(3)求余数$\frac{S}{M}=\frac{27}{10}=2\cdots\cdots7$。

(4)加上校验值 7 以后的代码为 51867。

四、成绩管理系统代码设计举例

这里以考试类别为例设计一个代码库。

(一)主题内容与适用范围

考试类别代码表规定了学校成绩管理中考试的类别。本标准适用于信息处理与交换。

(二)编码方法

本代码库采用一位数字代码表示。

(三)代码管理

由校教务部门制定并管理。

(四)标准代码库及其结构

标准代码库:TEST TYPE.DBF

库结构:代码　　　Character 1

　　　考试类别　　Character 8

(五)代码表

代码表的样张如表 6—3 所示。

表 6—3　　　考试类别代码表

代　码	考试类别
1	平时成绩
2	期中考试
3	期末考试
4	补考一
5	补考二
6	补考三

第三节　数据存储设计

一、数据的分类与结构

(一)数据的分类

基础数据:整个系统的输入数据、输出数据、代码、各种工作和技术标准、规范以及主要子系统的共享数据。

中间数据:在数据处理中需要保存的中间结果。

工作数据:为提高某项处理功能的效率而事先加工好的数据。

暂存数据:处理过程中需存储,在处理过程结束后即可消除的数据。

(二)数据的结构

从数据处理与存储的实际需要出发,对系统所涉及的各类数据进行逻辑上的描述,从中确定数据的总体结构,包括:(1)各类数据记录和数据项的逻辑描述(应规范化);(2)各类数据文件的组织方式;(3)各类数据文件之间的逻辑关系。

二、数据存储规模的确定

数据作为一种非消耗性资源,往往随着系统的不断运行而大量积累和增加,这势必增加系统负荷,影响系统的运行效率。因此,在进行数据存储总体结构设计时,既要考虑现有数据量的存储规模,又要预见到未来数据量的增长趋势,区分哪些是相对稳定的数据,哪些是非稳定的数据;哪些是基础数据,哪些是派生数据。在以上分析的基础上合理地组织数据的存储格式,应用各种必要的数据压缩技术并选择合适的外部存储设备。

三、数据存储空间的分布

数据存储的空间分布应与系统总体设计的物理环境配置协调一致。例如,系统数据应集中存储于分布式网络环境中的服务器上,而新的数据则应就近分别存放于各自应用部门的站点机或工作站上,以保证使用和管理上的方便。

四、数据设计的原则

第一,用于软件的系统化方法也适用于数据。应当考虑几种不同的数据组织方案,还应当分析数据设计给软件设计带来的影响。

第二,要确定所有的数据结构和在每种数据结构上施加的操作。对于涉及软件中若干个功能的复杂数据结构,可以为其定义一个抽象数据类型。

第三,应当建立数据字典并用它来定义数据和软件的设计。

第四,低层数据设计的决策应推迟到设计过程的后期进行。可以将逐步细化的方法用于数据设计。在需求分析时确定总体数据组织,在概要设计阶段加以细化,而在详细设计阶段才规定具体的细节。

第五,数据结构的表示只限于那些必须直接使用该数据结构内数据的模块。此原则就是信息隐蔽和与此相关的耦合性原则,把数据对象的逻辑形式与物理形式分开。

第六,数据结构应当设计为可复用的。建立一个存有各种可复用数据结构模型的构件库,以减少数据定义和设计的工作量。

第七,软件设计和程序设计语言应当支持抽象数据类型的定义和实现。如果没有直接定义某种复杂数据结构的手段,则这种结构的设计和实现往往是很困难的。

以上原则可适用于系统的定义阶段和开发阶段。

五、数据库管理系统的选择

从目前的发展趋势看,数据库管理系统已成为建立信息系统的基本环境,进行数据存储总体结构设计时,必然要考虑选择怎样的数据库管理系统才能最有效地实现数据存储设计的要求。目前,市场上可提供的数据库管理系统产品种类较多,可适用于不同的软件、硬件和应用环境,我们应从系统总体角度出发,使选用的数据库管理系统既可满足系统总体设计的需要,又能够实现数据存储设计的目标。

六、文件设计的过程

文件设计是指数据存储文件设计，其主要工作就是根据使用要求、处理方式、存储的信息量、数据的活动性以及所能提供的设备条件等确定文件类别，选择文件媒体，决定文件组织方法，设计文件记录格式并估算文件的容量。

文件设计的过程主要分为以下两个阶段：

(一)文件的逻辑设计阶段

文件的逻辑设计主要在概要设计阶段实施，包括：

1. 整理必需的数据元素

在软件设计中所使用的数据有长期的，有短期的，还有临时的。它们都可以存放在文件中，在需要时对它们进行访问。因此，首先必须整理应存储的数据元素，给它们一个易于理解的名字，指明其类型、位数、内容和含义。

2. 分析数据之间的关系

分析在业务处理中哪些数据元素是同时使用的。把同时使用次数多的数据元素归纳成一个文件进行管理。分析数据元素的内容，研究数据元素之间的逻辑关系，根据分析弄清数据元素的含义及其属性。

3. 确定文件的逻辑设计

根据数据的关联性分析，明确哪些数据元素应当归于一组进行管理，把应当归于一组的数据元素进行统一布局，产生文件的逻辑设计。

(二)文件的物理设计阶段

文件的物理设计主要在软件的详细设计阶段实施，主要工作有：

1. 理解文件的特性

针对文件的逻辑规格说明，进一步研究从业务处理的观点来看所要求的一些特性，包括文件的使用率、追加率和删除率，以及保护和保密等。

2. 确定文件的存储媒体

选择文件的存储媒体，应当考虑以下一些因素：

(1)数据量。根据需要处理的数据量估算需要的媒体数量。

(2)处理方式。处理方式有联机处理和批处理。对于联机处理，多选用直接存取设备，如磁盘等；对于批处理，选用任何一种存储媒体都可以。

(3)存取时间和处理时间。批处理对于时间没有严格的要求，因此，对存储媒体也没有特殊的要求。实时处理最好选用直接存取媒体，如磁盘等，以满足响应时间的要求。

(4)数据结构。根据文件的数据结构，选用能实现其结构的合适的媒体及相应的存取方法。例如，顺序文件可选用磁带或光盘，而索引文件和散列文件则必须选用磁盘。

(5)操作要求。对于数据量大，执行时较少要求用户干预的文件，应当选用磁带媒体；而对于频繁交互的文件，应当选用磁盘媒体。

(6)费用要求。在满足上述要求的基础上，应当尽量选用价格低的媒体。

3. 确定文件的组织方式

根据文件的特性确定文件的组织方式。常用的文件组织方式有：顺序文件(按记录加入的先后次序排列、按记录关键码的升序或降序排列、按记录的使用频率排列)、直接存取文件(带关键码直接存取文件)、索引顺序文件(B+树)、分区文件、虚拟存储文件和倒排文件等。

4. 确定文件的记录格式

确定了文件的组织方式之后,需要进一步确定文件记录中各数据项以及它们在记录中的物理安排。

考虑设计记录的布局时,应当注意以下几点:

(1)记录的长度。设计记录的长度要确保能满足需要,还要考虑使用设备的制约和效率,尽可能与读写单位匹配,并尽可能减少处理过程中内外存的交换次数。

(2)数据项的顺序。对于可变长记录,应在记录的开头记入长度信息;对于关键码,应尽量按级别高低顺序配置;联系较密切的数据项,应归纳在一起进行配置。

(3)数据项的属性。属性相同的数据项,应尽量归纳在一起配置;数据项应按双字长、全字长、半字长和字节的属性顺序配置。

(4)预留空间。考虑到将来可能的变更或扩充,应当预先留下一些空闲空间。

(5)子数据项。可把一个数据项分成几个子数据项,每一个子数据项也可以作为单独的项来使用。

第四节 输入/输出及界面设计

系统输入/输出设计是一个在系统设计中很容易被忽视的环节,又是一个重要的环节,它对于今后用户使用的方便性、安全性和可靠性来说,都是十分重要的。一个好的输入设计可以为用户和系统双方带来良好的工作环境,一个好的输出设计可以为管理者提供简洁、明了、有效、实用的管理和控制信息。

一、输入设计

输入设计主要是指输入方式设计。在实现系统开发的过程中,输入设计所占的比重较大。以某厂开发的系统为例,在涉及全厂生产、经营、财务、销售、物资供应等12个子系统中,与输入/输出界面相关的程序占总程序量的65%左右。从这一比率足以看出,在一个处理管理领域的信息系统中输入/输出界面的重要性。一个好的输入设计能为今后系统的运行带来很多方便。

(一)输入方式设计

输入方式设计主要是根据总体设计和数据库设计的要求来确定数据输入的具体形式。在设计新系统的输入方式时,应尽量利用已有的设备和资源,避免大批量的数据重复键盘输入,因为键盘输入不但工作量大,速度慢,而且出错率较高。常用的输入方式主要有如下几种:

1. 键盘输入

键盘输入方式包括联机键盘输入和脱机键盘输入(一种通过键到盘、键到带等设备将数据输入磁盘/带文件中,然后再读入系统的设备)两种方式。它们主要适用于常规、少量的数据,控制信息以及原始数据的录入。这种方式不太适合大批量中间处理性质的数据输入。

2. 数模/模数转换方式

这种输入是目前比较流行的基础数据输入方式。这是一种直接通过光电设备对实际数据进行采集,并将其转换成数字信息的方法,是一种既省事,又安全、可靠的数据输入方式。这种方法最常见的有如下几种:

(1)条码(棒码)输入。这是利用标准的商品分类和统一规范化的条码贴(或印)于商品的包装上，然后通过光学符号阅读器（Optical Character Reader，OCR）来采集和统计商品的流通信息。这种数据采集和输入方式现已普遍被用于商业、企业、工商、质检、海关、图书馆等信息系统中。

（2）用扫描仪输入。这种方式实际上与条码输入是同一类型的。它大量地被使用在图形/图像的输入、文件/报纸的输入、标准考试试卷的自动阅卷、投票的统计等应用中。

（3）传感器输入。这是利用各类传感器和电子衡器接收和采集物理信息，然后通过模拟数字转换板将其转换为数字信息。这也是一种用于采集和输入生产过程数据的方法。

3. 网络传送数据

这既是一种输出信息的方式，又是一种输入信息的方式。对下级子系统它是输出，对上级主系统它是输入。使用网络可安全、可靠、快捷地传输数据。

4. 磁盘传送数据

这是数据输出和接收双方事先约定好待传送数据文件的标准格式（这一点在上一节代码设计中已明确规定），然后通过软盘/光盘传送数据文件。这种方式不需要增加任何设备和投入，是一种非常方便的数据输入方式，目前常被用在主 / 子系统之间的数据联接上。

（二）输入格式

在设计数据输入格式时，应严格按照数据库设计时产生的数据字典，遵循代码设计的实际标准，统一格式。但在一些旧系统改造的过程中，实际数据输入时（特别是大批量的数据统计报表输入）有时会遇到统计报表（或文件）结构与数据库文件结构不完全一致的情况。这时应尽量严格参照有关标准，统一格式，不能随意更改数据库结构；特殊情况下，可专门编制一个转换模块，以适应其特殊要求。

（三）校对方式

输入校对方式的设计也是非常重要的。特别是针对数字等字段，没有适当的校对措施作保证是很危险的。对一些重要的报表，输入设计一定要考虑适当的校对措施，以减少差错，但绝对保证不出错的校对方式是没有的。常用的校对方式包括：

1. 人工校对

这是输入数据后再显示或打印出来，人工进行校对。这种方法适合少量的数据或控制字符输入，但对大批量的数据输入就显得太麻烦、效率太低。这种方式在实际系统中很少有人使用。

2. 二次键入校对

二次键入是指同一批数据两次键入系统的方法。输入后系统内部再比较这两批数据，如果完全一致则可认为输入正确；反之，则将不同部分显示出来有针对性地由人来进行校对。它是目前数据录入中心录入数据时常用的方法。该方法最大的好处是方便、快捷，而且可以用于任何类型的数据符号。尽管该方法中二次键入在同一地方出错，并且错误一致的可能性是存在的，但这种可能性出现的概率极小。

二、输出设计

在系统设计中，输出设计占据很重要的地位，因为计算机系统对输入的数据进行加工处理的结果，只有通过输出才能让用户使用，所以，输出的内容与格式是用户最关心的。从系统开发的角度来看，输入信息只有根据输出要求才能确定，即输出决定输入。

一般对输出信息的基本要求是：准确、及时、适用。输出设计的详细步骤包括：确定输出类型与输出内容、确定输出方式（设备与介质）、表格设计等。输出信息直接服务于用户，在设计过程中，系统设计员应深入了解用户的信息要求，与用户充分协商。

最终输出方式常用的只有两种：一种是报表输出，另一种是图形输出。究竟采用哪种输出形式为宜，应根据系统分析和管理业务的要求而定。一般来说，对于基层或具体事物的管理者，应用报表方式给出详细的记录数据为宜；而对于高层领导或宏观、综合管理部门，则应该使用图形方式给出比例或综合发展趋势的信息。例如，对于一个城市中负责工业的市长来说，他需要的是全市工业、利税、产值、投资规模变化等综合比较信息以及极个别典型的信息；而对于市政府内某个工业局的管理人员来说，他就需要了解所管辖范围内企业的详细情况。对于市长最好是以图表方式向他提供综合类的输出信息，若提供详细报告则用处不大；反之，对工业局的具体管理人员，则应提供详细的数据记录报表。

(一)报表生成器设计

报表是一般系统中用得最多的信息输出工具。通常，一个覆盖整个组织的信息系统，其输出报表的种类都在百种。这样庞大的工作量对系统开发工作的压力是很大的。所以，在实际工作时常是在确定了报表的种类和格式之后，开发出一个报表模块，并由它来产生和打印所有的报表。这个报表模块的原理如图 6—3 所示。

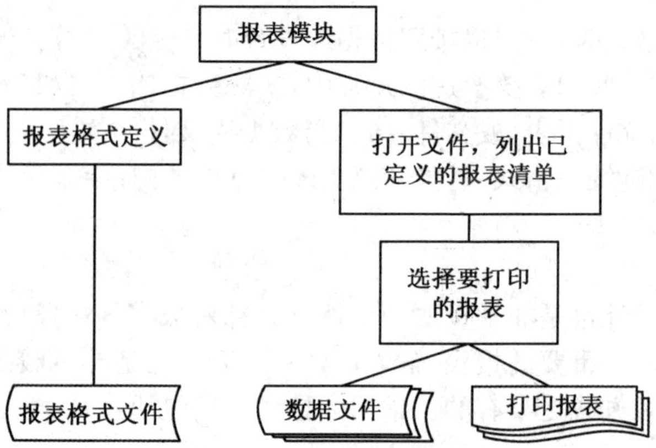

图 6—3　报表模块的原理

图 6—3 分两个部分，左边是定义一个报表格式，定义完后将其格式以一条记录的方式存于报表格式文件中；右边是打印报表，它首先打开文件读出已定义的报表列于菜单中，待用户选择，当用户选中某个报表后，系统读出该报表的格式并打印数据。

(二)图形方式

就目前的计算机技术来说，将系统的各类统计分析结果用图形方式输出已经是很容易的事了。大多数编程软件都提供作图工具或图形函数等，如 C 语言、LOTUS、FOXGRAPH 等，利用这些工具就可生成系统所需要的图形。但是，如用这些工具绘图，其要求开发者具有一定的技术基础，且开发工作量较大。比较简单的是可以借用 EXCEL 来生成各种分析图形。

三、界面设计

用户界面是系统与用户之间的接口，也是控制和选择信息输入／输出的主要途径。用户界面设计应坚持友好、简便、实用、易于操作的原则，尽量避免过于繁琐和花哨。例如，在设计菜单时应尽量避免菜单嵌套层次过多和每选择一次还需确认一次的设计方式。又如，在设计大批量数据输入界面时，应避免颜色过于丰富，因为这样造成操作员的眼睛压力太大，降低输入系统的实用性。如图 6—4 所示的查询界面对用户而言，只要用鼠标轻点几下，查询结果就会显示出来，操作界面非常友好。

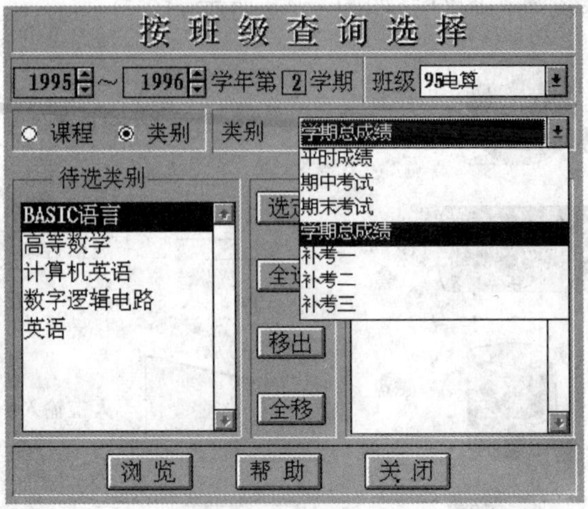

图 6—4 界面设计示例

当然要设计一个十分友好的操作界面，不仅需要计算机方面的业务知识，还需要美工等方面的综合知识。界面设计包括菜单方式、会话方式、操作提示方式，以及操作权限管理方式等。

(一)菜单方式

菜单(Menu)是信息系统功能选择操作最常用的方式。按目前软件所提供的菜单设计工具，菜单的形式可以是下拉式、弹出式的，也可以是按钮选择方式的。菜单选择的方式也可以是移动光棒、选择数字(或字母)、鼠标驱动或直接用手在屏幕上选择等多种方式。

(二)会话管理方式

在所有用户界面中，几乎毫无例外地会遇到人机会话问题，最常见的有：当用户操作错误时，系统向用户发出提示和警告性的信息；当系统执行用户的操作指令遇到两种以上的可能时，系统提请用户进一步说明。这类会话通常的处理方式是让系统开发人员根据实际系统操作过程将会话语句写在程序中。

(三)提示方式与权限管理

为了使用方便，在系统设计时，通常把操作提示和要点同时显示在屏幕的旁边，以方便用户操作，这是当前比较流行的用户界面设计方式。另一种操作提示设计方式则是将整个系统的操作说明书全送入系统文件之中，并设置系统运行状态指针。当系统运行操作时，指针随着系统运行状态而改变，当用户按“帮助”键时，系统则立刻根据当前位置调出相应的操作说明。

第五节 信息系统流程图设计

系统流程图(System Flowchart)是用来描述系统物理模型的一种传统工具。一个系统可以包含人员、硬件、软件等多个子系统。系统流程图的作用就是用图形符号以黑盒子形式描述系统内部的主要成分(如硬件设备、程序、文字及各类人工过程等)，表达信息在各个成分之间流动的情况。系统流程图可用于描述现行系统的工作流程、新系统的工作流程以及处理功能的工作流程情况。

一、系统流程图的符号

目前,一些常用的系统流程图符号如图 6—5 所示。

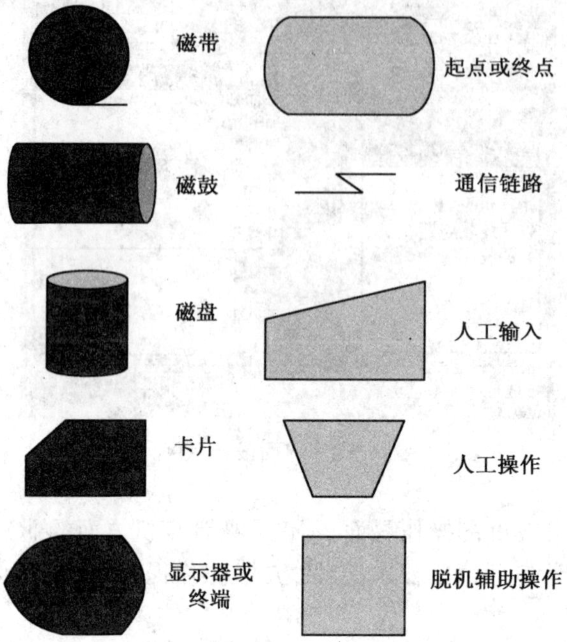

图 6—5　系统流程图的常用符号

二、用系统流程图描述现行系统工作流程

图 6—6 是用系统流程图表示的人工销售教材的一个物理模型。这是一个纯人工操作的系统,信息流始于学生,终于学生。

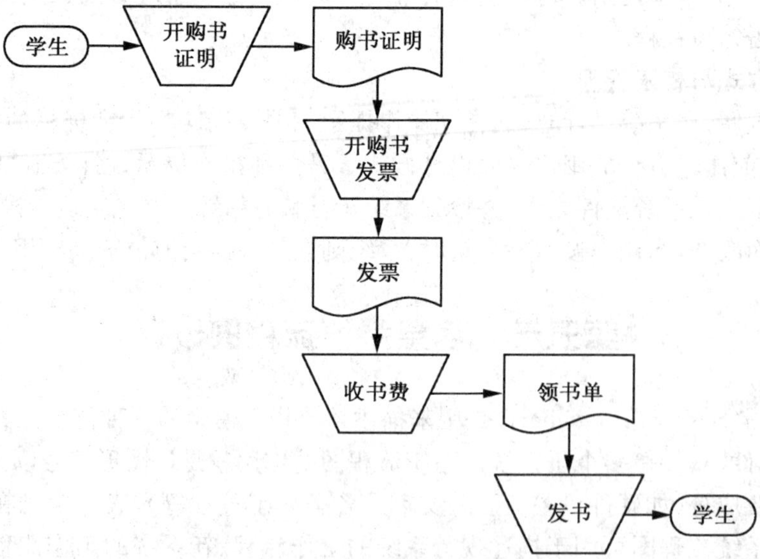

图 6—6　人工销售教材的物理模型

三、信息系统流程图

模块结构图主要从功能的角度描述了系统的结构，但在实际工作中许多业务和功能都是通过数据存储文件联系起来的，而这个情况在模块结构图中未能反映出来。系统流程图可以反映各个处理功能与数据存储之间的关系。系统流程图以新系统的数据流图和模块结构图为基础，首先找出数据之间的关系，即什么输入数据，产生什么中间输出数据（可建立一个临时中间文件），最后又得到什么输出信息；然后，把各个处理功能与数据关系结合起来，形成整个系统的信息系统流程图。

图 6—7 是工资管理子系统的系统流程图。该子系统由主文件更新模块、形成扣款文件模块和计算打印模块三部分组成。

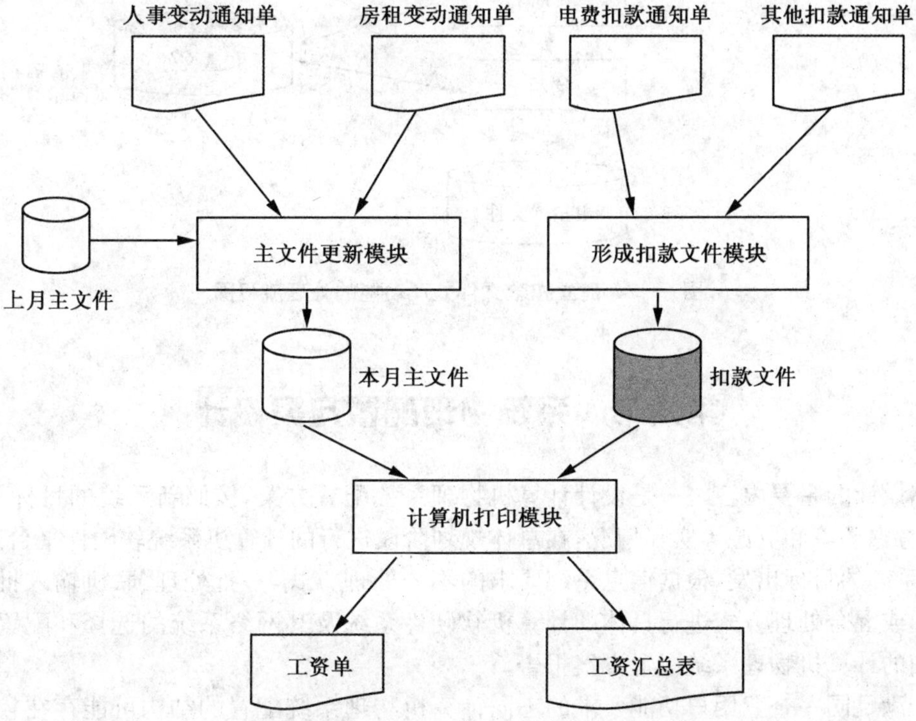

图 6—7　工资管理子系统的信息系统流程图

四、处理流程图

信息系统流程图对每一处理功能只是列出其处理功能的名称，而处理流程图则使用各种符号具体地规定了处理过程中的各个细节，包括程序名和文件名。处理流程图实际上是系统流程图的展开和具体化，属于详细设计的内容，应与处理功能的模块设计一起设计。

作为一个相对独立的部分，各个处理功能有自己的输入和输出，其设计过程也要从输入格式开始，进而设计输出格式、文件格式等。图 6—8 是工资管理子系统中建立扣款文件处理功能的处理流程图。

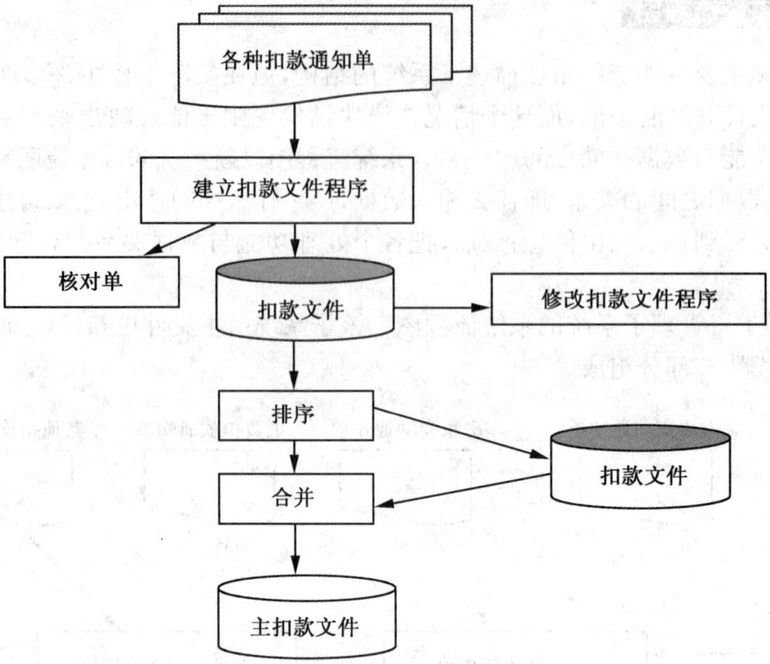

图 6—8 建立扣款文件处理功能的处理流程图

第六节 系统物理配置方案设计

总体设计的主要内容之一是设计计算机物理系统配置方案，按照新系统的目标及功能要求，综合考虑环境和资源等实际情况，在总体规划阶段进行的计算机系统软硬件平台选型的基础上，从系统的目标出发，根据信息系统要求的不同处理方式，是批处理、联机输入批处理、分布式处理或混合处理方式进行具体的计算机软硬件系统及其网络系统的选择和配置，并提交一份详细的计算机物理系统配置方案报告。

由于满足同一企业用户功能要求的不同计算机物理系统配置的结构可能存在较大差异，而且计算机物理系统投资较大，少则几十万元，多则几千万元，因此，选择一个合适的计算机物理系统配置方案是至关重要的。

一、设计计算机物理系统配置方案的方法

开发人员在设计计算机物理系统配置方案的时候，可采用以下方法得到计算机物理系统配置的各种方案：

(一)信息调查法

信息调查法又称类似系统法，它适合于较小型的信息系统。该方法要求开发人员从要解决的实际问题出发进行调查，找出成功地解决同样问题的用户，吸取别人的成功经验。它以要解决的问题作导向，先确定软件系统平台，进而确定硬件结构以及通信与网络系统结构，因而有时间短、见效快、花费少的特点。一般在购置微型计算机时采用此方法。对于大、中型信息系统，可先按此方法进行调查，了解相同类型企业的计算机物理系统配置及其应用情况。

（二）方案征集法

方案征集法又称建议书法，通常由用户向厂商提出要求，厂商根据要求提出计算机物理系统配置建议书，供用户评价和选择。

（三）招标法

招标法类似于其他工程项目的招标形式，要求“标书”撰写严密，工作程序严格，组成专家组等。大型管理信息系统常采用此方法。

（四）试用法

试用法要求参与竞争的厂商进行现场试验演示，使用户得到实际的、直观的感觉。通过商议的试用办法，用户在产品试用一段时间后选择最满意的计算机系统。

（五）基准测试法

基准测试法是采用一定的算法或处理业务来考察计算机系统的处理能力，常用的方法有以下三种：

1. 商用混合法

此方法是通过算出加法、传送、比较、输入、输出等指令的执行时间，用以表示计算机的性能。这种方法可以评价计算机的事务处理能力。

2. 吉布森混合法

此方法主要用来评价计算机的科学计算能力。该方法把程序执行时常用的一些指令，如比较、计算、移位等指令分别加以执行，得出执行时间后再分别乘上加权值，求出总和。

3. 业务实测法

这种方法采用预先建立的有关业务的原型系统，规定处理业务的信息量，然后在不同的计算机上运行，从而比较处理时间的长短。这种方法可以考察计算机的数据处理能力。

二、计算机物理系统配置方案报告的具体内容

（一）计算机物理系统配置概述

这一部分主要介绍物理系统总体结构情况，以及选择计算机物理系统的背景、要求、原则和制约因素等。

（二）计算机物理系统选择的依据

这一部分主要介绍选择计算机物理系统的依据，包括功能要求、容量要求、性能要求、硬件设备配置要求、通信与网络要求、应用环境要求等。

（三）计算机物理系统配置的内容

第一，介绍硬件结构情况、硬件的组成及其连接方式，还要说明硬件的功能，并画出硬件结构配置图。

第二，介绍硬件系统配置的选择情况，列出硬件设备清单，标明设备名称、型号、规格、性能指标、价格、数量和生产厂家等。

第三，介绍通信与网络系统配置的选择情况，列出通信与网络设备清单，标明设备名称、型号、规格、性能指标、价格、数量和生产厂家等。

第四，介绍软件系统配置的选择情况，列出所需软件清单，标明软件名称、来源、特点、适用范围、技术指标和价格等。

（四）指出费用情况

这一部分主要介绍计算机硬件、软件、机房及其他附属设施，人员培训和计算机维护等所

需的费用,并给出预算结果。

(五)具体配置方案的评价

从使用性能和价格等方面进行分析,提供多个物理系统配置方案。通过对各个配置方案进行评价,在结论中提出设计者倾向的选择方案。

三、设计计算机物理系统配置方案时应该注意的问题

(一)满足新系统的应用需求

在新系统的设计中,提出了新系统的目标、处理功能、存储容量、信息交互方式等。这就要求所选择的计算机系统能够满足它的需求;同时兼顾购置的设备能被充分地利用,并且留有扩充的余地。在进行计算机物理系统配置时要注意如下倾向:(1)以价格为依据,认为价格越高性能越好;(2)以计算机系统性能指标为依据,认为计算机性能指标越高越好;(3)以计算机类型大小为依据,认为越大越好,外设和系统软件越多越好;等等。计算机物理系统配置应该以应用的实际需求为依据,以新系统的处理功能为准则,从而减少不必要的投资。

(二)实用性能强

所选择的计算机物理系统的实用性可从以下几个方面体现:

1. 易于开发,方便使用

根据应用需求,要求计算机系统应用软件丰富,工具齐全,有利于用户的开发和使用,具有较强的汉字处理能力等。

2. 选择的机型具有较强的生命力

尽量优先考虑选用国内外的主流机型,以便于计算机系统的维护;另外,还应考虑所选择的计算机系统尽量与本行业或本系统的机型一致和兼容,这有利于本行业、本系统的信息交换、应用软件的交流和资源的共享。

3. 有较强的通信能力

为了达到系统的资源共享和信息交换的目的,所选择的计算机系统要充分考虑新系统内部的联网和通信的选用,还要考虑以系统为公用数据网的交互能力。

4. 性能价格比

选择计算机系统时应提出几种选型方案,并进行认真分析比较,选取性能价格比较高的计算机系统。一般情况下,先进的新产品的性能价格比较高。

(三)可扩充性

通常新系统采用“统一规划,分布实施”的方案。开始建立的系统规模不可能很大,随着应用需求的扩大,需逐步增添设备、扩充功能,这就要求所选择的计算机系统具有灵活的扩充能力和升级能力,使得先期购置的设备和开发的应用软件不被浪费。

四、对计算机物理系统配置方案的评价

对计算机物理系统配置方案的评价过程实际上是一个调查、分析和对多种因素进行比较、权衡的过程,主要可从如下三个方面进行评价:

(一)对计算机公司的评价

对计算机公司的评价在于了解计算机生产厂家的实力及其发展前景。评价生产厂家实力的指标有资本、营业额、利润、市场占有率、人员组成、技术特色、信誉、在同行业中的地位和发展前景等。

(二)对计算机系统性能的评价

计算机管理信息系统主要由主机、外设、操作系统、数据库管理系统及其他工具软件、通信与网络系统、应用软件包及应用软件组成。通常它们又分为硬件和软件两大类。

1. 硬件系统选择

硬件系统的选择应考虑如下因素:中央处理机的速度和性能;内、外存容量及可扩充量;外设的配置主要考虑输入设备、输出设备、通信接口设备等;硬件系统支持软件的能力主要考虑硬件系统可支持本厂家生产的软件系统的能力,以及支持其他厂家生产的软件系统的能力,特别要考虑汉字的处理能力。

2. 软件系统选择

软件系统的选择主要考虑如下因素:软件的功能应能满足应用的需求;各种软件应配套齐全,尽量选用现成软件以加速系统开发进度;具有较强的适应性,与其他软件配套使用时能满足应用要求;软件的可靠性强,具有容错能力;安全、保密方面能满足用户需要;性能价格比高。

(三)对计算机配置方案的评价

对计算机配置方案的评价目的在于选择适合应用需要的计算机系统配置,其方法如下:(1)对每种选型方案进行分类整理;(2)比较分析它们各自的优劣;(3)组织有关专家进行分析论证;(4)确定优选配置方案。

应该指出,一些大、中型管理信息系统往往要选用多台计算机进行信息处理。多机系统的配置通常较为复杂,不但要考虑单机的性能,而且要综合考虑整个系统的功能要求,如系统总的处理能力、系统共享资源的能力、不同系统之间的通信能力、远程存取能力、连接能力、应用的覆盖范围和相应时间等。

五、系统设备配置与机器选型

(一)设备选配的依据

一般来说,设备的选择与配置应根据实际情况来确定,即按系统分析各步骤调查研究的结果来考虑配置设备(包括软、硬件设备),具体来说有如下几个方面:

1. 总体方案

根据分析的结果确定将要开发的系统是采用集中式的方案,还是分布式的方案,或者分布和集中的混合方案。

2. 容量

根据系统分析中所提供的数据存储容量总数确定所要购置的机器需要配置的存储容量。

3. 外设、终端或网络的配置

它包括网络与终端的分配、根据业务需要配置终端、根据业务内容确定终端的位置等。

4. 速度

这主要包括主机的速度、终端的速度和网络的通信速度。

5. 软件

根据系统分析的结果考虑应配置哪些软件,并指出这些软件可支持怎样的软、硬件工具等。

(二)设备选择的指标

在满足时间业务需要的前提下,只要资金许可,应尽量购置技术上成熟、性能价格比高的计算机系统。但是,目前计算机技术发展得很快,名目繁多,何谓好、何谓成熟很难笼统下结论。一般我们根据下列方面来评定:(1)可靠性(技术上是否可靠);(2)可维修性(维修是否方便);(3)兼容性(纵向:新老系统能兼容;横向:本系统与外系统能兼容);(4)标准系列性(非标准的系列不宜选取);(5)熟悉性(用户对软件、硬件的熟悉程度);(6)方便性(使用是否方便);(7)可扩充性(今后扩展系统或升级是否方便);(8)对工作环境的要求;(9)性能价格比。

(三)计算机硬件要考虑的指标

除上述设备选择所考虑的指标外,对计算机本身还要考虑以下指标:(1)主机的结构(是一般结构,还是优化自身处理命令的 RISC 体系结构);(2)主机的处理(百万条指令/秒);(3)相对机器性能价格指标(CW 是美国计算机世界杂志确定的一个衡量计算机性能价格的相对指标,它定义 IBM360 的 CW 指标为 45,其他机器都与它相比得出指标数);(4)内存的大小;(5)输入/输出通道数;(6)系统的读写/存储周期;(7)外设的速度;(8)高速缓存器的大小;(9)向上升级是否方便;(10)计算机设备及其对工作环境的要求。

(四)软件考虑的指标

除上述设备选择所考虑的指标外,软件的考虑必须与系统开发所采用的战略和方法学结合起来。在信息系统开发过程中,开发方法以及相应软件工具的选择对系统开发是否顺利乃至能否成功都是至关重要的。软件主要从如下几个方面考虑:(1)中文的使用;(2)操作系统;(3)数据库;(4)常用程序的语言设计;(5)第四代程序生成语言;(6)工具(如测试工具、需求分析工具和调试工具等);(7)应用系统开发环境(它代表了未来软件工程的发展方向,在这样一个环境和计算机自身的支持下,用户可以很方便地完成从需求分析、系统分析到系统设计、系统实现和运行管理的全过程);(8)图形软件;(9)各种应用软件包(如统计分析软件包、多元分析软件包和数学规划软件包等)。

(五)网络指标

网络指标除上述所考虑的指标外,还有如下指标:(1)网络的结构;(2)网络的拓扑结构;(3)网络的传输媒介;(4)各种接口;(5)网络管理软件;(6)网络与其他办公自动化设备的连接;等等。

(六)系统设备配置

考虑了上述种种因素后,我们常以表格的方式来描述系统设备的配置情况。表格中必须注明机器设备的型号、数量、距计算机中心的距离、系统的分布情况和环境条件等。

六、计算机处理流程

在确定了子系统的划分和系统的设备配置之后,还必须大体勾画出每个子系统的计算机处理流程。我们用计算机处理流程图来表达其设计思想。该图主要说明信息在计算机中的流动、转换、存储和处理的情况。

第七节 系统模块结构设计

模块结构设计是系统设计中的重要一步,也是涉及具体业务处理过程的一步,是下一步编程实现系统的基础。

结构化设计方法的基本思想是以系统的逻辑功能设计和数据流关系为基础,根据数据流程图和数据字典,借助于一套标准的设计准则和图表工具,通过“自顶向下”和“自底向上”的反复,逐层把系统划分为多个大小适当、功能明确、具有一定独立性且容易实现的模块,从而把复杂系统的设计转变为多个简单模块的设计。由于组成系统的模块彼此独立，因此，能够对模块进行单独维护和修改，而不会影响系统中的其他模块。由此可见，合理地进行模块分解和定义是结构化设计的主要内容。

一、模块

模块又称构件，是可以组合、分解和更换的单元，是组成系统、易于处理的基本单位。在本书中，系统中的任何一个处理功能都可以看做一个模块，在传统的方法中是指用一个名字就可调用的一段程序，类似于高级语言中的过程、函数等。它一般具有如下三个基本属性：一是功能，即指该模块实现什么功能，做什么事情；二是逻辑，即描述模块内部如何实现要求的功能；三是状态，即描述该模块的使用环境、条件及模块之间的相互关系。

对于模块的外部环境（如需要调用这个模块的上级模块）来说，只需要了解这个模块的外部特性就足够了，不必了解它的内部特性。而系统设计阶段，通常是先确定模块的外部特性，然后再确定它的内部特性。

二、HIPO 图

层次输入加工输出（Hierarchy Plus Input Process Output，HIPO）图最初只用作文档编写的格式要求，随后发展成比较有名的系统设计手段。HIPO 图采用功能框图和程序设计语言（Program Design Language，PDL）来描述程序逻辑，它由两部分组成：可视目录表和 IPO 图。可视目录表给出程序的层次关系，IPO 图则为程序各部分提供具体的工作细节。

（一）可视目录表

可视目录表由体系框图、图例和描述说明三个部分组成。

1. 体系框图

体系框图又称层次图，是可视目录表的主体，用它表明各个功能之间的隶属关系。它是自上向下逐层分解得到的，是一个树形结构。它的顶层是整个系统的名称和系统的概括功能说明；第二层把系统的功能展开，分成了几个框；第二层功能进一步分解，就得到了第三层、第四层……直到最后一层。每个框内都应有一个名字，用以标识它的功能；还应有一个编号，用以记录它所在的层次及在该层次的位置。

2. 图例

每一套层次输入加工输出图都应当有一个图例，即图形符号说明。附上图例，不管人们在什么时候阅读它都能对其符号的意义一目了然。

3. 描述说明

它是对层次图中每一框的补充说明，在必须说明时才用，所以它是可选的。描述说明可以使用自然语言。例如，应用层次输入加工输出法对盘存/销售系统进行分析，得到如图 6－9 所示的工作流程图。

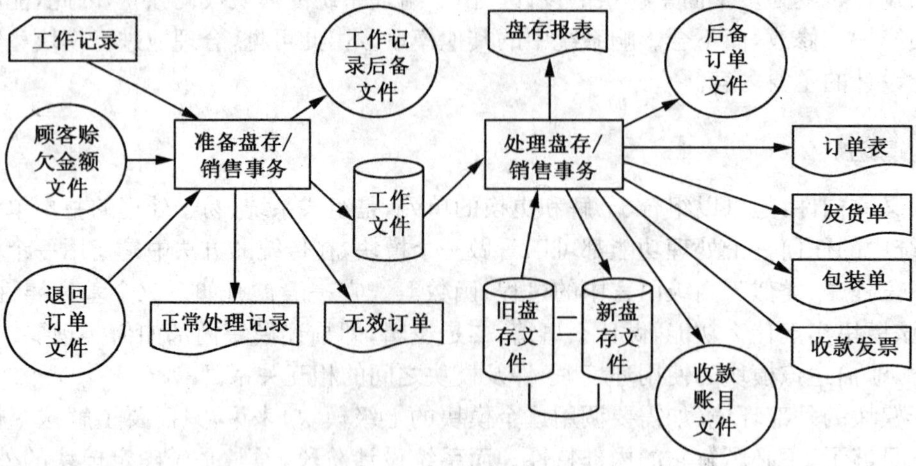

图 6—9 盘存/销售系统工作流程图

分析此工作流程图,可得如图 6—10 所示的可视目录表。图 6—10(a)是系统的层次图,图 6—10(b)是后面 IPO 图的图例,图 6—10(c)是描述说明。

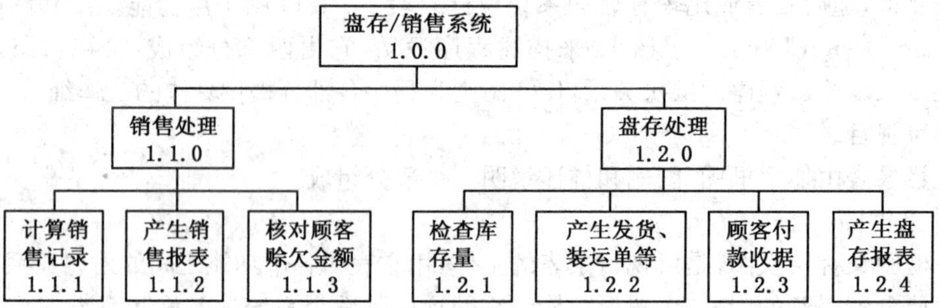

(a) 层次图

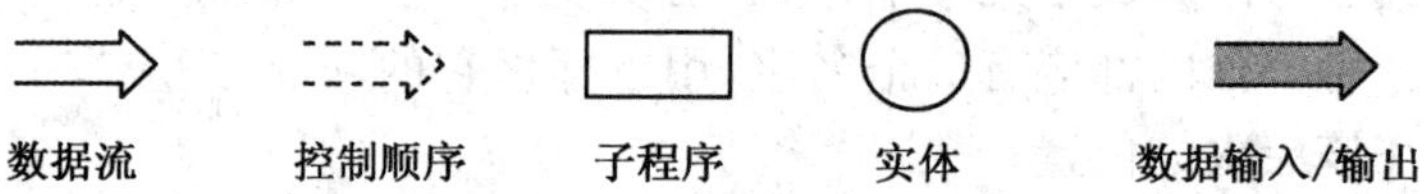

(b) 图例

号 码	说　　明
1.0.0	盘存/销售系统框图:处理订货、维护盘存文件,产生发货单、包装单、货运单、顾客付款收据,产生盘存与销售报表
1.1.0	顾客订单检查、核对顾客赊欠金额、产生销售报表
1.1.1	用工作文件的盘存项目号对顾客订单进行核对和排序
1.1.2	以地区和人员为单位编制销售报表,计算销售佣金
1.1.3	检验顾客的赊欠金额,计算折扣,确定支付项目
1.2.0	处理盘存管理报表,顾客付款收账,处理发货、包装和托运
⋮	

(c) 描述说明

图 6—10 盘存/销售系统的可视目录表

(二)IPO 图

IPO 图为层次图中每一功能框详细地指明输入、处理及输出。常常把 IPO 图又分为两部分，简单概括的称为概要 IPO 图，细致具体一些的称为详细 IPO 图。.

概要 IPO 图用于表达对某一个系统，或对其中某一个子系统功能的概略表达，指明在完成某一功能框规定的功能时需要哪些输入、哪些操作和哪些输出(如图 6－11 所示)。

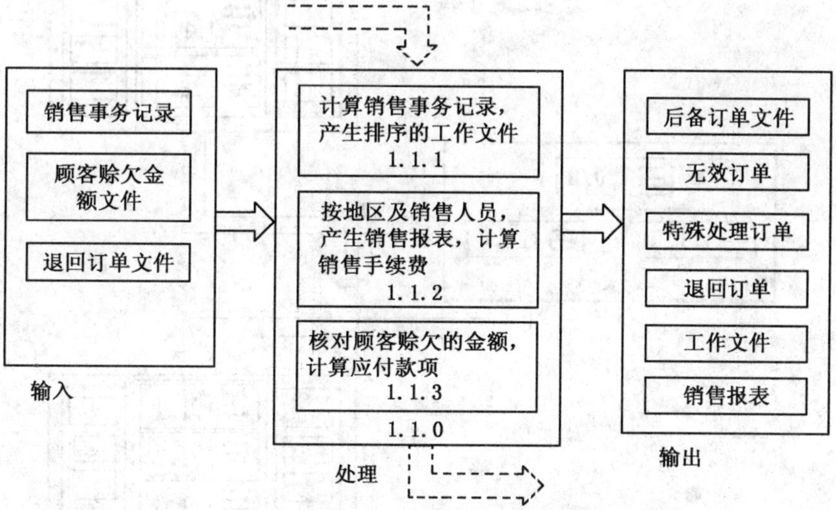

图 6－11　对应图 6－10 上 1.1.0 框的概要 IPO 图

在概要 IPO 图中，没有指明输入—处理—输出三者之间的关系，用它来进行下一步的设计是不可能的。故需要使用详细 IPO 图以指明输入—处理—输出三者之间的关系，其图形与概要 IPO 图一样，但输入、输出最好用具体的介质和设备类型的图形表示。图 6－12 是销售/盘存系统中对应于 1.1.2 框的一张详细 IPO 图。

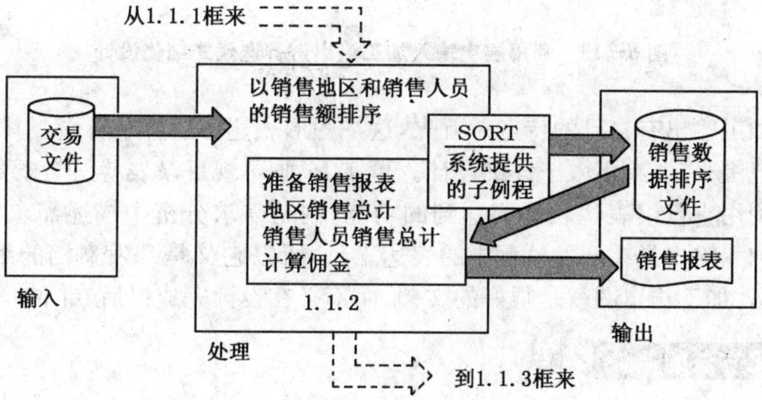

图 6－12　对应于图 6－10 上 1.1.2 框的详细 IPO 图

(三)利用层次输入加工输出进行迭代式细化设计

图 6－13 是利用层次输入加工输出进行迭代式细化设计的示意图。从图中可看到，把可视目录表和 IPO 图结合起来，反复交替地使用它们，可使得设计工作逐步深化，最终取得圆满的设计结果。其实，这正是自上向下，逐步求精的结构化程序设计思想。

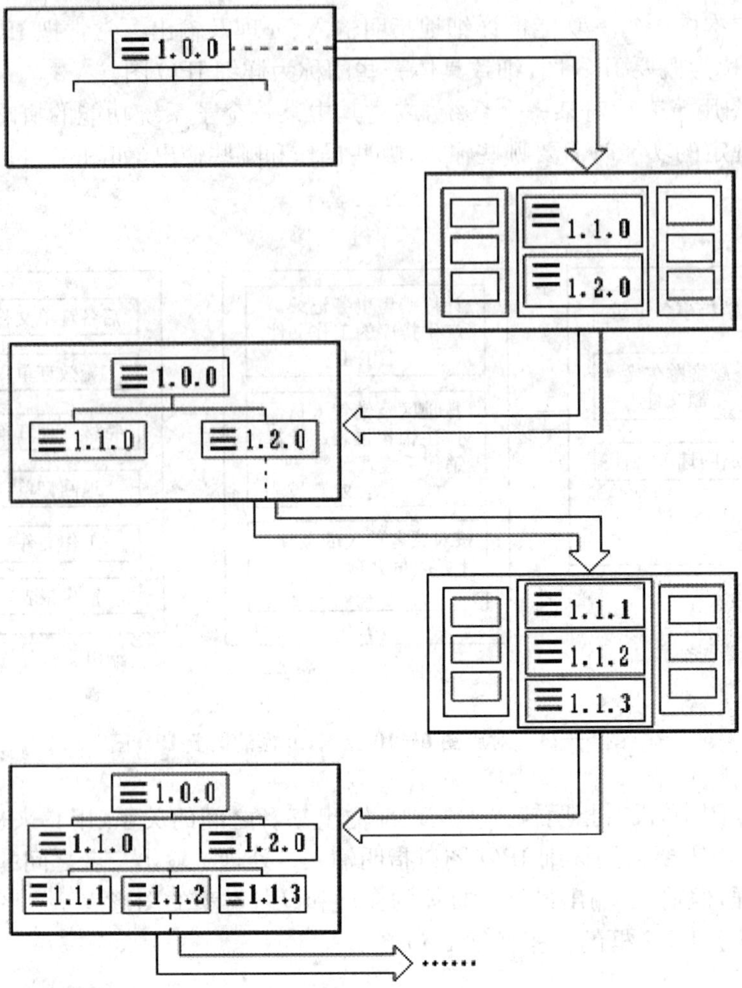

图 6—13 利用层次输入加工输出进行迭代式细化设计

层次输入加工输出有自己的特点。首先，这一图形表达方法容易看懂。其次，层次输入加工输出的适用范围很广，绝不限于详细设计。事实上，画可视目录表就是与概要设计密切相关的工作。如果利用它仅仅表达软件要达到的功能，则是需求分析中描述需求的很好的工具。因为层次输入加工输出是在开发过程中的表达工具，所以它又是开发文档的编制工具。开发完成后，层次输入加工输出图就是很好的文档，而不必在设计完成以后专门补写文档。

三、模块化方法的益处

模块化方法带来了许多好处。一方面，模块化设计降低了系统的复杂性，使得系统容易修改；另一方面，模块化设计推动了系统各个部分的并行开发，从而提高了软件的生产效率。

四、模块独立性

所谓模块的独立性，是指软件系统中每个模块只涉及软件要求的具体的子功能，而与软件系统中其他模块的接口是简单的。例如，一个模块只具有单一的功能且与其他模块没有太多的联系，那么，我们称此模块具有模块独立性。

一般采用两个准则来度量模块的独立性，即模块的内聚性和模块间的耦合。

(一)内聚性

内聚是模块功能强度(一个模块内部各个元素彼此结合的紧密程度)的度量。一个内聚程度高的模块(在理想情况下)应当只做一件事。一般模块的内聚性分为以下七种类型(如图 6—14所示)。

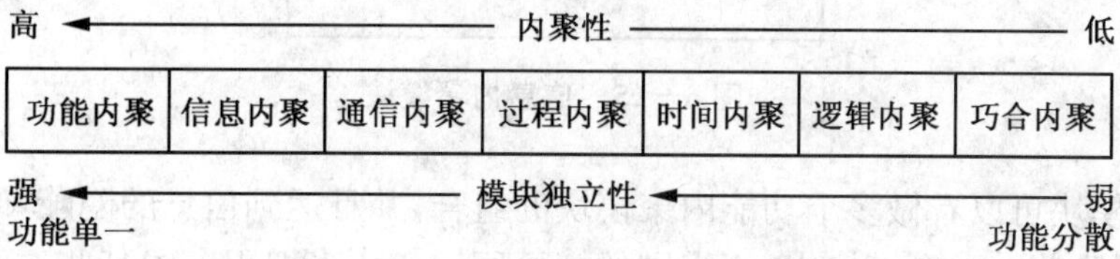

图 6—14　一般模块的内聚性

从上面的关系中可以看到，位于高端的几种内聚类型最好，位于中段的几种内聚类型是可以接受的，但位于低端的内聚类型很不好，一般不能使用。因此，人们总是希望一个模块的内聚类型向高的方向靠。模块的内聚在系统的模块化设计中是一个关键因素。

1. 巧合内聚(偶然内聚)

当几个模块内凑巧有一些程序段代码相同，又没有明确表现出独立的功能时，把这些代码独立出来建立的模块即为巧合内聚模块。它是内聚程度最低的模块。其缺点是模块的内容不易理解、修改或维护。

2. 逻辑内聚

这种模块把几种相关的功能组合在一起，每次被调用时，由传送给模块的控制型参数来确定该模块应执行哪一种功能。逻辑内聚模块比巧合内聚模块的内聚程度要高，因为它表明了各部分之间在功能上的相关关系。

3. 时间内聚(经典内聚)

这种模块大多为多功能模块，但要求模块的各个功能必须在同一时间段内执行，如初始化模块和终止模块。时间内聚模块比逻辑内聚模块的内聚程度稍高一些。在一般情形下，各部分可以任意顺序执行，所以，它的内部逻辑更简单。

4. 过程内聚

使用流程图作为工具设计程序时，常常通过流程图来确定模块划分。把流程图中的某一部分划出组成模块，就得到过程内聚模块。这类模块的内聚程度比时间内聚模块的内聚程度更强一些。

5. 通信内聚

如果一个模块内各功能部分都使用了相同的输入数据，或产生了相同的输出数据，则称之为通信内聚模块。通常，通信内聚模块是通过数据流图来定义的。

6. 信息内聚

这种模块完成多个功能，各个功能都在同一数据结构上操作，每一项功能有一个唯一的入口点。例如，图 6—15 所示的模块具有 4 个功能，由于模块的所有功能都是基于同一数据结构(符号表)，因此，它是一个信息内聚模块。

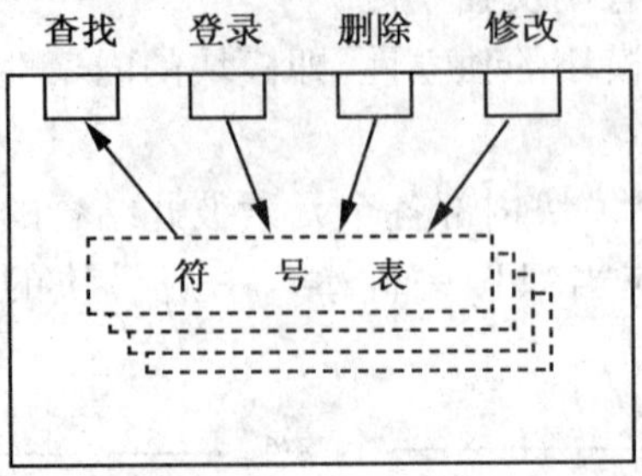

图 6—15 信息内聚模块

信息内聚模块可以看做多个功能内聚模块的组合，并且达到信息的隐蔽，即把某个数据结构、资源或设备隐蔽在一个模块内，不为别的模块所知晓。当把程序中某些方面的细节隐藏在一个模块中时，就增加了模块的独立性。

7. 功能内聚

一个模块中各个部分都是为完成一项具体功能而协同工作、紧密联系、不可分割的，则称该模块为功能内聚模块。功能内聚模块是内聚性最强的模块。

(二)耦合性

耦合是模块之间相对独立性(互相连接的紧密程度)的度量。它取决于各个模块之间接口的复杂程度、调用模块的方式以及哪些信息通过接口。

一般模块之间可能的连接方式有七种，构成耦合性的七种类型(如图 6—16 所示)。

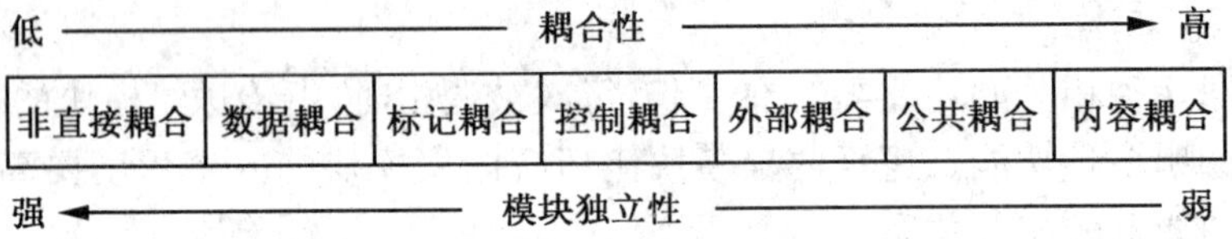

图 6—16 耦合性的类型

1. 内容耦合

如果一个模块直接访问另一个模块的内部数据，或者一个模块不通过正常入口转到另一模块内部，或者两个模块有一部分程序代码重叠，或者一个模块有多个入口，则两个模块之间就发生了内容耦合。在内容耦合的情形下，被访问模块的任何变更或者用不同的编译器对其再编译，都会造成程序出错。这种耦合是模块独立性最弱的耦合。

2. 公共耦合

若一组模块都访问同一个公共数据环境，则它们之间的耦合就称为公共耦合。公共的数据环境可以是全局数据结构、共享的通信区或内存的公共覆盖区等(如图 6—17 所示)。

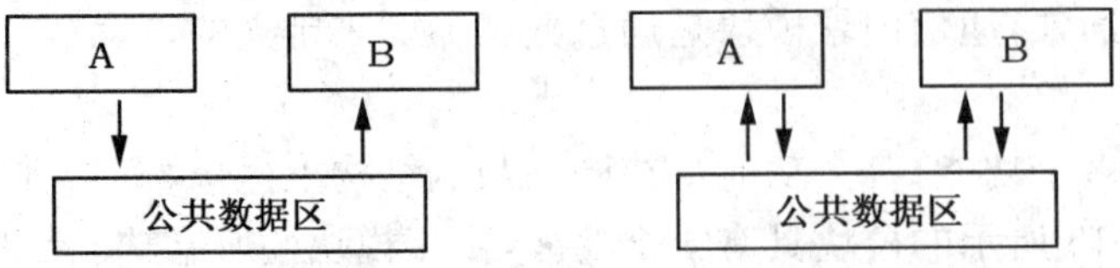

(a)松散的公共耦合　(b)紧密的公共耦合

图 6—17 公共耦合

3. 外部耦合

一组模块都访问同一全局简单变量而不是同一全局数据结构，而且不是通过参数表传递该全局变量的信息，则称之为外部耦合。外部耦合引起的问题类似于公共耦合，区别在于在外部耦合中不存在依赖于一个数据结构内部各项的物理安排。

4. 控制耦合

如果一个模块通过传送开关、标志、名字等控制信息，明显地控制选择另一模块的功能，那么就是控制耦合（如图 6－18 所示）。这种耦合的实质是在单一接口上选择多功能模块中的某项功能。因此，对被控制模块的任何修改都会影响控制模块。另外，控制耦合也意味着控制模块必须知道被控制模块内部的一些逻辑关系，这些都会降低模块的独立性。

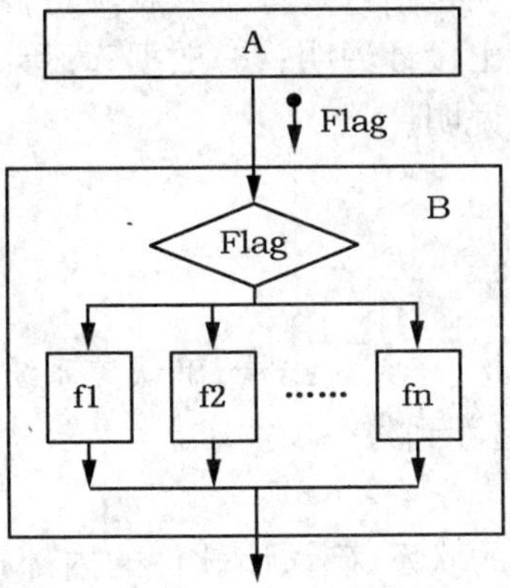

图 6－18　控制耦合

5. 标记耦合（地址）

如果一组模块通过参数表传递记录信息，就是标记耦合。事实上，这组模块共享了某一数据结构的子结构，而不是简单变量。这要求这些模块都必须清楚该记录的结构，并按结构要求对记录进行操作。

6. 数据耦合

如果一个模块访问另一个模块时，彼此之间是通过数据参数（不是控制参数、公共数据结构或外部变量）来交换输入、输出信息的，则称这种耦合为数据耦合。数据耦合是松散的耦合，模块之间的独立性比较强。

7. 非直接耦合

如果两个模块之间没有直接关系，它们之间的联系完全是通过主模块的控制和调用来实现的，这就是非直接耦合。这种耦合的模块独立性最强。

实际上，开始时两个模块之间的耦合不只是一种类型，而是多种类型的混合。这就要求设计人员进行分析、比较，逐步加以改进，以提高模块的独立性。

模块之间的连接越紧密，联系越多，耦合性就越高，而其模块独立性就越弱。一个模块内部各个元素之间的联系越紧密，它的内聚性就越高；相对地，它与其他模块之间的耦合性就会降低，而模块独立性就越强。因此，模块独立性比较强的模块应是高内聚、低耦合的模块。

第八节　设计规格说明和设计评审

系统设计的最终目标是要取得最佳方案。“最佳”是指在所有候选方案中，就节省开发费用、降低资源消耗、缩短开发时间的条件，选择能够赢得较高的生产率、较高的可靠性和可维护性的方案。在整个设计过程中，各个时期的设计结果需要经过一系列设计质量的评审，以便及时发现和解决在系统设计中出现的问题，防止把问题遗留到开发的后期，造成后患。

一、系统设计说明书的主要内容

系统设计说明书的主要内容应包括：(1)系统开发项目概述；(2)模块设计说明；(3)代码设计说明；(4)输入设计说明；(5)输出设计说明；(6)数据库设计说明；(7)网络环境说明；(8)安全保密说明；(9)系统设计实施方案说明。

二、设计评审的内容

(一)可追溯性

这是指分析该软件的系统结构、子系统结构，确认该系统设计是否覆盖了所有已确定的软件需求，软件的每一成分是否可追溯到某一项需求。

(二)接口

这是指分析软件各部分之间的联系，确认该软件的内部接口与外部接口是否已经明确定义。模块是否满足高内聚和低耦合的要求。模块的作用范围是否在其控制范围之内。

(三)风险

这是指确认该系统设计在现有技术条件下和预算范围内是否能按时实现。

(四)实用性

这是指确认该系统设计对于需求的解决方案是否实用。

(五)技术清晰度

这是指确认该系统设计是否以一种易于翻译成代码的形式表达。

(六)可维护性

从软件维护的角度出发，确认该系统设计是否考虑了方便未来的维护。

(七)质量

这是指确认该系统设计是否表现出良好的质量特征。

(八)各种选择方案

这是指是否考虑过其他方案，比较各种选择方案的标准是什么。

(九)限制

这是指评估对该软件的限制是否现实，是否与需求一致。

(十)其他具体问题

这是指对于文档、可测试性、设计过程等进行评估。

三、实例

X公司是服务于客户与航空公司、轮船公司之间的国内货运代理公司，其服务的内容是为客户代办托运和报关手续。建立X公司管理信息系统的目的是缩短货运周期，提高服务质量和增强竞争力。

(一)网络建设需求

1. 提供信息通道

X公司网络信息系统连接该公司在全国的28个城市的分公司和办事处,要求提供通信通畅、无断点、无"瓶颈"的信息通道。

2. 提供互联网信息服务

在总公司/北京分公司设一主出口,与因特网联网。在互联网上建立公司的主页,提供电子邮件等信息服务功能。

3. 提供智能化电子邮件功能

能使网上用户通过电子邮件相互访问,并能够通过总部的互联网电子邮件网关与国外进行电子邮件通信。

4. 提供全局命名服务功能

全网统一的名字服务系统可方便对网络的管理与使用。

5. 提供信息安全功能

在企业网的范围内提供信息的安全保密功能,不仅能控制用户对网络和文件的访问,而且能对网上的所有资源提供保护,对非法入侵者进行防范和跟踪。

(二)网络系统设计

系统设计的出发点是为用户提供一个既切合实际,又具有扩展和升级能力的方案,使用户能够获得最大的经济效益。在设计中遵循了以下原则:

第一,切实可行。这是指符合当今通信技术的发展现状,能够利用所有成熟的通信手段灵活地构造网络系统。

第二,开放性。这是指遵循主流的接口规范和协议标准,不基于特定机型、操作系统或厂家的体系结构,从而保证将来系统扩展与升级以及与其他系统互联的方便可行,避免"今天的投资成为明天的浪费"。

第三,整体优化。这是指不片面追求单机、子系统的高性能,而是以保证子系统有较高的整体性能为目的,整个系统在用户界面上应是一个透明的完整体。

第四,技术先进。这是指所选的技术与设备应是成熟的,先进实用,稳定可靠。

第五,设计周密。这是指操作系统及网络结构应充分考虑将来联网的要求。

(三)X公司企业网系统

1. 广域网系统

(1)总部是整个广域网系统的信息枢纽,设有全网络系统的主数据库,被所有分公司、代理和办事处访问与共享。总部与CHINAPAC,Internet,PSTN等都有直接的连接。在总部设有通往Internet的出口。

(2)大多数分公司与总公司连接,各分公司之间的连接都通过CHINAPAC进行,一些较为重要的分公司与总部通过DDN数字专线连接。

(3)在总部设有网络管理工作站,通过中心一套基于PC的网管软件,对整个企业网中所有的路由器进行管理和性能监控,从而提高网络的可维护性与可靠性。

2. 区域网系统

由于X公司的某些分公司下属的多个业务部门往往不在一栋建筑物内,而是分布在一个城市的不同地区,因此,需要进行区域网建设。这些业务部门有的组建规模不同的局域网,通过分组交换网或 DDN 专线互联；有的小营业点采用单台 PC 拨号上网的方式与分公司通信。

3. 局域网系统

根据 X 公司各分公司规模的不同，其局域网的建设方案分为 A、B、C、D 四种。

(1)A 类局域网采用交换式局域体系结构，具有局域网网管功能和较强的广域网连结能力。选用交换式集成器 3COM Link Switch2200 作为局域网的枢纽。选用 3COM 的 Link Builder FMS Management Module 实现网络管理功能。选用 Cisco 公司的中档路由器 Cisco4500 作为广域网的接入设备。

(2)B 类方案采用传统的共享式以太网结构，选用可堆叠式的集线器作为网络连接设备，使网络易于扩展，保护现有投资。选用 Cisco2501 作为广域网的接入设备。比较大的分公司采用这种方案。

(3)C 类方案在局域网构成上与 B 类方案相似。其广域接入设备采用更低档的 Cisco 路由器 Cisco1005。采用这种方案的主要是本地需建小型局域网的分公司。

(4)D 类方案采用单机形式，无局域网设备，无路由器。通过 PC 计算机上的串口资源或广域网卡与其他分公司进行数据交换。业务规模较小的分公司和一些办事处采用 D 类方案。

本章小结

系统设计的基本目标是用比较抽象和概括的方式确定目标系统如何完成预定的任务。也就是说，系统设计是确定系统的物理模型，包括系统的模块结构和每一个模块的结构细节。

系统设计分概要设计和详细设计两个阶段。在概要设计阶段建立软件体系结构，确定系统接口、全局数据结构或数据库模式，在详细设计阶段确立每一个模块的实现算法和局部数据结构，并用一种适当的方法表示算法和数据结构的细节，以便在程序编码阶段直接根据这些细节实现程序的逻辑。

讨论软件体系结构是近年来新出现的课题。软件体系结构设计的三个要素是程序构件(模块)的层次结构、构件之间的交互方式，以及数据的结构。

比较软件体系结构设计时应遵循的一个重要原则即模块的独立性，应建立高内聚和低耦合的模块结构。软件系统应由一组功能相对独立的模块组成，模块之间的接口应尽可能简单。

一种典型的系统设计方法是结构化设计方法，它依据抽象和自上向下、逐层细化的原则，从数据流图出发，从抽象到具体地分析和建立软件的层次结构。许多计算机科学家经过长期实践和摸索，基于用结构化设计方法建立的系统结构提出了若干启发式原则，以完善模块结构和软件的体系结构。这些启发式原则必须掌握，以指导软件系统结构的开发。

中英文对照专业名词及术语

1. 系统流程图(System Flowchart，SF)
2. 层次输入加工输出图(Hierarchy plus Input Process Output，HIPO)
3. 程序设计语言(Program Design Language，PDL)

思考题

1. 系统设计从技术上和管理上分为哪几种？

2. 从技术上看，几种设计分别从分析模型的哪些成分转换而来？

3. 系统设计的目标是什么？基本原则是什么？

4. 系统设计的过程有哪几步？第一步和最后一步的作用是什么？

5. 抽象化和逐步细化的思想在设计中起到什么作用？

6. 为什么要模块化？模块是什么？

7. 模块独立性的量度有哪两个？如何选取好的方式以增强模块独立性？

8. 数据设计的基本原则是什么？

9. 文件设计分两个阶段，每个阶段各完成什么工作？

10. 网络设计包括哪些内容？

11. 为什么要进行代码设计？设计的原则有哪些？代码的分类有哪些？

12. 根据自己掌握的知识，谈谈界面设计的重要性。

13. 目前有哪几种输入校对方式？它们的优缺点是什么？分别适用于哪些地方？

14. 层次输入加工输出图是如何构成的？它的主要用途是什么？

15. 对所在学校的学生成绩管理系统进行系统设计：(1)网络结构设计；(2)数据模型设计；(3)代码设计；(4)画出业务处理流程图；(5)画出层次输入加工输出图；(6)进行功能模块设计，并画出功能层次图。

16. 为什么要做设计评审？主要评审哪些问题？

参考文献

1. 黄梯云.管理信息系统[M].北京：高等教育出版社，2000.

2. 薛华成. 管理信息系统.第三版[M].北京：清华大学出版社，1999.

3. 王汉新，王道平. 管理信息系统教程[M].北京：中国劳动社会保障出版社，2000.

4. 姜旭平.信息系统开发方法[M].北京：清华大学出版社，1997.

5. Diana Grimwood-jones.信息管理[M]. 北京：清华大学出版社，2003.

第七章

管理信息系统的实施

第一节 系统实施的任务

一、系统实施的主要内容

系统实施作为管理信息系统开发生命周期中的后期阶段，其目的是把系统分析和系统设计的成果转化为可实际运行的系统。系统实施对于系统的质量、系统的可靠性和可维护性等性能有着十分重要的影响。

系统实施的主要内容包括物理系统的实施、程序设计与调试、系统测试、系统切换、运行与维护、系统的安全性与可靠性、系统的评价等。

系统实施阶段是一个非常重要的阶段，此阶段的工作是否顺利，关系到整个系统的前期投入是否成功。该阶段的主要人员有程序开发人员和用户。

在这个阶段，需要用户积极工作，不仅限于简单地参与和被动地配合，而是积极主动地工作。在这个阶段，涉及的人员种类和人数很多，工作要求做得细致。因此，该阶段存在许多问题，涉及管理和技术的各个方面。例如，如何保证所开发的软件具有高质量、如何将设计的新系统更快地投入运行、如何培训系统用户等。

二、系统实施阶段的特点

（一）系统实施的组织管理

系统实施是管理信息系统开发工作的一个非常复杂的阶段，是一项涉及各级管理人员、系统开发技术人员、系统测试人员、系统操作和维护人员的组织协调，以及系统应用环境、场地、设备和资金的调配管理，持续时间长且十分复杂的系统工程，需要建立一套完善的管理机制并制订强有力的管理措施，以保证系统实施工程的顺利进行。

第一，要建立一个企业领导牵头的组织指挥机构。这个机构的成员应该能够在整个企业内部各个部门之间协调各种工作关系，调动人员、设备、财力和物力资源；能够对企业的各种规章制度和组织机构，针对系统实施方案的要求作出适当调整。其成员应该包括企业决策者、高层管理人员、各个主要部门负责人、开发单位负责人和开发项目负责人。

第二，做好实施管理信息系统的企业内部宣传教育工作。教育部门员工统一思想，正确认识管理信息系统，正确对待即将建成的管理信息系统可能给自己工作带来的变化。在全企业范围内营造一种人人关心、理解、支持管理信息系统建设的良好氛围，积极配合开发人员的工作，为开发单位的技术人员创造一个和谐、宽松的开发工作环境。

第三，组织好企业内部有关人员的技术培训工作。企业管理信息系统要求系统操作人员具有熟练的计算机操作技能和一定的计算机基础知识，为此，应当在各个部门推广计算机应用的基本知识，进行计算机操作技能岗位培训，提高对运用经济信息管理企业的重要性的理解和认识，为管理信息系统在企业内部顺利实现做好思想和人员准备。

(二)系统实施的技术管理

管理信息系统的成功实施依赖于企业提供全面、规范、准确地描述企业运行状况的基本数据。企业内部的基本数据只能依靠企业自己，一方面要通过建立本企业的基本数据采集规则，为今后采集新的数据做好准备；另一方面要收集和整理历史数据，并且从中提炼出规范化的基本数据，为构建系统数据库的原始数据做好必要的数据准备。这项工作艰苦、细致、工作量大，企业必须认真对待，实实在在地完成所要求的各项工作。

建设管理信息系统的硬件、软件和网络环境是一项技术含量高、劳动强度大的任务。它为管理信息系统提供运行的基本设施和工作平台，是管理信息系统在企业得到应用的前提条件或建筑基石。

系统实施过程中最重要的、工作量最大的是编制系统的应用程序，即编程。编程是按照详细设计阶段产生的程序设计说明书，用选定的程序设计语言书写源程序。

系统实施阶段还要注意新旧系统之间的转换，也称系统切换，是指以新开发的系统替换旧的系统，并使之投入使用的过程，它包括系统交付前的准备工作、系统切换的方法和步骤等。

管理信息系统是一个开放的系统，它要求能够兼容各种不同类型的硬件和软件，要能够支持计算机技术硬件和软件的升级与更新换代，让开发出的系统在将来升级的工作环境下仍然充满活力和具有可拓展性。

管理信息系统是一个人机交互系统。系统实施的目标之一就是要充分考虑友好的人机交互界面，让不太懂计算机的人也能够方便地操作应用系统，完成自己的工作。

总之，最终完成的企业管理信息系统应该是一个开放性的、支持业务过程并能随着业务拓展而重构的、具有良好人机界面的应用系统。

第二节 物理系统的实施

系统实施阶段既是成功地实现新系统，又是取得用户对系统信任的关键阶段。管理信息系统的规模越大，实施阶段的任务就越复杂。为此，在系统正式实施之前，就要制定出周密的计划，即确定系统实施的方法、步骤、所需的时间和费用，并且要监督计划的执行，做到既有计划又有检查，以保证系统实施工作的顺利进行。

管理信息系统物理系统的实施是计算机系统和通信网络系统设备的订购、机房的准备和设备的安装调试等一系列活动的总和。

一、计算机系统的实施

各种不同的计算机产品为信息系统的应用提供了广阔的舞台，但也给系统的实施带来了一定的复杂性。我们必须从这些计算机产品中选择最适合我们需要的计算机系统。购置计算机系统的基本原则是能够满足管理信息系统的设计要求。此外，还应当考虑以下问题：(1)关注计算机品牌，更要关注配置；(2)不必过分追求高档；(3)注意计算机售后服务承诺；(4)要求提供详尽的配置清单；(5)要求加贴小标签。

计算机对周围环境相当敏感，计算机应置于通风、干燥、非阳光直射的环境中，工作温度为10℃～35℃，不得放于灰尘多的地方，以免静电造成计算机损坏。硬件通过电缆线连接至电源，电缆走线要安放在防止静电感应的耐压有脚的活动地板下面。另外，为了防止由于突然停电而造成的事故，应安装备用电源设备，如功率足够的不间断电源(UPS)。

计算机设备到货后，应该马上按订货合同开箱验收。计算机系统的安装与调试任务主要由供货方负责完成。系统运行用的常规诊断校验系统也应由供货方提供，并负责对操作人员的培训。

二、网络系统的实施

管理信息系统通常是一个由通信线路把各种设备连接起来组成的网络系统。管理信息系统网络有局域网和广域网两种。局域网常被用于连接公司办公室或工厂里的个人计算机和工作站，以便共享资源(如打印机)和交换信息。局域网可以实现楼宇内部和邻近的几座大楼之间的内部联系。广域网设备之间的通信通常利用公共电信网络实现远程设备之间的通信。

网络系统的实施主要是通信设备的安装、电缆线的铺设及网络性能的调试等工作。常用的通信线路有双绞线、同轴电缆、光纤电缆、微波和卫星通信等。

第三节　程序设计

一、程序设计的目标

随着计算机硬件的飞速发展，计算机的运行速度越来越快，容量越来越大，价格越来越便宜，软件费用在整个应用系统中所占的比重急剧上升，从而使人们对程序设计的要求发生了变化。在过去的小程序设计中，主要强调程序的正确性和效率性；但对于大型程序，人们则倾向于首先强调程序的可靠性、实用性、规范性、可读性和可维护性。

(一)可靠性

系统运行的可靠性是十分重要的，在任何时候都是衡量系统质量的首要指标。可靠性指标可分解为两个方面的内容：一方面是程序或系统的安全可靠性，如数据存取的安全可靠性、通信的安全可靠性和操作权限的安全可靠性，这些工作一般都要在系统分析和设计时严格定义；另一方面是程序运行的可靠性，这一点只能靠调试时严格把关(特别是委托他人编程时)来保证编程工作的质量。

(二)实用性

实用性是指从用户的角度来审查系统各部分都非常方便、实用。实用性是系统今后能否投入实际运行的重要保证。

(三)规范性

规范性即系统的划分、书写的格式、变量的命名等都按统一规范,这对于今后程序的阅读、修改和维护都是十分必要的。

(四)可读性

可读性即程序清晰,没有太多繁杂的技巧,能够使他人容易读懂。可读性对于大规模工程化地开发软件非常重要。因为可读程序是今后维护和修改程序的基础,如果很难读懂,则无法修改,而无法修改的程序是没有生命力的程序。在国外,还常常在程序中插入大量解释性语句,以对程序中的变量、功能、特殊处理细节等作出解释,为今后他人读懂该段程序提供方便。

(五)可维护性

可维护性即程序各部分相互独立,没有调子程序以外的其他数据关联。也就是说,不会发生那种在维护时牵一发而动全身的连锁反应。一个规范性、可读性、结构划分都很好的程序模块,其维护性也是比较好的。

二、结构化程序设计方法

程序设计的主要依据是系统设计阶段的层次输入加工输出图以及数据库结构和编程语言设计。编写程序应符合软件工程化思想。软件工程的思想即利用工程化的方法进行软件开发,通过建立软件工程环境来提高软件开发效率。

(一)程序流程图

程序流程图的优点,是其独立于任何一种程序设计语言,直观、清晰,易于学习和掌握。

程序流程图的缺点,是其所使用的符号不够规范,常常使用一些习惯性用法。特别是表示程序控制流程的箭头,可以不受任何约束,随意转移控制。这些现象显然是与软件工程化的要求相背离的。为了消除这些缺点,应对流程图所使用的符号作出严格的定义,不允许人们随心所欲地画出各种不规范的流程图。例如,为使用流程图描述结构化程序,必须限制流程图只能使用如图 7-1 所示的五种基本控制结构。

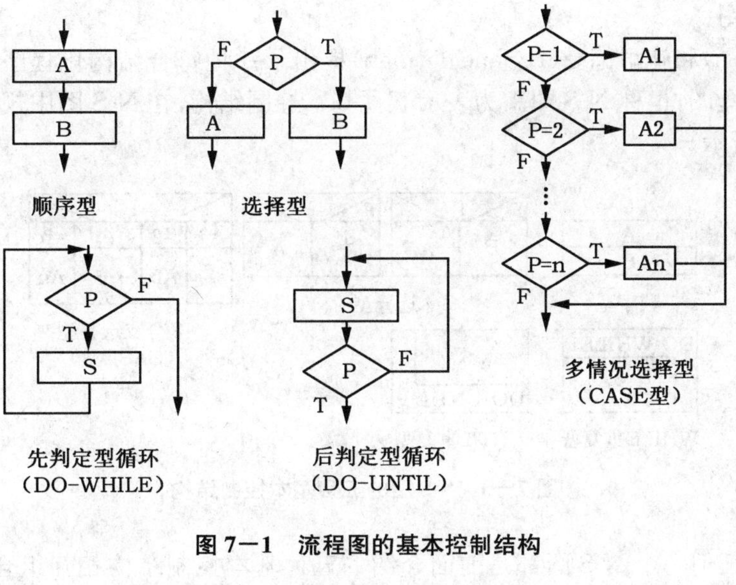

图 7-1 流程图的基本控制结构

任何复杂的程序流程图都应由这五种基本控制结构组合或嵌套而成。图 7-2 是上述五种控制结构相互组合和嵌套的实例。显然,这种流程图所描述的程序是结构化的。

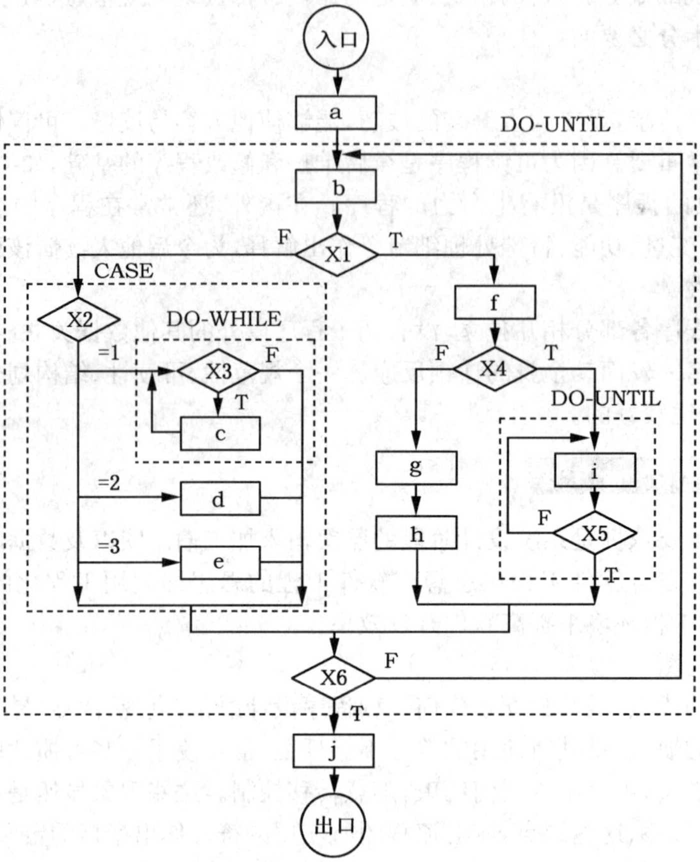

图 7—2 流程图的基本控制结构

(二)N－S 图

纳西(I.Nassi)和施耐德曼(B.Shneiderman)提出了一种符合结构化程序设计原则的图形描述工具,称为盒图,也称 N-S 图。为表示五种基本控制结构,在 N-S 图中规定了五种图形构件(如图 7—3 所示)。

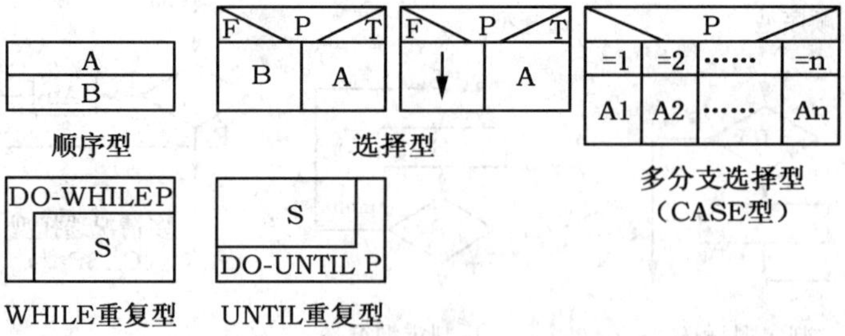

图 7—3 N-S 图的五种基本控制结构

如前所述,任何一个 N-S 图都是前面介绍的五种基本控制结构相互组合与嵌套的结果。当问题很复杂时,N-S 图可能很大(如图 7—4 所示)。

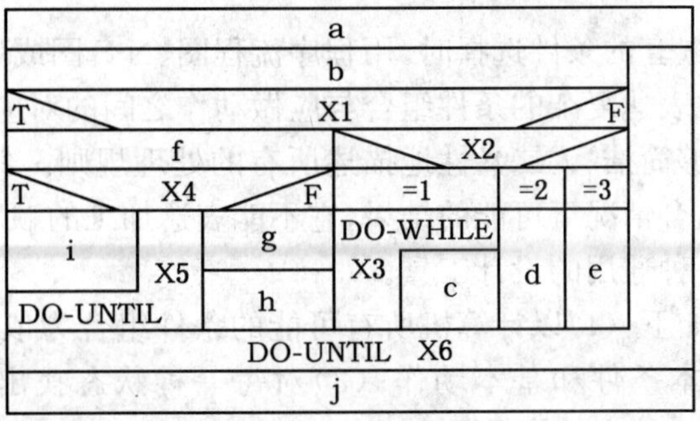

图 7—4　N-S 图的实例

(三)问题分析图

问题分析图(Problem Analysis Diagram,PAD)是日本日立公司提出,由程序流程图演化而来,用结构化程序设计思想表现程序逻辑结构的图形工具,现在已为 ISO 认可。

PAD 也设置了五种基本控制结构的图式,并允许递归使用(如图 7—5 所示)。

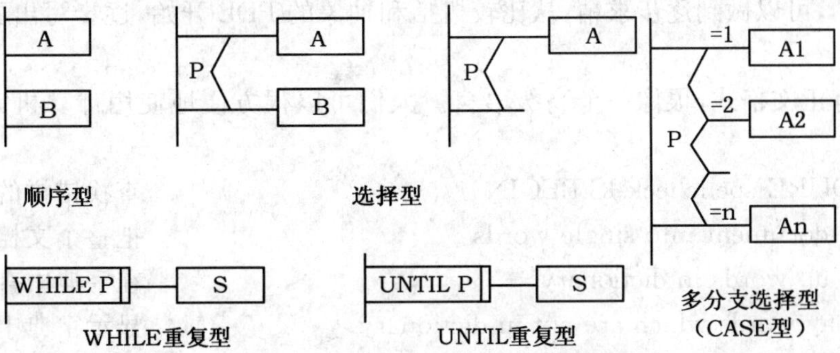

图 7—5　PAD 的基本控制结构

PAD 的执行顺序从最左主干线的上端结点开始,自上而下依次执行。每遇到判断或循环,就自左而右进入下一层,从表示下一层的纵线上端开始执行,直到该纵线下端,再返回上一层纵线的转入处。如此继续,直到执行到主干线的下端为止(如图 7—6 所示)。

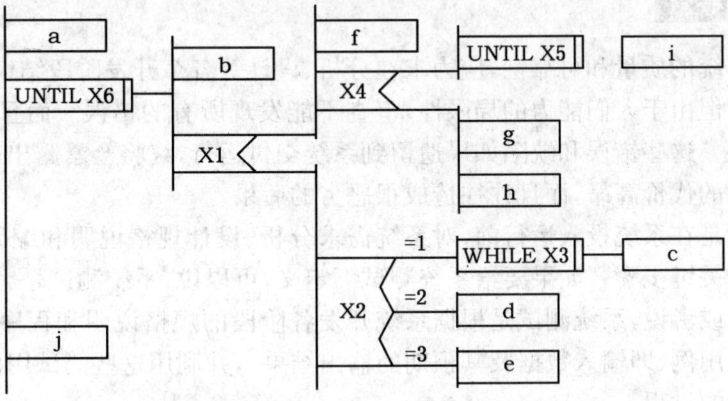

图 7—6　PAD 实例

(四)判定表

当算法中包含多重嵌套的条件选择时,用程序流程图、N-S 图或 PAD 都不易清楚地描述。然而,判定表却能清晰地表达复杂的条件组合与应做动作之间的对应关系。

判定表的优点是能够简洁、无二义性地描述所有的处理规则。但判定表表示的是静态逻辑,是在某种条件取值组合情况下可能的结果,它不能表达加工的顺序,也不能表达循环结构,因此,判定表不能成为一种通用的设计工具。

制定表的工作过程如下:(1)以计算机所有可能的条件组合为依据,确定可能产生的规则的个数;(2)列出所有基本条件和基本动作;(3)对每一种状态找出所有条件,填入条件项;(4)对每一规则指定动作,填入动作项。

(五)程序设计语言

PDL 是一种用于描述功能模块的算法设计和加工细节的语言,是一种伪码。一般地,伪码的语法规则分为"外语法"和"内语法"。外语法应当符合一般程序设计语言常用语句的语法规则;而内语法则可以用英语中一些简单的句子、短语和通用的数学符号来描述程序应执行的功能。

使用 PDL,可以做到逐步求精:从比较概括和抽象的 PDL 开始,逐步写出更详细、更精确的描述。

PDL 具有正文格式,很像一个高级语言。人们可以很方便地使用计算机完成 PDL 的书写和编辑工作。

```
PROCEDURE spellcheck IS BEGIN                      查找错拼的单词
    split document into single words               把整个文档分离成单词
    look up words in dictionary                    在字典中查这些单词
    display words which are not in dictionary      显示字典中查不到的单词
    create a new dictionary                        造一新字典
END spellcheck
```

第四节 系统测试

一、测试的概念

为了保证系统的质量和可靠性,应力求在分析、设计等各个开发阶段结束前对系统进行严格的技术评审。但由于人们能力的局限性,审查不能发现所有的错误。而且在编码阶段还会引进大量的错误。这些错误和缺陷如果遗留到系统交付运行,终将会暴露出来。但到那时,不仅改正这些错误的代价高昂,而且往往造成很恶劣的后果。

系统测试就是在系统投入运行前,对系统需求分析、设计规格说明和编码的最终复审,是系统质量保证的关键步骤。如果要给系统测试下定义,可以说:系统测试是为了发现错误而执行程序的过程。或者说,系统测试是根据系统开发各阶段的规格说明和程序的内部结构而精心设计一批测试用例(即输入数据及其预期的输出结果),并利用这些测试用例去运行系统,以发现系统的错误的过程。

系统测试在系统生存期中横跨两个阶段:通常在编写出每一个模块之后就对它做必要的测试(称为单元测试),编码与单元测试属于系统生存期中的同一个阶段;在结束这个阶段之后，对软件系统还要进行各种综合测试，这是系统生存期的另一个独立的阶段，即测试阶段。

现在，软件开发机构将研制力量的40%以上投入软件测试之中的事例越来越多。在特殊情况下，对于性命攸关的系统，如飞行控制、核反应堆监控软件等，其测试费用甚至高达所有其他软件工程阶段费用总和的3～5倍。

二、测试的原则

测试的目的是以最少的时间和人力找出系统中潜在的各种错误和缺陷。如果成功地实施了测试，就能发现系统中的错误。测试的附带收获是，它能证明系统的功能和性能与需求说明相符；此外，实施测试收集到的测试结构数据为可靠性分析提供了依据。

根据这样的测试目的，系统测试的原则应该是：

(一)应当把"尽早地和不断地进行系统测试"作为系统开发者的座右铭

由于原始问题的复杂性、系统的复杂性和抽象性、系统开发各个阶段工作的多样性，以及参加开发各种层次人员之间工作的配合关系等因素，使得开发的每个环节都可能产生错误。因此，不应仅仅把系统测试看做系统开发的一个独立阶段，而应当把它贯穿到系统开发的各个阶段中。坚持在系统开发的各个阶段进行技术评审，这样才能在开发过程中尽早发现和预防错误，把出现的错误克服在早期，杜绝隐患，提高系统质量。

(二)测试用例应由测试输入数据和与之对应的预期输出结果组成

测试以前应当根据测试的要求选择在测试过程中使用的测试用例(Test Case)。测试用例主要用来检验程序员编制的程序，因此，不但需要测试的输入数据，而且需要针对这些输入数据的预期输出结果。如果对测试的输入数据没有给出预期的输出结果，那么就缺少了检验实测结果的基准，就有可能把一个似是而非的错误结果当成正确的结果。

(三)程序员应避免检查自己的程序

测试工作需要严格的作风，客观的态度和冷静的情绪。人们常常由于各种原因而具有一种不愿否定自己工作的心理，认为揭露自己程序中的问题总不是一件愉快的事。这一心理状态就成为测试自己程序的障碍；另外，程序员对软件规格说明理解错误而引入的错误更难发现。如果由别人来测试程序员编写的程序，可能会更客观、更有效、更容易取得成功。要注意的是，这一点不能与程序的调试相混淆，调试由程序员自己来做可能更有效。

(四)在设计测试用例时，应当包括合理的输入条件和不合理的输入条件

合理的输入条件是指能验证程序正确的输入条件，而不合理的输入条件是指异常的、临界的、可能引起问题异变的输入条件。在测试程序时，人们常常倾向于过多地考虑合法的和期望的输入条件，以检查程序是否做了它应该做的事情，而忽视了不合法的和预想不到的输入条件。事实上，系统在投入运行以后，用户的使用往往不遵循事先的约定，使用了一些意外的输入，如用户在键盘上按错了键或打入了非法的命令。如果开发的系统遇到这种情况时不能作出适当的反应，给出相应的信息，那么就容易产生故障，轻则给出错误的结果，重则导致系统失效。因此，软件系统处理非法命令的能力也必须在测试时受到检验。用不合理的输入条件测试程序往往比用合理的输入条件进行测试能发现更多的错误。

(五)充分注意测试中的群集现象

测试时不要以为找到了几个错误问题就已解决，无须继续测试了。经验表明，测试后程序中残存的错误数目与该程序中已发现的错误数目或检错率成正比。根据这个规律，应当对错误群集的程序段进行重点测试，以提高测试投资的效益。

(六)严格执行测试计划,排除测试的随意性

测试计划应包括:所测试系统的功能,输入和输出,测试内容,各项测试的进度安排,资源要求,测试资料,测试工具,测试用例的选择,测试的控制方式和过程,系统组装方式,跟踪规程,调试规程,回归测试的规定以及评价标准等。

对于测试计划,要明确规定,不要随意解释。

(七)应当对每一个测试结果做全面检查

这是一条最明显的原则,但常常被忽视。有些错误的征兆在输出实测结果时已经明显地出现了,但如果不仔细、全面地检查测试结果,就会使这些错误被遗漏掉。所以,必须对预期的输出结果明确定义,对实测的结果仔细分析、检查,抓住征兆,暴露错误。

(八)妥善保存测试过程及结果

妥善保存测试计划、测试用例、出错统计和最终分析报告,为维护提供方便。

三、测试用例设计

任何系统都可以使用以下两种方法之一进行测试:一种是已知产品的功能设计规格,可以进行测试以证明每个实现了的功能是否符合要求;另一种是已知产品的内部工作过程,可以通过测试以证明每种内部操作是否符合设计的规格要求,所有内部成分是否已经过检查。前者就是黑盒测试,后者就是白盒测试。

(一)黑盒测试

就系统测试来讲,系统的黑盒测试意味着测试要在系统的接口处进行。也就是说,这种方法是把测试对象看做一个黑盒子,测试人员完全不考虑程序内部的逻辑结构和特性,只依据程序的需求规格说明书检查程序的功能是否符合其功能说明。因此,黑盒测试又称功能测试或数据驱动测试。

黑盒测试主要是为了发现以下几类错误:(1)是否有不正确或遗漏了的功能?(2)在接口上,输入能否正确地接受?能否输出正确的结果?(3)是否有数据结构错误或外部信息(如数据文件)访问错误?(4)性能上是否能够满足要求?(5)是否有初始化或终止性错误?

(二)白盒测试

系统的白盒测试是对软件的过程性细节做细致的检查。这一方法是把测试对象看做一个打开的盒子,它允许测试人员利用程序内部的逻辑结构及有关信息设计或选择测试用例并对程序的所有逻辑路径进行测试,通过在不同点检查程序的状态,确定实际的状态是否与预期的状态一致。因此,白盒测试又称结构测试或逻辑驱动测试。

软件人员使用白盒测试方法,主要想对程序模块进行如下检查:(1)对程序模块的所有独立的执行路径至少测试一次;(2)对所有的逻辑判定取“真”与取“假”两种情况都能至少测试一次;(3)在循环的边界和运行界限内执行循环体;(4)测试内部数据结构的有效性;等等。

以上两种情况的分析表明,实行穷举测试,由于工作量过大,需用的时间过长,实施起来是不现实的。任何软件开发项目都要受到期限、费用、人力和机时等条件的限制,尽管我们以为为了充分揭露程序中的所有隐藏错误,彻底的做法是针对所有可能的数据进行测试,但事实告诉人们,这样做是不可能的。

在测试阶段,既然穷举测试不可行,为了节省时间和资源、提高测试效率,就必须精心设计测试用例,也就是要从数量极大的可用测试用例中精心挑选少量的测试数据,使得采用这些测试数据能够达到最佳的测试效果,或者说它们能够高效率地把隐藏的错误揭露出来。

以上事实说明，系统测试有一个致命的缺陷，即测试的不完全、不彻底性。任何程序只能进行少量（相对于穷举的巨大数量而言）而有限的测试，在发现错误时能说明程序有问题；但在未发现错误时，不能说明程序中没有错误，不能说明程序中没有问题。

四、调试

系统调试又称排错，是在进行了成功的测试之后才开始的工作。它与系统测试不同，测试的目的是尽可能多地发现系统中的错误，而进一步诊断和改正程序中潜在的错误则是调试的任务。

调试活动由两个部分组成：确定系统中可疑错误的确切性质和位置；对程序（设计、编码）进行修改，排除这个错误。

通常，调试工作是一个具有很强技巧性的工作。一个软件人员在分析测试结果的时候会发现，系统运行失效或出现问题往往只是潜在错误的外部表现，而外部表现与内在原因之间常常没有明显的联系。如果要找出真正的原因，排除潜在的错误，则不是一件易事。因此，可以说，调试是通过现象找出原因的一个思维分析的过程。

第五节 系统切换、运行与维护

一、系统切换

（一）系统切换的方式

系统切换是指系统开发完成后新老系统之间的转换，主要有以下三种方式：

1. 直接切换

直接切换就是在确定新系统运行准确无误时，立刻启用新系统，终止老系统的运行。考虑到系统测试中试验样本的不彻底性，一般只有在老的系统已完全无法满足需要或新系统不太复杂的情况下采用这种方法。这种方式节省人员和设备费用，一般适用于处理过程不太复杂、数据不很重要的场合。

2. 并行切换

这种方法在新系统投入运行时，老系统并不停止运行，而是与新系统同时运行一段时间，对照两者的输出，利用老系统对新系统进行检验，经过一段时间的考验以后，新系统正式替代老系统。

对于较复杂的大型系统，它提供了一个与老系统运行结果进行比较的机会，可以对新老两个系统的时间要求、出错次数和工作效率给予公正的评价。与老系统并行工作消除了尚未认识新系统之前的不安。在银行、财务和一些企业的核心系统中，这是一种经常使用的切换方式。它的主要特点是安全、可靠，但费用和工作量都很大，因为在相当长的时间内，系统要两套班子并行工作。

3. 分段切换

分段切换又称向导切换。这种切换方式实际上是以上两种切换方式的结合，在新系统正式运行之前，一部分一部分地替代老系统。一般在切换过程中没有正式运行的那部分可以在一个模拟环境中进行考验。这种方式既保证了可靠性，又不至于费用太大。但是，这种分段切换对系统的设计和实现都有一定的要求，否则是无法实现这种分段切换的设想的。

总之，第一种方式简单，但风险大，万一新系统运行不起来，就会给工作造成混乱，这只在系统小，且不重要或对时间要求不高的情况下采用。第二种方式无论从工作安全上，还是从心理状态上均是较好的，缺点就是费用大。第三种方式是前两种方式的混合，因而在大系统中较合适，当系统较小时不如用第二种方式方便。

(二)系统切换过程中应注意的问题

第一，新系统的投入运行需要大量的基础数据，这些数据的整理与录入工作量特别庞大，应及早准备、尽快完成。

第二，系统切换不仅是机器的转换、程序的转换，更难的是人工的转换，应提前做好人员的培训工作。

第三，系统运行时会出现一些局部性的问题，这是正常现象。系统工作人员对此应有足够的准备，并做好记录。系统只出现局部性问题，说明系统是成功的；反之，如果出现致命的问题，则说明系统设计质量不好，整个系统甚至要重新设计。

二、系统运行

系统运行管理及维护是系统开发的最后一个阶段，这个阶段的特点是时间长，要延续到下一个替代系统开发出来。该阶段的主要目的是延长系统的生命周期，充分发挥系统的价值。

系统运行的日常管理绝不仅仅是机房环境和设施的管理，更主要的是对系统每天的运行状况、数据输入和输出情况以及系统的安全性与完备性及时、如实地记录和处置。这些工作主要由系统管理员完成。

(一)系统运行的日常维护

系统运行的日常维护包括数据收集、数据整理、数据录入、处理结果的整理与分发；此外，还包括简单的硬件管理和设施管理。

(二)系统运行情况的记录

整个系统运行情况的记录能够反映出系统在大多数情况下的状态和工作效率，对于系统的评价和改进具有重要的参考价值。因此，对系统的运行情况一定要及时、准确、完整地记录下来。除了记录正常情况(如处理效率、文件存取率、更新率)外，还要记录意外情况发生的时间、原因和处理结果。

记录系统运行情况是一件细致而又繁琐的工作，从系统投入运行起就要抓好。

三、系统维护

(一)硬件维护

硬件维护应由专职的硬件维护人员来负责，主要有两种类型的维护活动：一种是定期设备保养性维护，维护的内容是进行例行的设备检查与保养、易耗品的更换与安装等；另一种是突发性故障维修，由专职的维修人员或请厂方的技术人员来排除故障。

(二)软件维护

软件维护主要是指根据需求变化或硬件环境的变化对应用程序进行部分或全部修改。软件维护的内容一般有以下几个方面：

1. 正确性维护

这是指改正在系统开发阶段已发生而系统测试阶段尚未发现的错误。这方面的维护工作量占整个维护工作量的7%～21%。这些错误中有的不太重要，不影响系统的正常运行，其维护工作可随时进行；而有的错误非常严重，甚至影响整个系统的正常运行，其维护工作必须制订计划，进行修改，并且要复查和控制。

2. 适应性维护

这是指使应用软件适应信息技术变化和管理需求变化而进行的修改。这方面的维护工作量占整个维护工作量的18%～25%。这方面的维护工作也要有计划、有步骤地进行。

3. 完善性维护

这是指为扩充功能和改善性能而进行的修改，主要是指对已有软件系统增加功能与性能特征。这些功能对完善系统功能是非常必要的；另外，还包括对处理效率和编写程序的改进。这方面的维护工作量占整个维护工作量的50%～66%。这方面维护除了应有计划外，还要注意将相关资料加入相应的文档中。

4. 预防性维护

这是指为了改进应用软件的可靠性和可维护性，为了适应未来的软硬件环境变化，主动增加预防性的新功能，以使应用系统适应各种变化而不被淘汰。例如，将专用报表功能改成通用报表生成功能，以适应将来报表格式的变化。这方面的维护工作量占整个维护工作量的4%左右。

(三)数据维护

数据维护工作主要是由数据库管理员来负责，主要负责数据库的安全性和完整性以及进行并发性控制。数据库管理员还要负责维护数据库中的数据，当数据库中的数据类型、长度等发生变化时，或者需要添加某个数据项、数据库时，要负责修改相关的数据库、数据字典，并通知有关人员。

数据维护中还有一项很重要的内容，就是代码维护。代码的维护包括代码的订正、添加、删除和重新设计。变更代码应经过详细讨论，确定之后要以书面形式公布并贯彻。

第六节 系统的可靠性与安全性

系统的可靠性和安全性是信息系统质量的两个最重要的性能要求，两者既有区别，又有联系。可靠性是系统在一定条件下避免来自系统内部的差错、故障，保持正常工作的能力；而安全性则是系统防止来自系统外部对系统资源，特别是信息资源不合法的使用和访问，或有意无意地破坏的能力。两者由于面向的目标不同，在采取的措施和方法上有所不同，但从系统的功能和性能上又是彼此促进、相辅相成的。

一、系统的可靠性

(一)系统可靠性的概念

信息系统的可靠性是指在满足一定条件的应用环境中系统能够正常工作的能力。

(二)系统可靠性技术

提高系统可靠性的主要途径是使系统具有容错能力，即在信息系统产生错误、发生故障的情况下，仍然具有继续运行的能力。要具有这种能力，系统应具有下列三个方面的功能：

1. 故障约束功能

在系统中通过预防性约束措施，防止错误在被检测出之前继续扩大。

2. 故障检测功能

对系统的信息处理过程和运行状态进行检测，使发生的错误在一定范围或步骤内被发现。

3. 故障恢复功能

通过更换或修复，使系统迅速从故障中恢复，投入正常运行。

在信息系统中，使用的可靠性技术主要有下列几种：(1)设备冗余技术；(2)负荷分布技术；(3)系统重新组合技术；(4)数据冗余校验技术；(5)系统数据保护与恢复技术；(6)系统动态检测、诊断和自动改正软件。

由于信息系统在逻辑上是由诸子系统和功能模块构成，因此，它可以按照一般工程系统的可靠性研究方法进行单元可靠性和系统可靠性评价，也可以通过系统平均无故障运行时间、系统开动率和系统平均维修时间等指标来定量衡量。但是，信息系统在物理上又是由硬件设备、系统软件、人、信息资源和运行环境构成的，因此，它的可靠性研究方法和技术措施又有很大特殊性。

在系统投入使用前的系统测试是检验系统可靠性的一个重要手段。系统测试不可能穷尽信息系统中的所有错误，特别是软件系统中的错误。所以，在系统投入正常使用后，就有可能在运行过程中暴露出隐藏的错误；另一方面，用户、管理体制、信息处理方式等系统应用环境也在发生变化，也可能由于系统的不适应而发生故障。

系统可靠性就要求在发生上述问题时能够使系统尽量不受错误的影响，或把故障的影响降到最低，并能够迅速修正而恢复正常运行和功能实现。显然，系统可靠性并不是在系统测试或系统运行中提供的，只是得以体现出来而已，系统的可靠性只能在系统分析、设计和实施的开发过程中通过采取一定的措施才能实现。

二、系统的安全性

随着信息技术的发展，信息系统的应用范围不断扩大，不论是在运行操作、管理控制，还是经营管理计划、战略决策等社会经济活动的各个方面，都发挥着越来越大的作用。这种社会信息化的趋势导致了社会的各个方面对信息系统的依赖性越来越强。一旦信息系统遭到破坏或出现故障，都将对用户以至整个社会产生重大的影响，特别是近年来世界范围内的计算机犯罪、计算机病毒泛滥等问题，使信息系统安全上的脆弱性表现得越来越明显。在这种情况下，信息系统的安全性问题显得越发重要起来。

由于计算机网络技术的发展和互联网的广泛应用，信息的公开和共享大大提高，使得安全问题成为当前信息系统发展和应用需要解决的最紧迫的问题之一。

(一)系统安全性的概念

信息系统的安全性是指为了防范意外或人为破坏信息系统的运行，或非法使用信息资源，而对信息系统采取的安全保护措施。

与信息系统安全性相关的因素有很多，主要可以划分为以下几类：

第一，自然及不可抗拒的因素。例如，地震、火灾、水灾、风暴、社会暴力或战争等，这些因素将直接危害信息系统实体的安全。

第二，硬件及物理因素。这是指系统硬件及环境的安全可靠，包括机房设施、计算机主体、存储系统、辅助设备、数据通信设施以及信息存储介质的安全性。

第三，电磁波因素。一方面，计算机系统以及它们控制信息和数据的传输通道在工作过程中都会产生电磁波辐射，在一定地理范围内用无线电接收机很容易检测并接收到，这就有可能造成信息通过电磁辐射而泄漏；另一方面，空间的电磁波也有可能对系统产生电磁干扰，影响系统的正常运行。

第四，软件因素。软件的非法删改、复制、窃取与破坏将使系统的软件受到损失，并可能造成泄密。危害极大的计算机病毒也是以软件为手段进入系统进行破坏的。

第五，数据因素。这是指数据信息在存储和传递过程中的安全性，这是计算机犯罪的主攻核心，是系统安全和保密的重点。

第六，人为及管理因素。这涉及工作人员的素质、责任心以及严密的行政管理制度和法律法规，以防范人为的主动因素直接对系统安全性的威胁。

一个信息系统是否安全可靠，除了上述几个因素外，还要保证一旦系统安全出现问题，要将损失降到最小，把产生的影响限制在一定的范围内以及迅速、有效地恢复系统。

(二)系统安全保护措施

信息系统的安全保护措施可分为技术性和非技术性两类。技术性安全措施是指通过与系统直接相关的技术手段防止安全事故的发生。非技术性安全措施主要是指行政管理、法律制度保证和其他物理措施等，它不受信息系统的控制，是施加于信息系统之上的。一般来讲，在系统的安全保护措施中，技术性安全措施所占的比例很小，而更多的是非技术性安全措施，如行政安全措施、物理安全措施和法律安全措施等。

第七节　系统的评价

一、系统评价的内容

(一)概述

信息系统投入运行后，在应用不断深入的过程中，伴随着应用环境的发展变化和管理科学及信息技术水平的不断提高，因此，有必要不断对系统进行评价。这样，一方面对系统的当前状态有明确的认识，另一方面也为系统今后的发展和提高做好了准备。

任何一个实际应用中的工程项目的目标都具有技术和经济两个方面的考虑：要么是在一定的经济条件下，获得尽可能多的系统功能和尽可能高的系统性能；要么是在满足一定功能和性能要求的条件下，以尽可能少的费用来实现。信息系统当然也不例外，也应从技术和经济两个方面进行评价，即技术评价和经济效益评价；同时，其作为应用于社会的人机应用系统，还要进行社会效益评价。

(二)系统的技术评价

从系统所提供的功能和具有的技术性能两个角度进行评价，应包括以下主要内容：

1. 目标评价

针对系统开发所设定的目标，逐项检查，看是否达到了预期目标，实现的程度如何。

2. 功能评价

根据用户所提出的功能要求，在实际的运行环境中，检查系统功能的完成情况，评价用户对功能的满意程度和系统中各项功能的实际效果。

3. 性能评价

着重评价系统的技术能力，主要包括系统的稳定性、可靠性、安全性、容错能力、响应时间和存储效率等。

4. 运行方式评价

系统中各种资源(硬件、软件、人、信息等)的利用率如何？如系统设定的输入数据能否被获得并输入？出错率怎样？输出数据是否可用并且确实有用？其及时性和利用情况如何？数据采集方式、人机交互方式和结果提供方式能否为用户所适应？满意程度如何？

对系统进行上述技术评价的目的是为了评价系统的实际效能，为系统的进一步改进或更新提供决策依据。

(三)系统的经济效益评价

经济上的评价内容主要是系统的效果和效益，包括直接与间接两个方面。

1. 直接的评价内容

(1)系统的投资额。

(2)系统运行费用。

(3)系统运行所带来的新增效益。

(4)投资回收期。

2. 间接的评价内容

(1)对企业形象的改观和员工素质的提高所起的作用。

(2)对企业体制与组织机构的改革、管理流程的优化所起的作用。

(3)对企业各部门之间、人员之间协作精神的加强所起的作用。

信息系统在运行与维护过程中不断地发生变化，因此，评价工作不是一项一次性的工作，系统评价应定期进行或每当系统有较大改进后进行。信息系统的第一次评价一般安排在开发完成并投入运行一段时间，进入相对稳定状态后，通常第一次评价的结论将作为系统验收最主要的依据。

信息系统的评价工作由系统开发人员、系统管理与维护人员、系统用户、用户单位领导及系统外专家等共同参与，评价方式可以是鉴定或评审等，评价的结论以书面的评价报告或评价意见等提出。评价结论也是系统的重要文档，应予以收存归档、统一保管。

目前，我国信息系统的评价有重计算机轻信息的倾向。计算机、通信网络等固然重要，但它们毕竟是工具，是信息系统的一个构件，信息系统好坏的评价依据主要是信息开发与利用的深度，是对企业的生存与发展所起的作用。

二、信息系统的评价指标

信息系统的评价是一项难度较大的工作，它属于多目标评价问题。目前，大部分系统评价还处于非结构化的阶段，只能就部分评价内容列出可度量的指标，不少内容还只能用定性方法作出叙述性的评价。以下我们就技术指标、与直接经济效益有关的指标以及与间接经济效益有关的指标三个方面提出信息系统的评价指标。

(一)技术指标

技术评价是从信息技术的角度评价由于管理信息系统的使用而引起的企业信息特征的变化，因此，应该有相应的特征和测量。

一个成功的应用系统应该达到以下几个主要技术指标：

1. 正确性

成功的应用系统应该能够保证输出结果的准确。准确性可以用查全率和查准率来衡量。查全率是指检索结果是否包括全部有关信息，查准率是指检索结果是否为所需信息。系统的性能至关重要，因为用户是否满意，在很大程度上决定于此。

2. 高效率

这主要是指系统的工作时间应该尽可能地短，能够满足应用的需求。如果是实时系统，还必须达到及时响应。

3. 适应性

适应性包括两个方面的内容：一是指适应范围的广泛性；二是指对需求变化的适应程度。

4. 易用性

这是指系统对使用者熟练程度的要求。应用系统的用户界面应该友好、容易操作，在数据的输入方面尽量从实际情况中提取，避免完全靠用户手工输入。界面的易用性可通过以下三个指标衡量：所需输入的命令和数据是否尽可能少；对系统陌生的人员是否可以在几分钟内熟悉系统；对系统熟悉的人员是否可以快速完成操作。

5. 可移植性

这是指该系统是否可以在多种硬件及操作系统平台上运行。显然，系统开发工具的选择很重要。

6. 经济性

低廉的价格或免费下载将吸引大量用户，而高价位难免要吓倒为数不少的潜在用户。

7. 可维护性

整个系统的设计和实施应简明、高效、易于纠错、易于修改。为了便于系统扩充、改进和添加新特征，系统应尽量模块化，提高每个模块的内聚度。系统还应易于升级，且升级版本应迅速发送到用户手中。可以将某一时间内对问题进行纠正所影响到的软件模块的数量作为“可维护性”的评价参数。

(二)与直接经济效益有关的指标

1. 系统投资额

该指标包括系统硬件和系统软件的购置、安装，应用系统的开发或购置所投入的资金；另外，企业内部投入的人力和材料等也应计入。较精确的计算还应考虑资金投入的时间及占用时间等因素。对验收评价后所作的阶段评价还应包括系统维护所投入的资金。

2. 系统运行费用

该指标包括消耗性材料费用、系统投资折旧费及硬件日常维护费等，消耗性材料有存储介质、纸张和打印油墨等。由于信息系统的技术含量较高、更新换代快，一般折旧年限取 5～8 年；另外，系统所耗用的电费、系统管理人员费用等也应计入系统运行费用。

3. 系统运行新增加的效益

该指标主要反映在成本降低、库存积压减少、流动资金周转加快与占用额减少、销售利润增加及人力减少等方面。新增效益可采用总括性的，在同等产出或服务水平下有无信息系统所致的年生产经营费用节约额来表示，也可分别计算上述各方面的效益，然后求和表示。由于引起企业效益增减的因素之间的相互关联错综复杂，对新增效益很难作精确的计算。

4. 投资回收期

投资回收期为通过新增效益，逐步收回投入的资金所需的时间，它也是反映信息系统经济效益好坏的重要指标。

(三)与间接经济效益有关的指标

间接经济效益是通过改进组织结构及运作方式、提高人员素质等途径，促使成本下降、利润增加而逐渐地、间接地获得的效益。由于成因关系复杂、计算困难，我们只能作定性分析，因此，间接经济效益也称定性效益。尽管间接经济效益难以估计，但其对企业的生存与发展所起的作用往往要大于直接经济效益。

一般信息系统的成功应用所产生的间接经济效益可体现在以下几个方面：

第一，对组织为适应环境所作的结构、管理制度与管理模式等的变革会起到巨大的推动作用，这种作用一般无法用其他方法实现。

第二，能显著地改善企业形象，对外可提高客户对企业的信任程度，对内可提高全体员工的自信心与自豪感。

第三，可使管理人员获得许多新知识、新技术与新方法，进而提高他们的技能素质，拓宽思路，进入学习与掌握新知识的良性循环。

第四，系统信息的共享与交互使部门之间、管理人员之间的联系更紧密，这可加强他们的协作精神，提高企业的凝聚力。

第五，对企业的规章制度、工作规范、定额与标准、计量与代码等的基础管理产生很大的促进作用，为其他管理工作提供有利的条件。

在信息系统评价过程中，人们往往只重视一些显性的效果，而忽视隐性的效果，由于信息的特点，企业对所开发的新系统的评价不应该只是“近期的、定量的、局部的和直接的”效果，而更应该注重评价其“长期的、定性的、全局的、间接的”效果，将对信息管理的投资与管理信息系统的投资作为一种战略投资来看待。正如人们常说的“机会是给有准备的人的”。

对企业而言，IT 技术本身并非最重要的因素，重要的是如何利用 IT 技术来改进业务、创造价值。创造价值包含两层意思：一层是财务的观点，即获得尽可能多的利润；另一层是战略的观点，即获得足够的发展动力、持久的盈利能力和足够的赞誉。

三、实例

山东东阿阿胶集团有限责任公司是经过山东聊城市政府批准，于 1997 年 5 月成立的国有独资公司。集团核心企业东阿阿胶股份有限公司是全国最大的阿胶生产企业，1996 年成为上市公司，2001 年进入全国 10 家最具发展潜力的上市公司。在制药行业，东阿阿胶声名赫赫，但鲜为人知的是，在企业信息化方面，东阿阿胶同样十分出色。[①]

(一)企业的发展不能迁就

如果没有一支高素质的管理队伍，再先进的 ERP 也只能是空中楼阁。2000 年年底，也就是东阿 ERP 准备正式上线的时候，东阿阿胶集团董事长刘维志感到十分苦恼：他将不得不说服数十名跟随他多年，并为东阿立下汗马功劳的老员工提前退休。这些“元老”虽然“功劳”不小，但文化程度低，接受新知识的能力差，随着企业管理水平的提高，层次、素质都无法跟进。公司要求每个人都要学会使用电脑，以便适应无纸化办公，不学会不准上岗，很多老员工感到力不从心，有很强的抵触情绪。

“市场竞争越来越激烈，企业管理效率越来越高，不使用新手段、不掌握新知识就无法生存。谁希望东阿在一夜间崩溃？不希望就得想办法，就要忍得一时之痛。”刘维志想，东阿的“元老们”内心一定有障碍，可是，企业的发展不能迁就这些因素；否则，ERP 就没有上的必要，就算上了也是一堆废铁。

---

① 李一军. 管理信息系统案例集[M]. 北京：高等教育出版社，2008.

于是，刘维志开始私下做工作。他将自己代表公司的想法一抛出，接受谈话的人就问："我犯了什么错误?"刘维志回答："你没有犯错误，但是你已经无法胜任你现在的工作了。"现在和从前不一样了，并不是只有犯错误才下去。他和所有拟提前退休的人员交谈过，谈到过去与将来，彼此常常泪流满面。刘维志对"元老们"说，现在退休，公司给9万元的补贴，并拿着退休的工资。真正到了退休的时候，按照国家的规定享受退休的一切政策。但是，现在不愿退休，以后就享受不到公司的补贴政策了。刘维志拍着一位中层干部的肩意味深长地说："形势逼迫我们要竞争，你岁数大了，知识陈旧了，要参与中层竞争，肯定竞争不上，就算让你做，你也吃不消。你当工人，现在行，5年以后就干不动了，所以，公司一定要替你们考虑实际问题。"令刘维志万分感动的是，出于对东阿未来的考虑，这些"元老们"最终平静地接受了他的建议。一位设备处处长说：他有技术，出去带几个人一定能养活自己；人事处处长说：他可以卖驴皮。当时，刘维志心里有一种说不出来的滋味。一到年底，大家心里就直打鼓 有压力，也会有一些震荡，没有办法，我们引入了ERP系统，我们的工作一定要适应这个变化。让昔日一起"打江山"的伙伴提前退休，刘维志不是没有犹豫过，有时候思来想去，彻夜无眠。藕断丝连的情谊和企业的未来发展真是一对艰难的抉择。最终，刘维志挥泪选择了后者。刘维志斩钉截铁地对记者说："地处偏僻落后地区的东阿，希望尽量符合现代企业的要求。"这也是东阿能够有今天的原因。东阿要上ERP，必须先解决这些问题。

(二)精确测试

据介绍，东阿的每一个岗位都是经过精确测试而不是领导商量决定的。一个人一天做多少事情都会有专人测试、计算，然后按照标准进行评估。例如，按照高效率的要求，一个人完成一天的工作量只需5小时而非8小时，就必须找到3小时相近业务的工作量加上去。有时候，主持评估的管理人员在会上提出，某些岗位还需要精确测算，以降低成本、提高效率，这些建议经常遭到刘维志的反对。"我反而成了阻力"，刘维志说，他不忍心那样做。有人说东阿人待人接物冷淡。例如，不管谁来视察，东阿除了一两个专人陪同，其他工作人员很少抬头，因为"没有时间抬头，稍微停顿两秒钟，手头的东西就从流水线上过去了"，在东阿，除了刘维志有时间看看报纸了解经济趋势外，其他工作人员在8小时内几乎抽不出时间聊天。埋头忙自己的事情已经成为东阿人的习惯。

"管理细致、精确是东阿的特色"，刘维志说。1952年建厂，地处欠发达地区的东阿，2000年完成销售收入4.33亿元，实现利税1.626亿元，同年被评为全国上市公司最具发展潜力的10强企业之一，靠的就是科学、精确的管理机制，以及实现这种管理机制的工具——ERP。

东阿决定上ERP实际上是出于进一步发展的需求。刘维志说，东阿面对激烈的市场竞争，没有一套先进的管理信息系统是不可能实现的。但是，企业需要什么、不需要什么与企业的发展阶段有关，当企业的发展尚未达到一定阶段的时候，无论怎么启发，要么听不懂，要么无能为力。东阿正是走到了必须要上ERP的节骨眼上，因此，他从来没有对自己的决定犹豫过。

1996年东阿上市以后，企业的急速膨胀迫使刘维志静下心来研究发展的战略方向，并把力量投入市场营销以及低成本扩张中。现在，东阿已经建立了一套健全的管理体系和规范，并培养了一批具有超前意识的管理者，这标志着我们在内部管理方面下大功夫的时代已经结束，现在，我们要着眼于企业全面推进的进程。所以说，能不能接受ERP与企业发展阶段关系密切。刘维志认为，企业管理不规范，想改报表就改报表、想做假账就做假账是行不通的，上ERP必须使企业内部有民主、法制的思想以及开放的心态。

(三)领导小组

班子顺了、管理顺了,还要落实。管理队伍和体系基本建立之后,如何使 ERP 成功上线并真正产生作用就成为最重要的事情。刘维志的"责任"基本完成之后,总经理、副总经理、财务总监、信息中心主任和项目实施经理等角色出场了。这些角色组建了"东阿 ERP 项目领导小组"。组长是总经理章安。领导小组的主要职责是:提出企业与计算机系统不相适应的管理机构、体制和制度;协调各业务部门的关系,解决 ERP 系统与现有管理发生冲突的问题;提出解决方案,调动及组织有关管理部门和项目实施小组,按计划逐步实施管理信息系统,并批准进行新老系统的切换;决定项目实施小组的人选;研究企业工作流程的调整以及机构的重组;审批新系统的工作流程以及工作规程,保证项目高质量地进行,监控项目的进度等。

据说,领导小组至少每周举行一次例会,主要用于检查落实情况。章安对自己的规定是,把重点放在抓培训效果以及企业人员素质的提高、定期检查工作、制定奖惩制度、转变企业职工的管理观念以及推进企业管理的深化改革上。

领导者的参与是 ERP 实施成功的第一保障;领导者理不理解信息化,会不会参与信息化,知道该做什么、不该做什么是 ERP 实施成功的另一保障。

(四)效益分析

一年多来,东阿 ERP 的实施成果已经在财务、生产、库存、销售、办公自动化等方面得到体现,对资金的需求计划纳入管理的高度,实现了对资金运用的有效监控;对生产流程和生产过程进行了规范,形成了对生产过程的严格控制和跟踪;对销售发货及业务流程进行了规范;对库存管理进行了整顿,按照标准严格划分了货区、货位,并对库存物资进行了分类,做到了科学管理;对企业的组织机构进行重新规划,实现了组织机构扁平化。

1. 直接经济效益

东阿 ERP 实施后的直接经济效益是:降低消耗 1.5%,年增效益1 200万元;按期交货履约率达到 92%以上;采购提前期缩短 50%;等工待料时间减少 60%;制造成本降低 12%;生产能力提高 13.46%;库存资金占用降低 35.5%,库存资金周转次数提高 158.35,降低采购成本 300 多万元;主要原料——阿胶的单位耗皮降低 2.86%,优等品年提高 7.07%,每吨煤产汽提高 5.1%,年增效益 420 万元。从生产流程管理程序入手,各分厂从管理上节约的工时相当于一年少用 40 人,减少各类管理人员 20 人、财务对账人员 10 人,直接增效 80 万元;通过内部网站和因特网等实现了协同办公、移动办公、无纸办公,电话传真纸张等费用节省了 60 多万元。

2. 间接经济效益

通过 ERP 项目的实施,建立了以财务为中心的企业管理新机制,加强了集团对成员企业资金使用的监管力度,使资金效益最优化,销售公司、分厂和成员企业实现了资金流、物流和信息流的一体化管理;实现了决策科学化和规范化管理,决策靠数据,调研论证有依据,减少了决策的简单化、盲目化和失误;实现了全面计划管理,公司各项活动、费用开支全部按计划定额支付,提高了资金使用效率和效益;提高了整个企业计算机管理系统和软件应用系统的集成度,彻底解决了信息"孤岛",企业内外信息资源得到充分共享,整体上提高了企业对市场迅速作出反应的能力;企业所有常规产品和新开发产品的技术参数实行统一标准化管理,减少了数据冗余,增加了信息的准确化、标准化和集成化;全面建成因特网,并部分实现了与商业伙伴的网络化商务往来;规范并细化了仓库管理,有效控制了各类库存资源,提高了对客户的服务质量;促进了企业体制、机制的管理创新,提高了新产品开发的速度,使企业从传统的制造模式转变为现代先进的制造模式。为企业建立了科学的管理体系,推动了企业业务流程、管理流程的精细化、规范化和制度化，使各部门职责明确、科学合理。

本章小结

系统实施作为管理信息系统开发生命周期中的后期阶段，其主要内容包括系统实施的任务、物理系统的实施、程序设计、系统测试、系统切换、运行与维护、系统的安全性与可靠性、系统的评价等。

系统实施的任务主要是根据系统目标做好设备选型。

在程序设计中，应采用模块化程序结构和结构化程序设计方法，提高程序的可靠性、可维护性、可理解性和开发效率。

系统测试就是在系统投入运行前，对系统需求分析、设计规格说明和编码的最终复审，是为了发现错误而执行程序的过程。

系统切换是系统实施的最后阶段，一般有直接切换、试点过渡、并行切换等方式，在系统应用中应根据具体情况灵活运用。

系统运行的日常管理绝不仅仅是机房环境和设施的管理，更主要的是对系统每天的运行状况、数据输入和输出情况以及系统的安全性与完备性及时、如实地记录和处置。

系统维护主要包括硬件设备的维护、应用软件的维护和数据的维护。

系统的可靠性和安全性是信息系统质量的两个最重要的性能要求。可靠性是系统在一定条件下避免来自系统内部的差错、故障，保持正常工作的能力；而安全性则是系统防止来自系统外部对系统资源，特别是信息资源不合法的使用和访问，或有意无意地破坏的能力。

中英文对照专业名词及术语

1. 不间断电源(Uninterrupted Power Supply，UPS)
2. 测试用例(Test Case)
3. 盒图(Nassi-Shneiderman 图，N-S 图)
4. 问题分析图(Problem Analysis Diagram，PAD)
5. 自顶向下(Top-Down)
6. 结构化程序(Structured Programming)
7. 调试(Debuging)

思考题

1. 系统实施阶段的特点是什么？
2. 试述结构化程序设计的优点。
3. 试述系统测试的方法。
4. 系统的运行与维护的内容是什么？
5. 试述系统安全性的概念及内容。
6. 如何对信息系统进行评价？

参考文献

1. 黄梯云.管理信息系统[M].北京：高等教育出版社，2000.

2. 张宽海.管理信息系统概论[M].北京:高等教育出版社,2002.
3. 薛华成.管理信息系统[M].北京:清华大学出版社,2003.
4. 蔡淑琴.管理信息系统[M].北京:科学出版社,2004.
5. 郑人杰,殷人昆,陶永雷.实用软件工程[M].北京:清华大学出版社,1997.
6. 张国锋.管理信息系统[M].北京:机械工业出版社,2001.
7. 陈晓红.信息系统教程[M].北京:清华大学出版社,2003.
8. 甘仞初.信息系统原理与应用[M].北京:高等教育出版社,2004.
9. 齐治昌,谭庆平,宁洪.软件工程[M].北京:高等教育出版社,2004.

第八章

面向对象的开发方法

第一节　面向对象的基本概念及特征

面向对象的概念源于20世纪70年代的程序设计方法学，以模块封装和内部信息掩藏为主要特征。20世纪70年代末80年代初，人们提出了面向对象的模型，它是一种可扩充的数据模型，由用户根据需要定义新的数据类型以及相应的约束和操作。以面向对象数据库模型为基础的数据库管理系统称为ODBMS(Object Database Management System)。1991年，美国国家标准学会(American National Standard Institute，ANSI)的一个面向对象数据库提出了第一个有关面向对象数据库标准化的报告。

面向对象的开发方法(Object-Oriented，OO)是随着各种面向对象的程序设计方法的逐步发展而建立的，它克服了功能分解法只能反映管理功能的结构状态，数据流程模型只侧重反映事物的信息特征和流程等缺点，以构成系统的对象为研究中心，为管理信息系统的开发提供了一种全新的开发方法。

一、面向对象的基本概念

面向对象的开发方法是用面向对象的观点和术语描述客观世界、问题空间中的事物及其联系。一系列面向对象的基本概念构成了面向对象方法的基础。掌握这些概念对于理解和应用面向对象的开发方法是至关重要的，归纳起来有以下几个：

(一)对象

对象(Object)是面向对象的开发方法中最重要的概念。将任何感兴趣或要加以研究的客观世界中具有确定边界、可感知的事物或概念称为对象。不严格地说，对象的概念对应于实体的概念。

任何事物均有其自身的属性和行为。对象是对客观事物的抽象，是由数据(属性)及在其上的操作(行为)组成的封装体。对象与系统中其他对象之间的相互作用都是通过消息传递机制来完成的。

常见的对象有以下几类:(1)有形实体,指一切看得见、摸得着的实物,如工件、机器、产品等;(2)抽象概念,如管理者、技术工人、公司、部门等所起的作用;(3)事件,即在特定时间所发生的事情,如演出、战略研究会议、驾驶等;(4)性能说明,如企业对其产品性能所作的说明等。

一般而言,对象由以下几个部分组成:

1. 对象标识

在面向对象的数据模型中,每个对象都有一个在系统内唯一和不变的标识符,称为对象标识(Object Identifier,OID)。每个对象与它的对象标识是一一对应的,不存在两个对象具有同样的标识符。在现实世界中,实体的属性值可能随着时间的推移而发生变化,但对象的标识始终不变。

2. 属性集合

属性描述了对象的状态、组成和特性,每一对象的属性都有一些特定的值,这些确定的值描述了对象可能具有的所有状态、组成和特性。例如,公司中某个员工是一个对象,其姓名、血型、年龄等特征就是这个对象的属性。对象的某一属性也可以是一个对象,即对象可以嵌套。属性描述了对象的静态特征。属性以数据描述。

3. 操作集合

操作集合也称方法集合。为了完成某一任务,一个对象所提供并体现其责任的所有行为称为操作。也可以说,操作是对象的行为或对象所具有的功能,它描述了对象的动态特征。例如,公司中某个员工执行指令、完成任务、进行沟通等都是该员工作为对象所具有的服务。

对象具有状态,通常用数据描述,操作可以改变对象的状态。

对象的概念说明如图 8—1 所示。

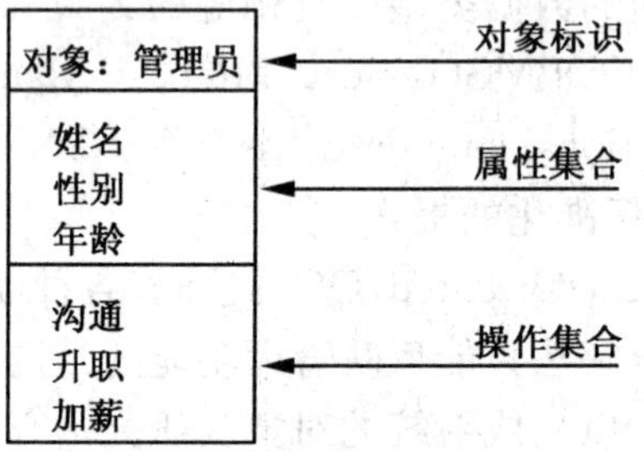

图 8—1 对象的概念

(二)类

类(Class)用于定义多个相似的对象。将具有相同结构、属性、服务、操作并遵守相同约束规则的对象的集合称为类。属于同一类的所有对象共享相同的服务。类的表示方法与对象一样,由类名、属性和操作组成。

类是在对象之上的,对象是类的具体化或者局部化。类可以有子类,也可以有超类,或称父类。例如,公司员工包括管理人员、技术人员、作业工人等,管理人员包括行政管理人员、技术管理人员,技术管理人员又可以根据其负责的具体产品进一步区别。作为类的概念,公司员工可以看做管理人员的超类,管理人员可以看做公司员工的子类,行政管理人员和技术管理人员都是管理人员这个类的子类,而具体的行政或技术管理人员个人则是对象。

(三)方法

方法(Method)是运用计算机技术对对象的行为特性的描述,其本质是用计算机技术实现对象的操作。方法的定义包括接口和实现两个部分。方法的接口是用以说明方法的名称、参数和结果返回值的类型，即调用说明，是对象受理内外部消息所指定的操作的名称集合；方法的实现是一段程序代码，用于实现方法所描述的行为或功能，即目标对象进行操作的算法。

(四)消息

一个对象为了完成其服务而与其他对象的通信称为消息(Message)。消息应包括选择器(实质上是方法名)和一个或多个变量。面向对象的世界是通过对象与对象之间彼此的相互合作来推动的，消息就是对象之间的交互通信手段，其刺激接受对象产生某种行为，通过操作的执行来完成相应的行为。

图 8－2 说明了对象之间的交互通信模式。

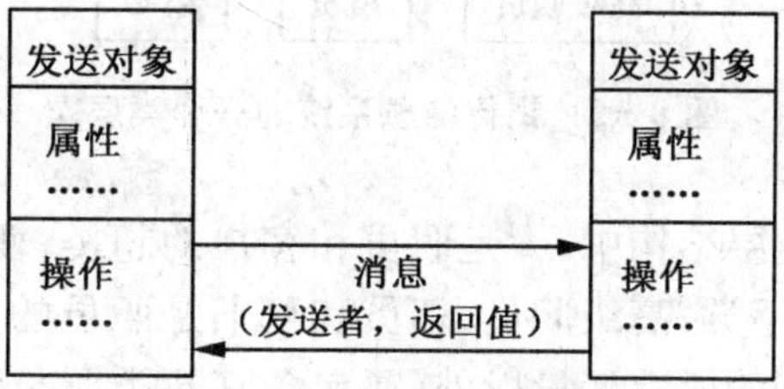

图 8－2　对象之间传递消息

二、面向对象的特征

从本质上讲，“面向对象”是一种认知客观世界的认知方法学，它将客观世界看做由许多不同的对象构成，每一个对象都有自己的运动规律和内、外部状态，不同对象之间的相互作用和通信构成了完整的客观世界，因而，从人们的思维模型和认识事物的角度，面向对象很自然地与客观世界的固有特征相对应。面向对象也是一种解决问题的思维方法，它将观察焦点放在构成客观世界的成分——对象上，将对象作为需求分析和系统设计的核心或主体，把问题域中有意义的实体作为对象，将对象之间有意义的相互作用作为通信，把整个问题域抽象成为相互通信着的一组对象集合。在此基础上，人们建立了面向对象的开发方法。因此，了解作为面向对象方法核心的对象及其特征，对于理解和掌握面向对象的开发方法非常重要。

面向对象具有以下特征：

(一)封装性

在面向对象的数据模型中，每一个对象是其状态和行为的封装。封装意味着所有信息被包装在一个名字下，可以作为一个规约或程序构件复用。封装使对象的实现与对象应用相隔离，因此，可以对操作的实现算法和数据结构进行修改，而接口及使用对象的应用不必随之修改，从而提高了数据的独立性。对象的封装性可以保证软件具有优良的模块性。而结构化方法是以库函数实现封装的，有其固有的接口不清晰的缺陷。

当然，对象的封装也有其缺陷，那就是封装要增加许多没有意义的、只负责读和写的操作服务，这不但增加了编程工作的负担，而且加大了软件的开销。

(二)继承性

对象的继承性与类有密切联系。类是相似对象的集合，在面向对象的数据库模式中，对于某些类，它的上层有超类，下层有子类，形成一个类层次结构。超类是下层子类的概括，子类可以继承超类的属性、操作和约束规则等语义特性，这就是类的继承机制。在一个对象类中加入一个新对象，则这个新对象可以自动继承本对象类的全部属性、操作和约束规则。因此，继承性使面向对象的系统具有良好的可扩充性和灵活性，有利于软件维护。

以银行客户系统为例，银行职员和银行客户都是人，且银行职员和银行客户都定义了姓名和地址等变量(即属性)，他们有相似之处(如图 8—3 所示)。

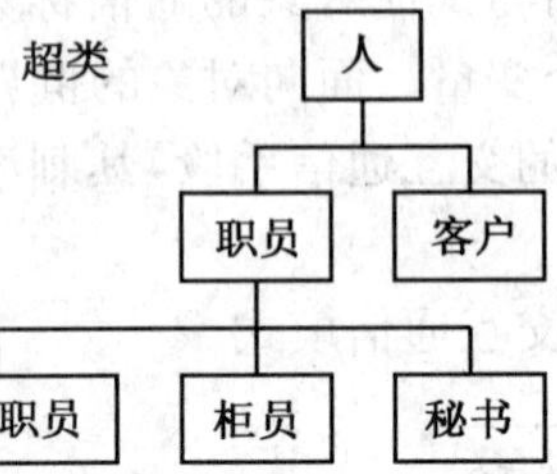

图 8—3 银行信息系统的一个类层次

在这个银行信息系统类层结构中，人是职员和客户的超类，职员和客户是人的子类；职员是高级职员、柜员和秘书的超类，高级职员、柜员和秘书是职员的子类。高级职员类中的对象除了包含高级职员类所具有的所有变量以外，还包含其超类职员和人的所有变量；同理，柜员和秘书除了包含自身所在类的所有变量以外，还包含职员和人的所有变量。客户的对象除了包含自身所在类的所有变量以外，还包含超类人的所有变量。

继承性意味着子类对超类的“自动拥有”或“隐含复制”，也就是说，子类不必定义其超类所定义过的属性和操作而自动拥有超类所拥有的属性和操作，子类只需定义其超类所没有而子类自身拥有的属性和操作即可。因此，继承性为信息系统的建模提供了有利工具，利用它可以实现对客观世界简明而精确的描述，简化了对象及类的创建工作量，这无疑可以避免许多重复定义，极大地提高了系统的开发效率。

(三)自治性

对象的自治性是指对象具有独立的计算能力，对于给定的输入经过状态转换能产生输出。外界不能改变对象自身状态的变化，只能通过向其发送消息来造成影响。从这个角度看，对象具有自治性。

(四)封闭性

对象的封闭性是指对象具有信息隐蔽的能力。外界不能直接改变对象的状态，只能通过发送消息来对其施加影响，对象隐蔽了其数据操作的实现方法，对外可见的只是对象所提供的接口。

(五)通信性

对象的通信性是指对象具有与其他对象通信的能力，即对象能够接收其他对象发来的消息，也能向其他对象发送消息。通信性体现了不同对象之间的联系，通过这种联系，若干对象可以协同完成某一任务。

(六)多态性

多态性强调面向对象方法中的行为(操作)可在不同的时间内保存、取用以及返回不同的类型值，也就是说，相同的操作(或函数、过程)可作用于多种类型的对象上并获得不同的结果。

第二节　面向对象的开发方法

一、面向对象开发方法的基本思想

软件开发是对现实问题的求解过程。从软件生命周期的划分看，软件开发过程包括规划、分析、设计、编程、测试、转换和维护等主要阶段。通过这几个阶段，对软件系统所要处理的客观世界某一问题空间范围内客观存在的事物以及客观事物之间的联系进行正确的认识和理解，弄清问题空间中每一件事物的属性、行为以及彼此之间的关系，从而产生问题空间的概念模型（对象及对象模型），再设计转换成物理模型，最后开发成可操作的软件系统。

利用面向对象的方法和观点认识和理解客观事物，是把要研究的问题空间中的每一件事物抽象成对象，每一个对象具有自身的静态特征和动态特征，这些特征反映了软件开发中所关心的方面，忽略了不重要的或对认识事物无关的信息，静态特征和动态特征组合在一起形成一个整体，这个整体完整而自然地表示了客观世界中的实体。因此，对象具有极强的抽象表达能力，它可以表示问题空间中的一切事物。

面向对象开发方法的基本思想是：

第一，走访用户，调查客观世界的应用领域（问题空间），获得用户需求。

第二，以对象作为系统的基本构成单位，事物的静态特征用对象的属性表示，事物的动态特征用对象的操作表示，对象的属性和操作结合为一体构成一个独立的实体，对外屏蔽其内部的细节，用统一建模符号（如各种文字说明、图形、表格等）描绘系统中的对象并构造对象模型。

第三，识别与问题有关的类、类与类之间的联系以及与解决方案有关的类（如界面等），把具有相同属性和相同操作的对象归为一类。类是这些对象的抽象描述，每个对象是其抽象的实例。通过不同程度的抽象，可以得到较一般的类（超类）和较特殊的类（子类），特殊类继承一般类的属性和操作。对象之间、类之间通过消息进行通信以实现它们的动态联系，通过关联表达它们之间的静态联系。

第四，对涉及的类及其联系进行调整，使之如实地表达问题空间中事物之间实际存在的各种关系，并对类及其联系进行编码、测试，即可得到直接映射问题空间的系统结构。

二、面向对象信息系统的开发流程

根据面向对象的开发思想，可以将面向对象的系统开发流程分为用户需求分析（UDA）、面向对象分析（OOA）、面向对象设计（OOD）和面向对象实施（主要包括 OOP 和 OOT）四个阶段（如图 8—4 所示）。

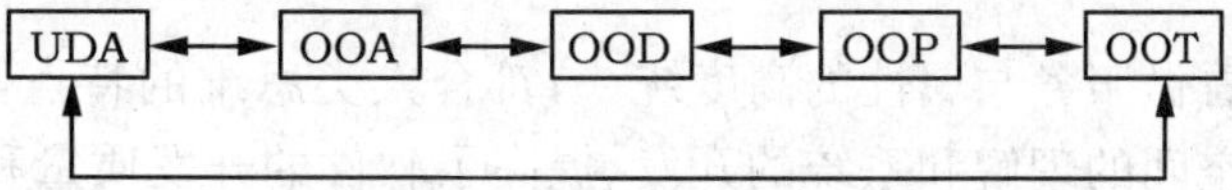

图 8—4　面向对象的开发流程

（一）用户需求分析

用户需求分析（User Demand Analysis，UDA）的任务是，对问题空间进行调查与了解，进行信息系统的可行性分析，并在此基础上针对相关问题空间加以深入研究、精确定义，以确定系统开发的功能目标和系统范围。

对客观世界的调查与结构化开发方法相类似，是在与用户不断交互的基础上对企业所处的环境、发展的目标、现行系统状况的调查分析确定待开发的信息系统的开发条件以及建设中所受到的约束条件。系统的可行性分析也与结构化的开发方法一致，主要是对系统开发的技术可行性、经济可行性和管理可行性进行分析，以探讨将要开发的项目的可实现性、必要性和合理性。需求分析要研究如何从企业的问题空间中寻找用户的真实需求，制定出系统的目的和范围，确定系统所需要提供的服务和功能。

(二)面向对象分析

面向对象分析(Object-Oriented Analysis，OOA)的主要任务是利用在需求分析中所得到的系统需求、目的和范围，运用统一的建模技术和方法，在问题空间中建立以对象为基本单元的系统逻辑模型，即解决系统做什么的问题。

(三)面向对象设计

面向对象设计(Object-Oriented Design，OOD)是 OOA 的一个逐渐扩充的过程，是对 OOA 模型化了的问题空间的物理实现，即在 OOD 中必须解决如何去实现的问题。OOD 的主要任务是针对 OOA 的结果，加入接口对象，以构成更完整的模型，并进行子系统的划分，确定各子系统之间相互往来的关系，以建立子系统的整体结构图。设计阶段面临的另一个任务就是对系统的软件和硬件资源作出合理规划，确定子系统的软件和硬件配置，并根据子系统对象的数据种类和特性进行数据结构设计。

(四)面向对象的系统实施

面向对象的系统实施主要包括三个内容，即面向对象的程序设计(Object-Oriented Program，OOP)、面向对象的程序测试(Object-Oriented Test，OOT)和系统转换。OOP 需要选择面向对象的程序开发语言，并在这种语言的平台上进行编码；OOT 是要设计测试方案，进行测试修改，以便得到我们所需要的软件系统；最后通过系统转换将此系统投入现实管理工作中。

三、面向对象开发方法的优点与不足

(一)面向对象开发方法的优点

自管理信息系统诞生以来，已经出现了多种信息系统开发方法，其中最有影响的是生命周期法、原型法和 20 世纪 80 年代后期兴起的面向对象的开发方法。前两种方法在历史上曾发挥过重要作用，也开发成功了许多系统，直到今天人们仍在采用；但他们均存在自身的缺陷，如开发周期长、缺乏弹性、功能与数据分离、与人类认识客观环境的特点不相一致，从而导致了对客观世界的认识与软件开发实现之间的鸿沟。与这两种方法相比，面向对象的开发方法具有以下优点：

第一，能将数据看做服务与属性的高度统一，符合人类思维的特点，改变了人们思考系统的方式，便于对问题空间的理解和系统的开发，提高了软件的开发质量和文件的质量。毕竟这个世界由对象组成，我们可以对象的行为分类。一般用户及企业员工也一样，可以产生与他们有关的面向对象的目标。这使得人们容易理解对象，而不是传统方法中的那些实体关系图、结构流程图等难以理解的东西。

第二，对需求的变化具有较强的适应性，满足了客观世界迅速变化对软件弹性的要求。面向对象的方法具有较好的模块机制、继承机制和多态性机制，使得软件的修改和扩充比较容易实现，且影响小，需要增加的新代码也少，对于不断变化的用户需求有很好的适应性。

第三，较好地处理了软件的规模和复杂性增加带来的问题，适应了客观世界的发展和问题空间的不断复杂化。

第四，通过直接模仿应用领域的实体得到对象与类，通过对象之间的协作完成任务，使规格说明和系统设计更容易理解。

第五，提高了模块化和信息隐藏程度，符合客观世界的发展趋势。

第六，由于系统通常都是由已存的对象构成的，这些对象既可能是自己建立，也可能从某些已有的类库中获取，因此，面向对象的开发方法可达到很高的重用性，这将节省成本、缩短系统的开发周期、增加系统的可靠度。

（二）面向对象开发方法的缺点

面向对象的开发方法是一种很有发展前途的系统开发方法，但也存在一些问题。与原型法一样，OO 法需要一定的软件基础支撑才可以使用。另外，在大型管理信息系统的开发过程中，如不进行自上向下的整体划分，一开始就自下向上采用 OO 法开发系统，同样会造成系统结构不合理、各部分关系失调等问题。所以，OO 法和结构化开发方法目前仍是两种在系统开发领域相互依存、不可替代的方法。

第三节　面向对象的系统开发实例

我们以学生公寓管理系统的开发为例，详细阐述面向对象的系统开发流程。

学生公寓管理是每所高等院校办学过程中必须涉及的学生管理问题。它一般由各校学生处负责，由学生处的公寓管理科负责具体的业务管理。以前，学生公寓的管理工作是一个手工管理系统，从新、老生每年的更替安排住宿到每周进行的宿舍卫生检查、日常维修、防火防盗、资产管理、公寓管理收费等，都由专人负责和统计，这样对公寓管理信息的收集效率低下，对信息的管理也缺乏连贯性，对公寓管理中各种信息的统计处理既繁琐又容易出错。随着高校扩招政策的出台，高校学生的数量和种类都得到了不同程度的增加，原有的公寓管理方式越来越不适应高校的发展需求，因此，开发学生公寓管理系统非常具有现实意义。学生公寓管理系统涉及对人员、宿舍、卫生、安全等多方面的管理，它的开发是一个较为复杂的系统工程，限于篇幅，我们对系统的规模和功能做了一定程度的限制和简化。

一、用户需求分析

（一）用户需求的确定

用户需求（User Demands）即用户对所要开发的信息系统所提出的各种要求，不但包括对系统的功能、性能、可靠程度、交互方式、保密性等技术方面的要求，而且包括对交付时间、资金投入、资源使用限制等非技术方面的要求。其中，对系统的功能要求是用户需求分析的重点。

用户需求分析从用户需求资料开始到确定能够被分析人员所理解和表达的真正的用户需求为止，其确定过程如图 8—5 所示。

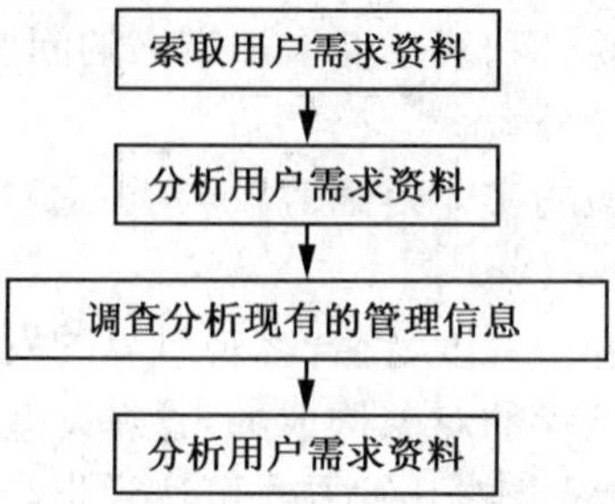

图 8—5　用户需求的分析过程

分析始于用户提交的需求资料，这些资料来源于企业，是用户对新系统的要求。这些要求往往不是用专业术语描述的，通常既不详细，又不准确，更谈不上符合标准规划，有些用户甚至根本提不出符合实际需要的功能要求。因此，在接到用户需求资料后，系统分析员要通过调查与分析，对资料进行进一步的研究、校正和增删，以确定用户的真正需求。

系统分析员通过阅读用户提供的需求资料以及所有相关资料来充分理解用户的想法；同时，对用户需求资料中不明确的地方、不明确的表达、不切实际的需求，通过与用户的不断沟通来进行修改、校正和增删。但是，系统分析员所面临的一个困难是：其往往对其所研究的企业的业务流程并不是很了解，造成了分析中的障碍。解决这一障碍要求系统分析员深入企业，熟悉企业的管理流程和业务流程，充分了解研究对象。另外，对用户需求的确定要考虑企业发展动态性的特点，使最终得到的是既符合当前用户需求，又有一定弹性和适应未来变化需要的、规范化的、易于理解和表达的用户需求。

(二)问题空间的分析

问题空间是指所要开发的信息系统所对应的企业业务范围。例如，需要开发教学管理软件，则教学管理所包含的教师管理、教务管理、学生管理等都属于教学管理的问题空间。问题空间分析的主要目的是解决问题空间的范围、领域及边界。从技术上讲，问题空间分析是根据用户需求，从企业的实际问题空间出发寻找需求来源，通过相互映射，得到符合问题空间实际情况、满足用户需求的分析模型。问题空间分析包括以下步骤：

1. 通过实际调查，获取问题空间中的所有信息

要确切了解企业的问题空间，最可靠而简单的办法就是深入企业实际中去调查或亲自参与业务实践活动，通过亲身体验及与用户的不断交流，可以最大限度地获得问题空间的信息，避免信息遗漏。这样，可以确定系统中应该设立哪些对象、对象具有哪些属性和操作、对象的外部结构与连接如何等。

2. 根据系统开发的目标，确定信息系统的责任

信息系统的责任是指信息系统问题空间必须包含的信息内容，分析问题空间及系统责任是发现对象的基础。例如，在建立学生公寓管理系统时，学生作为该系统中的个体，拥有很多信息，如学号、姓名、年龄、专业、业余爱好、宗教信仰等，其中，业余爱好和宗教信仰对学生的公寓管理并没有什么影响，因此，构建学生公寓管理信息系统时可以排除这些信息。这样，通过分析和与用户的反复讨论，对问题空间的这些信息进行合理取舍，最后留下的就是系统的责任。

3. 规定系统的边界

规定系统的边界就是确定要开发的信息系统和与该信息系统有关的外部实体之间的明确

界限，并确定它们之间的接口。在信息系统以内的是经过问题空间的分析所确定的信息系统本身所包含的对象，在信息系统边界以外的是与系统有关的外部实体，包括有关的人、设备和系统。它们可以向系统发出指令或提供输入信息，也可以从系统中获得输出信息。在规定系统边界的过程中，要注意系统内的人员和设备与外部实体的区别。一般来讲，仅由系统管理其信息和模拟其行为的人或者事物都应被认为是系统以内的对象，否则就是外部实体。划分好系统的边界就是为了明确地表达系统的范围和外部接口。系统以内的事物使用系统中的对象来表达，建立问题空间与系统对象之间的映射关系；系统以外的与系统有关的事物通过其与系统的接口实现交互，在系统分析时统一不加以考虑（如图 8—6 所示）。

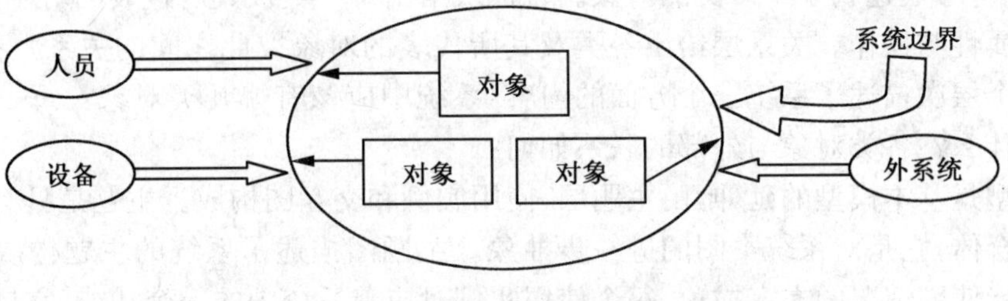

图 8—6　系统的问题空间和系统边界

(三)需求模型的建立

系统分析员在对用户需求进行初步确定的基础上，通过对问题空间及系统责任、系统边界接口的分析研究，并进一步与用户交流，确认用户的关键需求、用户需求的有效性和正确性，最终得出系统的需求模型。系统的需求模型是所有要建立的系统功能性需求及所提供的服务的具体描述，它可由任务描述、目的、商业目标、商业策略、信息系统目标和具体目标六个部分构成。

任务描述是以简单的语句说明所要建立的系统存在的理由；目的是对这些理由的具体描述；商业目标是论述信息系统的建立所能够完成的商业性指标，如提高了多少工作效率、使事物管理的时数减少了多少等；商业策略是描述如何通过管理信息系统和管理业务的变更来实现商业目标；信息系统的目标是论述信息系统的功能。因此可以说，系统需求模型是以文字形式对系统任务、目标等的具体描述，它主要反映了用户对未来改建的信息系统的真正需求。在现实应用中，这一要求不可能很详细、很精确，一般情况下只对用户需求的功能进行详细分析。尽管用户需求已经在这部分确定，但在以后的开发阶段还会不断地产生新的需求，因此，也不排除在分析、设计和运行阶段再修改或增删用户需求。

(四)学生公寓管理系统的需求分析

按照上面介绍的步骤，通过调查分析得到学生公寓管理系统的用户需求如下：

第一，对宿舍和其他财产信息进行管理。

第二，在宿舍库、财产库和学生库的支持下，能方便地进行宿舍安排，并能存储相关信息。

第三，学生、教师和来客可通过该系统进行人员查询、住宿安排查询和各种收费情况查询。

第四，利用该系统可方便地进行各种数据的统计汇总、打印上报及汇总数据的保存。

第五，管理人员通过该系统可以对宿舍的卫生状况进行检查、登记和评比。

第六，通过该系统，管理人员可以收到学生的维护请求，也可以保存各种维护方面的相关数据信息。

二、面向对象分析

OOA较为全面地体现了面向对象方法的主要概念，它可以有效地对客观世界的事物及其联系进行抽象，运用OOA系统模型实现对现实管理系统及其运行特性的描述。OOA模型包括基本模型、补充模型和系统的详细说明三大部分。

基本模型以类图的形式表达系统最重要的信息，而类图则由类、属性、操作、一般—特殊结构，整体—部分结构、实例连接和消息连接等主要成分构成。这些成分所表达的信息模型可分为对象层、特征层和关系层三个层次。对象层给出了系统中所有反映问题空间及系统责任的对象，用类的符号表达属于每一类的对象。特征层给出每一类极其所代表的对象的内部特征，即每一类的属性与操作。关系层给出各类及其所代表的对象彼此之间的关系。概括地说，基本模型的三个层次描述了系统三个方面的内容：系统中应该有哪几类对象？每一类对象的属性和操作是什么？各类对象与外部的联系如何？

补充模型是基本模型的延伸，由主题层、使用实例和交互图构成。主题是具有较强联系的类组织的集合体，它是对系统类图的进一步抽象。主题图描述了系统的主题构成。使用实例是对系统功能使用情况的文字描述，每个使用实例对应着系统中的一个功能，它描述系统的外部实体与系统之间的信息交流关系。交互图是一个使用实例与完成功能的系统成分之间的对照图，它具体表明了使用实例中陈述的事件是由系统中的哪个操作来响应和完成，以及这个操作在执行过程中又进一步用到哪些其他对象的操作。

系统的详细说明是按照面向对象方法的要求格式对系统模型作出进一步的解释，它主要由类描述模板构成。对于OOA系统模型的每一个类，一般都要建立一个类描述模板。类描述模板的主要构成有：对整个类及其对象的进一步说明、对每个属性和操作的进一步和其他必要的说明。类描述模板主要以文字方式给出，有时也附加一些图表说明。

基本模型、补充模型和系统的详细说明组合起来，就构成了OOA文档的主要内容，也是OOA的主要工具，OOA就是根据这一结构框架来开展工作的。OOA分析过程就是围绕建立这三大部分进行的，具体分为建立对象层、建立特征层、建立关系层、建立主题层、绘制交互图和编制OOA文档六个步骤。

需要指出的是，OOA分析中的各项活动不如结构化方法需要按严格的顺序，它没有固定的次序要求，并且分析中，可以交互进行，也可以回溯。在本节实例分析中，我们按照建立对象层、建立特征层、建立关系层、建立主题层、绘制交互图和编制OOA文档的顺序进行介绍。

(一)确定对象及对象类(对象层)

1. 确定对象

确定对象由系统分析员和用户共同完成，分三个步骤，即发现对象、筛选对象和构建对象。

(1)发现对象。发现对象是从问题空间、系统边界、系统责任和用户需求资料等入手，尽可能全面发现系统组成中的候选对象。发现对象并不意味着罗列问题空间中出现的所有事物，而是要正确运用抽象原则，紧紧围绕系统责任去筛选与系统有关的事物作为对象，而舍弃那些与系统责任无关的事物。判断事物是否与系统责任有关，一是要看该事物是否向系统提供了有用的信息或需要系统为其保存和管理某些信息；二是要看该事物是否向系统提供了某些服务，或该事物需要系统描述其某些行为。只要符合其中任何一条的事物，都可以列为系统的候选对象。发现对象要尽可能地寻找到候选对象清单，尽可能防止遗漏，最后得到一个问题空间中所有的用文字来描述其名称的对象清单。

(2)筛选对象。筛选对象是指对所得到的对象清单进行全面审查，从中舍弃那些无用的对象，精简、合并一些有用的对象，所得到的对象集就是系统应该确定的对象。筛选对象的原则如表 8－1 所示。

表 8—1 筛选对象的原则

对象特征	筛选操作原则
不相关、含糊的对象	对系统仅有一点甚至毫无关系的对象，定义不明确、容易产生混淆的对象，可考虑删除
重复、多余的对象	对显示相同属性和服务的两个对象可保留具有代表性的一个，删除另一个
可能是某个对象属性的对象	有些对象事实上可能是某些对象的属性，当该对象对系统而言不是很重要时，可考虑精简、合并；当该对象重要时，可将其视为单独的对象而非其他对象的属性
一个对象的描述只是其他对象的运算	若对象的运算不是对自己本身的运算，则把运算删除
只有一个属性或一个操作的对象	可考虑将这两种类型的对象合并到其他对象中，而把该对象删除

(3)构建对象。构建对象即命名对象，封装对象的属性与操作。命名时，尽可能选择反映主题的标准词汇，含义应具体、明确且无二性。命名对象时不是以其扮演的角色为考虑重点，而是以对象内部的自然结构为重点命名。确定对象后，可得到信息系统的对象层，对象层可用对象层图表示。

2. 确定类

(1)确定类的原则。把具有相同特性的对象归为一类，定义为一个类，并用类符号表示；同时，把类的属性和操作填入类符号中。在对象进一步抽象为类的过程中，必须把握以下原则：

第一，从集合到类采用的是抽象原则。类是对象的抽象，对象是类的实例，每个对象总属于一个类。

第二，类名、属性和服务中所有涉及的英文字母的首字母大写，且所有名字均是单数，并对应着一定的含义。

第三，在定义对象类时，必须对所出现的异常情况作出检查、修改和调整。当类的属性或操作不适合该类的全部对象时，应重新进行分类，并考虑建立一般—特殊结构；当类的属性及操作相同时，则考虑进行合并。对属性和操作相似的类，可建立一般—特殊结构和整体—部分结构，以利于超类/子类的继承及派生特性简化类的定义。在遇到对同一事物进行重复描述的类时，应对某一类进行适当的调整，消除冗余的类。

第四，区分被动对象(普通对象)和主动对象。被动对象是指对象的每个操作都是响应从外部发来的消息而被动执行，对象的行为是对消息的被动反应。主动对象是指对象中至少有一个操作不需要接受外部消息就能主动执行，即对象中存在主动操作。

(2)建立类图。为每个对象抽象一个类。用类符号表达所定义的类，其中，主动对象名前应加上标记“@”，这样就可以形成 OOA 基本模型中的对象层。

3. 学生公寓管理系统的对象层

根据上述论述，我们对学生公寓管理系统的对象(类)进行分析，确定该系统的对象有：

(1)宿舍。这是系统中管理和使用的一类重要事物，它封装了与宿舍有关的数据。

(2)管理人员。这是系统中的一类人员，系统要模拟和支持他们的行为，它封装了与管理人员有关的数据。

(3)学生。这是系统中的另一类人员，它封装了与学生有关的数据及学生在宿舍中的一些相关行为。

(4)宿舍安排事件。学生被录取后，需要安排到公寓楼中的某个床位，这个安排过程就被称为宿舍安排事件，这个事件需要在系统中保留到学生毕业。

(5)宿舍安排表。考虑到系统的责任，为了能在宿舍安排或查询时快速找到相应的宿舍信息和人员信息，需要设立"宿舍安排表"，它封装了宿舍的有关数据和住宿学生的有关信息。

(6)维护人员。这是系统中的另一类人员，他们要利用系统查询学生的维护请求，并在系统中登记自己的维修行为与结果。

(7)维护记录。这个对象封装了与维护有关的数据，如维护日期、维护人员、维护内容、维护涉及的宿舍等。

(8)卫生记录。这是利用系统进行管理的对象，它主要封装了与宿舍卫生有关的数据。

以上 8 类对象中，管理人员和学生都在系统中呈现一些主动行为，其他对象的行为都是根据这两类对象的主动行为而被动执行的，所以，该系统有两类主动对象，其余为被动对象。

根据以上分析，得到学生公寓管理系统的对象层如图 8—7 所示。

图 8—7 学生公寓管理系统 OOA 模型的对象

(二)确定对象的内部特征

1. 确定对象的属性

确定属性分为四步，即寻找属性、筛选属性、属性命名和定位、属性说明。确定好的属性封装在对象栏的中间一栏即可。

(1)寻找属性。寻找属性的方法一般有两种：一是根据实体—关系图(E-R 图)中需要存储的属性确定；二是根据对象的描述确定。无论哪一种方法都要集中每个对象，通过提问并与用户反复不断的交互来发现对象应该具有的属性。寻找对象应从以下角度进行：①根据问题空间的特征来确定每个对象应该拥有的单值属性，即任何时刻都是一个值或一种状态的属性；②根据系统责任的要求来探讨对象的定义性属性；③按照对象在问题空间中的一般常识来确定对象常用的描述性属性；④按照对象必须记忆的要求来了解一些通过前面寻找没有发现的不明显的属性、单值属性或多值属性；⑤从整体—部分结构和实例连接的要求出发，在有关对象中设置相应的属性。

通过以上步骤和分析，可以得到对象的候选属性。这些属性可能有重复，也可能有遗漏。在得到这些属性后，还要不断与用户讨论，以尽可能收集到对象必备的属性。

(2)筛选属性。对于初步寻找到的属性，是否是对象表达中所必需的，还需要经过重新审查和筛选。属性筛选应考虑以下原则：①适用性原则，即选择的属性对表达对象的实例是适用的，对所考察的客观世界中的事物是必不可少的；②原子性原则，即选择的属性在概念上是不可分的，在实际中对应着事物的一个原子性特征；③无冗余的原则，即属性在对象类中不允许重复出现，也不允许一个属性的值通过另一个属性或另外几个属性的值推导而出，否则这个属性应该删除以保持属性中没有冗余。继承是减少或消除冗余最好的办法，在确定属性时应很好地应用。

(3)属性的命名和定位。属性的命名原则为：使用名词或带定语的名词以及规范的行业领域通用的词汇名，避免使用无意义的字符、符号或数字，且命名应无二性。

确定属性的位置采用的是继承的原则，主要针对的是分类结构，即一般—特殊结构。如果属性中有共有属性，把共有属性放在一般类(上层)，特殊属性放在特殊类(下层)。如果一个属性适用于每个类中的大多数对象，则可将其放在共同地方，而在不需要的地方把它覆盖起来。

(4)属性说明。属性说明是在其类描述模板中对每个属性的详细结构和进一步了解的描述，包括以下主要信息：①以简练的文字对属性的意义和作用进行描述；②确定属性的数据类型，常用的有整数、实数、字符串、数组、结构和指针等；③对于表示整体—部分关系或实例连接关系的属性，应作出进一步的解释说明；④对属性的某些特征值进行详细定义，如属性的取值范围、初始值、峰值、精度、度量单位、数据完整及安全性、保密性和存取的条件等进行说明。

2. 确定对象的操作

确定对象是为了建立对象之间的协作和系统运作的动态关系。操作的确定也是由系统分析员与用户合作完成的，它分为以下四步：

(1)寻找操作。寻找信息系统中所需要的操作有很多方法，但还没有成熟的技术，除了可以借鉴同类系统中的OOA结果外，还须具备一定的经验。寻找操作应从以下角度考虑：

第一，从系统责任和问题空间出发去发现对象的操作，即探讨系统的每一个责任或用户需求的每一项功能是由哪一个对象提供的，在该对象中设立相应的操作。

第二，从确定的对象入手去发现对象的操作。根据所确定的对象，分析该对象设置的目的、应该具有的功能、设置什么服务来完成，从中发现对象的操作；也可以从对象不同状态的转换出发，探讨每个状态下对象可能发生的行为、应具备的服务，以及从一种状态转换到另一种状态所需要执行的操作和应具备的相应服务。

第三，追踪操作在对象模型中的动态轨迹去发现操作。从一个对象的操作出发，探讨完成这个操作所需要其他对象提供的操作。据此操作转换到下一个对象中，考察该对象是否定义了该操作；若没有，则补充添加，依次类推，直到全部服务都被分析完成。

第四，从所确定的对象属性入手寻找操作。确定的属性一定关联一个操作，否则该属性永远不会被访问。对于典型的属性有两个标准的操作：一个是获取操作，另一个是设备操作。查询操作是获取操作的一个例子，它可以改变系统状态。对于只读属性则不需要设置操作。

(2)筛选操作。对于初步寻找到的操作，必须经过筛选，以确定最终对象所封装的服务。筛选服务时，应注意以下几点：

第一，操作应是对象所映射的事物固有的行为，如果这种映射关系不存在，则要考虑所设置的操作是否有必要。

第二，操作应是满足系统责任(功能)所要求的，或能够响应其他对象请求的有用操作，无用操作应排除。

第三，一个操作应完成一项定义明确、完整而功能单一的服务，若一个操作中包含了可能独立定义的功能，则应将该操作分解；如果一个独立的功能分割到多个对象中去完成，则应加以合并。

按照以上原则，对操作进行筛选，得到操作清单，这一清单还必须与用户探讨，以得到系统对象所必需的、应予以确定的操作。

（3）操作的命名和定位。操作的命名采用“动词＋名词”组成的动宾词组结构，命名应能准确反映该操作的职能。在相关对象中，操作名应该是唯一的。操作名在类结构中应前后一致。

操作的定位应与问题空间中拥有这种行为的事物相符。在一般—特殊结构中，通用操作放在上层的一般类中，专用操作放在下层的特殊类中。一个类中的操作应适合这个类及其所有特殊类的每一个对象实例。

（4）操作说明。对操作的说明包括以下主要信息：①对操作的作用及功能进行进一步解释；②说明请求该操作的消息格式，包括操作名、输入输出参数和参数类型；③表明该操作执行时需要其他对象的操作；④对操作的执行前置、后置条件以及执行时间进行说明；⑤对于实现较复杂的操作，需要画出操作流程图，目的是告诉程序员如何实现。

3. 建立 OOA 模型的特征层

把以上确定的对象属性和操作填写到相应的类符号中，就构成了 OOA 模型（类图）的特征层，它也是组成 OOA 基本模型的重要部分，这样即可完成对象内部特征的定义和说明。

4. 学生公寓管理系统的特征层建立

（1）确定学生公寓管理系统的属性和操作。根据以上原理和方法，我们针对所确定的学生公寓管理系统的对象层来确定对象的属性和操作。学生公寓管理系统的特征层分析如下：

“宿舍”对象的属性有：宿舍编号、舍内物品和管理人员姓名等。

“管理人员”对象的属性包括：管理人员的个人信息，如姓名、性别等；负责的具体管理业务也可以通过属性表达，如管理任务。“管理人员”在系统中的任务是负责安排学生的住宿、检查宿舍卫生、进行查询和统计汇总数据等。这是一个主动对象。

“学生”对象的属性有：学号、姓名、性别、籍贯、所在院校、专业和班级等。“学生”在系统中的主要行为有：申请住宿，即向公寓管理科申请宿舍；维护请求，即向公寓管理科申请对宿舍中某种物品的维护；事件汇报，即向管理员汇报日常生活中发生的需要管理人员协助的一些突发事件；打扫卫生，这是学生的一种行为，通过“卫生记录”反映。“学生”对象也是一个主动对象。

“宿舍分配事件”对象的属性有：负责人，具体负责这一分配事件的管理人员；学生姓名属性，记录参与这一事件的学生的姓名或宿舍的分配对象；宿舍编号，该学生分配到的宿舍编号（隐含有楼号和层号）；安排时间，表明了这一分配事件发生的时间等。该对象的操作有“宿舍统计”，记录了发生宿舍分配事件后，已经安排了学生的宿舍量和剩余宿舍量；“登记”，将本次宿舍分配事件的信息记录在“宿舍安排表”中。

“宿舍安排表”对象的属性汇总了宿舍安排事件，包括宿舍信息、住宿人员信息及宿舍安排信息等。它的操作有“检索”，即通过学号、姓名查询学生的住宿信息，通过宿舍编号检索该宿舍中所住的学生信息；“项目增删”，即在学生毕业后删除宿舍安排，并将腾空的宿舍归类统计，在新生入校时增加宿舍分配。

“维护人员”是管理人员的特殊类，它继承了“管理人员”的全部属性和操作，其特殊属性有：“维修专业”，用于指明其所从事的维修活动的专业。“维护人员”特殊的操作是“维护”，它表明维护人员所从事的维护活动。

"维护记录"对象的属性有：维护请求日期、宿舍编号、请求人员姓名、维护内容、维护日期和维护结果等。它的操作有："请求登记"，即将学生的维护请求登记在维护请求表中；"维护登记"，即由管理人员将维护的结果记录在维修档案中。

"卫生记录"对象的属性有：卫生检查日期、检查人和检查结果等。它的操作有："卫生登记"，即将卫生检查的情况记录到卫生记录中；"卫生评比"，即针对检查的结果确定卫生检查的排序。

(2)画出学生公寓管理系统 OOA 模型的特征层。根据以上分析活动，我们确定了每个对象所封装的属性和操作，在图 8－7 所示的对象图中相应的位置填写它们，即可得到学生公寓管理系统 OOA 基本模型的特征层（如图 8－8 所示）。

图 8－8　学生公寓管理系统 OOA 模型的特征层

(三)确定对象的外部特征

以上我们确定了系统中每一类对象以及他们的内部特征，画出了对象类图，这些只是事物静态特征的描述。然而，系统是由对象及对象之间的相互作用构成的一个动态、完整的有机系统，这一动态特征体现在对象之间的相互关系上。对象（以及对象类）与外部之间的关系有四种结构形式：一般—特殊结构、整体—部分结构、实例连接和消息连接。

1. 确定一般—特殊结构

(1)一般—特殊结构的概念。一般—特殊结构是一个层次式的父子结构，也称分类结构，它通过刻画问题空间的类成员层次，把类的公共特性扩充到实例之中来呈现客观世界事件的通用性及专用性。一般—特殊结构的定义为：设有两类，即 A 类和 B 类，如果 A 类具有 B 类的全部属性和操作，而且 A 类也具有自身特有的一些属性和操作，则把 A 类称为 B 类的特殊类，而 B 类称为 A 类的一般类。一般—特殊结构只连接类而不连接对象。一般—特殊结构的表示方法如图 8—9 所示。

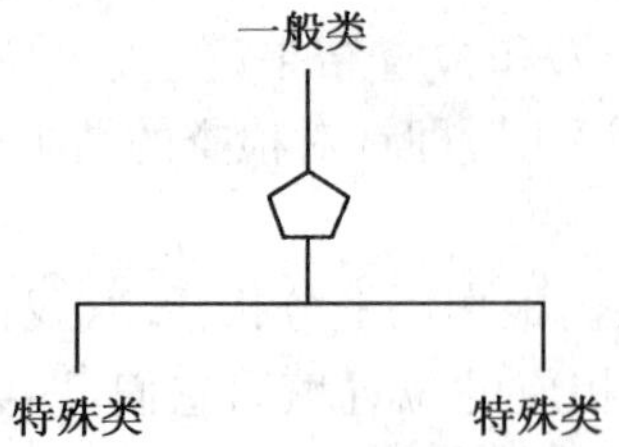

(a) 一般—特殊结构的连接符号

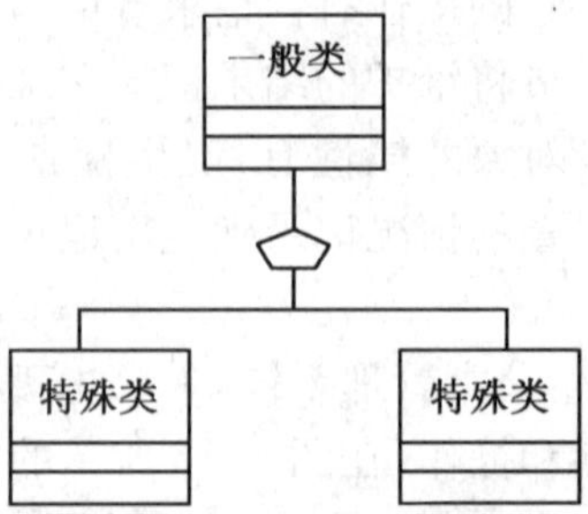

(b) 一般—特殊结构的形式

图 8—9 一般—特殊结构的表示

(2)寻找一般—特殊结构。寻找一般—特殊结构可借助以往的 OOA 成果,发现可以复用的其他系统的合理成分。除此之外,在寻找中应采取如下策略:

第一,从当前行业领域中已有的行业知识和分类知识中寻找与问题空间相对应的一般—特殊结构。

第二,根据常识,从各种不同的角度考虑事物的分类,从而发现一般—特殊结构。

第三,研究分析类的属性与操作。若一个类的属性和操作只适合该类的一部分对象,不适合另一部分对象,则应从类中划分出一些特殊类;若两个或两个以上的类含有一些共同的属性和操作,则可以考虑将这些共同的属性和操作提取出来,构成一个超越原先这两个类的一般类。

第四,考虑到问题领域内的复用,应在更高水平上运用一般—特殊结构,使本系统的开发能贡献一些可复用性更强的构件。

从以上策略可以看出,在寻找一般—特殊结构时也可能追加一些尚未被确定的对象,或创建一个新的类,虽然可能增加对象或类的数目,但却更加确切地表达了事物之间的关系,使系统模型得到简化。

(3)调整确定的一般—特殊结构。寻找到能反映问题空间的分类结构后,还要对得到的这些结构进行合理性审查,从而舍弃那些错误的结构,调整那些不合理的结构。调整一般—特殊结构要把握以下原则:

第一,与现实系统中客观事物之间的关系相吻合的原则。我们所确定的结构,应是描述问题空间真正需要的结构,它映射了现实系统中客观事物之间的相互关系;如若不是描述问题空间所需要的,则应考虑将其删除。

第二,应符合系统责任要求。系统的责任可体现在一般—特殊结构中,形成了对类层次结构的要求。一般—特殊结构应符合这样的要求,否则,应删除这一结构。

第三,一般—特殊结构中各类之间的关系应符合人类的日常思维习惯,否则会产生一些难以理解的结构。

第四,检查层次是否符合类层次之间的继承原则,若类之间没有继承关系,则失去了建立一般—特殊结构的意义。因此,对不符合继承关系的分类结构也要进行修改和归并。

第五,应符合简单化原则。使用一般—特殊结构描述类之间的层次关系时,对于一些没有自己特殊属性和操作的特殊类,应删除;对于那些特殊类之间的差别,可以用一般类的某个属性来表示的,应取消这些特殊类,而在相应的一般类中增加某项属性确定;对于一个一般类之下只有一个唯一的特殊类的,可以取消一般类,而把它的属性和操作放到特殊类中;对于多层继承层次的分类结构，应尽量减少中间层次。

2. 确定整体—部分结构

(1)整体—部分结构的概念。为了清晰地表达整体—部分结构，设有三个对象 a、b 和 c，如果对象 a 和对象 b 是对象 c 的两个组成部分，则把对象 a 和对象 b 称为部分对象，对象 c 是整体对象，对象 a、b、c 之间的关系形成整体—部分结构。当表达对象类之间的组成关系时，其整体—部分结构是指把一组具有整体—部分关系的类组织起来而形成的结构，这个结构是以类为节点，以整体—部分关系为边的连通有向图(如图 8—10 所示)。

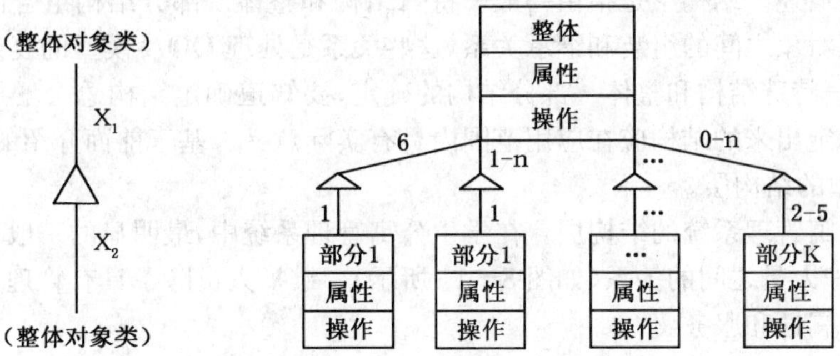

(a) 连接符　　(b) 表示法

图 8—10　整体—部分结构的表示法

图 8—10 中的(a)表示整体与部分之间的联结关系，其中，"△"号的上部为整体，下部为部分。两端的符号 X_1 和 X_2 表示了对象联结限制，它用数字或数字对表示从整体到部分或从部分到整体，每个对象了解其他对象的数目，如 0—n 对象、1—n 对象、1—6 对象、1 个对象、25 个对象等。图 8—10 中的(b)表示对象联结限制，其左分支的数字 1 和 6 表明 1 个整体对象了解 6 个部分 1 对象，或者说 1 个整体可由 6 个部分 1 组成；右分支的数字对 0—n 表示 1 个整体了解 0 个或多个部分对象，数字对 2—5 表示一个部分可以同时成为 2 个或 5 个整体的组成。

(2)寻找整体—部分结构。寻找整体—部分结构应按以下策略进行：

第一，寻找整体—部分结构的基本出发点是对象或对象类，通过查看对象名进行。

第二，寻找的基本原则是先从整体向部分考虑，再从部分向整体考虑。对于一个对象，首先要把它作为一个整体来看，再看它在问题空间中可能包含的部分。

第三，寻找整体—部分结构应从现实问题空间事物组成的多种形式和角度考虑，即主要从总装与零件、容器与内容物、组织与成员等方面考虑，如人体与构成人体的躯干、四肢，机房包括计算机、电源、空调等，组织和构成组织的各职能部门等，都是整体—部分结构。

第四，从抽象事物的概念组成和具体事物的抽象方面出发，也可以发现存在于这些事物中的整体—部分结构，如专业计划与专业目录等。

(3)筛选所确定的整体—部分结构。对所确定的整体—部分结构，应按以下原则进行审查，并确定最终需要的整体—部分结构：

第一，对描述问题空间事物组成结构有用的原则。若所确定的整体—部分结构不能够描述和反映问题空间的事物关系，则应舍去。

第二，对系统责任有效的原则。建立的整体—部分结构应是系统责任所需求的，能够体现现实中整体对象与部分对象之间的关系的，需要在信息系统中保持。

第三，满足对特殊性要求的原则。例如，当部分对象具有一个属性时，应采用合并部分对象到整体对象中去以简化系统结构。当整体—部分结构之间的关系不太明确时，不应采用这种结构表示。

第四，在确定整体—部分结构时，还可能涉及调整对象层和属性层的问题，因为在这一活动过程中可能会发现一些新的对象类，或者从整体对象类的定义中可分割出一些部分对象类的定义，这时应把它们加入对象层中并给出详细说明。对每一个整体—部分结构，整体对象中应增加一个属性来表明它的部分对象，且该属性的详细说明要给出这个属性的数据类型。

3. 建立结构层

(1)结构层概述。结构层是指由一般—特殊结构和整体—部分结构组合而成的对象模型结构，它确定了对象之间的组装和继承关系，这些关系是处理 OOA 模型的复杂机制之一。前面介绍了一般—特殊结构和整体—部分结构的确定，要知道确定结构总会增加一些尚未被确定的对象，且确定出来的结构应在应用范围内具有实际意义。基于前面介绍的理论，我们可以建立 OOA 模型的结构层。

(2)学生公寓管理系统的结构层。在学生公寓管理系统中，最明显的一般—特殊关系就是管理人员与维护人员之间的关系(如图 8—11 所示)。维护人员除了具有管理人员的公共特性外，还具有特殊属性和服务。

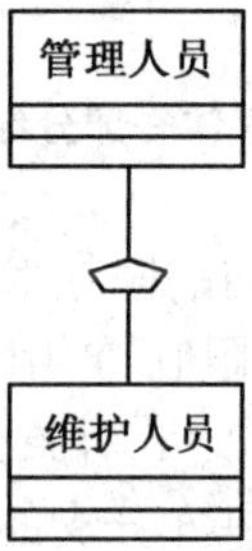

图 8—11 学生公寓管理系统的一般—特殊结构

管理档案是这里增加的一个新类，"维护记录"和"卫生记录"是它的组成部分。管理档案、维护记录和卫生记录三者之间体现整体—部分关系。它的属性有"维护记录""卫生记录"以及"记录日期"(记录和档案的记载日期)。"记录人"是指档案的建立人员，它的操作有"输入"和"检索"。"宿舍安排表"与"宿舍"之间是整体—部分关系，这一关系是基于总装和组成。实际上，"宿舍安排表"还包含与学生信息和宿舍分配有关的信息(如图 8—12 所示)。

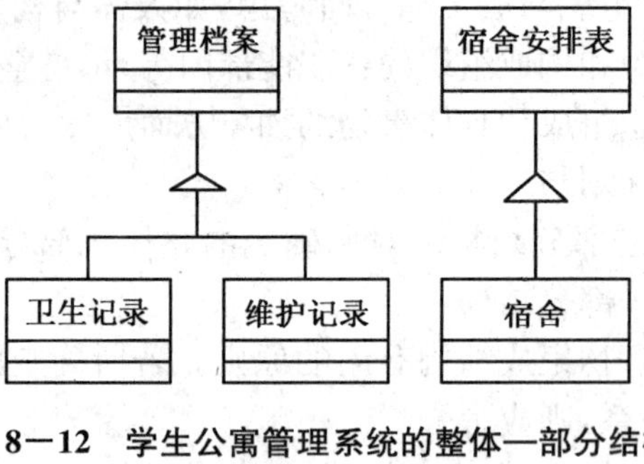

图 8—12 学生公寓管理系统的整体—部分结构

4. 确定实例连接

(1)实例连接的概念。实例连接是一个对象与另一个对象的对应关系，它表达了对象之间的静态关系，即通过对象属性表示一个对象对另一个对象的依赖关系和基于消息的通信机制。实例连接和属性构成了 OOA 模型的属性层。确定实例连接是要在每一对具有这样关系的对象实例之间用实例连接符号连接起来，并对这种连接的语义进行定义。但在大多数情况下，我们不可能做出如此精确而具体的实例连接，只需要在具有这种实例连接的对象类之间统一确定这种关系即可。因此，实例连接是指两类对象之间建立实例连接方式，即一对一的连接(1：1)、一对多的连接(1：M)和多对多的连接(M：N)三种不同方式，这些方式体现在表示实例连接的无向连线两端的数字上。在表达对象类实例之间的静态关系时，根据应用系统的要求，有时只需标明对象之间的联系关系，有时则还需要标明连接拥有的属性或操作，因此，可以把实例连接表示如图 8—13 所示。

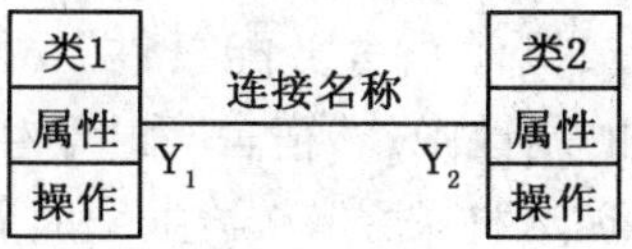

(a) 简单表示法

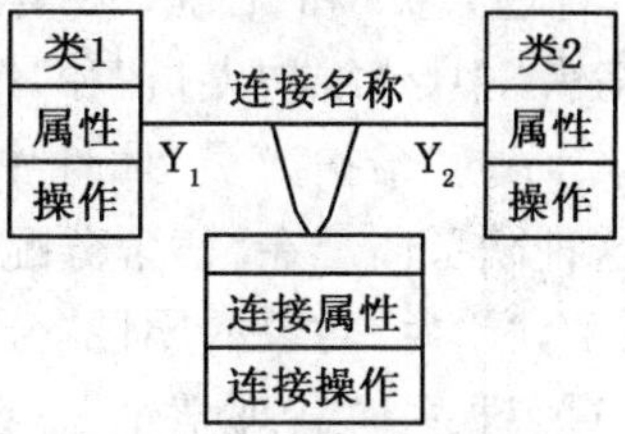

(b) 带有连接属性和操作的表示方法

图 8—13　实例连接的表示

图 8—13 中表示实例连接关系时，用一条无向直线连接两个类，并在连接线的上部标出其连接的名称，连接线的两端标上表明连接方式的数字 Y_1 及 Y_2。Y_1 及 Y_2 可以是确定的数值，也可以是一个范围。Y_1 表示一个类 1 中的对象与类 2 中连接对象的个数，Y_2 表示一个类 2 中的对象与类 1 中连接对象的个数。

(2)实例连接的实现方式。两类之间的实例连接表达了客观世界中事物对象之间的静态关联特征，这一特征的实现能体现 OOA 方法中用于完成对象之间静态联系的技术手段。实例连接的实现方式如下：

对于简单的实例连接，一般可用对象指针或对象确定来实现，即在被连接的两个类中选择一个，在它的对象中设立一个指针类型的属性，用于指向另一类中与它有连接关系的对象实例。选择设立属性对象时，应选择连接线两端中多重性固定(即为一单一值)且值较小的一端对象为设立属性的对象。

对于多对多的复杂性实例连接，可以通过增加第三个对象类，分解多对多为两个一对多的实例连接，再对任一个一对多实例连接按上述方式实现。

对于连接关系中带有属性的实例连接，实现实例连接时，可在一个类中设置一组属性，其中，一个属性是指向实例连接另一端对象的指针，其余的属性是连接关系中所列出的连接属性；另外，也可以根据连接关系来定义一个结构数据类型，用域变量来指向一端对象类或两端对象类，其余域变量是连接的属性，以此来实现对象的连接。

对于连接关系中既带有属性又带有操作实例的连接，可以对连接创建一个新类，再根据两个类之间的连接方式，利用上述手段实现。

(3)建立实例连接。由于实例连接与应用领域有关，它反映了问题空间及系统责任中对象之间的静态关系，是实现任意两件事物之间联系的具体表现，因此，建立实例连接应进行以下分析活动：①从问题空间和系统责任出发，分析对象之间的静态关系，以确定必须建立的实例连接；②对所确定的每个实例连接，分析其连接关系应具有的属性和操作，并探讨是否增加新的对象类来表达这一连接关系；③进一步分析实例连接的多重性，并在连接线的下方填写相应的数值；④对于所确定的实例连接，若含有多元关联或多对多的实例连接，则应增设新的对象类，转化现有的实例连接为二元连接和一对多连接。

确定了连接以后，还需要对实例连接进行命名和定位，进行实例连接说明和增补类图。命名采用动词或动宾词的形式；定位时，当连接成有一端为一个一般—特殊结构时，要把适合每一个的对象类画到一般类上，而把适合其中某些特殊类的画到相应的特殊类上。在建立实例连接的过程中，也有可能增加一些新的对象类，需要及时把它们补充到类图的对象中去。

(4)学生公寓管理系统的实例连接。根据以上分析，学生公寓管理系统的实例连接如图 8－14所示。“管理人员”和“宿舍”两类对象之间存在一对多联系，这种联系体现在管理人员的属性“管理宿舍”中。“维护人员”和“维护记录” 两类对象之间存在一对多联系，这种联系体现在“维修记录”中的“维护人员”属性中。“管理人员”和“宿舍分配事件” 两类对象之间存在一对多联系，这种联系体现在“宿舍分配事件”对象的属性中。“宿舍”和“学生” 两类对象之间存在一对多联系，“学生”对象的属性“分配宿舍”体现这种关系。“学生”和“管理人员”两类对象之间存在多对多联系，“管理学生”是在这两个对象中间增加的一个新对象，它把多对多关系转换成两个一对多关系，其属性有班级管理、班级宿舍和管理人数等。

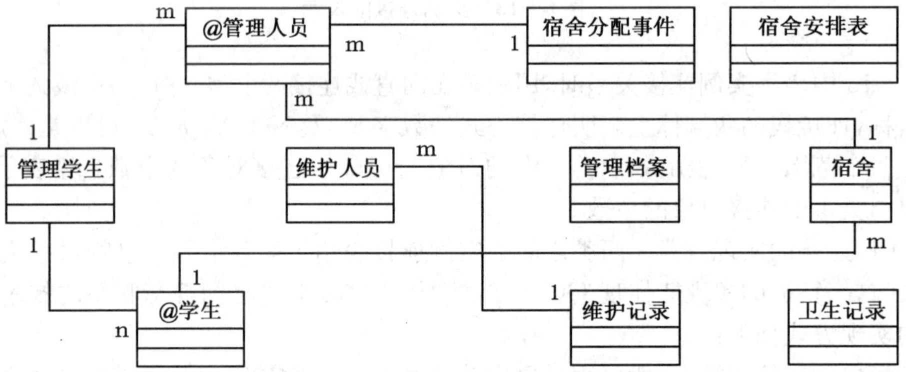

图 8－14　学生公寓管理系统的实例连接

5. 确定消息连接

(1)消息连接的概念。消息连接是指对象之间的消息通信，它结合了事件响应和数据流两个方面。一条消息连接既表示发送者发送一条信息，也表示接受者收到一条信息后作出一个响应。在 OOA 中，消息连接体现了对象行为之间的依赖关系，它是实现对象之间的动态联系，使系统成为一个动态活动的整体，并能使系统各组成部分协调工作。

消息连接存在于顺序系统和并发系统中。顺序系统是指 OOA 模型中只有一个主动对象、一切操作都是顺序执行的系统。并发系统是指 OOA 模型中含有多个主动对象和多个任务并发执行的系统。在一个顺序系统中的消息连接称为控制线程内部连接，而在并发系统中存在多个控制线程。控制线程之间进行的消息连接是不同控制线程之间的唯一联系方式。两者的表示方法如图 8－15 所示。

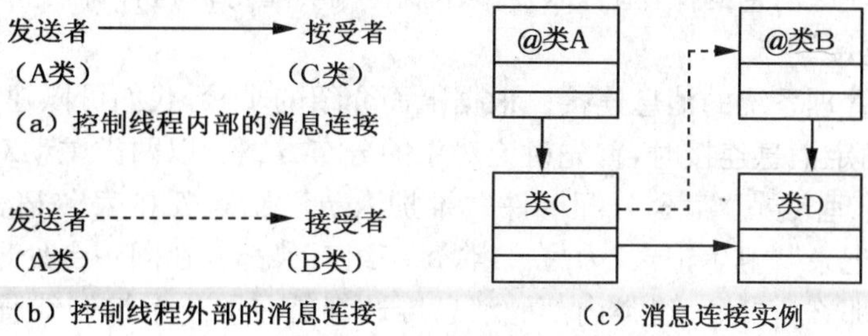

图8－15　消息连接的表示方法

消息连接的符号有两种，即控制线程内部的消息连接和控制线程之间的消息连接。连接线中带箭头的一端表示消息的接受者，无箭头的一端表示信息的发送者。若连线两端都有箭头，表明连线两端的每一端都既是消息接受者，又是消息发送者。

(2)建立消息连接。根据以上分析，建立消息连接时可以分以下两步进行：

①建立控制线程内部消息连接。

第一，分析类图中每个对象的操作和属性，对象的每个属性必须关联到某个操作，否则会导致属性的无用。

第二，从主动对象开始访问每个对象，研究这个对象是如何建立的？下一步要做什么工作？做此工作需要请求其他对象提供什么操作？不同对象之间的操作需求形成了对象之间的消息连接，依次可以建立对象之间的消息通信路径。

第三，从系统的行为(事件)出发，寻找每个事件产生的消息，探求这些消息发送给哪些对象，这些对象产生了什么反应。这样，从每个消息追踪到该消息的操作对象，在有消息交换的对象之间画出消息连线。依次类推，直到把每一个消息都经历一遍。

第四，建立了全部的消息连接后，要针对系统中的每个对象类和每个操作进行检查，以探讨每个操作是否在以上过程中被分析过；否则，这个服务就可能是多余的或遗漏了向这个操作发出消息。如果确系无用的服务，则应删除；如果有遗漏，则要及时补充，这样才能得到全控制线程内的消息连接模型。

②建立控制线程之间的消息连接。

在完成了控制线程内部的消息连接之后，我们可以着手建立各控制线程之间的消息连接。由于多控制线程存在于并发系统中，因此，分析员在建立控制线程之间的连接时，需要从并发系统的全局出发，发现控制线程之间所需要的消息连接。分析时以每个控制线程为基本单位，探讨以下主要问题：

第一，某控制线程在执行时是否需要请求其他控制线程中的对象为其提供操作？是否与其他控制线程的对象之间有数据信息的交换关系？是否产生了对其他控制线程执行有影响的事件？

第二，如果第一条成立，则寻找该控制线程执行时的操作请求由哪个控制线程中的哪个对象提供？与该线程有数据交换的控制线程和对象是哪个？该线程的结果作用到哪个线程中的哪个对象上？以此确定需要连接的控制线程和对象。

第三，除上面的基本步骤外，还可以从该控制线程执行时需要同步传递的控制信号、该线程的终止条件和由其他控制线程启动的条件等，建立不同控制线程之间的消息连接。

运用以上方式，把建立的不同线程之间的不同对象用消息连接符连接起来，并在类描述板中对每个发送消息的操作作出详细说明。说明每个操作中传递消息的内容和格式、每个接收者所处的类名、处理该消息的操作名，以及操作执行的类型等。这样即可得到OOA基本模型中所需要的消息连接。

(3)学生公寓管理系统的消息连接。根据上面介绍的步骤，我们可以建立学生公寓管理系统的消息连接。确定消息连接时，首先讨论对象的分布方案。以两类主动对象为中心，将对象类划分为两组，“管理人员”“宿舍分配事件”“维护人员”“宿舍安排表”“宿舍”为一组；“学生”“管理档案”“维护记录”“卫生记录”为另一组，每一组对象都放在同一台处理机中，各组之间既可分离也可合并，那么，在同一组类内部的消息传送都是在同一个控制线程内部，两个组之间的消息传递则是在控制线程外部。

各个控制线程内部的消息包括：“管理人员”向“宿舍分配事件”对象发送消息，执行“宿舍分配”操作；“学生”对象向“维护记录”对象发送消息，执行“维护请求”操作；“学生”对象向“卫生记录”对象发送消息，执行“卫生检查”操作。不同控制线程之间的消息包括“学生”对象向“管理人员”对象发送消息，“管理人员”对象执行“维修”“查询”“检查评比”等操作。“管理人员”中的“维护人员”在进行“维护”操作时，还要向“维护记录”对象发送消息，以查询“维护请求事件”资料和登记维修有关的数据。学生公寓管理系统的消息连接如图8—16所示。

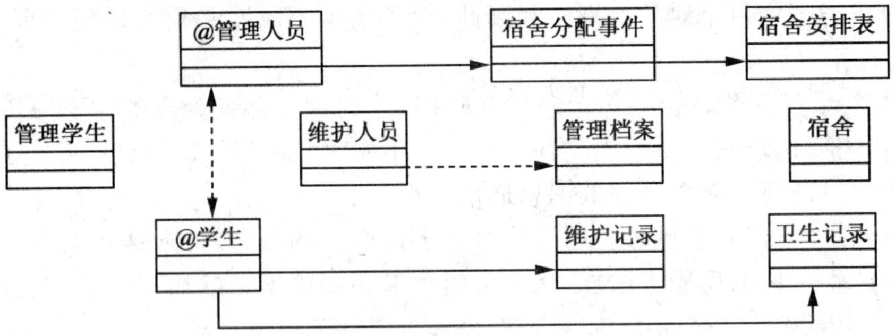

图8—16 学生公寓管理系统的消息连接

6. 学生公寓管理系统关系层的建立

对以上分析进行综合，我们可以得到学生公寓管理系统的关系层(如图8—17所示)。此图是由确定结构层的一般—特殊关系和整体—部分关系，实例连接和消息连接综合而成。

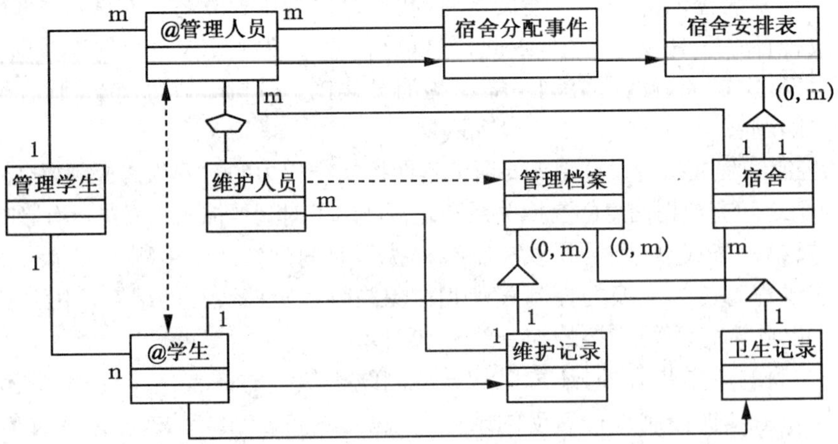

图8—17 学生公寓管理系统的关系层

(四)建立主题层

补充模型是对 OOA 基本模型的补充和完善,它包括建立主题层和建立交互图两个主要活动。在实际分析中,这一步可以根据研究的问题加以取舍,因此,在 OOA 中建立补充模型是可选项。这里只研究主题层的建立。

1. 主题层的概念

(1)主题层的含义。主题层是在 OOA 中对一个或几个类共有特性的概括描述,是具有较强联系的集合。主题层用主题层图来描述,它比对象和类的抽象层次高。在开发一个现实的系统时,OOA 模型中可能包括几十个甚至上百个类,这些类表达的关系错综复杂,会使人们难以理解和把握。主题层使人们可以对众多的类进行概括和抽象,以较少的主题站在宏观的角度来表达所要研究的复杂系统。

掌握主题层的概念,要注意以下几点:第一,主题层是由一组相互关联的类所组成的类的集合,但其本身并不是一个类(即没有属性和操作)。第二,主题层的内容应是高内聚的,即关联性强;而主题之间应是低耦合的,即相互的联系应尽可能少。第三,主题层可以分层,即如果对类抽象以后得到的主题数目较多,我们还可以继续在此基础上向上抽象,形成上一级主题层。一般,最上层的主题数目应为 5～9 个。第四,主题名与对象名相似,它用名词或名词短语命名,其名称往往是一个主题或一个系统的特征的概括。

(2)主题层的表示。主题可用主题图来表示,常用的主题图有简单表示法和复杂表示法(如图 8—18 所示)。表达主题时还应填上主题的编号。主题的编号应能体现主题的层次。对于规模庞大的系统,可能有多层次的主题;对于规模较小的系统,可以没有主题层。

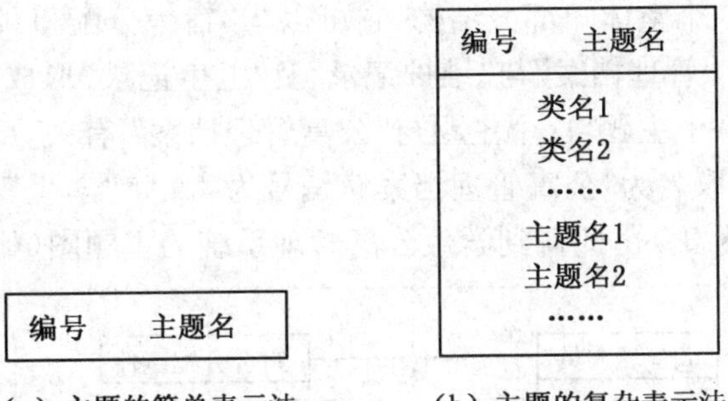

(a) 主题的简单表示法　(b) 主题的复杂表示法

图 8—18　主题的表示法

2. 主题层的建立

划分主题的策略有两种:一个是自上向下划分策略;另一个是自下向上划分策略。通过划分,形成开发系统所需要的主题图。

(1)划分主题的策略。自上向下的策略是先把问题空间划分成一些小的应用领域或子系统,每一个子系统就是一个主题,针对每一个主题建立模型。这种策略适合于开发较为庞大的系统。而自下向上的策略是先确定系统的类图,在类图的基础上采用抽象的手段概括划分类图以形成主题图,这种策略适合开发较小的系统。这里主要介绍小系统主题的建立。

(2)划分主题的方法:①划分主题时以 OOA 模型中所得到的类图为基础;②从类图中一般—特殊结构和整体—部分结构入手确定主题,一般可考虑把每个一般—特殊结构和每个整体—部分结构分别作为一个主题,结构中交叉的部分可根据需要划分;③把类图中通过实例连接相互联系起来的类划分在一个主题中。

通过以上划分，可以得到一个初步的低层主题层。若所得到的主题数目太多(多于9个)，则可考虑对一些主题进行合并。

(3)合并主题的原则:①对于一些概念上比较接近，或有很强相关性的主题，应合并成为一个主题;②对于主题中所涉及的功能类似、体现系统责任有较大相关性的主题，也要合并成一个主题;③对主题之间具有较强耦合性的主题，可以合并成为一个大的主题。

通过运用以上合并原则，即可以对低层主题进一步抽象和合并，从而形成上一层的主题层，若该层主题数目较多，还可按上述方法继续向上合并，直到形成的主题数目符合要求为止。但经过多层主题划分以后，可能形成较多层次的主题层，这时要尝试去掉中间某一主题层，最多不超过两层;而对于大型系统，可考虑设两个主题层。

(4)主题图的建立。划分出主题以后，还需要把它以图形的方式表示出来，形成主题图。主题表达可采用图8－18所示的两种方式。对每个主题的命名应合理，一般情况下不必画出主题之间的各种连线。这样，我们可以得到OOA基本模型的补充模型的主题图。

3. 学生公寓管理系统主题层的建立

根据主题层的划分策略，在建立对象类之后，可采用自下向上的方法建立主题，即对对象进行抽象和综合，把具有相同内容的对象放在同一主题内。实际划分主题可根据问题空间特征、子系统甚至组织或地区划分主题，这里根据OOA模型中的关系层中的一般—特殊结构和整体—部分结构来划分。“管理人员”和“维护人员”是一个一般—特殊结构，这个结构可组成一个主题。由于这个类属于管理人员的活动，因此，该主题可取名“管理人员”，编号为1。“宿舍安排表”与“宿舍”是一个整体—部分结构，它可以与“宿舍分配事件”形成一个主题，可取名“住宿管理”，编号为2。“管理档案”与“维护记录”及“卫生记录”形成一个整体—部分结构，因此，可把这三个类组成一个主题，这个主题与“公寓管理档案” 有关，可用此抽象三类行为的共同特征，因此，该主题可取名为“公寓管理档案”，编号为4。将“学生”类单独作为一个主题，并以类名为主题名，编号为3。由此得到学生公寓管理系统的主题图(如图8－19所示)。

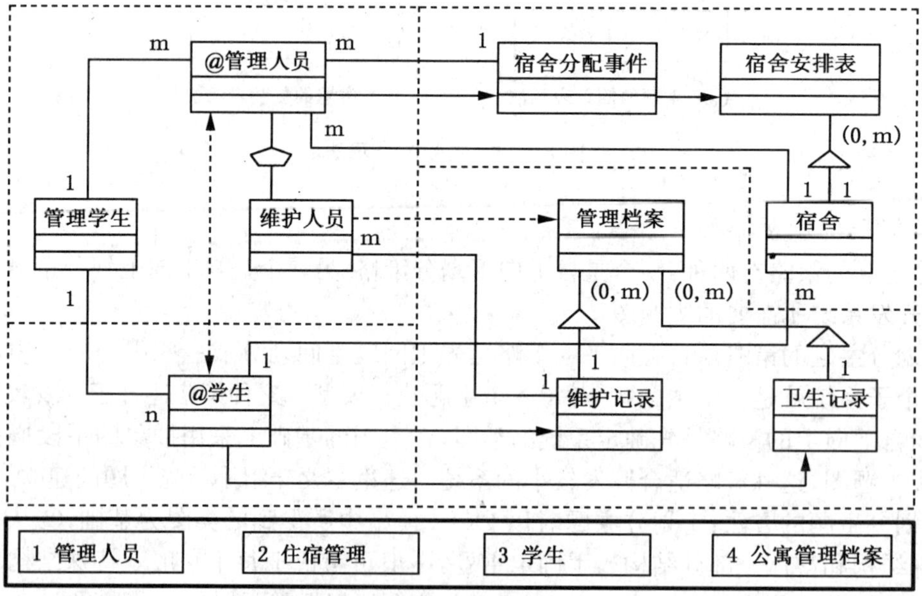

图8－19 学生公寓管理系统的主题图

(五)编制 OOA 文档

前面介绍了 OOA 的主要活动并建立了必要的 OOA 模型，在完成这些工作以后，根据系统开发的要求，还应建立 OOA 文档。OOA 文档不但是为最终用户提供软件资料的必备附件，而且是建立 OOA 模型以及实现该目标的系统设计者、程序员所要求的。因此，OOA 文档的内容不仅是 OOA 活动中所产生文档的总汇，而且可能还有一些不属于 OOA 的附加信息。归纳起来，OOA 文档包括以下主要内容：

1. 系统概述

这部分说明该系统开发的目标、功能、背景和作用等。

2. OOA 的基本模型

通过对系统的分析研究，建立系统类图的三个层次模型，即对象层、特征层和关系层。其中，特征层由属性层和操作层构成。属性层由对象的属性加上对象之间的实例连接组成，操作层由对象的操作加上对象实例之间的消息连接构成。

3. 主题说明

建立信息系统的主题层，以简式、复杂方式展开主题图，并简要说明每个主题的构成和作用。

4. 详细说明

利用类描述模板，对类、属性和操作等进行详细说明，对结构和连接的说明也包含其中。类、属性和操作说明的基本格式如图 8—20 所示。

```
类的说明：
类名：（中文类名），（英文类名）；
解释：[（文字描述）]；
一般类：[（类名）]{类名}；
主动性：Yes/No；
永久性：Yes/No；
其他：[（文字描述）]；
```

```
属性说明：
属性名：（中文属性名），（英文属性名）；
多态性：[*]；
属性解释：[（文字描述）]；
数据类型：[（类型名）]；
整体—部分：Yes（文字描述）/No；
实例连接：Yes（文字描述）/No；
实现要求：[ 类属性 ][ 取值范围：（下限），（上限）][ 精度
  （数）][初值：值 ][ 其他：（文字描述）]；
```

```
操作说明：
操作名：（中文操作名），（英文操作名）；
主动性：Yes/No；
解释：[（文字描述）]；
多态性：[*]
控制线程：[（文字描述）]；
消息接收：（消息名）（{（参数名）；（类型名），}）
          （消息名）（{（参数名）；（类型名），}）；
其他：[（文字描述）]；
```

图 8—20　类、属性和操作的描述模板

三、面向对象设计

在建立 OOA 的基本模型和补充模型之后，就可以进入面向对象的设计阶段。OOA 在问题空间建立了包括五个层次的系统模型，即对象层、结构层、属性层、操作层和主题层，模型化了现实中的问题空间。但对于一个计算机应用系统而言，却没有说明用户最终将如何与其所描述的系统进行交互，系统如何应用于某一计算机平台以及其他一些实现问题，即缺乏“问题空间”的实现部分，这正是 OOD 阶段要解决的问题。也可以说，OOD 是对 OOA 分析模型的累进扩充过程，它是在 OOA 分析模型的基础上，增补了计算机系统实现时所需要的组成部分，这样就形成了一个较为完整的系统物理实现技术方案。

在面向对象方法的实践中，OOD 与 OOA 之间的界限并不十分明确，从 OOA 过渡到 OOD 是平滑的、无间隙的，因为 OOD 全面采用了 OOA 的结果，无须经过转换和解释，OOD 阶段是对 OOA 模型不断地优化、补充和细化的阶段。因此，OOA 和 OOD 两个阶段所面对的始终是同一个模型。

OOD 的系统模型由四个部件组成：问题空间（Problem Domain，PD）、人机交互（Human Interaction，HI）、任务管理（Task Management，TM）和数据管理（Data Management，DM）。这四个部件对应于组成目标系统的四个子系统。在不同的软件中，这四个部件的大小和重要程度可能差异较大，因此，在不同的软件中，对于这四个子系统可以根据需要作出进一步的合并与分解。在由这四个子系统构成的系统中，问题空间部件主要负责对系统边界内现实系统的描述，它在 OOA 中建立，在 OOD 中改进；人机交互部件负责人与计算机的交互界面；任务管理部件是对系统中各项任务进行合理的组织与管理；数据管理部件负责数据的存储、更新和恢复。在设计这四个子系统时，各子系统应尽可能具有简单而明确的接口，子系统之间的依赖性应较小。

OOD 的活动按照问题空间部件的设计、人机交互部件的设计、任务管理部件的设计、数据管理部件的设计和 OOD 文档的建立五个步骤依次进行。

（一）问题空间部件的设计

OOD 模型的构造首先从问题空间部件开始，其各个部分的构造是不断循环反复迭代进行的，而不是一个一个按顺序构造的。在 OOD 中，OOA 模型的结果正好符合 OOD 问题空间的部件，可以直接作为 OOD 体系结构中的 PD 部件，而不需要作进一步改动。因此，完整的、未经改动的 OOA 模型可成为初始 OOD 模型的 PD 部分，但是，由于实际技术以及现实方面的限制，一般还需要对初始 OOD 模型的 PD 部分在保留 OOA 模型所捕获的基本系统行为的前提下进行一些改进和增补。这样，我们可以把它分为以下几个步骤：

1. 建立 OOD 模型的初始 PD 部分

建立 OOD 模型的初始 PD 部分，应直接从复制 OOA 模型开始，把 OOA 模型作为 OOD 模型的问题空间，这一部分也是建立 OOD 模型的初始 PD 部分（如图 8－11 和图 8－12 所示），是从面向对象的分析中得到的初始 PD 部分。

2. 修改和增补初始 PD 部分

从 OOA 中得到的初始 PD 部分，根据实现的需要，还要作一定的修改和增补，必须从以下几个方面入手：

（1）对于可复用的设计/编程方面的类，也是初始 PD 中出现的类，可利用实现库中既有的类和对象来形容它，即对初始 PD 中的类和对象，可将其作为实现库中类的子类，并充分继承那些已存在于库中的类的属性和操作。这个过程意味着对初始 PD 的修改。

(2)将与空间有关的类组成一组，利用抽象原则来建立公开协议，这样形成一个新的超类(父类)。将这些类作为该超类的子类。这个超类给出了众多子类的公共部分，用来与数据管理或外部系统进行通信，众多类的组合为库的管理提供了方便。

(3)对初始 PD 部分的继承进行调整。如果初始 PD 模型中过多地依赖多重继承且设计者发现最终用于系统的程序设计语言只能支持单继承，那么，这时需要调整初始 PD 部分中的类层次结构。调整方法为：将原来的多重层次结构映射成整体—部分结构或若干单继承层次结构，再对其进行实例连接。如图 8－21 所示，将多继承转化为单继承。

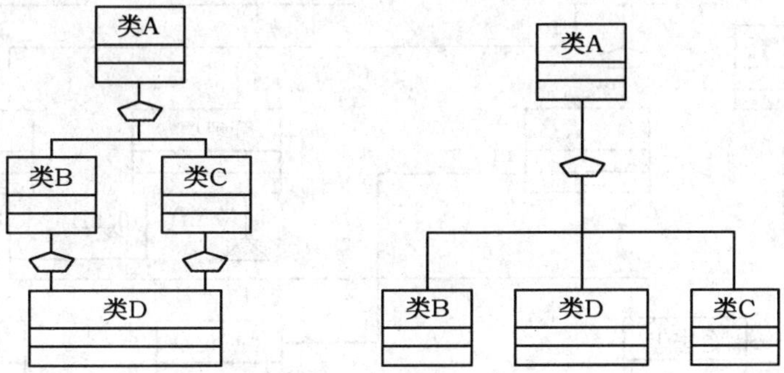

图 8－21　将多继承转化成单继承

(4)修改设计以提高性能。如果在对象之间存在大量消息传递，而程序语言无法实现继承时，性能就成为大家关注的热点。设计者解决这类性能问题，通常采用的一种方法是将两个类结合在一起(这样，通信就成为对象类通信而不是对象间通信)，另一种办法是利用全局数据作用域，打破封装原则。

(5)在使用初始 PD 部分时，若考虑利用一些商品化的特定空间的类库或其他地方的类来实现对初始 PD 部分中类的修改时，应首先对这些类中的属性和操作进行识别，尽量使不需要的属性和操作最小化，并在转换(修改)中加入一般—特殊关系的规格说明。

(6)为了提高系统的工作效率，可以合并一些高度耦合的类，还可能在类及对象中扩充一些保存临时结果的属性或低层控制块。

(7)提供数据管理部分，增加属性和操作使对象能够被保存。保存的数据可以是对象本身的，也可以是数据管理部分或面向对象的数据管理系统。

(8)增补一些类来反映系统底层的逻辑细节。

3. 建立学生公寓管理系统的 PD 部分

根据以上方法，在对初始 PD 部分进行必要的修改和增补后，即可得到 OOD 模型中的 PD 部分。首先，在 OOA 模型分析的基础上增加了一个对象“检查”，其目的是监控数据库的完整性，监测非授权人员进入学生公寓管理系统的企图。这个实体应是一个独立的对象，而不能将其分散到其他对象之中，也没有必要将这个类分配到独立的处理器上。其次，考虑到实现数据库时可能用到关系数据库系统，因此，必须消除 OOA 模型中的多对多关系。在学生公寓管理系统中，原本“管理人员”与“学生”之间是多对多的关系，我们在 OOA 阶段增加了“管理学生”这个对象类，把多对多关系转换成了两个一对多关系；如果在 OOA 阶段没有增加“管理学生”对象类，这时也可以增加一个“管理任务”对象类，其属性有任务名称、起止时间、执行人员等，同样可以转换“管理人员”与“学生”之间的多对多关系为一对多关系。再次，可以增加一个有关公寓管理系统OOD对象的帮助服务操作，在运行时，它能给用户一些帮助信息，如提示怎样查询人员等。帮助功能的实现可由帮助窗口、提示说明来完成，在这种情况下，决定将这个服务功能分散到各个对象中。如果将服务的各成分由各自所属的对象来管理，那么，很容易保证服务中的各种信息都是最新的。按照以上思路即可得到如图8－22所示的PD部件。

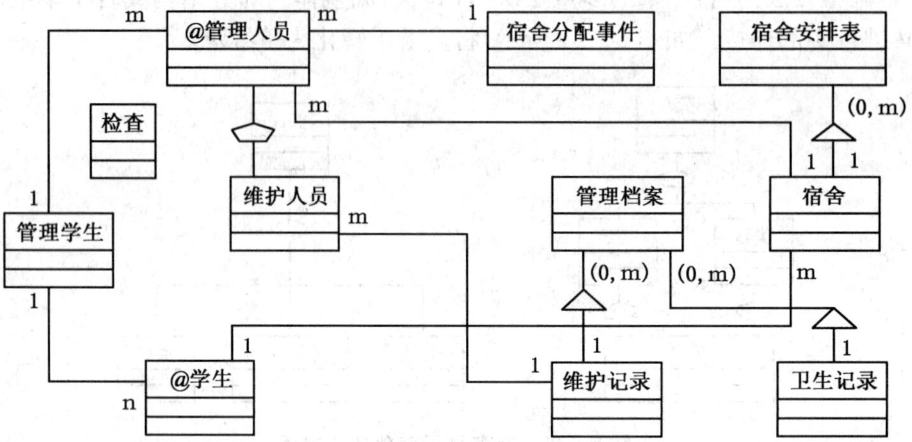

图8－22 学生公寓管理系统的问题空间部分

(二)人机交互部件的设计

HI的设计是决定所设计的系统应当使用哪类人机交互界面，并标识实现人机交互界面时所用到的人机交互部件的对象。HI部件是系统行为与用户界面实现技术之间架起的一座桥梁，OOD模型中的HI部件包括实际显示(如屏幕、报告)以及人机交互过程中所需要的数据。

1. HI部件的对象(类)

在许多大型信息系统中，人机交互对象(类)通常是指窗口屏幕或报告。

(1)窗口的组成。在信息系统中，窗口一般有如下三种：①安全登录窗口，这种窗口是用户访问系统的必经之路；②设置窗口，这种窗口是为了创造或初始化系统运行必需的对象，如用来创建、维护和删除持久对象的窗口；③业务功能窗口，这种窗口是用来帮助完成那些信息系统与其用户所进行的业务交互时所必要的功能，如排课表、打印符合要求的学生名单等。

(2)报告。报告是除窗口以外的另一种形式的HI部件，也是HI的一种常用形式。报告对象(类)可以包括绝大多数用户需要的信息，如学生名单等。

2. HI部件对象(类)的标识

HI部件的每个对象(类)就像问题空间的对象(类)一样，都需要进行扩展，以确认它们的全部责任，并进行标识。标识HI对象(类)包括：

(1)确定每个类必需的属性。确定属性的方法如前文所述。

(2)确定每两个类之间所有的一般—特殊、整体—部分结构或其他结构。但在对象模型的四个部件即PD、HI、TM和DM之间不应存在对象连接；若存在这样的连接，则需要在适当的地方显示出各部件之间的类的连接，部件通过使用场景来连接类。

(3)确定便于实现目标的最适合类的操作，这类操作是指那些实现问题空间需求的操作，而实现这些操作需要人机交互。当问题空间的操作连接时，人机交互的服务操作需要用场景进一步描述。

3. HI 部件对象的构建

构建 HI 部件应把握以下几个方面：

(1)分类描述。在设计 HI 部件时，首先对所有与系统有关的人进行分类，根据每类人员的工作目的、工作内容以及系统对他们所能提供的支持进行必要的描述。

(2)构建 HI 部件的对象模型。HI 中有许多窗口对象，但在用户与系统进行交互期间，只能有一个窗口呈现在用户面前，这样，通过使用整体—部分结构，将窗口对象分解为各种文本域、选择按钮、图符等细节，并将这些细节作为窗口对象的属性。描述实现系统任务所需要的窗口，这些窗口的导航细节作为窗口的详细成分，这样即可建立 HI 部件的对象模型。构建 HI 部件时，要按照人机交互设计的一些准则，即一致性(一致的术语、步骤、活动)、最少的操作步骤、及时响应用户操作、界面设计简单明了等进行，设计出良好的用户界面或人机交互系统。

(3)对HI 部件对象模型的补充说明构建 HI 部件的对象模型，一般可以得到我们所需的信息系统的 HI 部件。但是，对于大型、复杂化的信息系统，前面所建的对象模型不能十分清楚地说明其系统的所有人机交互部件，这时还需使用辅助工具——菜单树来加以补充说明。

菜单树只表示了 HI 的基本结构，它能够让用户直观地看到操作者是如何在界面上“航行”的，有助于全局用户界面的可视化。图 8—23 为学生公寓管理系统 HI 部件的菜单树。

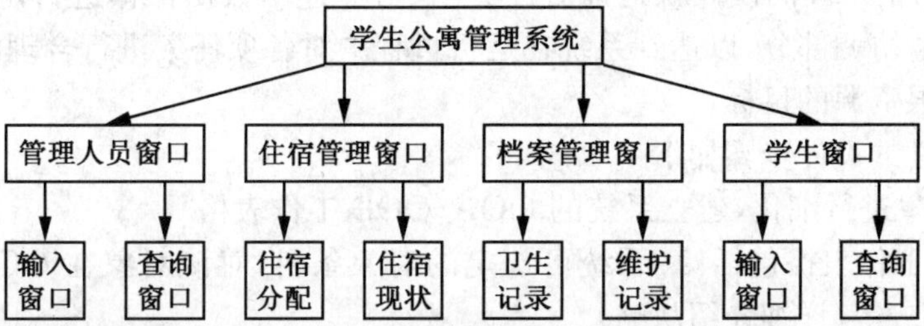

图 8—23 学生公寓管理系统 HI 部件的菜单树

4. 学生公寓管理系统的人机交互部件

根据上述理论，我们可以设计出学生公寓管理系统的人机交互部件。由于学生公寓管理系统使用人员的特点和工作方式的不同，HI 部件设计的重点应放到窗口和屏幕的设计上，以及向用户提供友好的图形用户界面。设计 HI 的过程中有许多窗口对象，但在用户与系统进行交互期间，只能有一个窗口呈现在用户面前，这里通过使用整体—部分结构，将窗口对象分解为各种文本域、选择按钮、图符等。HI 部件的设计给出系统的实现蓝图，清楚地描述窗口以及这些窗口的导航细节和窗口的详细成分，这样在系统的实施阶段，程序员就可据此来实现它们。学生公寓管理系统住宿管理窗口部分的 HI 部件如图 8—24 所示。

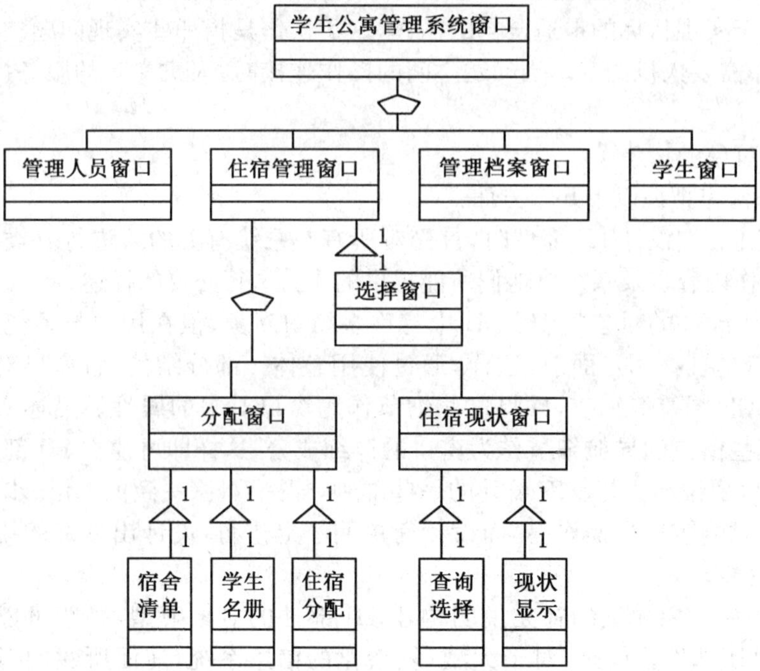

图 8-24　学生公寓管理系统住宿管理窗口部分的 HI 部件

(三)任务管理部件的设计

在 OOD 中,任务是指系统为达到某一设定目标而进行的一连串数据操作,若干任务的并发执行称为多任务。TM 的设计就是针对任务项,对一连串数据操作进行定义和封装。对于多任务要确定任务协调部分,以达到系统在运行过程中对各项任务进行合理的组织与管理、合理有效地利用有限资源的目标。

任务管理部件的设计步骤如下:

1. 对类和对象进行细化,建立系统的 OOA/OOD 工作表格

OOA/OOD 工作表格包括:某系统可选定的对象条目,对该对象在 OOD 部件中位置的介绍,以及注释部分等(详细介绍从略)。

2. 审查 OOA/OOD 工作表格

需要寻找可能被封装在 TM 中的那些与特定平台有关的部分以及任务协调部分、通信从属关系和消息/线程序列等。

3. 构建新的类

TM 部件设计的首要任务就是构建一些新的类,这些类建立的主要目的是处理并发执行、中断、调度以及与特定平台有关的一些问题。TM 部件中的类把有关特定平台的处理机制对系统的 PD、DM 和 HI 隐藏起来,这样有利于所开发系统移植后的平稳运行,因为在移植时,系统的基本行为(功能)不会发生变化。把所得到的表达出来,即可得到 TM 部件。

TM 一般在信息系统中使用得较少,但在控制系统中应用得较多。由于学生公寓管理系统没有平台接口,因此,可以不需要 TM 部件。

(四)数据管理部件的设计

数据管理部件的设计主要是为了满足信息系统对数据存储的要求。DM 提供了在数据管

理系统中存储和检验对象的基本结构，说明了对所产生的永久数据（永久存储）的访问和管理，而这些数据将会在 OOD 模型的其他部件中使用。进行 DM 的设计应掌握以下几个方面：

1. 对象模型中 DM 部件应实现的主要目标

（1）存储问题空间的持久对象。对于那些在信息系统中两次调用之间需要保存的对象，DM 提供了与操作平台数据管理存储系统的接口，不论这一数据存储方式是文件的、关系的、面向对象的或其他类型的。这样做的好处是 DM 将信息系统中的数据存储、恢复和更新与其他部分相分离，提高了对象模型的可移植性和可维护性。

（2）DM 部件为问题空间中所有的持久对象封装了查找和存储机制。在确定问题空间所有的持久对象后，即可得 DM 部件的类，即每个问题空间的持久类和 DM 部件的一个类关联，且名字相似。

2. DM 部件设计的内容

（1）存储设计。

①存储方式的选择。常用的数据存储方式有三种：文件方式、关系数据库方式和面向对象数据库方式。这三种方式既可单独使用，也可综合运用。其中，面向对象的数据库管理系统是以面向对象的数据模型为数据库的数据模型，采用面向对象技术方法，再配合数据库的管理与服务，以支持信息系统的需求。

②面向对象的数据库设计。

a.数据模型。数据模型可分为基本数据类型和特殊数据类型两种。基本数据类型就是相对于一般程序语言所用到的 INTEGER、CHAR、REAL 等的数据类型；特殊数据类型是针对本系统提供的功能所需用到的数据类型。在建立类时，所有基本数据类型都可以作为类属性的定义域。

b.类定义依据所分析的类关系定义数据库的对象模式。但这一模式不完整，还需对其对象进行定义。

（2）相应的操作设计。在以上数据库设计的基础上，还应为每个对象或类增加一个隐含的属性和操作，这个隐含的属性和操作不放在 OOD 模型的属性层和操作层，而是在描述类及对象的描述模板中加以标注，具体做法是定义一个类及对象，名为对象服务，它带有两项服务操作：①告诉每个对象存储它自己；②检查被存储的对象，供系统模型中其他成分使用。用这样的操作设计，一个对象将知道如何存储它自己，从而形成对象数据库模式的属性和操作，建立了 PD 与 DM 之间的桥梁。DM 部件设计的结果形成了如图 8－25 所示的数据对象组成的数据对象集合。

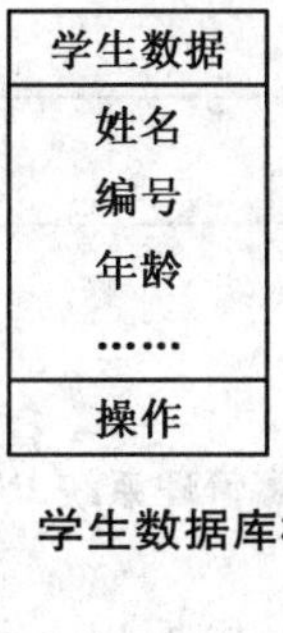

图 8－25　学生数据库模式定义

（3）对象表的规范化过程。在面向对象的设计中，我们对每创建的一个类对象（表）所表示的复杂的数据结构都要经过规范化的检查。规范化是指将复杂的数据结构简单化，使之更容易维护和满足用户的要求。范式化过程的重点是针对数据元素或数据结构中的属性对对象表进行规范化。在范式化研究中已经提出了七个层次的范式，在一般的设计中，满足前三个层次的范式即可。

3. 利用数据管理的完整事件处理过程

例如，某用户要查询学生的情况，当用户需要查询事件时，点击查询输入窗口中的查询按钮，此时查询给类查询发送消息，查询类得到消息后向学生数据表发送消息，该类接到消息后与自己的数据管理部件类建立消息连接，这样，学生数据表就开始与面向对象的数据库管理系统打交道。查到的结果通过查询显示窗口返回给用户（如图 8—26 所示）。

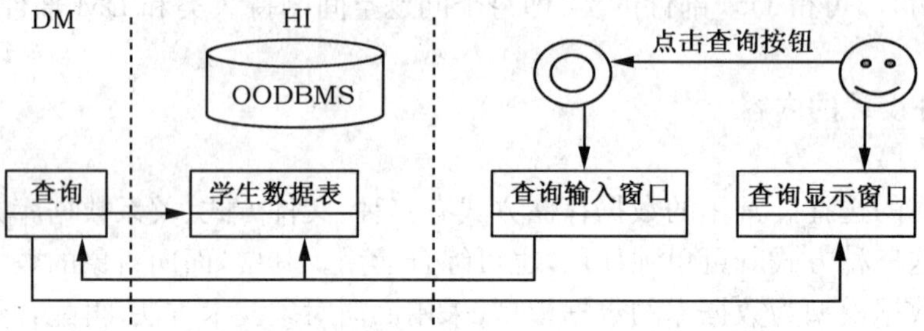

图 8—26 “查询事件”的完整处理过程

4. 学生公寓管理系统部件的设计

对于 DM 部件，要考虑是为系统建立关系模型数据库还是建立面向对象的数据库管理系统，同时设计出相关的表单。

（1）数据存储方法的选择。学生公寓管理系统有明确的数据存储要求以保存公寓管理的有关信息，系统开发人员可利用软件平台及相关知识，在此选择关系数据库方式来开发 DM 部件，即面向对象的数据库管理系统的实现采用扩充关系型数据库管理系统的方法，实现时，可能还需建立一些对象来封装查询的实现。

（2）DM 部件的设计。

①设计策略。DM 部件设计的基本策略就是为每个类建立一个关系表，这些关系表将在数据库管理系统中创建，且表对象中封装了数据（行）的建立、读、写、修改以及删除的操作，其他一些对象需要访问关系表对象时，则需要在这些对象之间建立消息连接（如图 8—27 所示）。

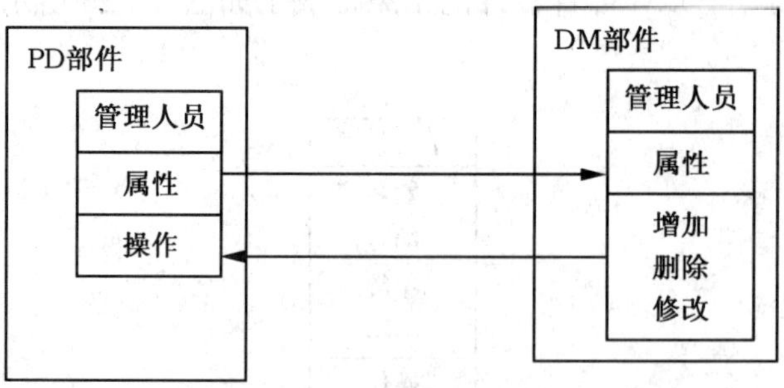

图 8—27 学生公寓管理系统 DM 部件的建立策略

②学生公寓管理系统中的 DM 部件。根据以上设计方法，我们可以得到该系统中的 DM 部件（如图 8—28 所示）。

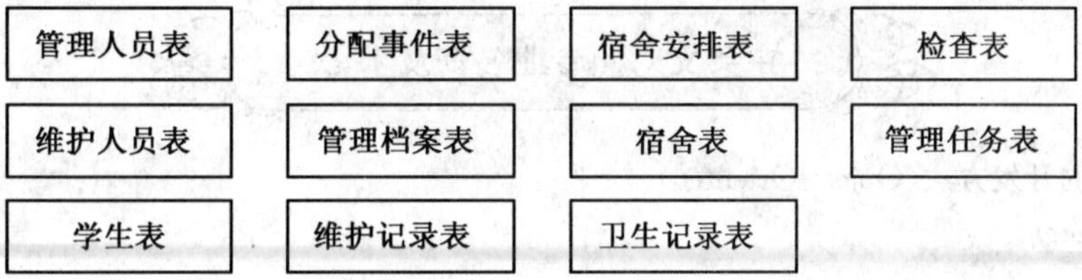

图 8—28　学生公寓管理系统的 DM 部件

③对 DM 部件中的表对象进行规范化检查。通过检查，对不符合规范的表对象类应该进行规范化分解，使之达到规范化的要求，这样得到的数据表便是系统 DM 部件的基本组成。

(五)建立 OOD 的文档

除以上内容之外，OOD 还要对系统的设备、软件环境进行定义和设计，限于篇幅从略。建立好 OOD 系统模型后，还要建立 OOD 模型文档。OOD 模型文档是为设计人员和实现人员编写的。OOD 文档是 OOD 模型的说明和反映，其内容包括对 OOD 的四个部件 PD、HI、TM 和 DM 的定义和说明。

四、面向对象的系统实施

这一阶段主要是将 OOD 中得到的模型利用程序设计实现，包括选择程序设计语言编程，经过测试和转化，最终得到能被用户使用的实际软件系统。在前面各阶段得到的对象(类)及其关系最终都必须通过程序语言和数据库等技术实现。本阶段占整个开发周期的比重较小，限于篇幅从略。

本章小结

面向对象的开发方法是用面向对象的观点和术语描述客观世界、问题空间中的事物及其联系，模块封装和内部信息掩藏是其主要特征。在面向对象的开发方法中，对象是最为重要的概念。任何令人感兴趣或要加以研究的客观世界中具有确定边界、可感知的事物或概念均可称为对象。对象的属性描述了对象的状态、组成和特性，即对象的静态特征；对象的操作描述了对象具有的行为，即对象的动态特征；消息则描述了对象之间的联系。因此，可以用对象描述整个客观世界。与对象相关的概念还有类、方法和消息等。其中，类是相似对象的集合，它与对象的继承性有密切联系。对象具有封装性、继承性、自治性、封闭性、通信性和多态性等特征。

面向对象的系统开发流程分为用户需求分析、面向对象分析、面向对象设计和面向对象实施(主要包括程序设计和程序测试)四个阶段。用户需求分析阶段对问题空间进行调查与了解，进行信息系统的可行性分析，以确定系统开发的功能目标和系统范围。面向对象分析的主要任务是利用在用户需求分析中所得到的成果，运用统一的建模技术和方法，在问题空间中建立以对象为基本单元的系统逻辑模型，即解决系统做什么的问题。面向对象设计是面向对象分析的一个逐渐扩充的过程，是对面向对象分析模型化了的问题空间的物理实现，即在面向对象设计中必须解决如何去实现的问题。面向系统的实施则是实现具有实际功能系统的过程。本章第三节用一个系统开发的实例详细介绍了面向对象的系统开发流程。

中英文对照专业名词及术语

1. 面向对象的开发方法(Object-Oriented)
2. 对象(Object)
3. 类(Class)
4. 方法(Method)
5. 消息(Message)
6. 用户需求分析(User Demand Analysis,UDA)
7. 面向对象分析(Object-Oriented Analysis,OOA)
8. 面向对象设计(Object-Oriented Design,OOD)
9. 面向对象的程序设计(Object-Oriented Program,OOP)
10. 面向对象的程序测试(Object-Oriented Test,OOT)

思考题

1. 试述面向对象方法中的基本概念。
2. 简述面向对象方法的思想。
3. 试比较面向对象开发方法与传统方法的区别。
4. 简述面向对象信息系统开发的基本流程。

参考文献

1. 黄梯云,李一军. 管理信息系统[M]. 北京:高等教育出版社,2000.
2. Roger S.Pressman. Software Engineering, A Practitioner's Approach(Fourth Edition)[M]. McGraw Hill,1999.
3. 何有世,刘秋生. 管理信息系统[M]. 南京:东南大学出版社,2003.
4. 张勤生. 管理信息系统与管理支持系统[M]. 青岛:青岛海洋大学出版社,2001.
5. 陈世鸿. 面向对象软件工程[M]. 北京:电子工业出版社,1999.

第九章

管理信息系统开发案例

第一节　教学管理信息系统的开发与设计

一、引言

本案例主要介绍某大学使用的教学管理系统的整体设计。

该系统适用于大学教学员，其功能主要分为以下四大类：

(1)公共信息管理：用于学院信息和专业信息的建立和修改。

(2)学生基本信息管理：用于班级信息和学生信息的建立、修改和查询。

(3)课程管理：用于各学期课程的开设和修改。

(4)成绩管理：用于成绩的输入、修改、汇总和排名。

该系统力求易于使用，具有较高的扩展性和可维护性。

整个系统的开发过程严格遵循软件工程的要求，做到模块化分析、模块化设计和代码编写的模块化。

二、系统分析

(一)现行业务系统描述

在学校，教学管理工作是非常重要的一项工作，它负责整个学校的日常教学安排、学生的学籍管理等。该项工作以前都是人工进行操作。随着学校规模的扩大，教学处的教学管理工作量大大增加。随着计算机应用的发展，教学工作者急切希望能够将大部分繁琐的工作交由计算机处理，以减轻员工的压力并提高工作效率，计算机的普及更加快了教学管理系统的产生。

上一代的教学管理系统主要为单机单用户的系统，其数据库主要采用 Foxbase 或 FoxPro，系统开发环境也是数据库内置的开发工具，开发简单，能充分利用数据库的特性。其缺点是开发出的系统依赖性强，运行必须依托数据库环境；不容易升级与扩展；无法实现数据的共享与并行操作;代码重用性差。

随着计算机网络技术的发展,特别是校园网的建立,原有教学管理系统数据共享差的问题更加突出,而新需求的提出也越来越多、越来越频繁,原有的系统由于其与生俱来的缺点而无法适应现有的需求。因此,使用现在的新技术,开发出适应新需求的新系统刻不容缓。

(二)组织结构

图 9—1 是学校大致的组织结构图。其中,校教务处是使用综合教学系统的主要部门,对学生的教学管理主要由教务处承担。

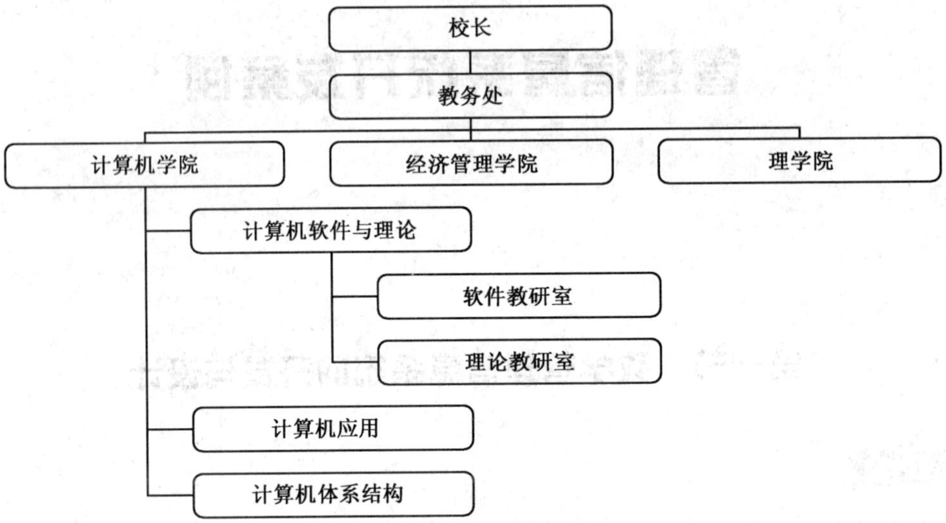

图 9—1 组织结构图

(三)业务流程分析

教学管理系统是一个面向学校教学人员,为其提供服务的综合信息管理系统。教务人员通过本系统完成相关的日常工作,这些工作也是平常较为繁重的工作。学生的个人信息、所有课程的考试成绩以及每学期的开课情况都记录在教学系统中进行管理。

教学管理系统的工作流程如下:

由教务人员在公共信息系统中完成对运行教学系统所需的基本数据的维护(如系所信息、专业信息等),包括这些信息的增、修、改,对于系所和专业的变动都将在这里进行操作。所有专业都必须附属于一个也只有一个系所。系统开始投入使用,教务人员先根据学校实际情况,建立系所的信息,主要信息包括系所的名称及其编号。输入专业信息的过程是:首先从系统数据库中选择相关的系所,然后在其下加入新的专业信息。当学校系所、专业发生变动时,教务人员要及时完成对库中系所信息和专业信息的维护。

新生入学后由教务人员在学籍系统中完成新生学籍信息的维护,包括班级的建立和新生个人信息的录入。班级是一个“专业”下面的组织结构,也是学生的上层组织结构。在每个新学年,新生来校报到后,教务人员先从公共信息库中选择正确的系所信息及专业信息,在专业下加入班级,班级的信息包括班级名称及其编号。班级添加完后,就可以在其下面添加新生的信息。新生的信息来自新生的信息卡,由教务人员手工输入。如果新生所在班级已经存在,则直接从库中选择相应的班级进行新生信息的输入。

在每个学期开始,教学处根据老师的情况,以班级为单位,通过排课系统为每个班级制定下学期的开课情况。这部分内容包括三个方面:一是任课教师的信息管理,教务人员要录入新的任课教师的基本信息,并负责对已有教师信息的变动的更新;二是课程信息的管理,教务人员负责对学校所有开设课程的信息的管理与维护,当课程变化后要及时更新;三是本步骤最主要的工作,教务人员根据上两步所产生的信息,即班级信息、教师信息和课程信息,组织编排每个班级本学期的开课情况以及每门课的任课教师和课时。

每学期末,选课的数据送至成绩系统,由教务人员完成学生成绩的维护工作(成绩排名和成绩单打印)。首先是教务人员根据成绩单,将每个学生每门课的成绩录入;然后根据相同专业或班级进行成绩的排名和打印;还要打印每个学生的单课成绩,生成本学期的学生成绩单。

在学生即将毕业时,教务人员在成绩系统中查询每个学生整个学业的各课成绩情况,为学生的毕业审核提供依据,并根据需要打印出每个学生所有的成绩单。

图 9—2 是教学处日常工作的业务流程。

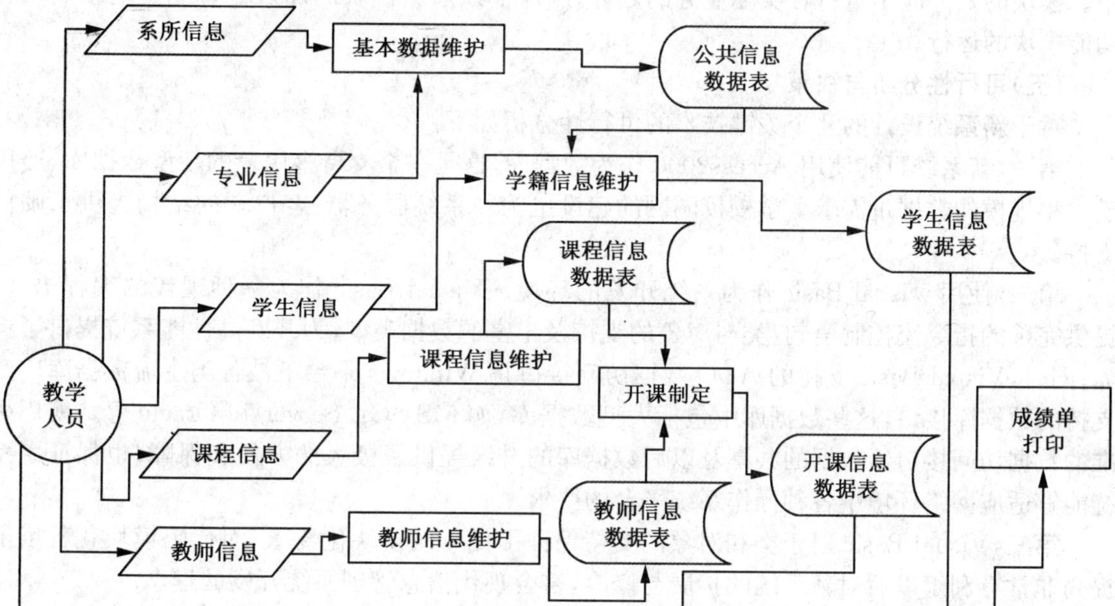

图 9—2　教务处的业务流程图

(四)原有系统存在的主要问题分析

1. 现行系统的主要问题

(1)单机单用户系统。随着网络的发展和校园网的建立,教学管理系统中信息的使用者大大增加,原有的单机单用户系统已远远不能满足需要;同时,原有的数据库也不支持多用户的网络运行环境。

(2)系统独立性差。原有系统一般都使用数据库提供的开发工具编写程序,因而受数据库的制约比较大,编写出来的程序性能也不好,特别是无法支持如 Access 和 MS SQL Server 等新的数据库。

(3)模块性差。由于原有系统不是一个完整的编程语言,因此无法做到代码的模块化,给功能的扩展带来了巨大的不便。

2. 可能的解决方案

鉴于目前学校对教学管理系统的需求与实际情况,新系统方案的重点应放在系统的可扩展性上。为了实现这一设计,新系统应满足以下几个方面的要求:

(1)新系统采用服务器/客户端结构,充分利用现有校园的网络资源,打破地域限制,并能满足多人同时使用系统,提高工作效率。

(2)使用最新的数据访问接口(ADO),可以运行于 Win9x、WinNT、Win2000、WinXP 等多种操作系统上,所有支持 ADO 接口的数据库都可以作为系统的后台数据库。因此,在以后对数据处理的要求提高时,容易升级为 MS SQL Server 或 Oracle 等数据库。

(3)新系统从设计到实现都应遵循模块化,是用一致的接口进行信息的传递与模块的调用。模块的划分应尽量符合实际业务的划分,以保证以后新模块的加入尽可能少地影响现有功能模块的运行。

(五)可行性分析与决策

对于新系统设计的几个关键技术的可行性分析如下:

第一,新系统目前使用 Access2000 作为数据库,这是一个支持多用户的新型数据库,适用于中小规模的数据量需求。学校校园网的建设也为新系统服务器/客户端的结构提供了硬件支持。

第二,使用 Visual Basic 作为系统开发的环境。Visual Basic 作为一种现代的编程语言,提供完善的指令流控制语句、类与对象的支持及丰富的数据类型,为开发高性能系统提供了保障;同时,Visual Basic 支持的 ADO 数据访问接口是 Windows 平台下被各类主流数据库广泛支持的数据库接口,这些数据库中包括大型数据库,如 MS SQL Server 和 Oracle 等。使用标准的数据访问接口给数据的共享及以后数据库的升级提供了极大的方便和保障,也保证了系统能够适应网络环境中各种操作系统平台的要求。

第三,Visual Basic 对于类和对象的支持保证了代码的模块化要求,而代码模块化程度的提高非常有利于以后对新系统的扩展与修改,符合现代信息管理系统开发的理念。

综上所述,新系统的设计与开发在技术上和硬件设备上的条件都是满足的,因此,新系统的开发是可行的。

(六)数据流图描述

图 9—3 是教学管理系统的顶层图,它是根据教学管理工作业务流程的总体情况划分系统边界,识别系统的数据来源和去处,确定外部项,然后划分出几个重要的管理模块,并明确各功能之间的关系而得出的。

从图 9—3 中可以看到,教学管理系统从总体上分为公共信息管理、学籍管理、课程管理和学生成绩处理四大部分。整个系统从公共信息管理开始,先建立学院及专业的信息,然后把新生的公共信息输入班级数据库和学生数据库,根据实际情况管理开课数据库。在每学期末,根据学生数据库为每个学生输入其考试成绩,并计算排名、生成成绩单。

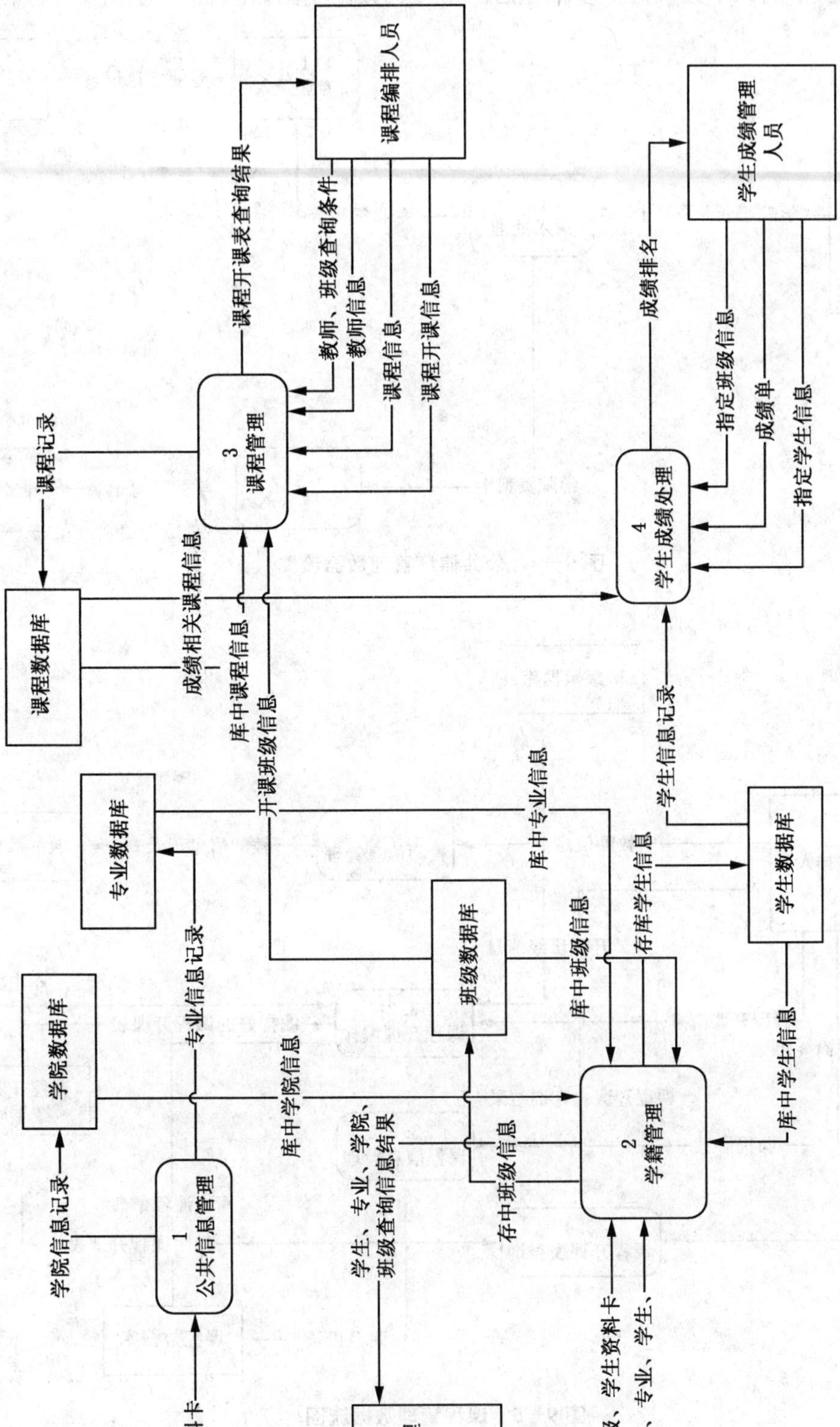

图 9-3　教学管理系统顶层数据流图

对顶层图中的四个处理进一步细化后的第一层数据流图如图 9—4 至图 9—7 所示。

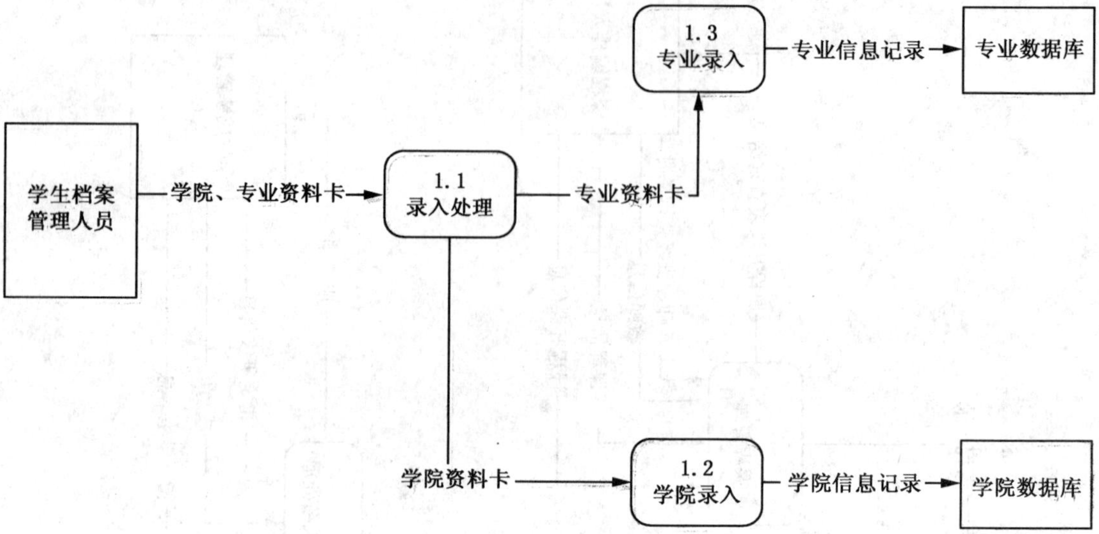

图 9—4 公共信息管理数据流图

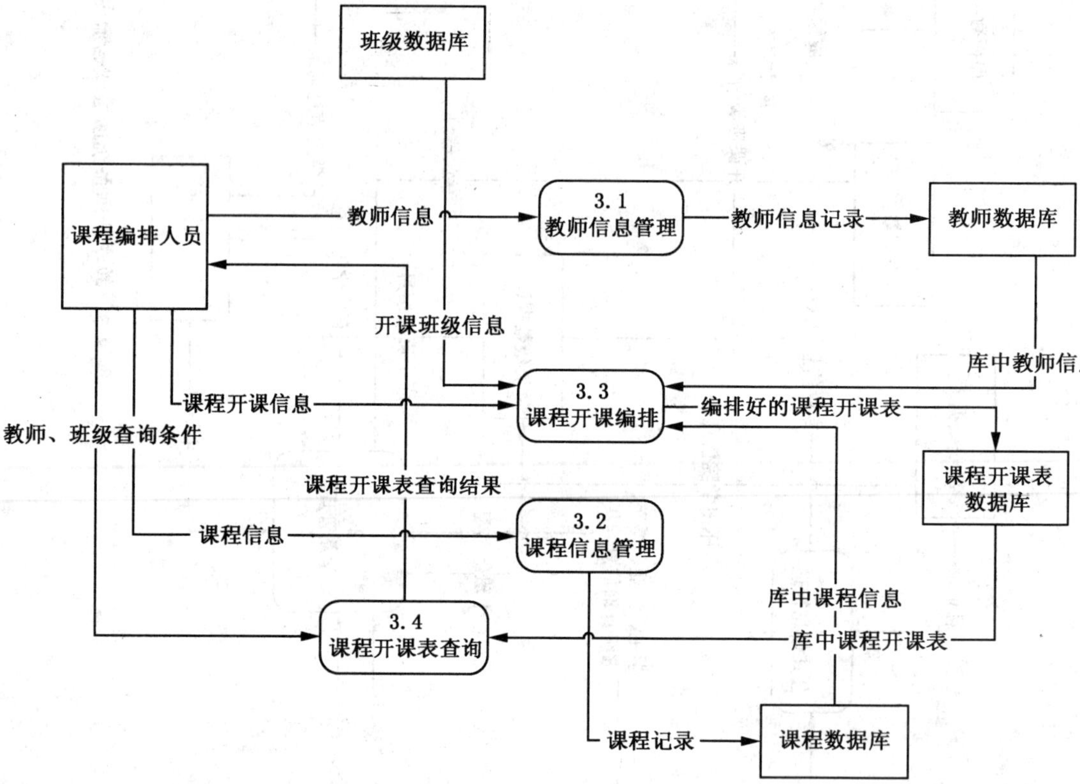

图 9—5 课程管理数据流图

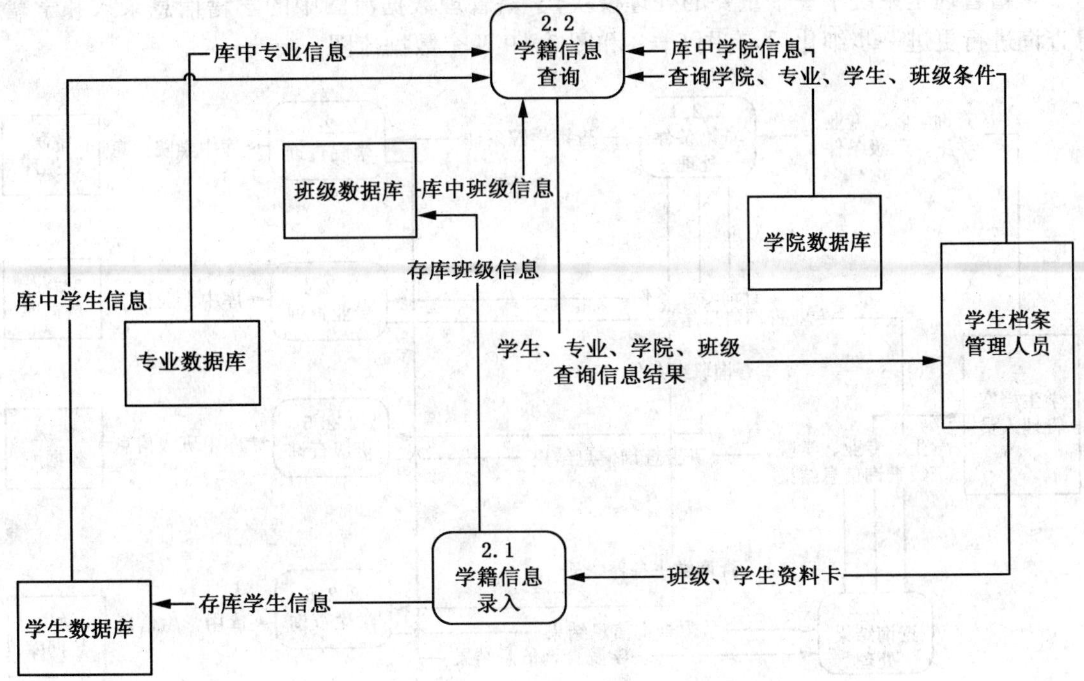

图 9—6　学籍管理数据流图

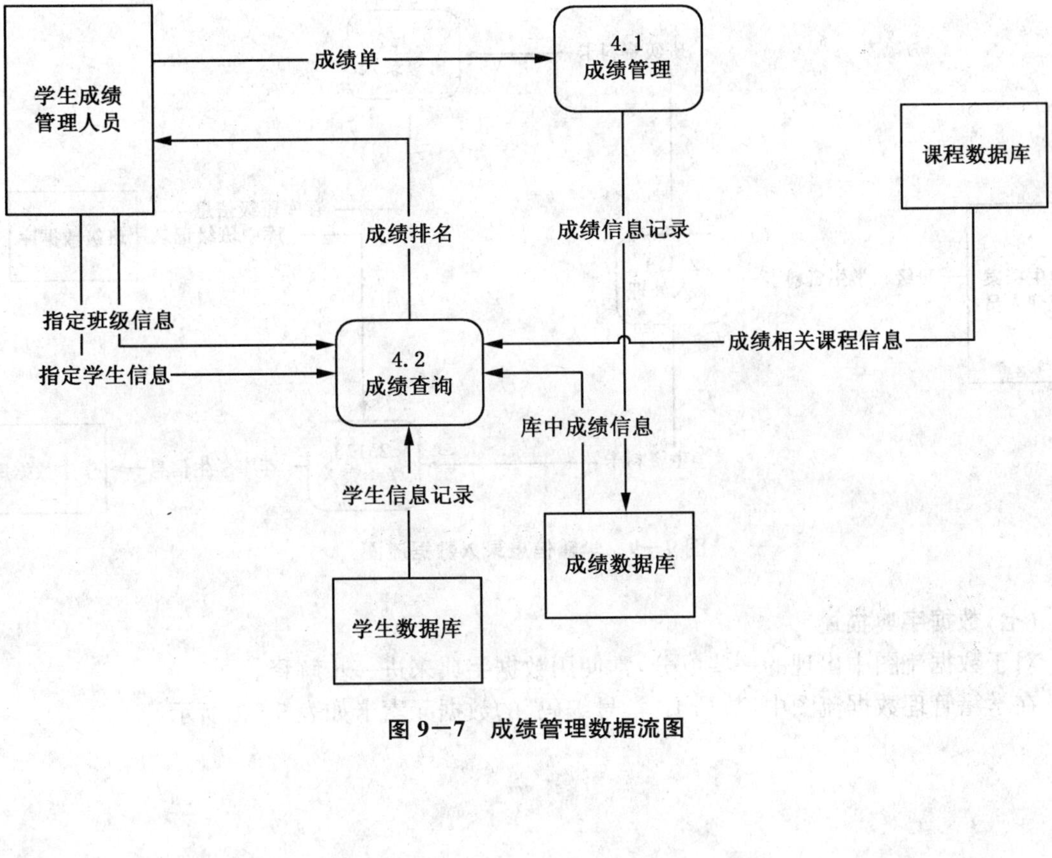

图 9—7　成绩管理数据流图

学籍管理是系统中一个重要的处理模块，学籍管理数据流图中的学籍信息录入和学籍信息查询进行更进一步细化后，有图 9—8 和图 9—9 两个数据流图。

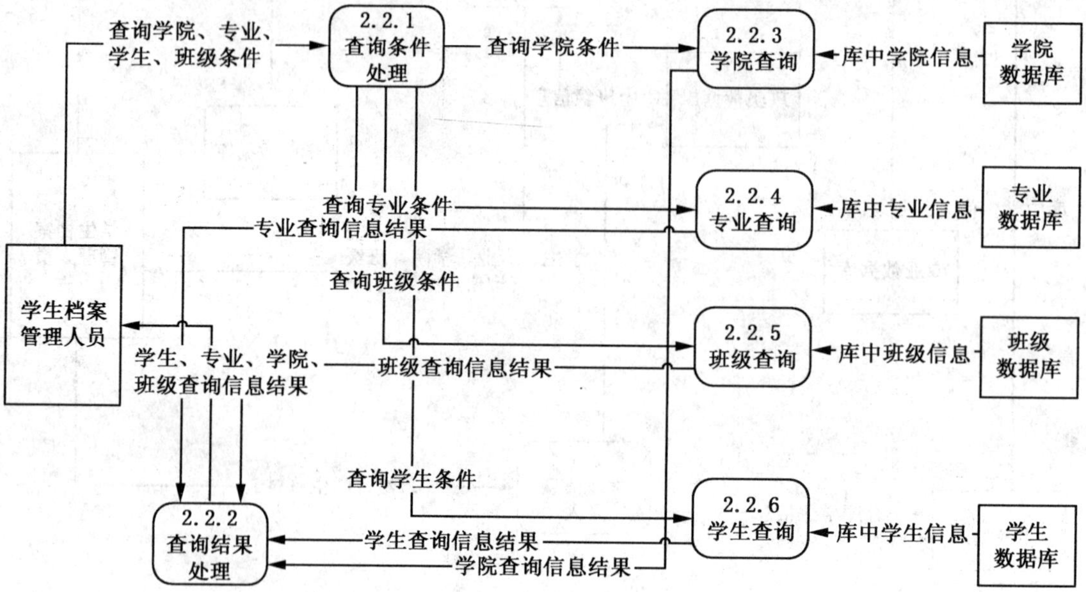

图 9—8 学籍信息查询数据流图

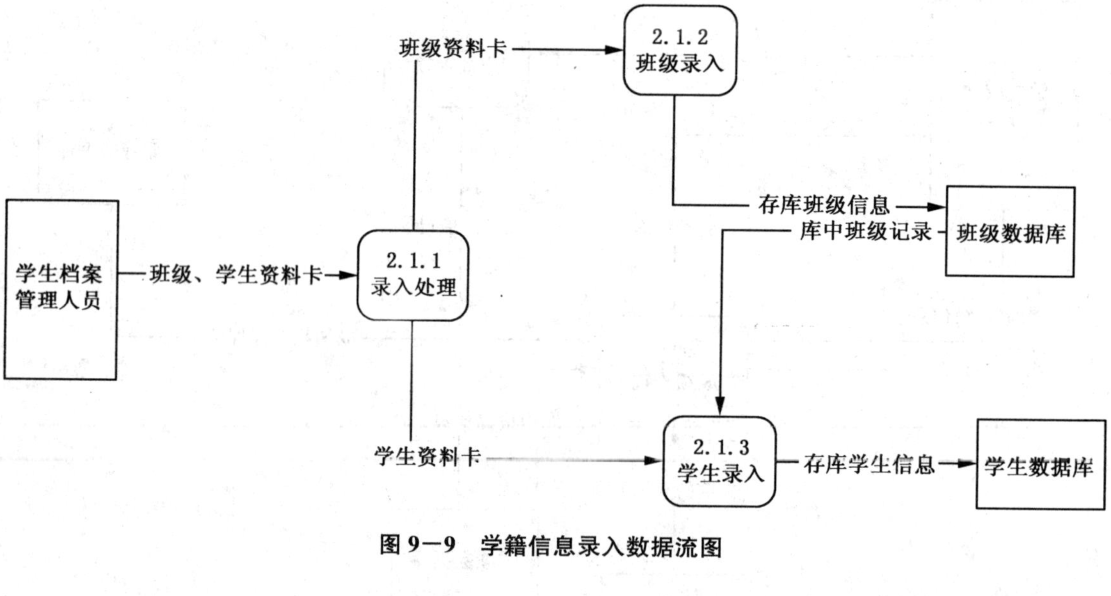

图 9—9 学籍信息录入数据流图

(七)数据字典描述

对于数据流图中出现的一些成分，常使用数据字典来进一步解释。

在学籍管理数据流图中，数据项“学号编码”的数据元素卡如表 9—1 所示。

表 9－1　　“学号编码”数据元素

<table>
<tr><td colspan="6">数据元素
系统名:教学查询系统　　编号:
条目名:学号编码　　别名:</td></tr>
<tr><td colspan="3">属于数据流:存库学生信息,库中学生信息,相关学生信息,成绩单</td><td colspan="3">存储处:学生信息库</td></tr>
<tr><td colspan="3">数据元素值:
代码类型:字符型
长度:
意义:</td><td colspan="3"></td></tr>
<tr><td colspan="3">简要说明:每个学生一个学号,是学生的唯一标示</td><td colspan="3"></td></tr>
<tr><td rowspan="2">修改记录:</td><td>编写</td><td></td><td>日期</td><td>2002－8－16</td></tr>
<tr><td>审核</td><td></td><td>日期</td><td></td></tr>
</table>

在学籍管理数据流图中,数据流“存库学生信息”的数据流卡如表 9－2 所示。

表 9－2　　“存库学生信息”数据流

<table>
<tr><td colspan="5">数据流
系统名:教学查询系统　　编号:
条目名:存库学生信息　　别名:</td></tr>
<tr><td colspan="2">来源:“学籍管理”加工模块</td><td colspan="3">去处:“学生信息库”数据存储模块</td></tr>
<tr><td colspan="5">数据流结构:
学院编码
专业编码
班级编码
学号编码
学生姓名
学生生日
家庭地址
联系电话</td></tr>
<tr><td colspan="5">简要说明:用此记录学生个人信息,每个学生一条记录</td></tr>
<tr><td rowspan="2">修改记录:</td><td>编写</td><td></td><td>日期</td><td>2002－8－16</td></tr>
<tr><td>审核</td><td></td><td>日期</td><td></td></tr>
</table>

在学籍管理数据流图中,用于存储学生公共信息的“学生信息库”的数据存储卡如表 9－3 所示。

表 9—3　　“学生信息库”数据存储

<table>
<tr><td colspan="6">数据存储
系统名:教学查询系统　　编号:
条目名:学生信息库　　别名:</td></tr>
<tr><td colspan="2">存储组织:二维表</td><td colspan="2">记录数:</td><td colspan="2">主关键字:学生编号
辅关键字:</td></tr>
<tr><td colspan="6">记录组成:
学院编码
专业编码
班级编码
学号编码
学生姓名
学生生日
家庭地址
联系电话</td></tr>
<tr><td colspan="6">简要说明:用此存储学生的个人信息,每人一条记录</td></tr>
<tr><td rowspan="2">修改记录:</td><td>编写</td><td></td><td>日期</td><td colspan="2">2002—8—16</td></tr>
<tr><td>审核</td><td></td><td>日期</td><td colspan="2"></td></tr>
</table>

在学籍管理数据流图中,“学籍管理”数据加工处理卡如表 9—4 所示。

表 9—4　　“学籍管理”数据加工处理

<table>
<tr><td colspan="5">加工
系统名:教学查询系统　　编号:
条目名:学籍管理　　别名:</td></tr>
<tr><td colspan="2">输入:
专业、班级、学生、学院资料卡
查询学院、专业、学生、班级条件
库中学院信息
库中学生信息
库中专业信息
库中班级信息</td><td colspan="3">输出:
学生、专业、学院、班级查询信息结果
学院信息记录
专业信息记录
班级信息记录
存库学生信息</td></tr>
<tr><td colspan="5">加工逻辑:
将“专业、班级、学生、学院”资料卡中的信息转变为“学院信息记录”“专业信息记录”“班级信息记录”和“存库学生信息”,分别存库
接受查询条件,查出结果,返回结果信息</td></tr>
<tr><td colspan="5">简要说明:此加工模块将分成“学籍信息录入”与“学籍信息查询”两部分</td></tr>
<tr><td rowspan="2">修改记录:</td><td>编写</td><td></td><td>日期</td><td></td></tr>
<tr><td>审核</td><td></td><td>日期</td><td></td></tr>
</table>

在学籍管理数据流图中,外部项“学生档案管理人员”的外部项卡如表 9—5 所示。

表 9—5　　“学生档案管理人员”外部项

<table>
<tr><td colspan="5">外部项
系统名：教学查询系统　　　编号：
条目名：学生档案管理人员　　　别名：</td></tr>
<tr><td colspan="2">输入数据流：
学生、专业、学院、班级查询信息结果</td><td colspan="3">输出数据流：
专业、班级、学生、学院资料卡
查询学院、专业、学生、班级条件</td></tr>
<tr><td colspan="5">主要特征：</td></tr>
<tr><td colspan="5">简要说明：</td></tr>
<tr><td rowspan="2">修改记录：</td><td>编写</td><td></td><td>日期</td><td>2002—8—16</td></tr>
<tr><td>审核</td><td></td><td>日期</td><td></td></tr>
</table>

(八)处理逻辑的表达

对于数据流图中的基本加工模块，将使用结构化语言进行描述和说明。

1. 开课课程表查询

获取查询条件

如果　是以教师作为查询条件

则　　从数据库中查询指定教师在指定学期的开课情况

否则　从数据库中查询指定班级在指定学期的开课情况

将查询结果显示在程序界面上

2. 学生录入

获取所在学院编号

获取所在专业编号

获取所在班级编号

获取学生公共信息数据

将学生公共信息存入数据库

三、系统设计

(一)HIPO 图

根据系统分析的结果，按照结构化的系统设计方法，教学管理信息系统从功能上可分成如图 9—10 所示的结构。整个系统由公共信息管理子系统、学籍管理子系统、课程管理子系统、成绩管理子系统和用户管理子系统构成。各子系统的简要功能说明如表 9—6 所示。

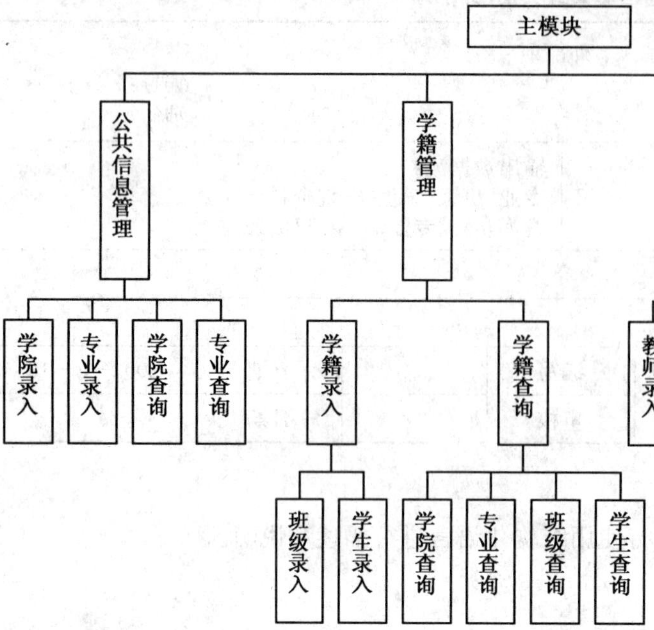

图 9—10 教学管理系统 HIPO 图

表 9—6 各子系统的功能

模块名	功能简介	先决条件
公共信息管理	公共库模块在教学系统中主要维护公共信息数据表,(系统的维护操作主要指添加、删除和修改其中的记录)维护教学管理系统所需的基本数据,如系所信息等	无
学籍管理	完成对学生的学籍管理	公共信息
课程管理	维护学校所有的开课情况,包括课名、上课学时、开课系和上课教师等相关信息	无
成绩管理	管理每个学生的选课成绩,并维护学生的历年成绩	公共信息 课程管理
用户管理	增加、修改和删除用户账号	无

(二)IPO 图

学籍管理是对学生基本信息进行增加、修改和删除的操作,对学生信息的查询也是这个模块的功能(如表 9—7 所示)。

表 9—7 学籍管理模块

<table>
<tr><td colspan="2">IPO 图
系统名:教学管理系统 制图者:
模块图:学籍管理 日期:</td></tr>
<tr><td>由下列模块调用:
主模块</td><td>调用下列模块:
学籍信息录入
学籍信息查询</td></tr>
<tr><td>输入:
班级、学生资料卡
查询学院、专业、学生、班级条件
库中学院信息
库中学生信息
库中专业信息</td><td>输出:
存库学生信息
学生、专业、学院、班级查询信息结果</td></tr>
<tr><td colspan="2">处理内容:
如学生信息录入,则调用学籍管理录入模块
如学生信息查询,则调用学籍信息查询模块</td></tr>
<tr><td>内部数据元素:</td><td>备注:</td></tr>
</table>

学籍信息查询模块是学籍管理模块的下一级子系统,学籍管理模块查询功能都是以学籍信息查询模块提供的查询功能为基础(如表 9—8 所示)。

表 9—8 学籍信息查询模块

<table>
<tr><td colspan="2">IPO 图
系统名:教学管理系统 制图者:
模块图:学籍信息查询 日期:</td></tr>
<tr><td>由下列模块调用:
学籍管理</td><td>调用下列模块:
学院查询
专业查询
班级查询
学生查询</td></tr>
<tr><td>输入:
库中学生信息
库中专业信息
查询学院、专业、学生、班级条件
库中学院信息
库中班级信息</td><td>输出:
学生、专业、学院、班级查询信息结果</td></tr>
<tr><td colspan="2">处理内容:
如学院查询,则调用学院查询模块
如专业查询,则调用专业查询模块
如班级查询,则调用班级查询模块
如学生查询,则调用学生查询模块</td></tr>
<tr><td>内部数据元素:</td><td>备注:</td></tr>
</table>

学生查询模块是学籍查询模块的基本功能模块,其能够实现对学生信息查询的基本功能

(如表 9—9 所示)。

表 9—9　　学生查询模块

IPO 图 系统名:教学管理系统 模块图:学生查询	制图者: 日期:
由下列模块调用: 学籍信息查询	调用下列模块:
输入: 查询学生条件	输出: 学生查询信息结果 库中学生信息
处理内容: 根据输入的“学生查询条件”,产生相应的查询语句,从库中查出符合条件的记录,输出给它的调用模块	
内部数据元素:	备注:

(三)数据库设计

1. 实体描述

学院实体是对应教学管理中的“学院”这个机构,用来存放学院的信息。

专业实体是对应教学管理中的“专业”这个机构,用来存放专业的各种信息。

班级实体是对应教学管理中的“班级”,再组织结构中它属于“专业”下的分支,每个“专业”下至少应有一个班级实体。

学生实体是教学管理系统的中心实体,存放教学管理系统的对象——学生的基本信息。系统的三个主要功能模块都涉及此实体。

教师实体是用来存储与开课有关的教师的基本信息。

课程实体主要存放教学管理系统中的课程信息,它是开课管理模块和成绩管理模块的基础信息。

开课实体存放教学管理系统中开课编排生成的结果。

成绩实体是成绩管理模块的主要对象,用于保存每个学生各个课程的成绩与学分。

2. 实体属性描述

实体集“学院”有属性“学院编号”和“名称”。一般每个学院都会有唯一的编号,所以直接使用它作为这个实体的主键(如图 9—11 所示)。

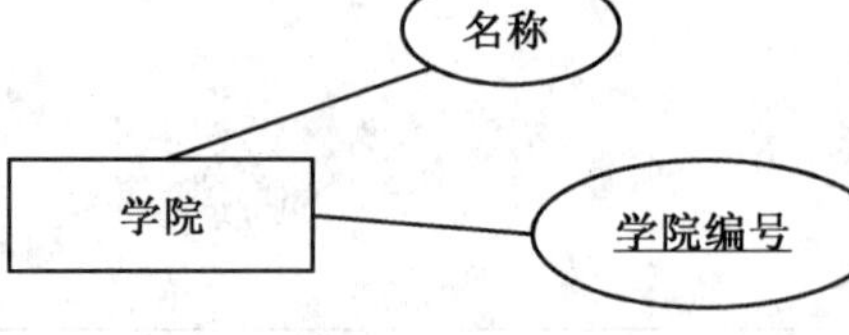

图 9—11　“学院”实体属性

实体集“专业”有属性“专业编号”和“名称”,使用由学院分配给它的唯一的专业编号作为主键(如图 9—12 所示)。

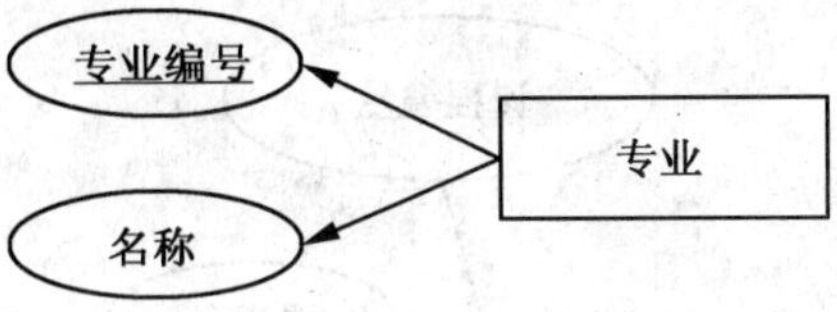

图 9—12　“专业”实体属性

实体集“班级”有属性“班级编号”(唯一的班级编号)和“班级”。班号是表示班级的名称，如“98 级一班”(如图 9—13 所示)。

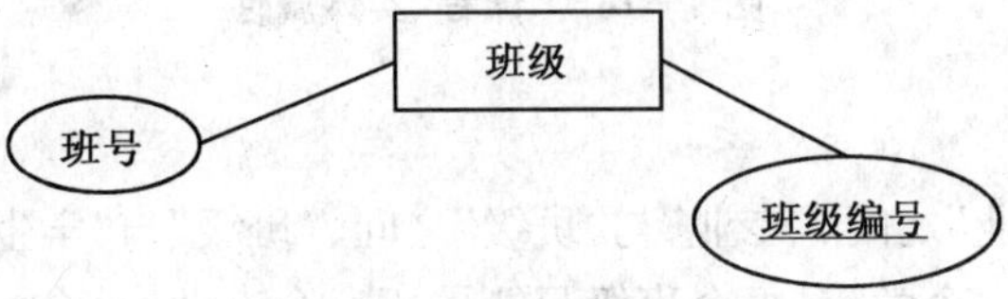

图 9—13　“班级”实体属性

实体集“学生”有属性“学号”(唯一的学号)、“姓名”“生日”“家庭地址”和“电话”(如图 9—14所示)。

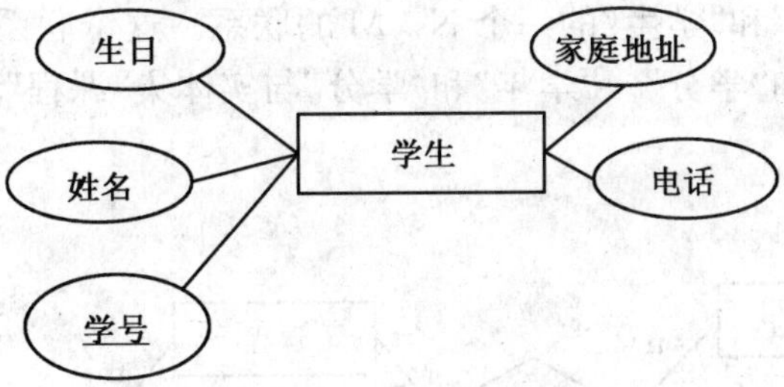

图 9—14　学生实体属性

实体集“教师”有属性“教师编号”(唯一的工号)、“姓名”“性别”“职称”“学历”和“教研室”(如图 9—15 所示)。

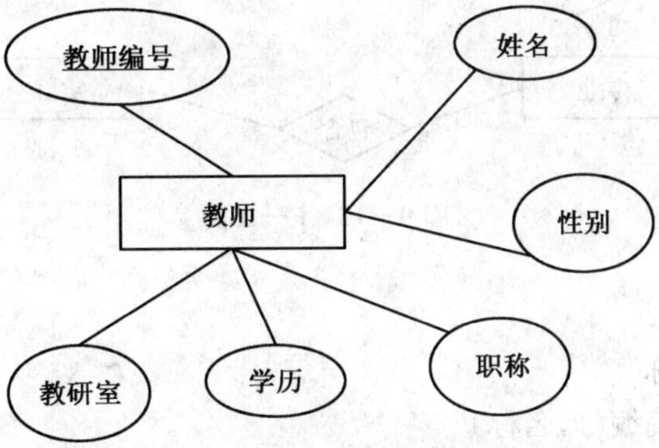

图 9—15　“教师”实体属性

实体集“课程”有属性“课程编号”(唯一的标示号)和“课程名”(如图 9—16 所示)。

图 9—16 “课程”实体属性

3. 实体之间的联系

实体集“学院”与“专业”之间、“专业”与“班级”之间、“班级”与“学生”之间都是 1∶N 的关系，其中，每个专业只能属于一个学院，每个班级只能属于一个专业，每个学生只能属于一个班级。

开课是实体集“教师”“课程”和“班级”的一个三元联系，三者之间都是 N∶M 的联系，因为一个教师可以给多个班级上多门课程，一门课程可以由多名教师在多个班级开课，而一个班级肯定是由多个教师来上多门课。同时，开课这个联系还有自己特有的属性，它的属性有“学年”“学期”和“上课课时”，用来表示三个实体之间唯一的开课关系。

成绩是实体集“课程”和“学生”的一个 N∶M 的联系。这个联系有 4 个自己的属性，分别是“学年”“学期”“分数”和“学分”。“学年”和“学分”与实体集“课程”和“学生”一起唯一地表示一个成绩。

4. E—R 图

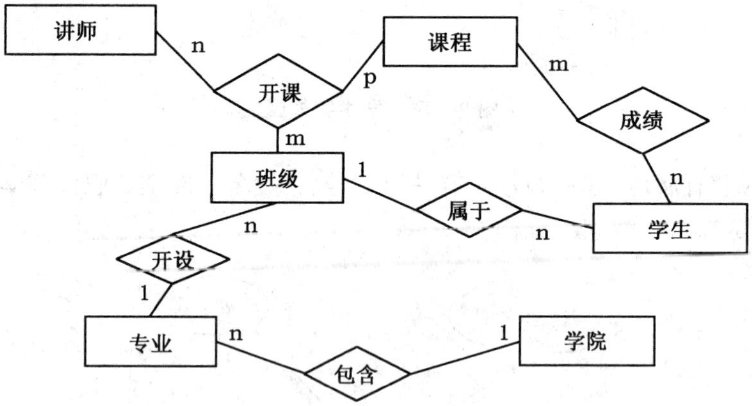

图 9—17 E—R 图

5. 关系模式

学院(学院编号,名称)

专业(专业编号,学院编号,名称)

班级(班级编号,专业编号,班号)

学生(学号,班级编号,姓名,生日,家庭地址,电话)

教师(教师编号,姓名,性别, 职称, 学历, 教研室)

课程(<u>课程编号</u>,课程名)

开课(<u>开课号</u>,课程编号,教师编号,班级编号,学年,学期,上课课时,学分)

成绩(<u>课程编号</u>,学号, 学年,学期,分数)

(四)计算机系统配置方案的选择和设计

1. 软硬件平台

客户机/服务器:采用 Pentium II 或以上级别 PC 机,至少 80M 硬盘,Pentium90Mhz,支持 VGA 或分辨率更高的显示器。

客户机/服务器操作系统:Windows 2000/Me,也可使用 Windows NT 作为操作系统。

数据库:Access2000。

网络:以太网组成的局域网,可设多台客户机。

2. 系统总体安全性方案与措施

由于教学系统中的数据有一定的敏感性,因此,系统采用用户登录验证,防止未经许可的用户使用系统。系统的用户管理模块提供对系统账号的管理,以保证系统的安全性。

(五)代码设计

学号是系统中一个基本数据项,也是一个重要的数据项。它是固定 8 位数字的数据项,一般格式是“AABBCDEE”。其中,“AA”为年份编码,如 98、99,表示学生的年级;“BB”为学院编码,表示学生所在的学院;“C”为专业编号,表示学生所学专业;“D”为班级编码;“EE”为学生在班级的学号。学号是系统中学生的唯一标示。

其他代码,如学院代码、专业代码和班级代码没有特殊的规定,教学人员可以自行使用一套可以唯一标示学院、专业和班级的编码。

教师代码及课程代码系统也没有规定,但建议使用教师工号和学校的课程号。

(六)人机界面设计

由于教学管理系统的大部分工作是查询和打印数据库中的信息,从系统应用需求的角度出发,系统对数据库中的信息直接以二维表格作为主工作区,辅以各种对话框进行新增、修改和删除操作。系统的主用户界面如图 9—18 所示。

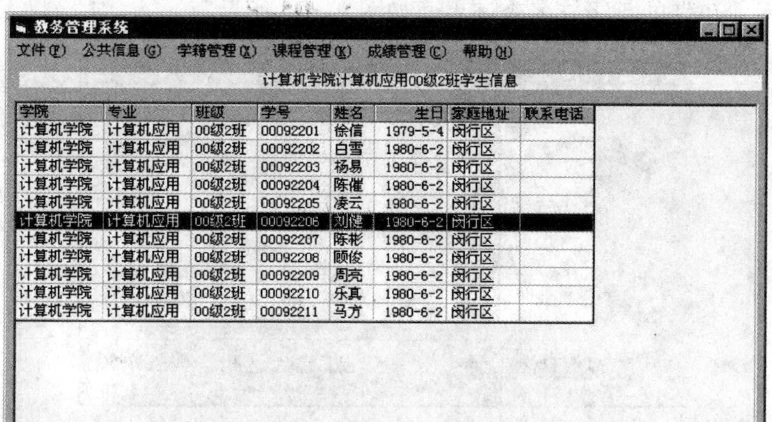

图 9—18　系统主界面

主界面大致由两部分组成,它们是主菜单和工作区。窗口的主菜单区显示了本系统的四大功能子系统，用户可以用鼠标选择需要的菜单选项。如果有二级菜单，在选择了相应的一级菜单后，二级菜单将自动出现。

当用户选择了所要使用的功能菜单时，系统就进入了此业务处理功能，这时工作区将以二维表格的形式显示与此业务有关的数据信息。在工作区右击鼠标可以打开右键菜单，这个菜单用来提供新增、修改和删除功能。

在整个系统的应用过程中，系统将会使用大量对话框来与用户互动，帮助用户完成工作。

业务数据处理功能从界面的性质来看，可分为以下三类：

1. 数据的编辑

数据的编辑包括数据的新增和修改。这类界面都是包含下拉列表和文本框的对话框（如图 9—19 所示），通过下拉列表提供有限的规定数据，既可减少用户的输入量，又能减少输入错误。

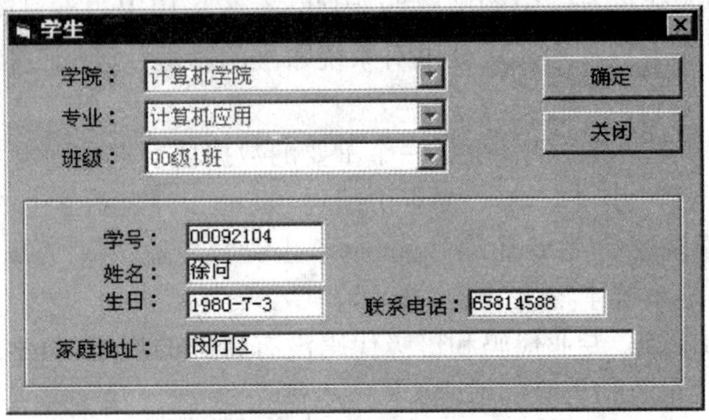

图 9—19 学生基本信息修改界面

2. 数据查询

系统查询功能的条件都是在给出的对话框中进行选择，这些对话框中的查询条件都呈现下拉列表的形式，避免了用户的繁琐输入。查询的结果则在工作区以二维表格的形式显示在主界面上。同专业单课的年级排名查询界面如图 9—20 所示。

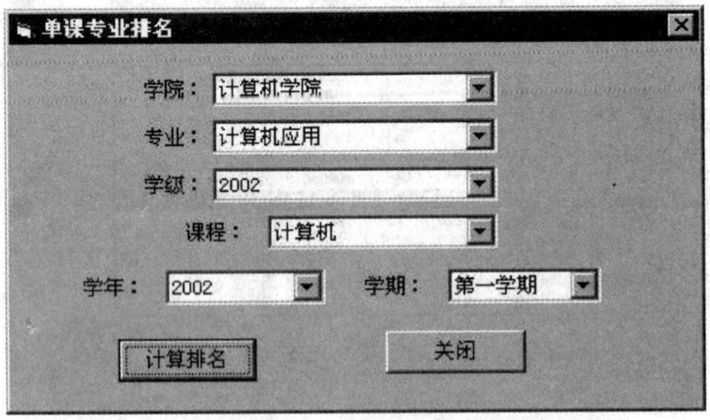

图 9—20 同专业单课的年级排名查询界面

3. 数据的输出

数据的输出分为屏幕输出和打印输出。对于打印输出，系统提供完整的功能——从打印预览到打印机的设置，可以打印所有在工作区显示的表格。图 9—21 是打印预览的界面。

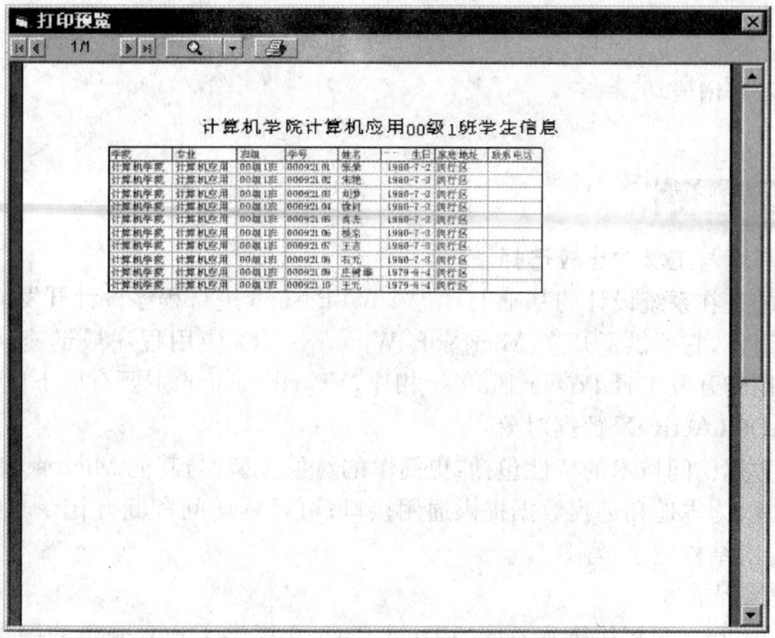

图 9－21 打印预览界面

(七)模块处理过程设计

根据模块的划分以及结构化程序设计的基本原则，对程序模块的详细处理过程进行设计。本系统主要采用伪C语言的方式。下面这段伪代码是学生基本信息新增的模块处理过程：

```
学生基本信息新增()
 {
   do
 {
     输入 学院代码;
     输入 专业代码;
     输入 班级代码;
     输入 学生学号;
     输入 学生姓名;
     输入 出生日期;
     输入 家庭地址;
     输入 联系电话;
 }while(学生学号、学生姓名、出生日期、家庭地址为空);
 生成 Insert 语句;
 根据输入值赋三数值;
 通过 ADO 执行 Insert 语句;
 if (数据库返回错误值)
 {
     提示错误信息,新增失败;
```

```
    }
  else
        提示新增成功;
}
```

四、系统实施概况

(一)实施环境与工具的比较选择

系统的实施是在系统设计的基础上,用 Visual Basic 6 进行程序设计开发。Visual Basic 6 是新一代程序语言,它提供了开发 Microsoft Windows(R) 应用程序最迅速、最简洁的方法。与管理系统常用的开发工具 Power Builder 相比,Visual basic 6 主要有以下优势:

1. 支持 ADO(ActiveX 数据对象)

这项新的数据访问技术的特性包括:更简单的对象模型;与其他 Microsoft 和非 Microsoft 技术更好地集成;为本地和远程数据提供通用接口;可远程访问和断开记录集;用户可访问数据绑定接口;层次结构记录;等等。

2. 完整的编程语言

与 Power Builder 只提供脚本不同,Visual Basic 6 提供了一套完整的编程结构和语言元素。丰富的数据类型也提高了程序的性能。

3. 用对象编程

Visual Basic 6 是一种基于对象的编程语言,其使得对象的使用变得很容易,其使在程序性编码与使用对象的程序设计之间进行平稳转换成为可能。

(二)编程环境、工具、实现与数据准备概况

本系统是在 Visual Basic 6 自带的 IDE 下开发的,数据库设计工具使用了 Microsoft Access 2002。所有开发工具都是在 Windows Me 操作系统下使用,并考虑了系统程序在其他 Windows 版本操作系统下的运行要求。

程序代码是以对象的观点来编写的,整个系统所有的基本功能都封装在 4 个对象中,系统的功能实现都是通过调用这 4 个对象提供的接口实现的。这样提高了程序代码的模块化,有助于程序代码的调试及以后的功能扩展。

(三)系统测试概况

鉴于本系统规模不是很大,因此,系统的测试主要集中在 4 个封装基本功能的对象的代码测试和最后系统的总体测试。

代码测试主要是测试对象提供的接口运行是否正常,测试运行结果是否与期望相同,以及对象接口的容错性。

总体测试主要是测试整个系统运行的正确性、可靠性和稳定性,其中,正确性是最主要的。总体测试的内容包括使用本系统进行大量数据的录入,特别是边缘数据的录入测试。其次,测试系统的查询和打印功能,测试其结果是否与预期相符。

由于测试项目内容较多,无法在此一一罗列,仅将几个在测试中发现的主要问题列出。

1. ADO 中 Command 对象参数使用的错误

Command 对象中 Parameter 对象的赋值需要与在 Command Text 中的数据排列一致,而不同参数的命名相关。起初在进行编码时没有注意到这一点,结果导致参数值传递不正确,数据库操作失败。

通过对代码的单步跟踪及有关文档，找到了错误的原因。经过调整参数顺序，使操作正常。

2. Combo Box 的使用

在程序的许多对话框中都要用到改变一个 Combo Box 的选择项，其他相关 Combo Box 的内容要进行相应的改变，如在学院的 Combo Box 中选定了某个学院，则相应专业 Combo Box 的内容应变为这个学院的专业项。起初，这一更新相关 Combo Box 代码是放在 Combo Box 的 Change 事件中，认为 Combo Box 选择项的改变就出发此事件。但在运行过程中，相应 Combo Box 没有如预期随选择项的改变而改变。

通过单步跟踪，发现此事件并没有因为选择项的改变而触发。后查阅文档，改用 Click 事件更新代码，使运行正常。

(四)系统转换方案及实现概况

本系统的实现比较方便，只要具备本系统运行的环境就可使用。

系统安装只需使用提供的系统安装程序将系统安装到计算机上，如需多台计算机一起使用，只需要分别将系统装在相应的计算机上，然后指定使用一台计算机上的数据库，其他计算机在使用时需与此计算机联网，并在系统登录时选择指定计算机上的数据库文件即可。

(五)系统运行与维护概况

平时应注意对使用系统的计算机的日常管理，特别是存放数据库文件的计算机。有条件的应该定期对数据库文件进行备份，防止因意外或人为因素导致数据库文件的破坏而造成数据丢失的损失，保证系统的正常运行。

五、结束语

本系统的特点在于使用的是目前较新的数据库技术，使用标准的视窗用户界面，支持鼠标操作，支持网络环境，实现多用户的服务器/客户端架构。整个开发过程都遵循软件工程的要求，高度的模块化为以后的系统扩展提供了保障。

当然，由于条件限制，系统只对应教学业务工作的一小部分，在系统的安全性方面还有待改善。

以后可以在需要时，对本系统增加如学生选课、课表编排等功能模块，以完善教学管理系统。

在 Visual Basic 中将所有基本功能封装在类中算是使用 Visual Basic 编程的一种新方式，因为以往在使用 Visual Basic 时，由于其面向控件的开发环境，功能代码往往直接放在各个控件的对应事件中，导致代码比较零乱，影响后期的维护，对以后的系统扩展更是有较大的负面影响。而功能代码的类封装则使 Visual Basic 代码进一步模块化，给以后的维护和功能扩展带来了极大的方便。

第二节 库存管理信息系统的分析、设计和实施

这里给出一个库存管理信息系统开发的实例，目的是使大家进一步深入了解开发任何一个管理信息系统都必须经历的主要过程，以及在开发过程的各个阶段开发者应当完成的各项工作和应当提交的书面成果。

一、某厂产品库存管理系统简介

某厂是我国东北地区一家生产照明灯的老企业，每年工业产值在 4 000 万元左右。该厂目前生产的产品如表 9—10 所示。

表 9—10　某厂产品品种规格、单价及定额储备

产品名称	单位	规格	不变价（元）	现行价（元）	最高储备额	最低储备额	备注
灯泡	只	220V—15W	0.80	1.00	60 000	600	
灯泡	只	220V—45W	1.00	1.20	60 000	600	
灯泡	只	220V—60W	1.20	1.40	60 000	600	
灯泡	只	220V—100W	1.50	1.80	40 000	500	
灯泡	只	220V—150W	1.80	2.00	40 000	400	
灯泡	只	220V—200W	2.00	2.20	30 000	300	
灯泡	只	220V—300W	2.80	3.00	20 000	200	
节能灯	只	220V—4W	6.00	8.00	10 000	1 000	
节能灯	只	220V—8W	8.00	10.00	10 000	1 000	
节能灯	只	220V—16W	12.00	15.00	10 000	1 000	
日光灯	只	220V—8W	6.00	7.00	10 000	1 000	
日光灯	只	220V—20W	7.00	8.00	10 000	1 000	
日光灯	只	220V—30W	8.00	9.00	10 000	1 000	
日光灯	只	220V—40W	10.00	11.00	10 000	1 000	

工厂的产品仓库管理组隶属于销售科领导，由 7 名职工组成，主要负责产品的出入库管理、库存账务管理和统计报表，并且应当随时向上级部门和领导提供库存查询信息。为了防止超储造成产品库存积压，同时也为了避免产品库存数量不足而影响市场需求，库存管理组还应该经常提供库存报警数据（与储备定额相比较的超储数量或不足数量）。

产品入库管理的过程是，各生产车间随时将制造出来的产品连同填写好的入库单（入库小票）一起送至仓库。仓库人员进行检验：一是抽检产品的质量是否合格；二是核对产品的实物数量和规格等是否与入库单上的数据相符，当然还要校核入库单上的产品代码。检验合格的产品立即进行产品入库处理，同时登记产品入库流水账。检验不合格的产品要及时退回车间。

产品出库管理的过程是，仓库保管员根据销售科开出的有效产品出库单（出库小票）及时付货，并判明是零售出库还是成批销售出库，以便及时登记相应的产品出库流水账。

平均看来，仓库每天要核收 30 笔入库处理，而各种出库处理约 50 笔。每天出入库处理结束后，记账员就根据入库流水账和出库流水账按产品及规格分别进行累计，以便将本日内发生的累计数填入库存台账。

产品入库单如表9－11所示，出库单如表9－12所示，入库流水账如表9－13所示，出库流水账如表9－14和表9－15所示，而库存台账账页如表9－16所示。

表9－11　　产品入库单　　第　册　号

日　期	产品代码	产品名称	单位	规格	入库数量	备　注
生产车间			填制人			

表9－12　　产品出库单　　第　册　号

日　期	产品名称	规　格	出库数量	备　注
				批发[　] 零售[　]
填制人				

注：批发出库时在备注栏的批发[　]处划“√”，否则在零售[　]处划“√”。

表9－13　　产品入库流水账　　页

日　期	产品代码	产品名称	单位	规格	入库数量	备　注

表9－14　　产品零售出库流水账　　页

日　期	产品代码	产品名称	单位	规格	零售出库数量	备　注

表9－15　　产品批发出库流水账　　页

日　期	产品代码	产品名称	单位	规格	批发出库数量	备　注

表9－16　　某厂产品库存台账(当日合计数)　　No.

产品代码：		规格：	不变价(元)：	
产品名称：		单位：	现行价(元)：	
日　期	入库数量	零售出库量	批发出库量	结　余

产品库存的收发存月报表是根据库存台账制作的。产品库存查询是通过翻阅几本账之后实现的。目前,库存报警功能尚未实现。

二、系统分析

根据收集到的各种系统输入单、账页和输出报表等凭证,又通过实践以及向有关业务管理人员的访问调查,系统分析结果如下:

(一)组织机构

该厂产品库存管理的组织机构如图9—22所示。

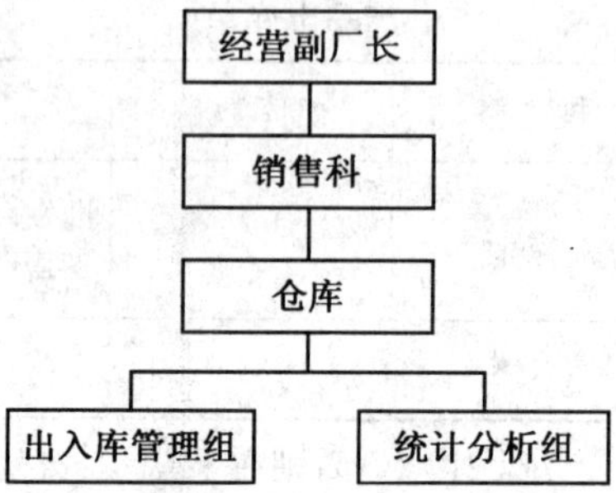

图9—22 组织机构设置

(二)管理职能分析

库长:全面负责仓库的行政与业务管理。

出入库管理组:负责产品的入库检验、产品的出入库管理和登记出入库账。

统计分析组:每天根据出入库管理组的出入库账,统计出各种规格产品当日出入库累计数,然后登库存台账;此外,负责生成产品收发存月报表,经库长签字后呈上级主管部门。有时还要尽量满足各方面的各种查询要求(如图9—23所示)。

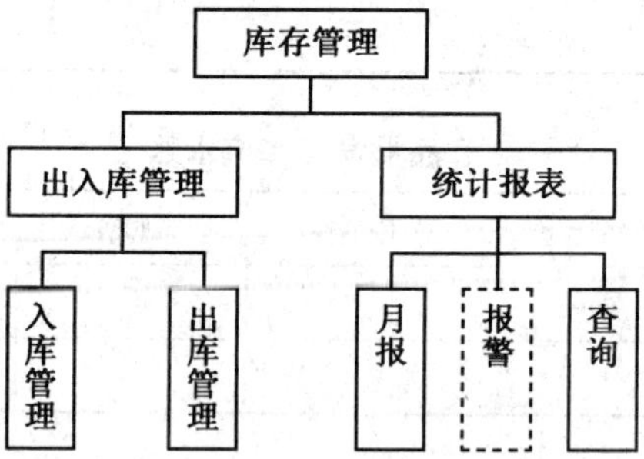

图9—23 管理职能

(三)业务流程分析

现行产品库存管理系统的业务流程如图9—24所示。

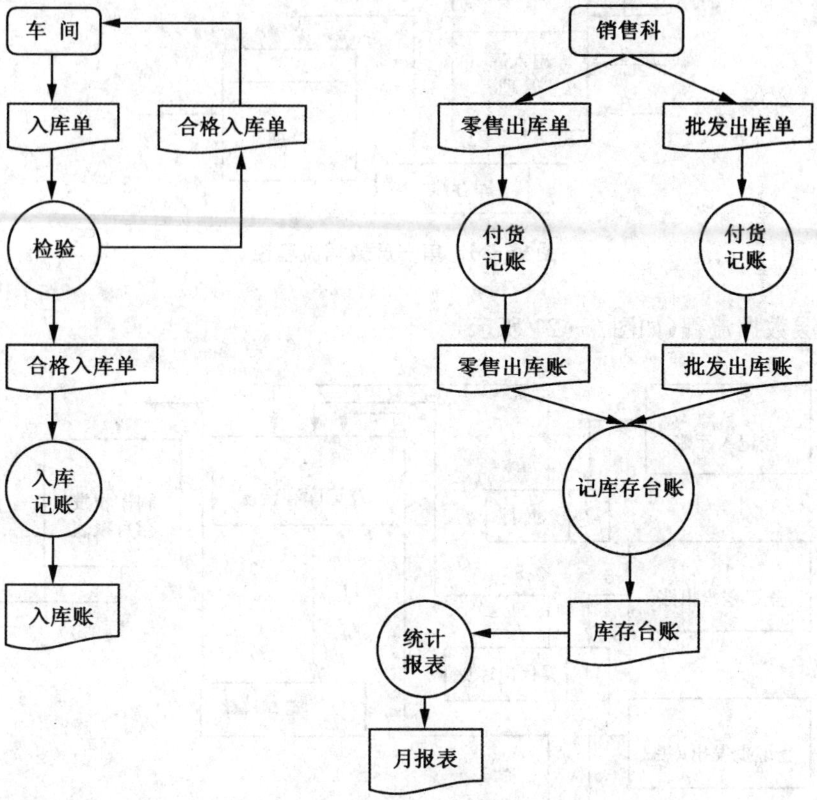

图 9—24　业务流程图

(四)数据流程分析

1. 现行系统的顶层数据流程(如图 9—25 所示)

图 9—25　顶层数据流程图

对顶层图中的数据流“1,2,3,4”说明如下:

“1”:车间产品入库单;

“2”:销售科开出的有效零售产品出库单;

“3”:销售科开出的有效批发产品出库单;

“4”:仓库制作的产品库存收发存月报表。

2. 第一层数据流程(如图 9—26 所示)

图 9—26 中的数据流“1,2,3,4”与图 9—25 中的数据流“1,2,3,4”相同。

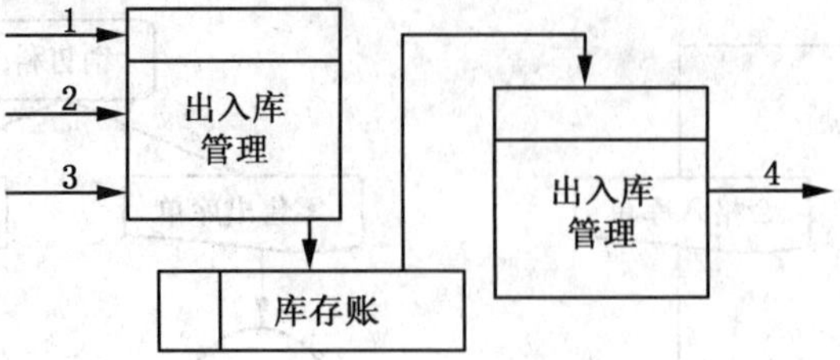

图 9—26 第一层数据流程图

3. 第二层数据流程(如图 9—27 所示)

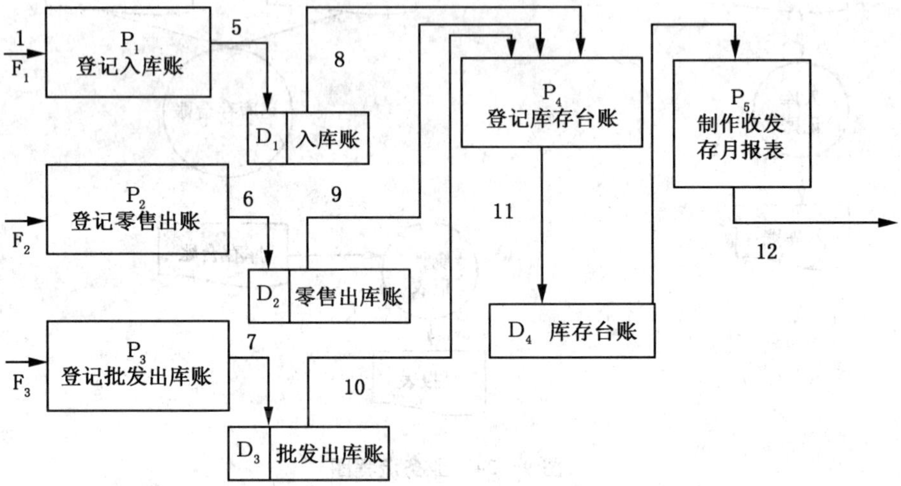

图 9—27 第二层数据流程图

现对图 9—27 中的数据流说明如下：

“1,2,3,4”:其意义与图 9—25 中的相同；

“5”:产品入库单上的数据；

“6”:零售出库单上的数据；

“7”:批发出库单上的数据；

“8”:入库流水账上当日按产品名称、规格分别累计的数据；

“9”:零售出库流水账上当日按产品名称、规格分别累计的数据；

“10”:批发出库流水账上当日按产品名称、规格分别累计的数据；

“11”:获得的“8,9,10”的数据；

“12”:库存台账上当月按产品名称、规格分别累计的数据和其他加工处理后的数据。

(五)数据字典

1. 数据流字典

(1)数据流名称:产品入库单 标识符:F1

数据结构:01 产品入库单

02 日期(RQ)	PIC X(8)
02 产品代码(CPDM)	PIC X(3)

02 产品名称(CPMC) PIC X(18)
02 单位代码(DWDM) PIC X
02 单位(DW) PIC X(4)
02 规格代码(GGDM) PIC XX
02 规格(GG) PIC X(10)
02 入库数量(RKSL) PIC 9(6)

排列方式:按(入库日期+产品代码)升序排列
流量:最大 50 张/日
平均 30 张/日
来源:生产车间
去向:产品入库处理

(2)数据流名称:产品出库单 标识符:F2
数据结构:01 产品出库单
02 日期(RQ) PIC X(8)
02 产品代码(CPDM) PIC X(3)
02 产品名称(CPMC) PIC X(18)
02 单位代码(DWDM) PIC X
02 单位(DW) PIC X(4)
02 规格代码(GGDM) PIC XX
02 规格(GG) PIC X(10)
02 备注
03 零售出库数量(LSSL) PIC 9(6)
03 批发出库数量(PFSL) PIC 9(6)

排列方式:按(日期+产品代码)升序排列
流量:最大 70 张/日
平均 50 张/日
来源:销售科
去向:产品出库处理

(3)数据流名称:仓库产品收发存月报表 标识符:F3
数据结构:01 收发存月报表
02 日期(BBRQ) PIC X(8)
02 产品代码(CPDM) PIC X(3)
02 产品名称(CPMC) PIC X(18)
02 单位(DW) P1CX(4)
02 本月累计入库数量(RKSL) PIC 9(8)
02 本月累计零售数量(LSSL) PIC 9(8)
02 本月累计批发数量(PFSL) PIC 9(8)
02 库存数量(KCSL) PIC 9(8)

排列方式:按日期排列
流量:最大 1 份/月

平均 1 份/月

来源:仓库统计分析

去向:主管部门

其他中间过程的数据流描述省略。

2. 数据存储字典

(1)存储文件名:产品入库流水账　　标识符:D1

数据结构:01 本品入库账	
02 日期(RQ)	PIC X(8)
02 产品代码(CPDM)	PIC X(3)
02 产品名称(CPMC)	PIC X(18)
02 单位(DW)	PIC X(4)
02 规格(GG)	PIC X(10)
02 入库数量(RKSL)	PIC 9(6)

流入的数据流:产品入库单(F1)

流出的数据流;

涉及的处理名:入库处理、记库存台账

排列方式:按入库日期排序

(2)存储文件名:库存台账　　标识符:D4

数据结构:01 库存台账	
02 日期(KCRQ)	PIC X(8)
02 产品代码(CPDM)	PIC X(3)
02 产品名称(CPMC)	PIC X(18)
02 本日累计入库量(RKSL)	PIC 9(8)
02 本日累计零售出库量(LSSL)	PIC 9(8)
02 本日累计批发出库量(PFSL)	PIC 9(8)

流入的数据流:11

流出的数据流:收发存月报表

涉及的处理名:登记库存台账、编制月报表

排列方式:按(日期+产品代码)升序排列

其他存储文件的描述省略。

(六)处理描述

1. 登记入库账

处理名:登记入库账

标识符:P1

输入:数据流 F1

输出:数据流 F5

处理定义:当一张入库单上的数据检验合格,并且产品实物入库后,立即将这张入库单上的数据登入产品入库流水账

激发条件:产品入库发生

2. 登记库存台账

处理名：登记库存台账

标识符：P4

输入：出入库流水账上的当日数据

输出：登记入库存台账上的数据

处理定义：对出入库流水账上当日发生的数据，按产品代码分别进行入库累计、零售出库累计和批发出库累计计算，然后将当天的日期、产品代码和累计结果等填入库存台账的相应栏

激发条件：每日过账处理

3. 制作收发存月报表

处理名：制作收发存月报表

标识符：P5

输入：取自库存台账的数据

输出：填入输出报表中的统计数据

处理定义：对库存台账本月发生的出入库数据分别按产品代码进行累计，一种代码代表的产品累计值即为输出报表中的一行

计算公式：工业产值(不变价)$=\sum S_i \times J_i$

工业产值(现行价)$= \sum S_i \times J_{i1}$

其中：S_i——产品代码为 i 的产品本月入库量；

J_i——产品代码为 i 的产品不变价；

J_{i1}——产品代码为 i 的产品现行价。

激发条件：每月制作库存报表

系统中的另外几个加工处理描述省略。

(七)现行系统评价

通过对现行系统的需求分析，本系统数据流向是合理的，但为了便于计算机管理，也为了使系统能够提供更多的辅助决策信息，本系统应做如下改进设想：第一，将各种账本暂合为一本库存账考虑；第二，增加库存报警功能；第三，增强各种灵活的查询分析功能。

(八)新系统逻辑模型的提出

根据前面的分析与评价结果，提出的新系统逻辑模型如图 9－28 和图 9－29 所示。

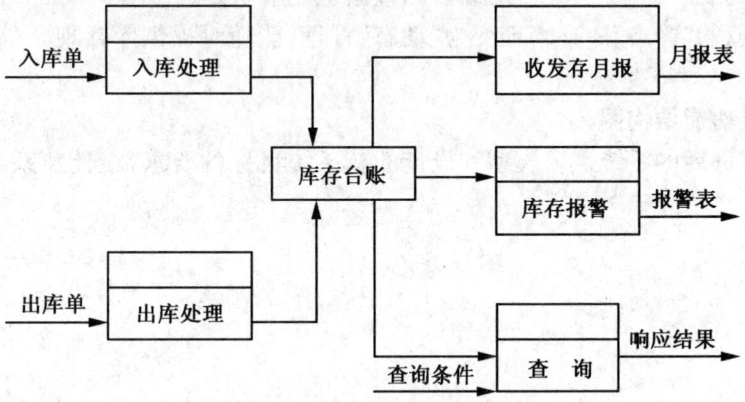

图 9－28　系统逻辑模型 I

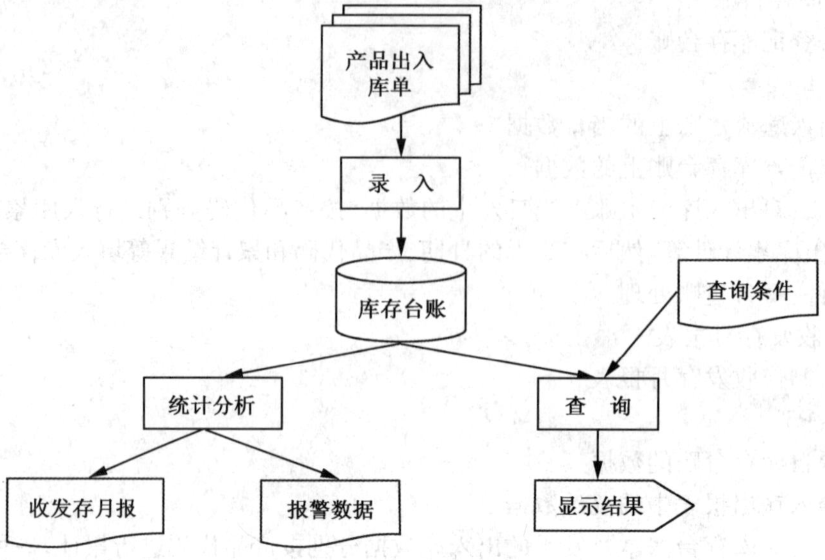

图 9—29 系统逻辑模型Ⅱ

(九)系统边界和处理方式

1. 系统边界

输入边界:产品出入库单、查询条件。

输出边界:各种报表和查询响应输出。

2. 处理方式

新系统采用实时处理方式。

三、系统设计

(一)系统目标设计

第一,方便的数据输入性能,良好的人机界面,尽量避免汉字和长字符串的人工重复输入(采用代码词组)。

第二,灵活的查询性能,能快速实现多项产品输入数据和库存数据的查询。

第三,考虑到工厂的生产发展,对新产品数据也能给予处理。

第四,把目前的“静态”库存管理变为“动态”管理,能随时提供库存现状信息(包括库存报警信息)。

(二)新系统功能结构图

综合考虑改进后的系统逻辑模型和设计的新系统目标的要求,设计新系统功能结构如图9—30所示。

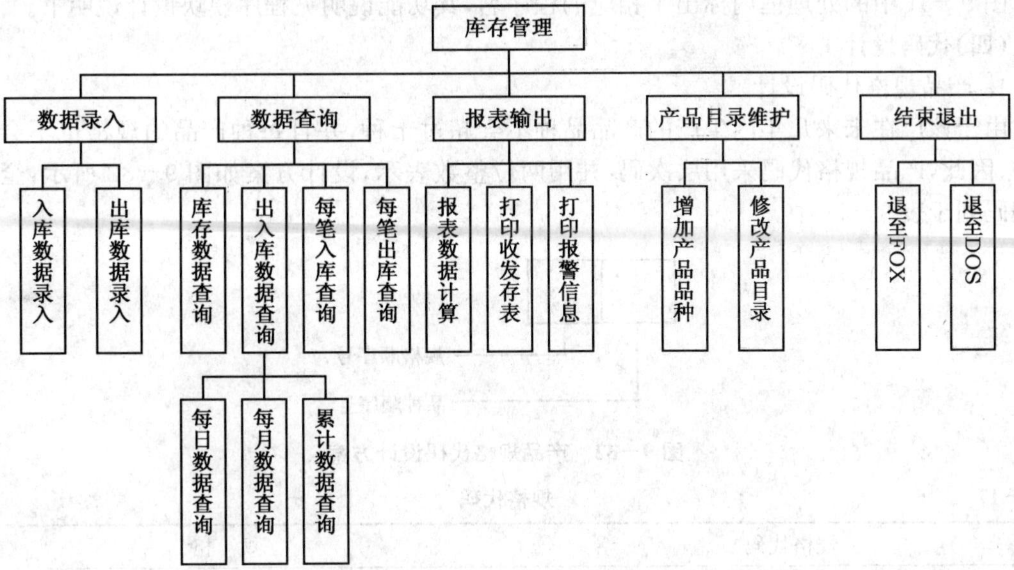

图 9—30　系统功能结构图

(三)新系统流程设计

计算机化的信息系统流程如图 9—31 所示。

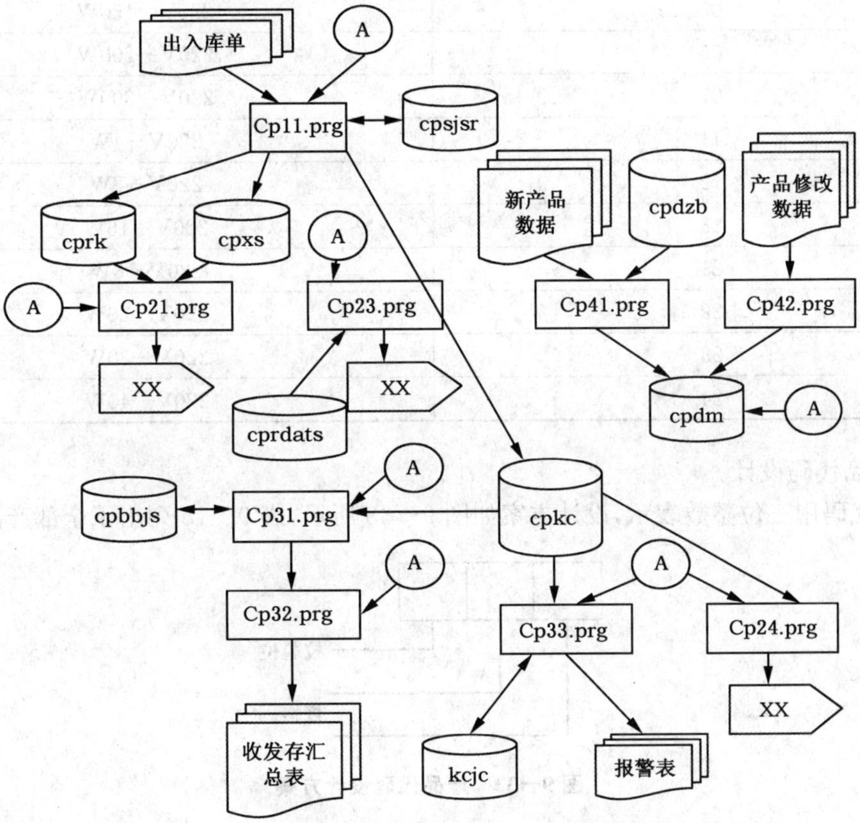

图 9—31　新系统信息处理流程图

图 9—31 中的处理框内标出了相应的程序名，其功能说明见程序模块设计说明书。

(四)代码设计

1. 产品规格代码设计

由于该厂在未来几年内生产的产品品种不会超过十种，并且每种产品的规格也不会超过十种，因此，产品规格代码采用层次码，并用两位整数表示，设计方案如图 9—32 所示，全部规格编码列于表 9—17 中。

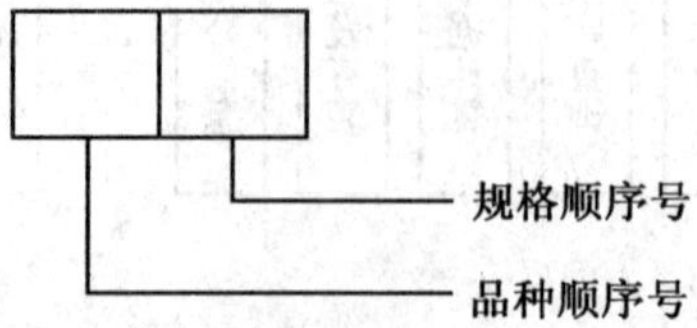

图 9—32 产品规格代码设计方案

表 9—17 规格代码

规格代码	规 格
01	220V—15W
02	220V—45W
03	220V—60W
04	220V—100W
05	220V—150W
06	220V—200W
07	220V—300W
11	220V—4W
12	220V—8W
13	220V—16W
21	220V—8W
22	220V—20W
23	220V—30W
24	220V—40W

2. 产品代码设计

产品代码用三位整数表示，设计方案如图 9—33 所示，表 9—18 列出了全部产品的代码。

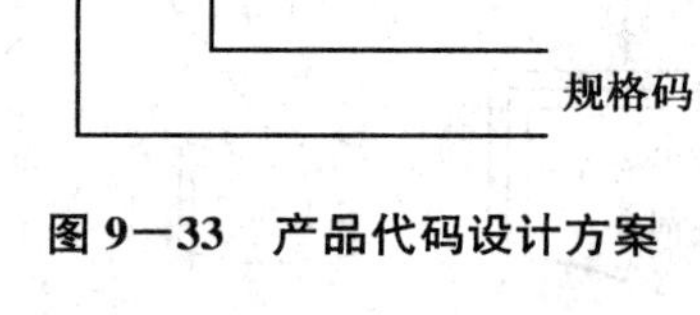

图 9—33 产品代码设计方案

表 9－18　　产品代码表

产品代码	产品名称	规格代码	规　格
012	灯泡	01	220V—15W
024	灯泡	02	220V—45W
036	灯泡	03	220V—60W
048	灯泡	04	220V—100W
050	灯泡	05	220V—150W
061	灯泡	06	220V—200W
073	灯泡	07	220V—300W
115	节能灯	11	220V—4W
127	节能灯	12	220V—8W
139	节能灯	13	220V—16W
218	日光灯	21	220V—8W
220	日光灯	22	220V—20W
231	日光灯	23	220V—30W
243	日光灯	24	220V—40W

产品代码中的校验位 a_3 值的确定方法如下：

a_3＝取[$(3a_1+2a_2)\div 11$]的余数

例如：

$$\begin{array}{llll} & a_1 & a_2 & a_3 \\ & 2 & 4 & 3 \\ \times) & 3 & 2 & \\ & 6 & +\ 8 & =\ 14 \end{array}$$

则 $a_3=(14\div 11)$的余数为 3。

当余数为 10 时，按 $a_3=0$ 处理。

(五)系统物理配置方案设计

本系统采用单机单用户操作方式，其基本配置如下：

机型：COMPAQ486/40

软驱：双软驱动器

硬盘：540MB

内存：8MB

显示器：VGA

打印机：Star CR3240

软件：Foxpro 2.5 for Windows 3.1(汉化)。

机器安装在仓库办公室。

(六)输出设计

本系统的报表输出格式设计成表 9－19 至表 9－21 的形式(表中的数据为试运行结果数据)。

表 9—19 报表输出格式

产品名称	单　位	规　格	上月结存	本月入库	本月出库	本月结存
不变价金额(元)				214 700	64 400	150 300
现行价金额(元)				250 400	75 160	175 240
数量合计				44 500	19 300	25 200
灯泡	只	220V—15W		2 000	1 000	1 000
灯泡	只	220V—45W		1 500	1 000	500
灯泡	只	220V—60W		3 000		3 000
灯泡	只	220V—200W		12 000	11 800	200
节能灯	只	220V—4W		3 000	2 500	500
节能灯	只	220V—8W		3 000		3 000
日光灯	只	220V—8W		2 000		2 000
日光灯	只	220V—20W		14 000		1 4000
日光灯	只	220V—30W		4 000	3 000	1 000

表 9—20 超储产品

产品代码	产品名称	库存量	最高储备	超储量
220	日光灯	14 000	10 000	4 000

表 9—21 不足产品

产品代码	产品名称	库存量	最低储备	不足储备
024	灯泡	500	600	100
048	灯泡	0	400	400
050	灯泡	0	400	400
061	灯泡	200	300	100
073	灯泡	500	1 000	500
115	节能灯	500	1 000	500
139	节能灯	0	1 000	1 000
24	日光灯	0	1 000	1 000

(七)存储文件(数据库)结构设计

由于本系统的应用程序全部用 Foxpro2.5 编写，因此，存储文件的结构设计就是指 .DBF 文件的结构设计。

1. 设计规范

库文件名称和库字段变量名称规范分别如表 9—22 和表 9—23 所示。

表 9—22　库文件名称

序号	文件名称	标识符	备　注
1	产品目录库文件	CPDM.DBF	
2	产品单位及规格代码表	CPDZB.DBF	事先建好
3	出入库数据输入暂存文件	CPSJSR.DBF	
4	各种产品每日库存累计文件	CPKC.DBF	
5	各种产品每日每笔入库文件	CPRK.DBF	
6	各种产品每日每笔出库文件	CPXS.DBF	
7	各种产品每日入出存累计文件	CPRDATA.DBF	
8	报表计算辅助文件	CPBBJS.DBF	
9	备品报表文件	CPBB.DBF	
10	库存报表数据文件	KCJC.DBF	

表 9—23　库文件字段变量名规范

序号	字段名称	标识符	备　注
1	产品不变价格	BBJ	
2	日期	BBRQ	
3	产品代码	CPDM	
4	产品名称	CPMC	
5	代码为 ijk 的产品库存量	CPIJK	i=0,1,2,3,4,5,6,7,8,9 j=0,1,2,3,4,5,6,7,8,9 k=0,1,2,3,4,5,6,7,8,9
6	产品单位代码	DWDM	
7	产品组位	DW	
8	产品规格代码	GGDM	
9	产品规格	GG	
10	产品库存超储或不足	JC	取值“超储”或“不足”
11	产品库存数量	KCSL	
12	日期	KCRQ	
13	累计入库量	LJRK	
14	累计出库量	LJXS	
15	产品零售数量	LSSL	
16	产品批发出库数量	PFSL	
17	产品入库数量	RKSL	
18	日期	RQ	

续表

序号	字段名称	标识符	备 注
19	产品现行价格	XXJ	
20	产品最大储备量	ZGCB	
21	产品最小储备量	ZDCB	

2. 各个库文件结构设计

本系统中建立的10个数据库(.DBF)文件结构如表9—24至表9—33所示。

表9—24 产品单位及规格代码库结构

序 号	字段名称	字段类型	长 度	备 注
1	DWDM	Character	1	
2	DW	Character	4	
3	GCDM	Character	2	
4	GG	Character	10	

表9—25 产品目录库结构

序 号	字段名称	字段类型	长 度	备 注
1	CPDM	Character	3	
2	CPMC	Character	18	
3	DWDM	Character	1	
4	DW	Character	4	
5	GGDM	Character	2	
6	GG	Character	10	
7	BBJ	Numeric	7	
8	XXJ	Numeric	7	
9	ZGCB	Numeric	7	
10	ZDCB	Numeric	4	

表9—26 产品出入库数据暂存文件结构

序 号	字段名称	字段类型	长 度	备 注
1	RQ	Date	8	
2	CPDM	Character	3	
3	RKSL	Numeric	6	
4	LSSL	Numeric	6	
5	PFSL	Numeric	6	

表 9—27　　各种产品每日入库累计文件结构

序　号	字段名称	字段类型	长　度	备　注
1	RQ	Date	8	
2	CPDM	Character	3	
3	RKSL	Numeric	6	

表 9—28　　各种产品每日销售出库累计文件结构

序　号	字段名称	字段类型	长　度	备　注
1	RQ	Date	8	
2	CPDM	Character	3	
3	LSSL	Numeric	6	
4	PFSL	Numeric	6	

表 9—29　　各种产品每日库存量累计文件结构

序　号	字段名称	字段类型	长　度	备　注
1	KCRQ	Date	8	
2	CP012	Numeric	8	
3	CP024	Numeric	8	
4	CP036	Numeric	8	
5	CP048	Numeric	8	
6	CP050	Numeric	8	
7	CP061	Numeric	8	
8	CP073	Numeric	8	
9	CP115	Numeric	8	
10	CP127	Numeric	8	
11	CP139	Numeric	8	
12	CP218	Numeric	8	
13	CP220	Numeric	8	
14	CP231	Numeric	8	
15	CP243	Numeric	8	

表 9—30　　各种产品每日出入存累计文件结构

序　号	字段名称	字段类型	长　度	备　注
1	RQ	Date	8	
2	CPDM	Character	3	
3	CPMC	Numeric	6	

续表

序　号	字段名称	字段类型	长　度	备　注
4	DW	Numeric	6	
5	PFSL	Numeric	6	
6	KCSL	Numeric	6	

表 9—31　报表计算辅助文件结构

序　号	字段名称	字段类型	长　度	备　注
1	BBRQ	Date	8	
2	CPDM	Character	3	
3	CPMC	Character	18	
4	DW	Character	4	
5	RKSL	Numeric	8	
6	LSSL	Numeric	8	
7	PFSL	Numeric	8	
8	KCSL	Numeric	8	
9	LJRK	Numeric	8	
10	LJXS	Numeric	8	

表 9—32　各月收发存报表文件结构

序　号	字段名称	字段类型	长　度	备　注
1	BBRQ	Date	8	
2	CPDM	Character	3	
3	CPMC	Character	18	
4	DW	Character	4	
5	RKSL	Numeric	8	
6	LSSL	Numeric	8	
7	PFSL	Numeric	8	
8	KCSL	Numeric	8	
9	LJRK	Numeric	8	
10	LJXS	Numeric	8	

表 9—33　库存报警数据文件结构

序　号	字段名称	字段类型	长　度	备　注
1	CPDM	Character	3	
2	JC	Character	4	

(八)输入设计

1. 出入库数据录入卡设计

本系统中的产品出入库数据录入卡沿用现行系统的产品出入库单格式。

2. 输入屏幕格式设计

基础(原始)数据分为产品入库数据和产品出库数据两大类,因此,输入屏幕分开设计。

(1)图 9－34 是产品入库数据输入时的屏幕格式。当输入入库日期之后,便在屏幕上出现此画面。

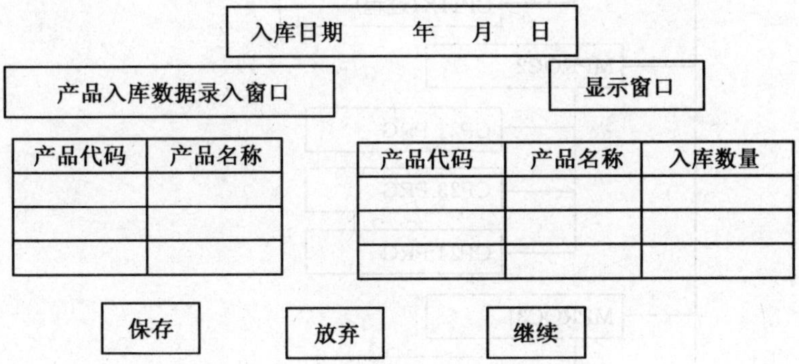

图 9－34　产品入库数据输入屏幕格式

数据录入方式有两种:

一种是光标在右边的提示窗口内上下移动,选择正确的入库产品代码后,产品代码、名称等信息自动进入左边窗口当前显示行的相应栏目内。然后,光标停在"入库数量"栏上,输入入库数量即可。如此重复即可将本日内各张入库单上的数据输入计算机暂存文件内。最后,选择"存盘""放弃"或"继续"。

另一种是调整光标至左边窗口的"代码"栏,输入要入库的产品代码,此时对应的产品名称便由系统自动填入,然后输入入库数量即可。最后,选择"存盘""放弃"或"继续"。

(2)产品出库数据输入的屏幕格式设计与产品入库数据输入的屏幕格式设计基本相同,只是将图 9－34 中的"入库数量"栏辟为"零售数量"和"批发数量"两栏。

(九)程序模块设计说明

1. 总控模块

(1)程序名:CPMAIN.PRG。

(2)功能:定义本系统的数据录入、数据查询等功能菜单及各项功能的下拉式菜单。

选取功能菜单及其下拉菜单中的操作项,进入相应的操作。

(3)实现:调用程序 CP11.PRG 实现产品出入库数据的录入。

调用过程 MPROC2 实现数据查询功能。

调用过程 MPROC3 实现统计报表功能。

调用过程 MPRCO4 实现产品目录维护功能。

调用过程 MPRCO5 实现本系统运行结束退出功能。

(4)程序、过程、自定义函数之间的关系如图 9－35 所示。

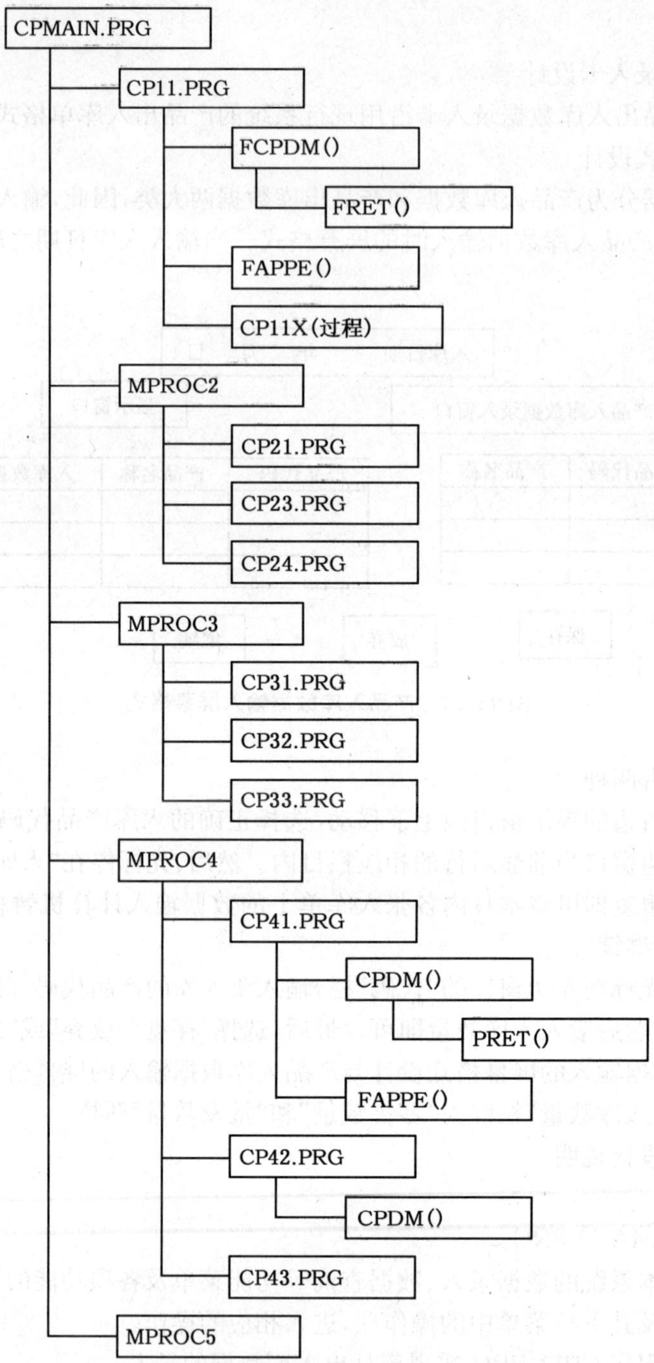

图 9—35 程序、过程、自定义函数之间的关系

2. 产品出入库数据录入模块

(1)程序名:CP11.PRG。

(2)功能:实现每笔产品出入库数据的录入。

(3)处理流程:如图 9—36 所示。

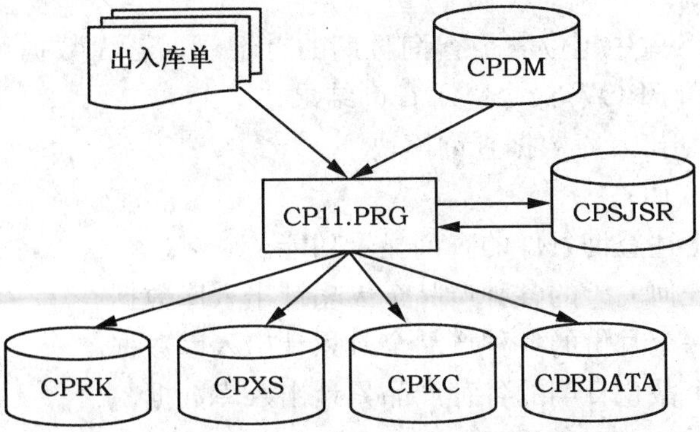

图 9—36 数据录入处理流程

(4)实现:打开 CPDM.DBF 并索引之。

打开 CPRDATA.DBF 及其索引。

打开 CPRK.DBF。

若录入入库数据,则打开 CPKC.DBF;若录入出库数据,则打开 CPXS.DBF。

输入日期。

打开 CPSJSR.DBF,并与 CPDM.DBF 建立关联,然后清空 CIJSJSR.DBF。

用 BROW 将出入库数据录入 CPPJSR.DBF 中。

若数据不保存,则退出返回;若数据保存,则首先将 CPSJSR.DBF 的 RQ 字段值全部用输入日期替代,然后通过调用过程 CP11X 把 CPSJSR.DBF 中的数据转录到 CPRK.DBF(入库)或 CPXS.DBF(出库数据)中,并更新 CPKC.DBF 和 CPRDATD.DBF。

3. 每笔出入库数据查询模块

(1)程序名:CP 21.PRG。

(2)功能:实现对 3 个月以内的任何一天的每笔入库数据查询的显示。

(3)处理流程:如图 9—37 所示。

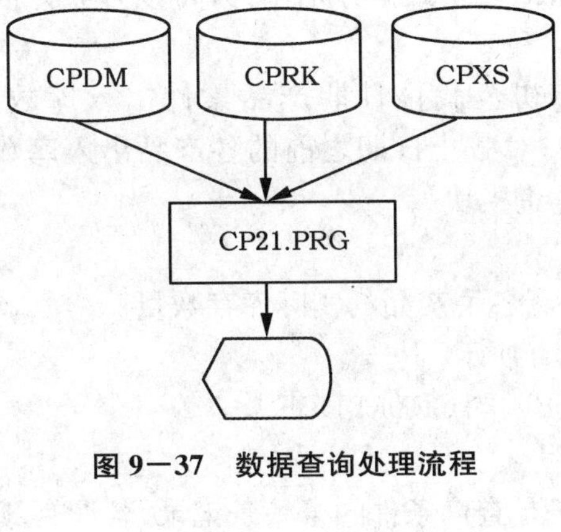

图 9—37 数据查询处理流程

(4)实现:打开 CPDM.DBF。

若查询任何一天的每笔入库数据,则打开 CPRK.DBF。

若查询任何一天的每笔出库数据,则打开 CPXS.DBF。

依据字段 CPDM 建立与 CPDM.DBF 的关联。

输入要查询的日期。

从 CPRK 或 CPXS 库中定位满足查询日期的首记录。若无数据可查，则显示“无数据”，否则用“过滤器技术”和 BROW 命令显示查询结果。

4. 每日、月、截止期出入库数据查询模块

(1)程序名：CP23.PRG。

(2)功能：实现对下述查询条件的查询显示功能。

查询 3 个月以内任何一天的各种产品全天累计出入库数据。

查询 2 年内任何一个月份的各种产品全月累计出入库数据。

查询从年初至某个截止日期的各种产品累计出入库数据。

(3)处理流程：如图 9—38 所示。

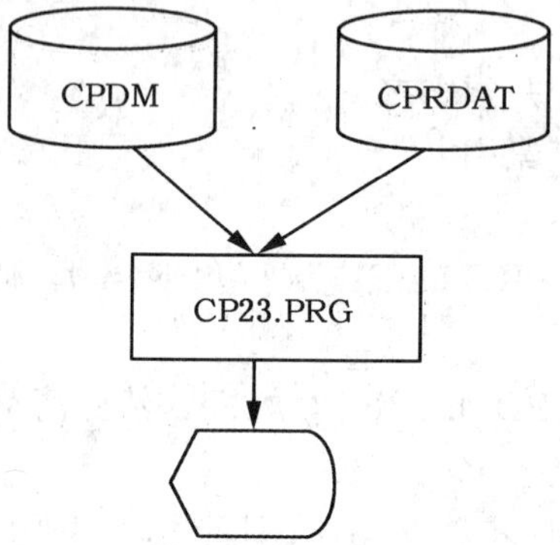

图 9—38 条件查询处理流程

(4)实现：

第一种情况(按天查询)：打开 CPRDATA.DBF 和 CPDM.DBF；输入查询日期；按输入的日期从 CPRDATA 库中过滤出与输入日期匹配的记录；显示结果。

第二种情况(按月查询)：打开 CPRDATA.DBF 和 CPDM.DBF；输入查询月份；对与输入月份匹配的该月内各产品出入库数据分别累计；将该月累计值为零的产品过滤掉；显示结果。

第三种情况(查询从年初至截止日期产品累计出入库数)：打开 CPRDATA.DBF 和 CPDM.DBF；输入截止日期；对截止日期之前的各产品出入库数据分别累加；显示结果。

5. 某日实际库存数据查询模块

(1)程序名：CP24.PRG。

(2)功能：实现查询某一天各种产品的实际库存数量。

(3)处理流程：如图 9—39 所示。

(4)实现：打开 CPKC.DBF 与 CPDM.DBF。

输入查询日期。

在 CPKC.DBF 中定位满足查询条件的第一条记录；若没有，则显示“无数据可查”，否则显示查询结果。

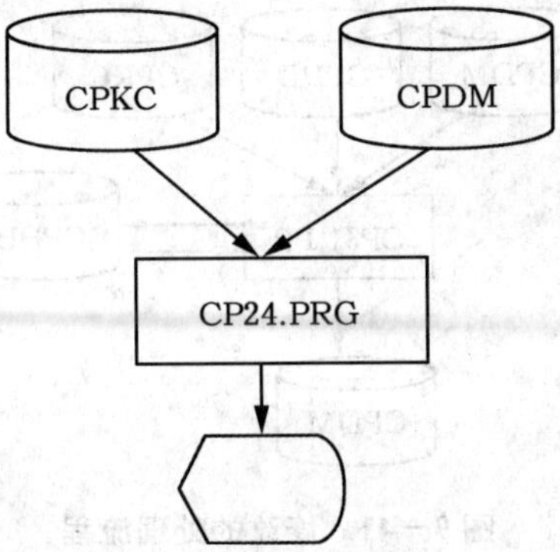

图 9—39 实际库存数据查询处理流程

6. 新增产品代码(目录)模块

(1)程序名:CP41.PRG。

(2)功能:将新产品的目录数据增加到 CPDM.DBF 中,并在 CPKC.DBF 中增加相应字段。

(3)处理流程:如图 9—40 所示。

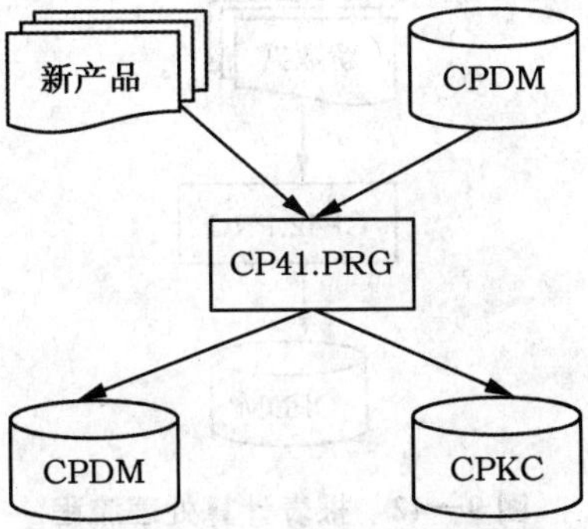

图 9—40 新增代码处理流程

(4)实现:在命令执行方式下,将新产品的单位、单位代码、规格、规格代码录入 CPDZB.DBF 中。

打开 CPDZB.DBF、CPDM.DBF 和 CPKC.DBF。

录入新产品的产品代码,并校验。

录入该新产品的其他目录数据。

修改 CPKC.DBF 的库结构(增加新产品的字段)。

7. 修改产品的价格、储备定额模块

(1)程序名:CP42.PRG。

(2)功能:修改产品的价格和储备定额。

(3)处理流程:如图 9—41 所示。

(4)实现:打开 CPDM.DBF。

用 BROW 命令进行修改(只允许修改产品的不变价、现行价、最高储备和最低储备)。

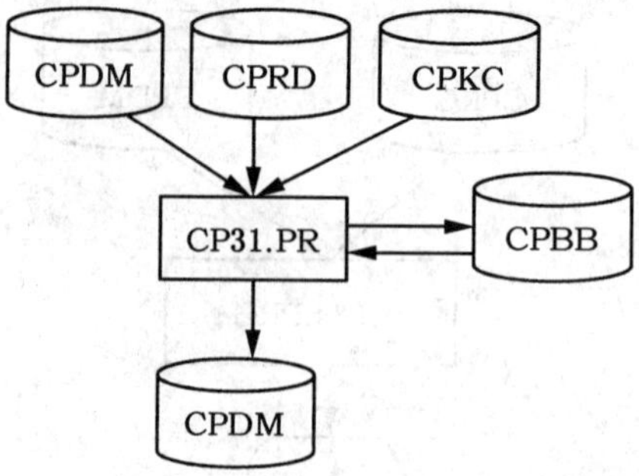

图 9—41 修改的处理流程

8. 报表计算模块

(1)程序名:CP31.PRG。

(2)功能:根据本月实际发生的数据计算统计报表(产品收发存报表)中的数据,并将计算结果存入 CPBB.DBF 中供打印用。

(3)处理流程:如图 9—42 所示。

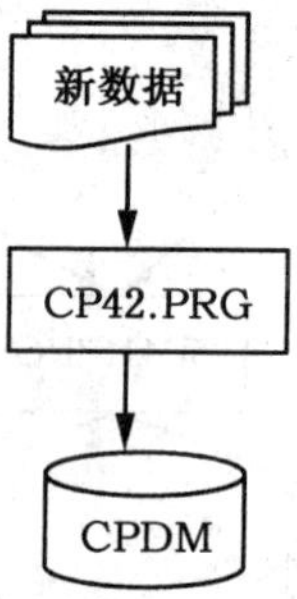

图 9—42 报表计算处理流程

(4)实现:输入报表月份。

打开 CPRDATA.DBF。

在 CPRDATA 库中定位满足报表日期的第一条记录;若无数据,则显示“本月无数据”,并返回。

在本月范围内,按产品代码分别求出各产品本月出入库累计值。

打开 CPKC.DBF,定位到报表生成那天的各产品实际库存数记录行。

打开 CPBBJS.DBF,并物理清空。

把已计算出的报表月份各产品累计出入库量及尚有的实际库存数量填入 CPBBJS.DBF。

打开 CPBB.DBF,将 CPBBJS.DBF 中的数据复制到 CPBB.DBF 中。

9. 打印“产品收发存月汇总表”模块

(1)程序名:CP32.PRG。

(2)功能:实现“产品收发存月汇总表”的打印输出。打印机型号为 STAR CR3240。

(3)处理流程:如图 9—43 所示。

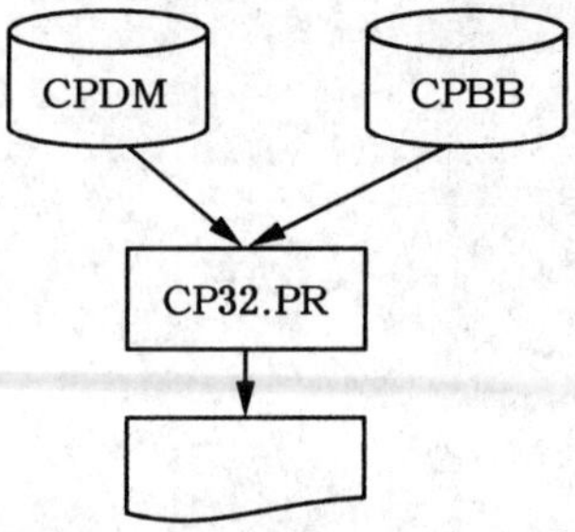

图 9—43　打印“产品收发存月汇总表”处理流程

(4)实现:输入年份和月份。

打开 CPDM.DBF 并索引。

打开 CPBB.DBF 并过滤出符合报表月份的数据记录。

使 CPBB.DBF 与 CPDM.DBF 建立关联。

若 CPBB.DBF 中无本月数据,则显示“本月报表未形成”,并返回。

打印表头。

从 CPBB.DBF 中输出打印该月份汇总数据。

10. 打印“产品库存报警表”模块

(1)程序名:CP33.PRG。

(2)功能:随时打印出低于最小储备定额和高于最高储备定额的产品库存数据。

(3)处理流程:如图 9—44 所示。

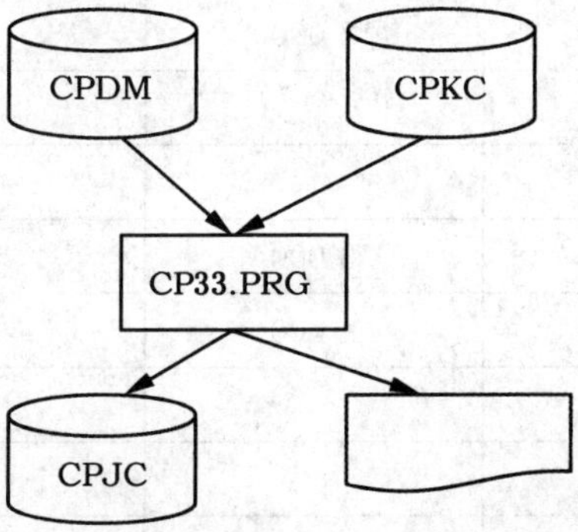

图 9—44　打印“产品库存报警表”处理流程

(4)实现:打开 CPKC.DBF,并将记录指针指向最后一行记录。

打开 CPDM.DBF 并索引。

按 CPDM.DBF 中的记录顺序逐行检查 CPKC.DBF 的最后一行记录中各产品库存量是否超储或不足。若不足,在 KCJC.DBF 的 CPDM 字段填上该产品代码,在 JC 字段填“不足”;若超储,在 JC 字段填“超储”。

打印表头及报表内容。

四、系统实施

(一)程序框图设计

(略)

(二)程序清单

(略)

(三)试运行及结果分析

1. 试验数据的准备

试验数据的准备如表 9—34 所示。

表 9—34 系统试运行原始模拟输入数据

日　期	产品代码	入库数量	零售数量	批发数量
2000.10.01	012	2 000		1 000
2000.10.01	115	3 000		
2000.10.01	231	4 000		
2000.10.12	024	1 500		500
2000.10.12	115		1 000	
2000.10.13	218	2 000		
2000.10.14	036	3 000		
2000.10.15	231			3 000
2000.10.16	061	12 000		
2000.10.17	061			10 000
2000.10.17	024		500	
2000.10.18	127	3 000		
2000.10.18	220	4 000		
2000.10.19	115		500	
2000.10.19	115			1 000
2000.10.19	061			1 800
2000.10.20	220	10 000		

2. 运行结果及分析

(1)打印的报表与设计的格式一致,输出数据与手工计算结果一致。

(2)查询显示结果正确。

(3)其他各项功能运行正常。

技术说明书、使用说明书和维护说明书(略)。

第十章

管理信息系统实验指导

实验一　VFP(或 Access)基本操作实验

一、实验类型

基本实验。

二、实验目的与要求

1. 熟悉 VFP(或 Access)操作界面:项目管理器、命令窗口、数据工作期窗口、VFP 运行环境设置等。

2. 熟悉数据库和数据表的基本操作:数据库和数据表的新建,数据表的新增、删除、修改、查询。

3. 掌握项目管理器的使用。

三、实验内容、方法和步骤

1. 点击菜单栏的“工具”→“选项”,设置系统运行环境,包括“文件位置的默认目录”“表单”“语法着色”等。

2. 熟悉项目管理器的界面结构、功能以及新建、添加、修改等按钮的使用方法(如图 10—1 所示)。

3. 在项目管理器中新建数据库 Student,然后在数据库中新建三张表,表的设计如表 10—1、表 10—2 和表 10—3 所示。

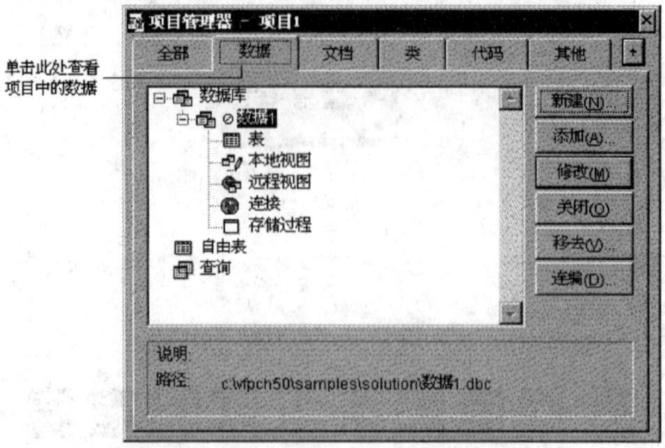

图 10－1 项目管理器的界面

表 10－1 **学生信息表(Student.dbf)**

字段描述符	学号	姓名	年龄	性别	院系
字段名	StuNo	StuName	StuAge	StuSex	StuDep
数据类型	C(10)	C(8)	N(2,0)	C(2)	C(30)
索引类型	主索引				

表 10－2 **课程信息表(Course.dbf)**

字段描述符	课程代码	名称	备注
字段名	CouNo	CouName	CouMemo
数据类型	C(6)	C(20)	M(4)
索引类型	主索引		

表 10－3 **成绩信息表(Grade.dbf)**

字段描述符	学号	课程代码	成绩
字段名	StuNo	CouNo	GraAcc
数据类型	C(10)	C(6)	N(4,1)
索引类型	普通索引	普通索引	

4. 利用工具栏按钮打开和关闭命令窗口，在命令窗口中进行数据表的基本操作。在命令窗口中使用 USE 命令打开和关闭数据库、表；使用 APPEND 命令和 REPLACE 命令新增一条记录；使用 SQL 语句 INSERT、SELECT、UPDATE、DELETE 进行数据表的新增、查询、修改、删除操作；将每张表的记录增加为 5 条以上。

5. 使用 BROWSE 命令浏览数据表的内容，使用 EDIT 命令在窗口中修改数据表的值。

6. 利用工具栏按钮打开和关闭数据工作窗口，在数据工作窗口中对数据表进行浏览、修改。

四、练习题

1. 在成绩信息表中新增一条记录，如果“学号”字段的值在学生信息表的“学号”字段中并不存在，这样是否正确？为什么？

2. 在成绩信息表中新增记录时，如何保证每条记录的唯一性？为什么？请举例说明。

实验二　VFP(或 Access)高级操作实验

一、实验类型

基本实验。

二、实验目的

1. 掌握表单设计器与表单控件的使用。
2. 掌握设置对象属性和事件处理代码的一般方法。
3. 学习菜单设计器的使用方法。
4. 学习报表生成器的使用方法和数据信息的输出方式。
5. 能够对表的列名、数据类型、约束、索引、关系进行更改。
6. 记录的定位、顺序查找和排序。
7. 数据统计：计数，求平均值、总和、最大值和最小值。

三、实验内容、方法和步骤

在上次实验的基础上进行表和表单的操作实验。

(一)对表的列名、数据类型、约束、索引、关系进行更改

1. 打开 FoxPro6.0，点击“新建”，选择“新建数据库”，然后打开该数据库文件，出现数据库设计器，可以在数据库中建立新表，也可以将已存在的表加入数据库中。加入后可以对数据库的表的列名、列的数据类型进行修改，然后增加索引。如果某一列设为主索引，那么这一列就为关键字。

2. 修改约束：在编辑表结构时，选中一个字段，在下面就可以修改字段的有效性，即为字段的约束。例如，可以添加成绩信息表中 GraAcc 的约束条件：GraAcc＞＝0 and GraAcc＜＝100，如果输入一个不在此范围内的数，将报错，这样将避免输入错误。

3. 建立表与表之间的关系。表与表之间的关系有如下四种：(1)一对一关系；(2)一对多关系；(3)多对一关系；(4)多对多关系。

在数据库中，表与表之间的关系是由主键和外键联系的，在 FoxPro6.0 中是通过索引联系的。

在数据库设计器中建立数据表之间的关联：用鼠标按住第一张表中欲建立连接的字段名称，将其拖到第二张表的欲连接字段处，就会立即生成连接线。可以对此连接线进行修改。

(二)记录的定位、顺序查找和排序

1. 记录的定位和顺序查找

(1)将记录指针移向某条记录，而不管当前记录在何处。使用 GO|GO TO 命令可实现绝

对定位操作。

如:GO 3　　　　转到第三条记录

GO TOP　　　　转到第一条记录

GO BOTTOM　　　　转到最后一条记录

(2)相对于当前记录指针位置而移动记录指针。相对定位命令为 SKIP。

如:SKIP 1　　　　到达下一条记录

SKIP-1　　　　到达上一条记录

2. 排序

用 SORT 命令进行排序。例如,按成绩从低到高进行排序,然后存到工资排序文件中。

SORT ON GraAcc /A TO d:\工资排序.dbf。

(三)数据统计

1. 计数

命令:COUNT

如:统计学生人数

USE STUDENT COUNT 或者 Select count(stuno) from student

2. 求和

命令:SUM

如:求课程号为"000001"的所有成绩之和

SUM(GraAcc) for count = '000001'

3. 求平均值

命令:AVERAGE

如:求一门课程的平均成绩

AVERAGE(GraAcc) for counot = '000001'

4. 求最大值

命令:CALCULATE MAX

如:计算课程号为"000001"的课程的成绩的最大值

CALCULATE MAX(GraAcc) for counot = '000001'

5. 求最小值

命令:CALCULATE MIN

如:计算课程号为"000001"的课程的成绩的最小值

CALCULATE MIN(GraAcc) for counot = '000001'

(四)新建表单、表单控件及各自的属性

1. 在表单页面添加不同的控件类型,了解不同控件的功能。控件的常用类型包括文本框、编辑框、命令按钮、命令按钮组、列表框、组合框、选项按钮组、复选框、微调按钮和页框等(如图 10-2 所示)。

2. 双击添加的控件对象,在不同的事件中输入相应的编程命令,通过表单控制后台数据表的操作(信息添加、修改与查询等),了解常用控件的事件与方法。常用的对象事件包括 Click、Init、Valid、KeyPress、Refresh 和 Setfocus。

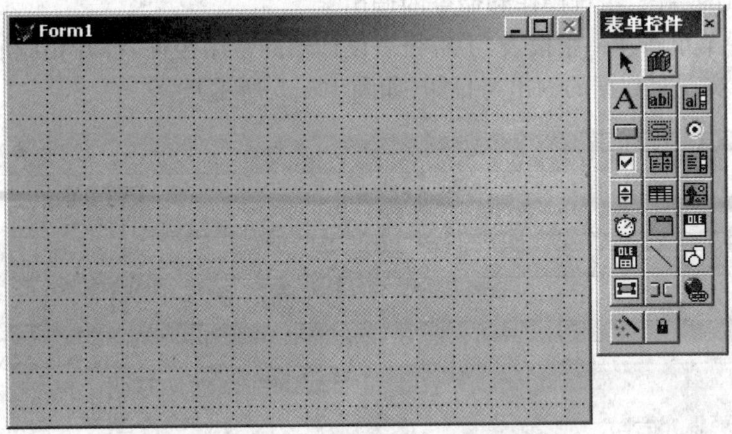

图 10－2　表单页面及控件

3. 通过文件菜单新建一个菜单，并为菜单添加相应的子菜单，预览编辑的效果（如图 10－3所示）。

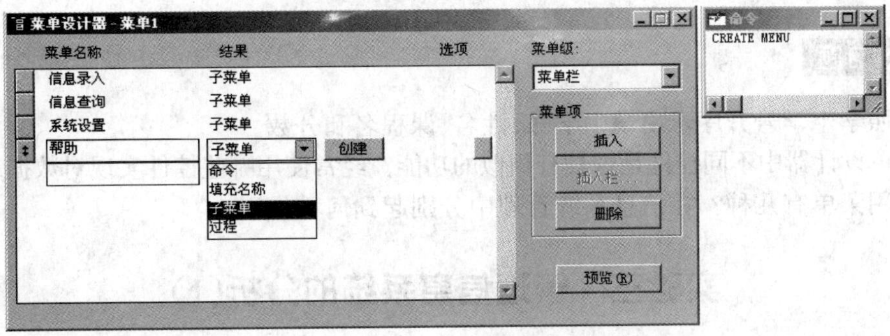

图 10－3　菜单设计器

4. 在子菜单的命令或过程控制界面录入相应的命令操作，通过菜单控制编程界面程序的执行（如图 10－4 所示）。

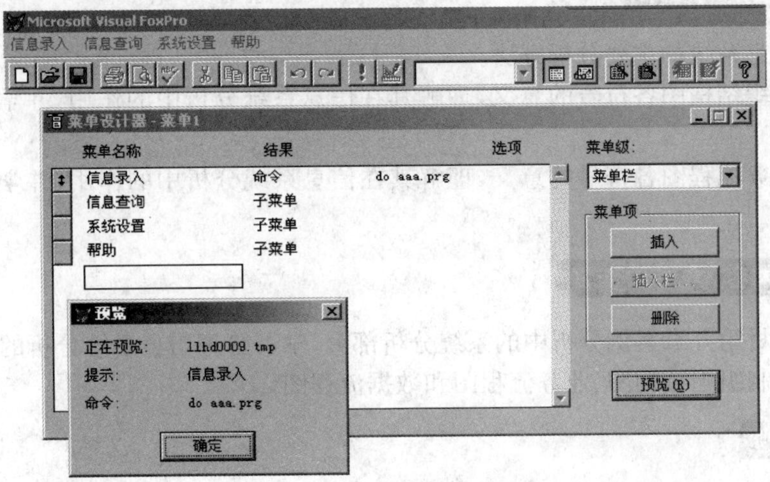

图 10－4　子菜单与过程控制

5. 掌握菜单的编译、执行操作和命令的调用。

6. 通过文件菜单新建一张报表，了解报表设计器的常用控件，打开相应的数据表，通过页面的排版与布局实现对数据的输出与打印(如图 10—5 所示)。

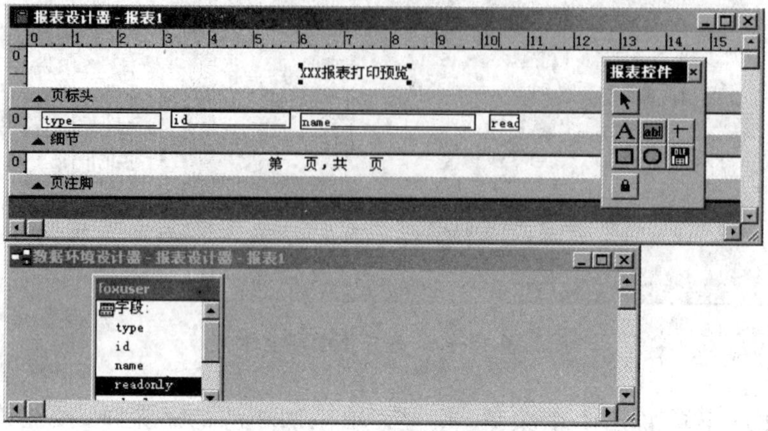

图 10—5　报表设计器

四、练习题

1. 按照学生学号升序求出学生学号、姓名、课程名和分数。
2. 表单设计器中不同控件是否具有相似的功能？经常使用哪些控件实现对数据表的操作？
3. 常用菜单有几种？在信息系统管理中分别起到何种作用？

实验三　管理信息系统的分析(1)

一、实验类型

基本实验。

二、实验目的与要求

1. 熟悉信息系统的主要分析方法。

2. 熟悉组织结构图各符号的意义，理解其在信息系统分析中的作用，并学会绘制组织结构图。

3. 熟悉业务流程图各符号的意义，理解其在信息系统分析中的作用，并学会绘制业务流程图。

三、实验内容、方法和步骤

1. 阅读教材第九章案例分析中的系统分析部分，学习管理信息系统分析的方法。
2. 学习绘制组织结构图、业务流程图和数据流程图。

四、练习题

1. 若要设计某单位的管理信息系统，请分析此系统的项目可行性并绘制其组织结构图。

2. 试根据下述业务过程画出物资订货的业务流程图：采购员从仓库收到缺货通知单以后，查阅订货合同，若已订货，向供货单位发出催货请求；否则，填写订货单交供货单位，供货单位发出货物后，立即向采购员发出收货通知。

3. 工厂成品库管理的业务过程如下：成品库保管员按车间送来的入库单登记库存台账。发货时，发货员根据销售科送来的发货通知单将成品出库并发货，同时填写三份出库单，其中一份交给成品库保管员，由其按此出库单登记库存台账，出库单的另外两联分别送销售科和会计科。试按此业务过程画出业务流程图。

实验四　管理信息系统的分析(2)

一、实验类型

基本实验。

二、实验目的与要求

1. 熟悉信息系统的主要分析方法。
2. 理解 E—R 图在信息系统开发中的作用，掌握 E—R 图的绘制。
3. 理解数据字典的意义及其在信息系统开发中的作用，学习数据字典的书写。

三、实验内容、方法和步骤

1. 阅读第九章案例分析中的系统分析部分，学习管理信息系统分析的方法。
2. 学习绘制 E—R 图和数据字典。

四、练习题

1. 分别绘制三个 E—R 图以说明实体之间一对一、一对多、多对多的关系。

2. 在银行储蓄业务中，包括两类业务：一是开户业务，二是存取款业务。顾客在开户时要提供详细的客户信息并得到银行分配的银行账号。每一笔存取款业务都需要记录账号、金额等信息。

(1)画出该业务的 E—R 图(根据实际情况确定实体的属性)。

(2)将 E—R 图转换为关系模型。

3. 根据第九章案例分析中的流程图编写本管理信息系统的数据字典，要求编写一个数据流和一个数据存储的定义。

实验五　管理信息系统的分析(3)

一、实验类型

基本实验。

二、实验目的与要求

1. 熟悉信息系统的主要分析方法。

2. 理解E—R图在信息系统开发中的作用，掌握数据流程图的绘制。
3. 学习SQL语言的使用。

三、实验内容、方法和步骤

1. 阅读第九章案例分析中的系统分析部分，学习管理信息系统分析的方法。
2. 学习绘制E—R图、数据流程图、判断树和判断表。
3. 学习编写SQL语言。

四、练习题

1. 选课信息库中包括以下三张关系表：

学生表：学生证号，学生姓名，专业

课程表：课程号，课程名

选课表：学生证号，课程号，成绩

用SQL语言写出查找选“计算机原理”课程的学生的姓名和成绩，并按学生证号降序排列。

2. 某工厂生产若干产品，每种产品由不同的零件组成，有的零件所用的材料可以用在不同的产品上。这些零件由不同的原材料制成，不同零件所用的材料可以相同。这些零件按所属的不同产品分别放在仓库中，原材料按照类别放在若干仓库中。请用E—R图画出此工厂产品、零件、材料、仓库的关系模型。

3. 用判断树、判断表描述以下内容：

某厂对一部分职工重新分配工作，分配原则是：

(1)年龄不满20周岁，文化程度是小学的，脱产学习；文化程度是中学的，当电工。

(2)年龄满20周岁但不足50周岁，文化程度是小学或中学的，男性当钳工，女性当车工；文化程度是大学的，当技术员。

(3)年龄满50周岁及50周岁以上，文化程度是小学或中学的，当材料员；文化程度是大学的，当技术员。

4. 某银行储蓄所的存(取)款过程如下：

储户将填好的存(取)单及存折送交分类处理处。分类处理处按三种不同情况分别处理：如果存折不符或存(取)单不合格，则将存折及存(取)单直接退还储户重新填写；如果是存款，则将存折及存款单送交存款处处理，存款处理处取出底账登记后，将存折退还给储户；如果是取款，则将存折及取款单送交取款处，该服务台取出底账及现金，记账后将存折与现金退还储户，从而完成存(取)款处理过程。试按此画出数据流程图。

实验六　管理信息系统的设计(1)

一、实验类型

基本实验。

二、实验目的与要求

1. 熟悉信息系统的主要设计方法。

2. 理解功能结构图和信息系统流程图在信息系统开发过程中的作用，掌握功能结构图和信息系统流程图的绘制方法。

3. 学习代码设计的方法。

三、实验内容、方法和步骤

1. 阅读第九章案例分析中的系统设计部分，学习管理信息系统设计的方法。

2. 学习绘制功能结构图和信息系统流程图。

3. 学习设计代码的方法。

四、练习题

1. 设计学校教学管理信息系统的代码，内容包括学号、院系编号、专业编号、班级编号、课程编号、教师代码和教室代码，并说明相关代码的含义，以及各代码所属的种类。

2. 设计学校教学管理系统的功能结构图（自己虚拟设计）。

3. 请根据以下设计思想画出部分合同管理子系统的信息系统流程图。该子系统共有三个功能模块：首先是“建立订货合同台账”模块，从订货合同、材料检验单和客户文件输入数据输出形成合同台账文件；然后是“分类合并”模块，从合同台账文件输入数据，排序合并后形成合同分类文件；最后是“打印”模块，从合同分类文件打印出合同分类表。

实验七　管理信息系统的设计(2)

一、实验类型

基本实验。

二、实验目的与要求

1. 熟悉信息系统的主要设计方法。

2. 掌握数据库的设计方法和网络计划图的绘制方法。

3. 掌握输入输出界面的设计方法。

三、实验内容、方法和步骤

1. 阅读第九章案例分析中的系统设计部分，学习管理信息系统设计的方法。

2. 学习设计数据库、绘制网络计划图和输入输出界面的方法。

四、练习题

1. 将实验四第二题中的银行储蓄业务关系模型转化成数据库的设计。

2. 将学校信息管理系统的学生基本情况表编制成输出设计书（自己虚拟设计）。

3. 选取学校信息管理系统的某一数据表（学生基本情况表、成绩表和教师情况表等）进行原始单据的输入格式设计(自己虚拟设计)。

实验八　管理信息系统的综合实验

一、实验类型

综合设计实验。

二、实验目的与要求

1. 基于某个项目进行信息系统综合设计。
2. 掌握系统的规划与开发方法。
3. 进行系统分析。
4. 进行系统设计。
5. 系统的实施。

三、实验内容、方法和步骤

1. 结合所学内容用 VFP(或 Access)开发小型管理信息系统,可以是学生信息管理系统、教学管理系统、教师管理系统、财务管理系统、人事管理系统、图书管理系统、生产管理系统或客户关系管理系统等。

2. 按照实际情况进行分组,每组指定相应的组长作为负责人进行人员分工。每组以 4～6 人为宜。组长负责指定组员的工作任务,协调人员分工,对项目的具体过程进行控制与管理。

3. 完成对设计项目的调研和系统规划。

4. 进行系统分析,提出新系统的逻辑方案。

5. 进行系统设计,编写系统设计说明书和系统设计报告。

6. 进行系统实施,对相关项目进行评价。

7. 完成综合系统设计报告。